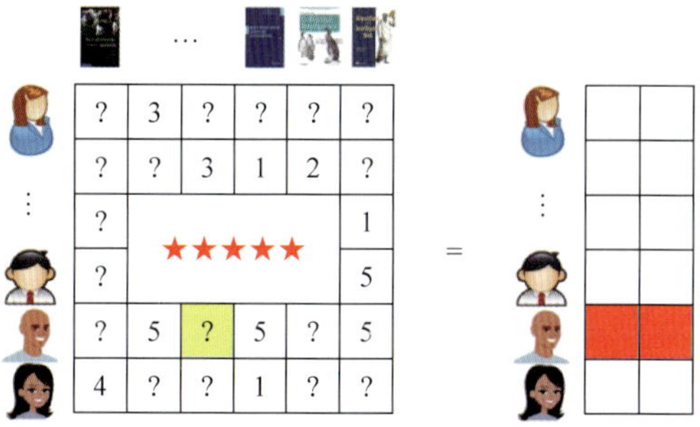

图 2-2　PMF 算法的模型结构示意图

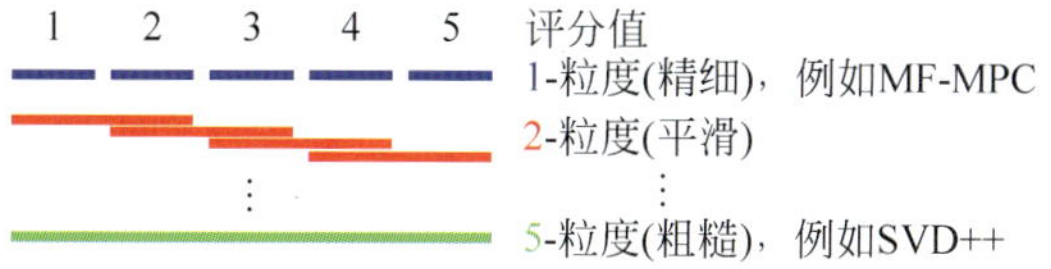

图 2-3　k-CoFi 算法中根据粒度大小 k 选取的分类组合的示意图

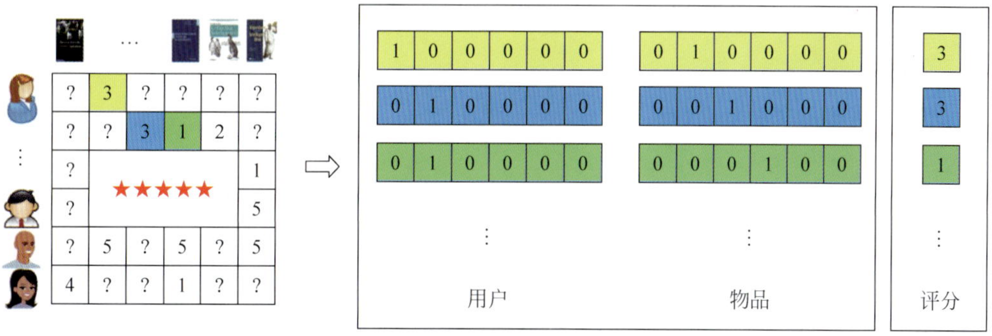

图 2-4　FM 算法中评分数据表示的示意图

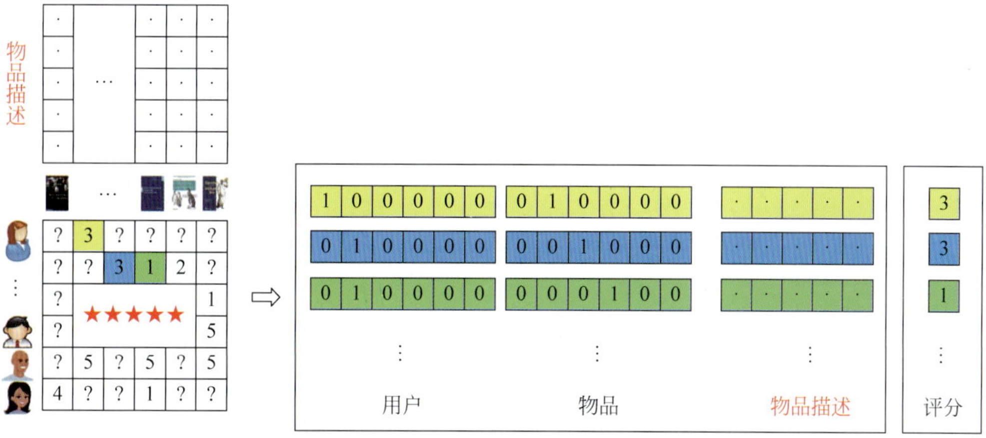

图 2-5　在 FM 算法中引入物品描述时数据表示的示意图

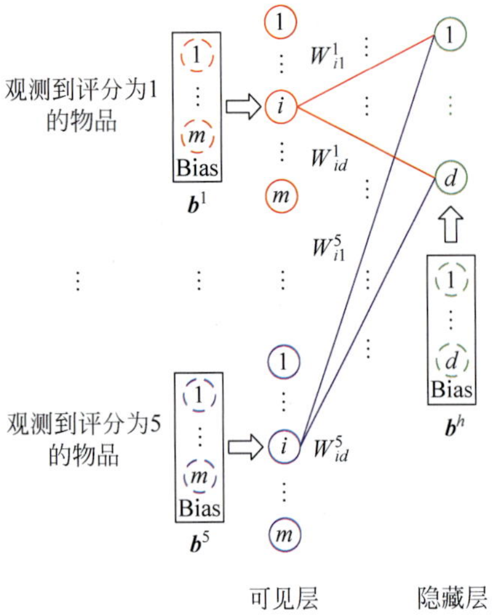

图 2-6 RBMCF 算法的模型结构示意图

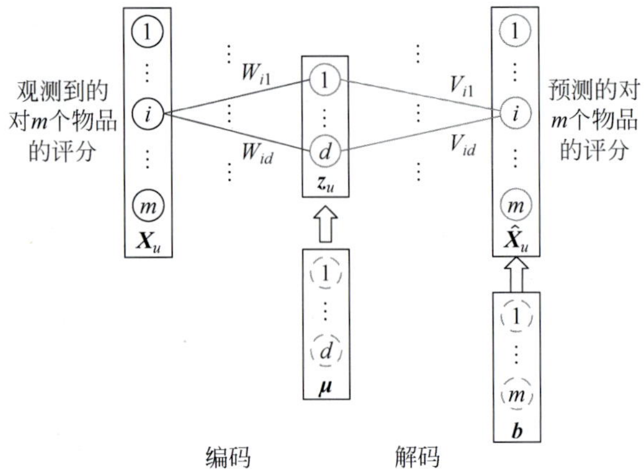

图 2-7 AutoRec 算法的模型结构示意图

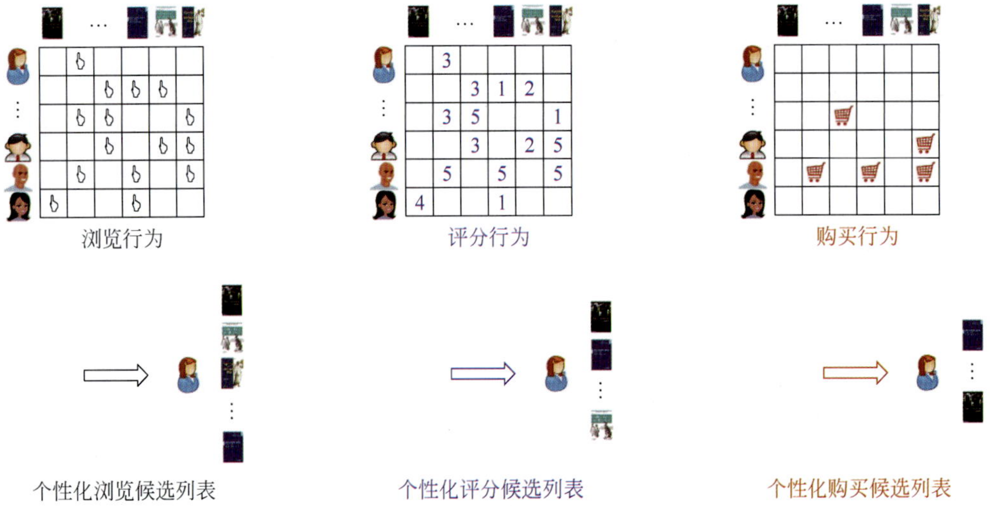

图 3-2 CoFiToR 算法的模型结构示意图

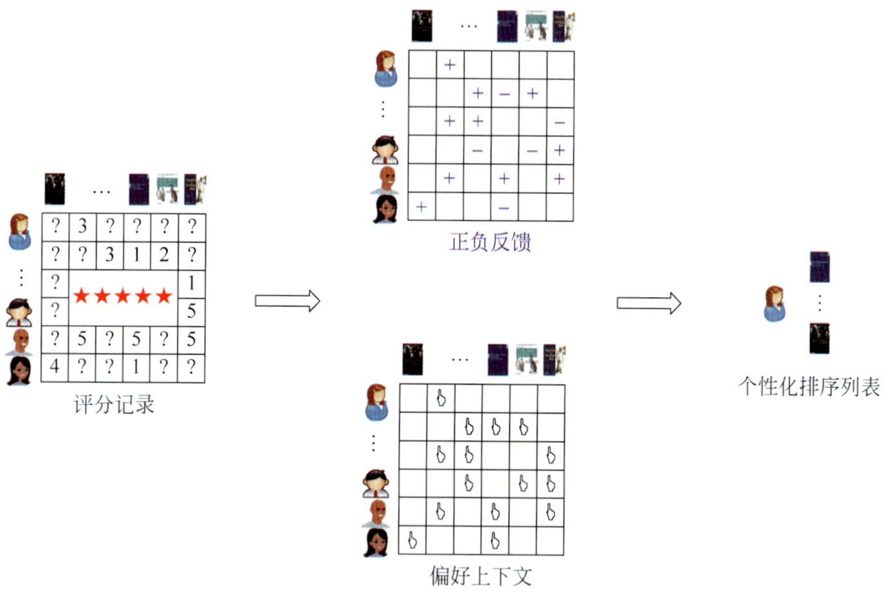

图 3-3　CCR 算法的模型结构示意图

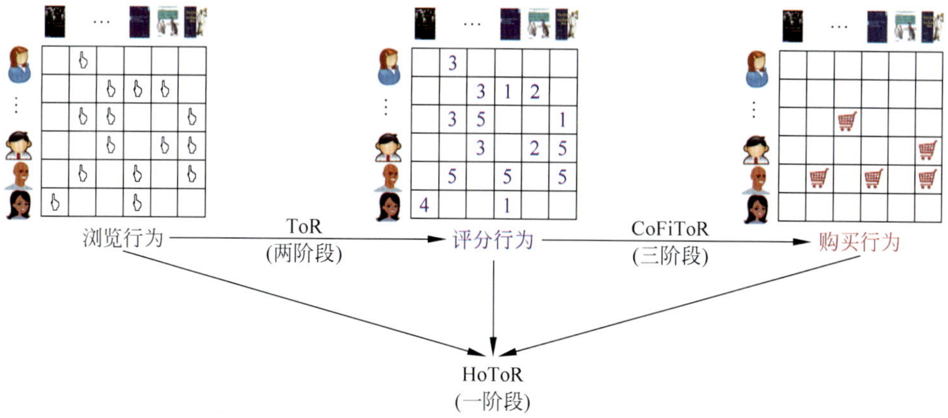

图 3-4　HoToR 算法的模型结构示意图

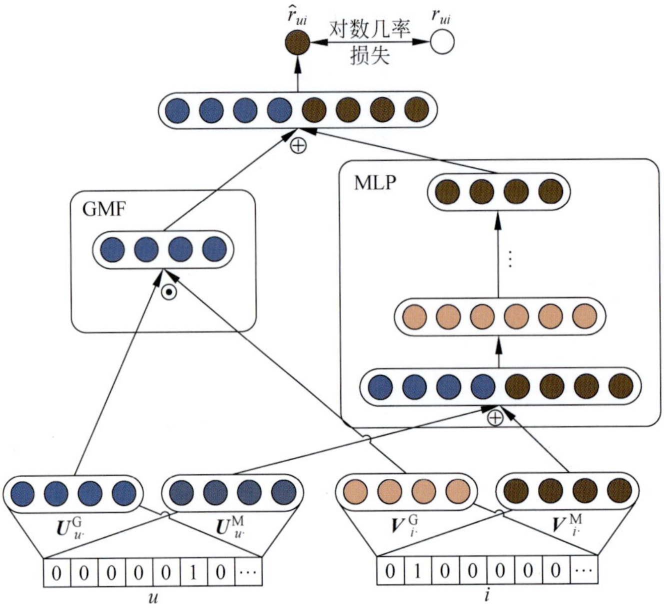

图 4-2　NeuMF 算法的模型结构示意图

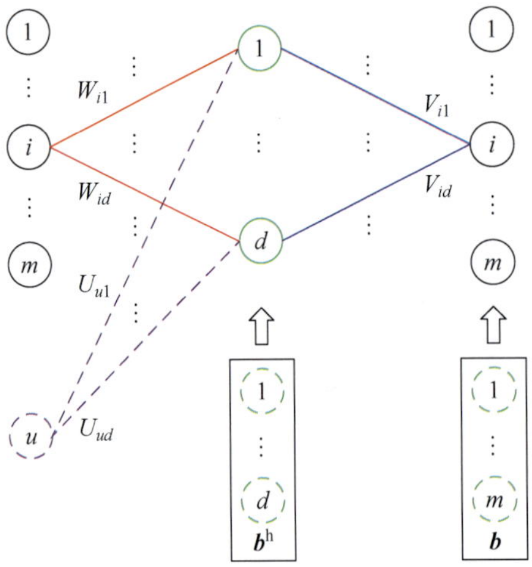

图 4-3　CDAE 算法的模型结构(单个隐藏层)示意图

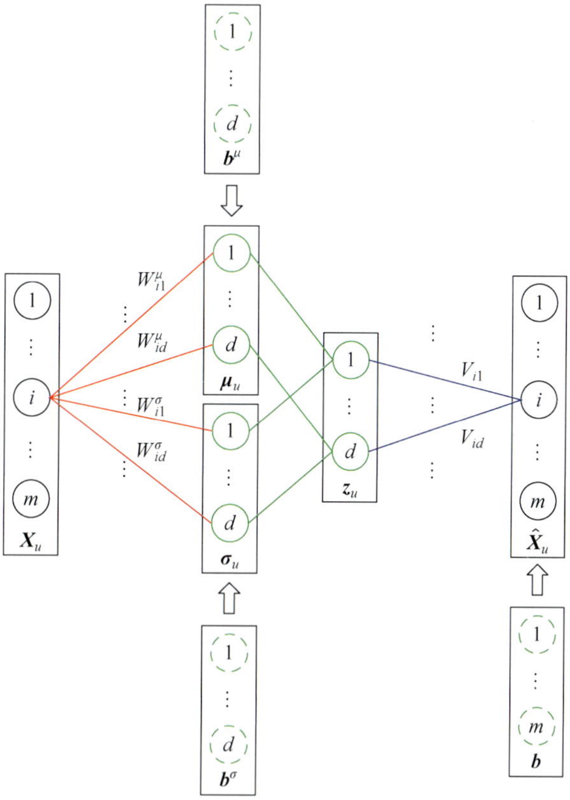

图 4-4　Mult-VAE 算法的模型结构(单个隐藏层)示意图

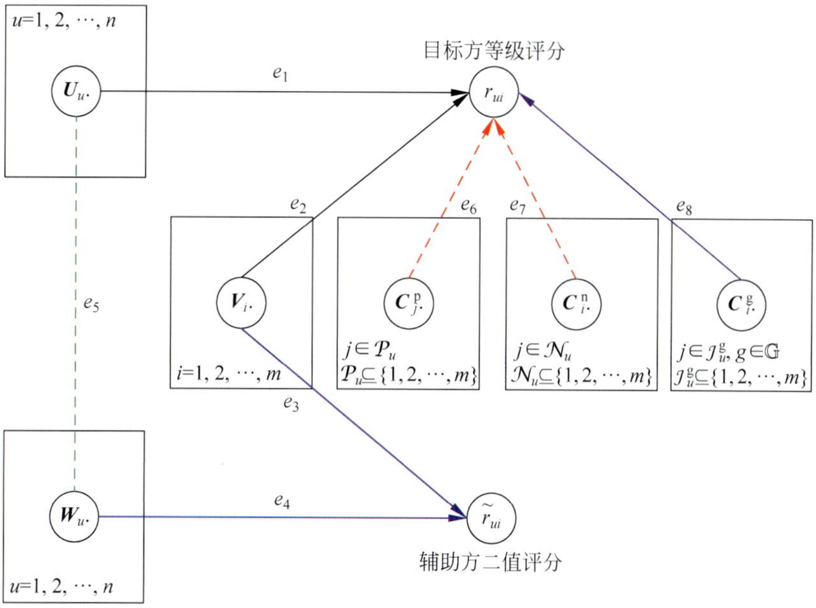

图 5-2　PAT 算法的模型结构示意图

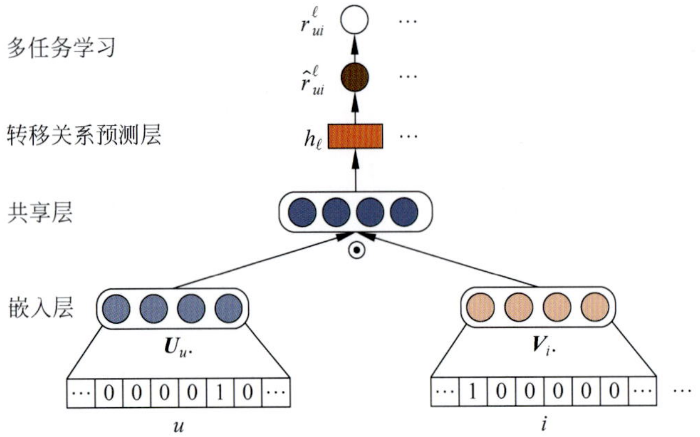

图 6-2　EHCF 算法的模型结构示意图

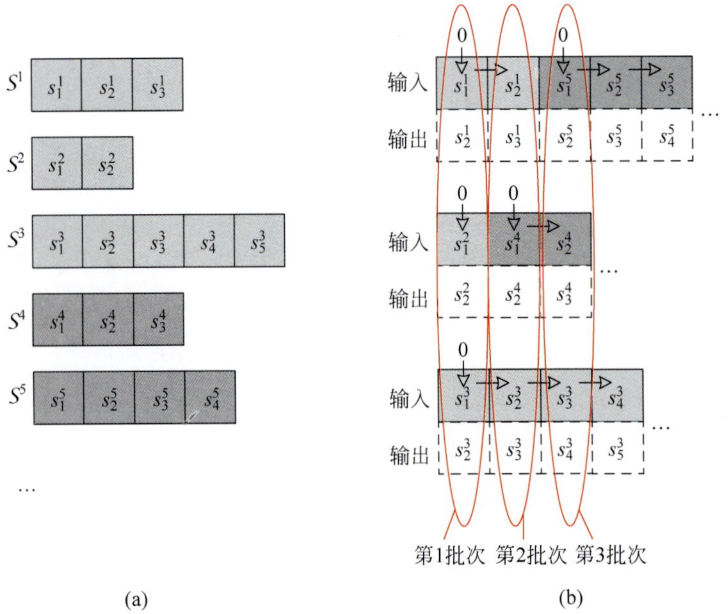

图 7-3　GRU4Rec 算法中序列并行化批处理方式的示意图(批次大小为 3)

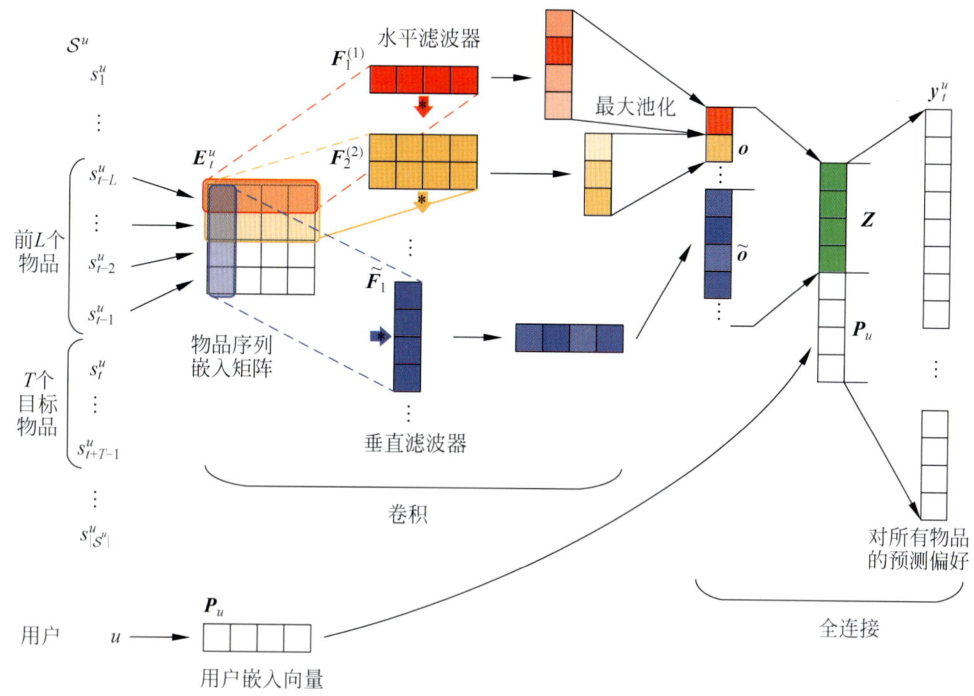

图 7-4　Caser 算法的模型结构示意图

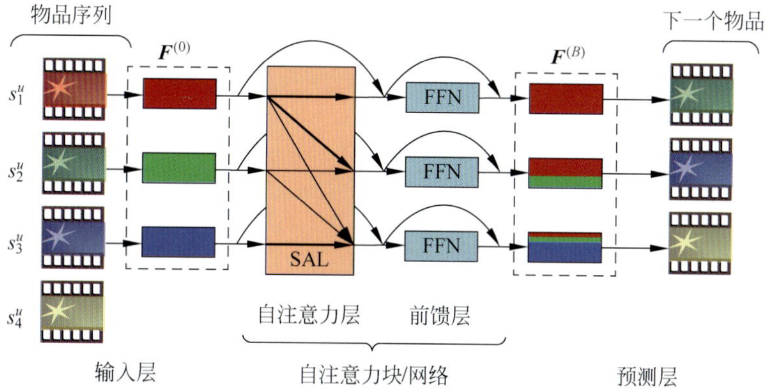

图 7-5　SASRec 算法的模型结构示意图

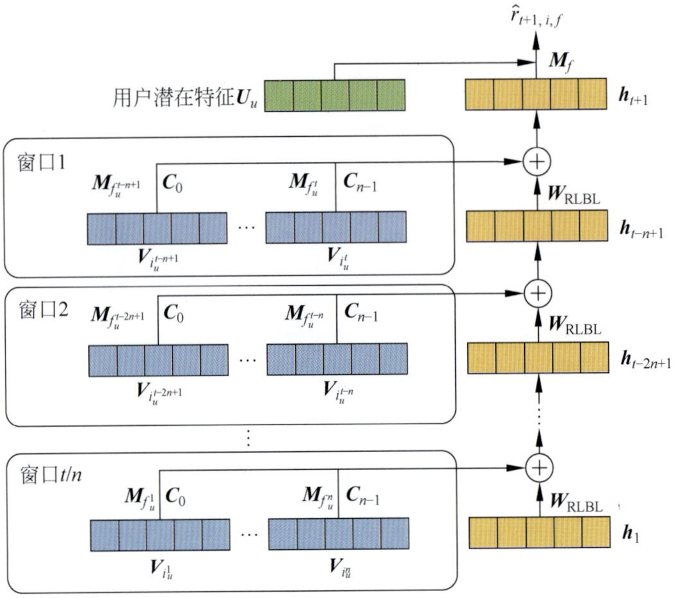

图 8-2　RLBL 算法的模型结构示意图

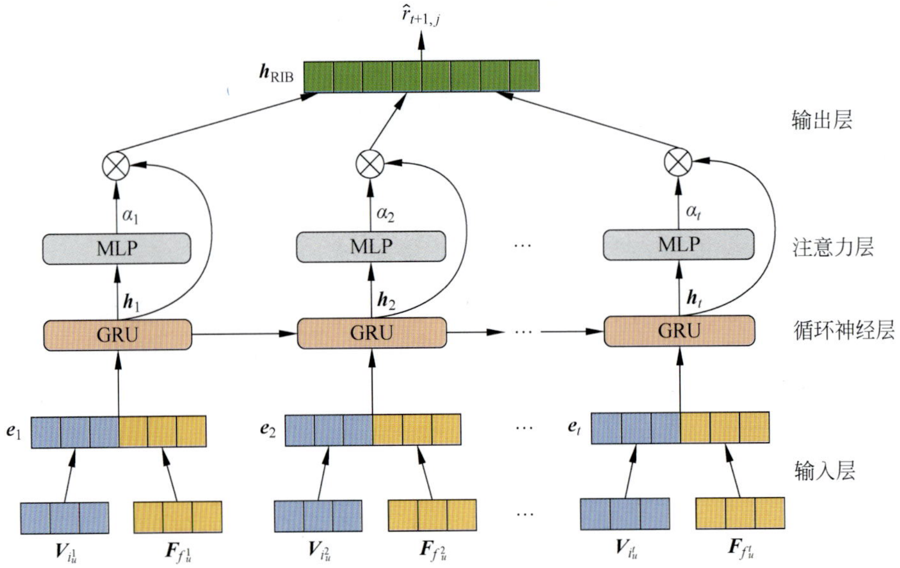

图 8-3　RIB 算法的模型结构示意图

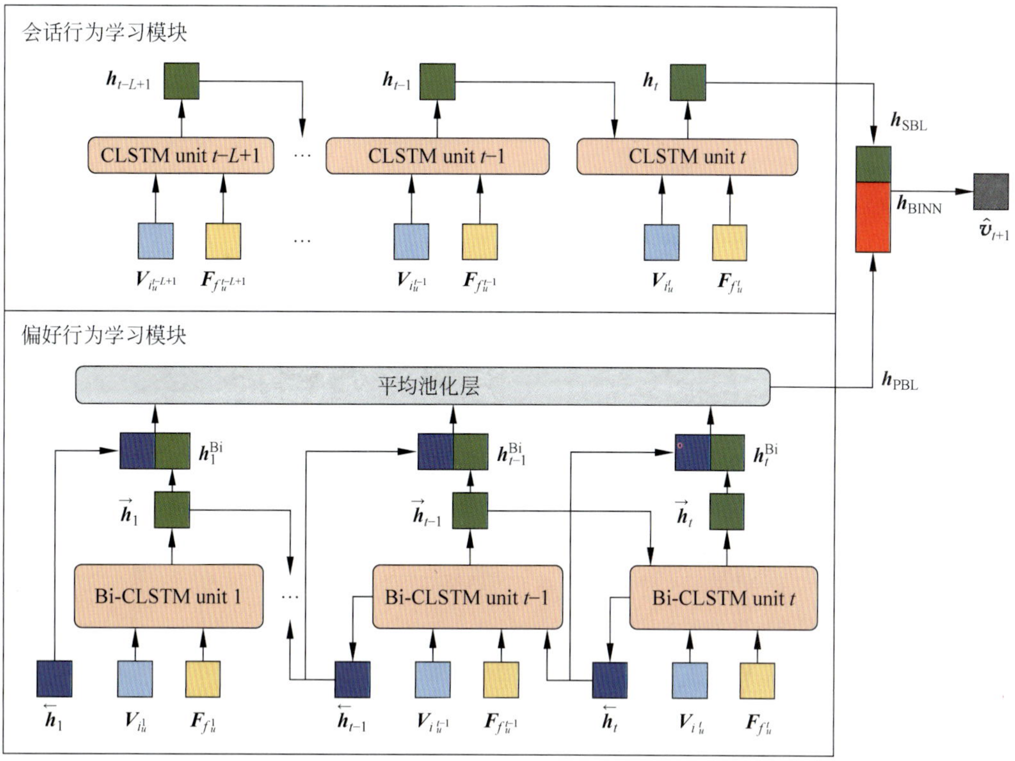

图 8-4　BINN 算法的模型结构示意图

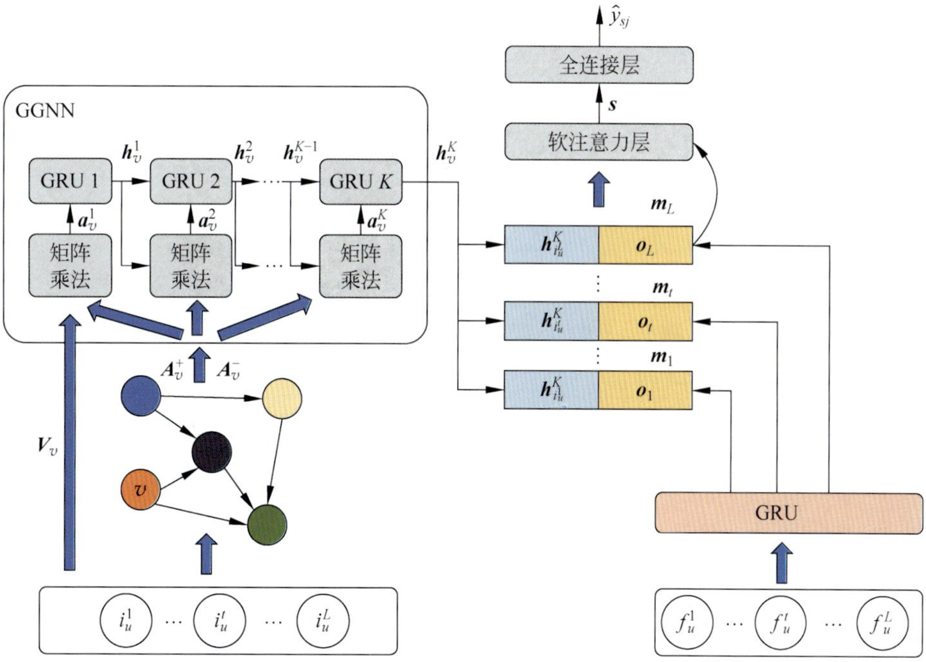

图 8-5　M-SR 算法的模型结构示意图

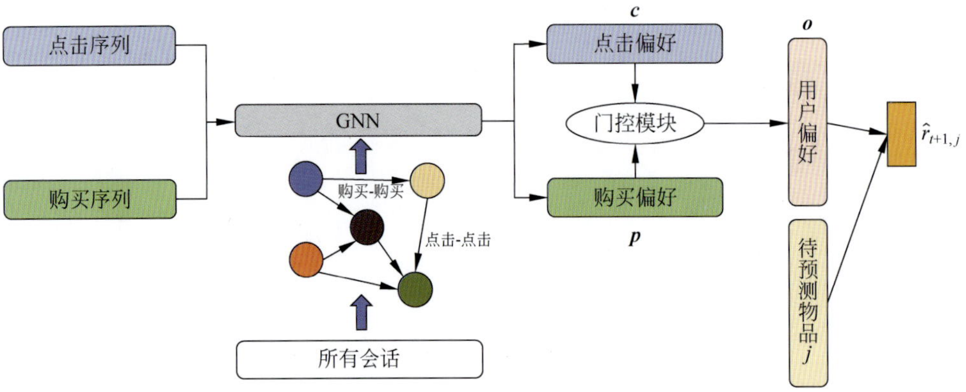

图 8-6　MGNN-SPred 算法的模型结构示意图（见彩插）

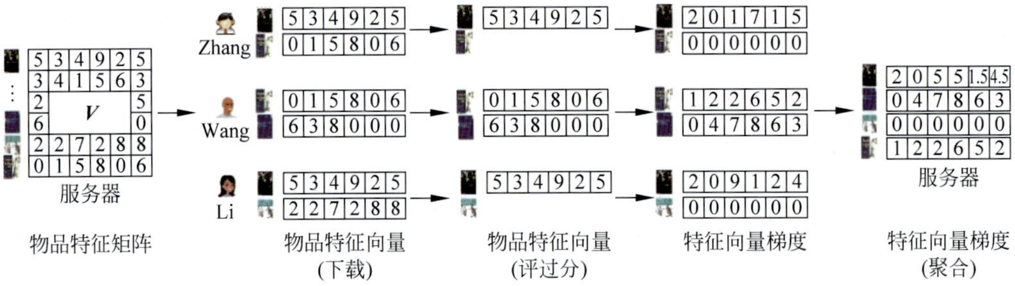

图 9-5　分布式联邦矩阵分解算法的模型结构示意图

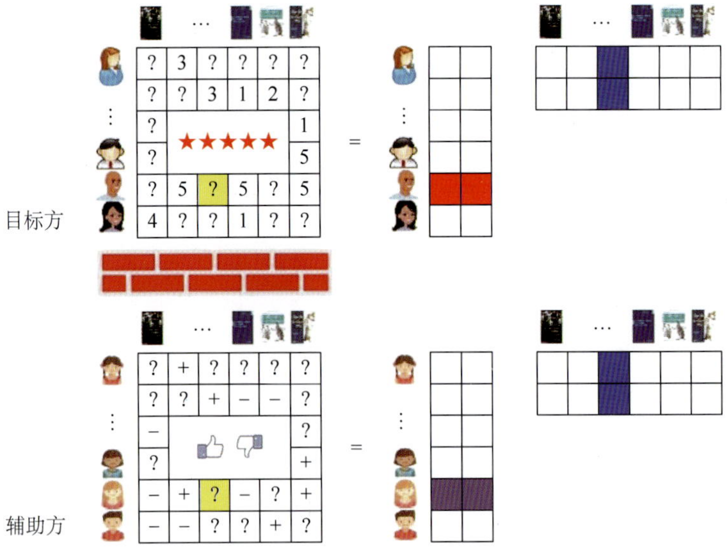

图 10-1　COFR 问题示意图（以矩阵分解为例）

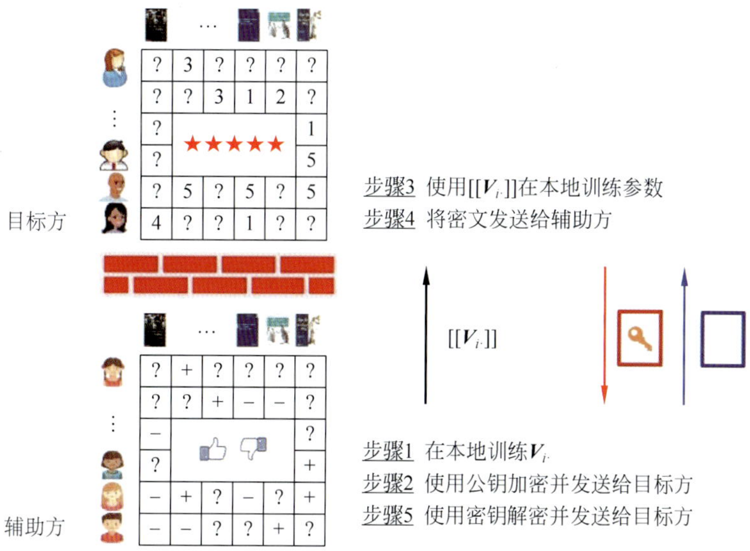

图 10-2 FCMF 算法的模型结构示意图

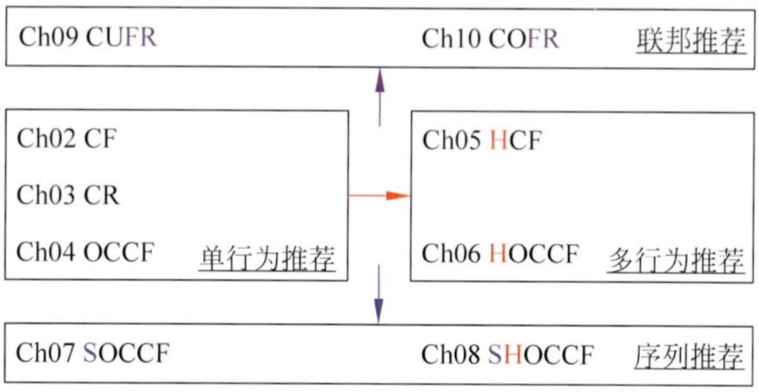

图 11-1 不同推荐问题之间的关系(红色箭头表示扩展到多种行为,蓝色箭头表示引入序列信息,紫色箭头表示考虑用户隐私和数据安全)

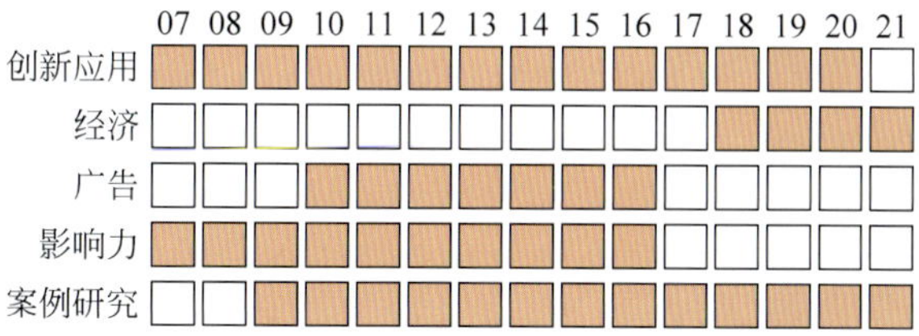

图 C-1 实践应用方面的研究话题的出现情况

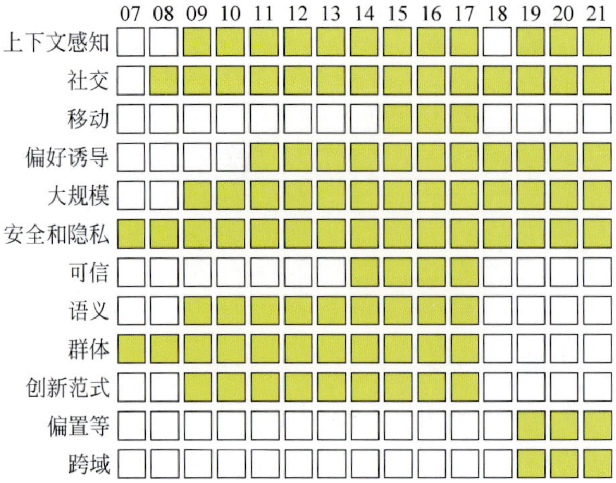

图 C-2　问题设置方面的研究话题的出现情况

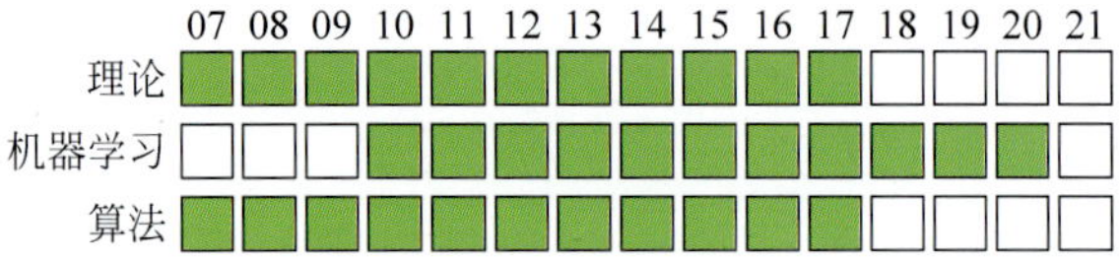

图 C-3　算法研究方面的研究话题的出现情况

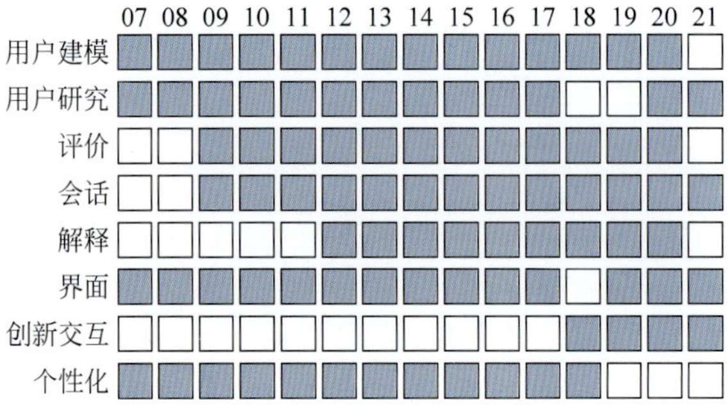

图 C-4　用户研究方面的研究话题的出现情况

大数据与人工智能技术丛书

智能推荐技术

潘微科 林晶 明仲 著

清華大學出版社
北京

内 容 简 介

本书围绕电商、资讯等众多实际应用背后的内核，即智能推荐技术，系统介绍经典和前沿技术，包括基于邻域、矩阵分解、深度学习、迁移学习、联邦学习等的建模方法和推荐算法。

本书围绕用户行为数据的建模问题组织内容，全书共分 6 部分：第 1 部分（第 1 章）为背景和基础；第 2 部分（第 2～4 章）为单行为推荐，是指仅对一种显式反馈（如评分）或一种隐式反馈（如浏览）数据进行建模；第 3 部分（第 5～6 章）为多行为推荐，是指同时考虑浏览和购买等包含多种行为的数据；第 4 部分（第 7～8 章）为序列推荐，是指同时关注用户行为和这些行为的先后顺序；第 5 部分（第 9～10 章）为联邦推荐，更加关注用户行为中的隐私和数据安全问题；第 6 部分（第 11 章）为总结与展望。全书综合梳理了多个智能推荐问题和相关技术，分析了方法的优缺点和内在联系，并在每章结束时提供了详细的参考文献和有针对性的习题。

本书可以作为计算机科学与技术、软件工程等相关专业的研究生和高年级本科生的教材，也可以作为推荐系统工程师的参考手册。

本书封面贴有清华大学出版社防伪标签，无标签者不得销售。
版权所有，侵权必究。举报：010-62782989，beiqinquan@tup.tsinghua.edu.cn。

图书在版编目(CIP)数据

智能推荐技术/潘微科，林晶，明仲著. —北京：清华大学出版社，2022.4
(大数据与人工智能技术丛书)
ISBN 978-7-302-60010-7

Ⅰ. ①智… Ⅱ. ①潘… ②林… ③明… Ⅲ. ①搜索引擎－研究 Ⅳ. ①G254.928

中国版本图书馆 CIP 数据核字(2022)第 020305 号

责任编辑：王冰飞
封面设计：刘 键
责任校对：韩天竹
责任印制：宋 林

出版发行：清华大学出版社
网 址：http://www.tup.com.cn，http://www.wqbook.com
地 址：北京清华大学学研大厦 A 座 **邮 编**：100084
社 总 机：010-83470000 **邮 购**：010-83470235
投稿与读者服务：010-62776969，c-service@tup.tsinghua.edu.cn
质量反馈：010-62772015，zhiliang@tup.tsinghua.edu.cn
课件下载：http://www.tup.com.cn，010-83470236
印 刷 者：北京富博印刷有限公司
装 订 者：北京市密云县京文制本装订厂
经 销：全国新华书店
开 本：185mm×260mm **印 张**：18 **彩 插**：6 **字 数**：433 千字
版 次：2022 年 4 月第 1 版 **印 次**：2022 年 4 月第1次印刷
印 数：1～2000
定 价：69.80 元

产品编号：093986-01

前言

在大数据和人工智能时代，智能推荐技术作为一种应对信息过载问题和提供个性化服务的有效手段，在学术研究和商业应用方面受到了广泛关注，并取得了巨大成功，甚至被称为一个互联网应用系统的“标配”。

从学术研究的角度来看，科研人员对用户的各种行为数据进行了深入的研究，包括显式反馈数据（如用户对物品的评分行为）、隐式反馈数据（如用户对物品的浏览行为）、包含多种用户行为的异构反馈数据以及用户的序列反馈数据等。此外，深度学习、迁移学习和联邦学习等前沿技术也被引入用户行为的建模中，以提升推荐的性能和隐私安全。

从商业应用的角度来看，通过对系统中的用户行为（或反馈）数据的建模，相关算法和技术能较为有效地挖掘和学习用户的真实偏好，进而为用户提供精准的个性化服务，因此具有非常广阔的应用场景。近年来，在电子商务、新闻资讯、视频点播、开放课程、智慧出行和人才招聘等应用领域都有许多非常成功的案例。

本书围绕这些应用背后的内核，即智能推荐技术，系统介绍经典和前沿技术，包括基于邻域、矩阵分解、深度学习、迁移学习、联邦学习等的建模方法和推荐算法。本书围绕用户行为数据的建模问题组织内容，主要包括单行为推荐、多行为推荐、序列推荐和联邦推荐四方面。其中，“单行为”是指仅对一种显式反馈（如评分）或一种隐式反馈（如浏览）数据进行建模；“多行为”是指同时考虑浏览和购买等包含多种行为的数据；“序列”是指同时关注用户行为和这些行为的先后顺序；而“联邦”则更加关注用户行为中的隐私和数据安全问题。

本书综合梳理了多个智能推荐问题和相关技术，分析了方法的优点、缺点和内在联系，并在每章章末提供了详细的参考文献和有针对性的习题。本书可以作为高等学校计算机科学与技术、软件工程等相关专业的教材，也可以作为推荐系统工程师的参考手册。为了方便读者查阅资料和扩展阅读，本书的附录部分给出了部分知名学术期刊和学术会议的列表、推荐系统国际会议（ACM RecSys）历年征文通知中的研究话题和研讨会的主题以及书中涉及的中英文术语对照表。

书中的大部分内容来自“智能推荐”研究组以往整理的课件或技术报告，介绍了研究组近年来学习和研究的一些比较经典和基础或比较有代表性的推荐方法。本书按照从问题描述，到方法详解、推导，再到实验和讨论等的较为统一的框架介绍大部分方法，这是本书的一大特色。鉴于研究组研究方向和写作时间等的限制，很多优秀的推荐技术和算法尚未被包含进来。书中难免有疏漏之处，恳请读者和专家批评指正。

需要特别说明的是，智能推荐技术的研发和部署，可能会带来一定的负面影响，因此必须在遵守有关法律法规和符合计算机伦理要求等的前提下开展工作。

最后，希望本书能起到抛砖引玉的作用，也期待更多有关智能推荐系统和技术的书籍问世。

潘微科　林晶　明仲
深圳大学计算机与软件学院
2021年12月

目录

随书资源

第 1 章

概　　述

1.1　推荐技术简介

在大数据和人工智能时代，智能推荐系统和技术已经成为电商[1-2]、资讯[3-4]、娱乐[5-6]、教育[7]、旅游[8]和招聘[9]等众多在线服务平台的核心技术、标准配置和重要引擎，可用于帮助用户从海量物品中快速地找到他们感兴趣的物品(例如商品、新闻、视频、课程、景点和岗位等)，特别是用户不容易发现的长尾物品(tail items)，因此有效地缓解了信息过载(information overload)问题[10]。抖音海外版 TikTok 推荐算法凭借其精准的视频推荐和有效的新领域拓展等功能，被《麻省理工科技评论》(*MIT Technology Review*)评为 2021 年全球十大突破性技术之一。需要说明的是，推荐系统中所推荐的“物品”可以是一组物品(例如旅游套餐推荐等)，而其服务的“用户”对象也可以是一群用户(例如户外集体活动推荐等)；同时，有些场景中用户也可以作为“物品”(例如社交平台上的好友推荐等)，即给用户推荐有相似兴趣的用户。

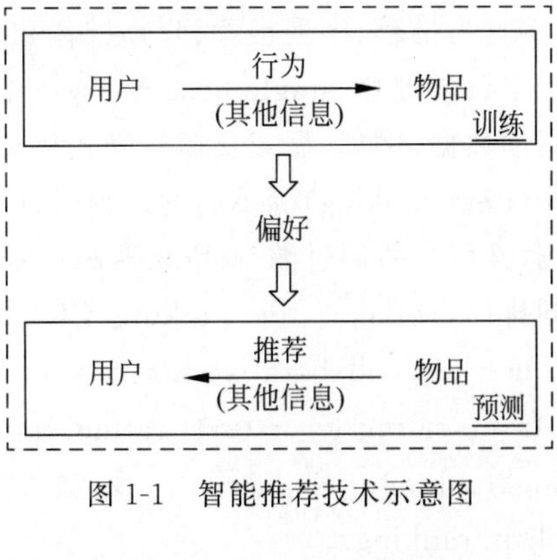

图 1-1　智能推荐技术示意图

如图 1-1 所示，在推荐系统中，通过对用户行为和其他信息的建模，相关算法和技术[11]能较为有效地挖掘和学习用户的真实偏好，进而为用户提供精准的个性化推荐服务，这一过程可以简单地概括为“行为→偏好→推荐”。与信息检索中的“查询串→相关性→匹配”相比，至少可以看到两方面的重要区别：①行为 vs. 查询串，前者关注用户与系统的互动，后者侧重用户主动查询的内容；②偏好 vs. 相关性，前者关注用户的个性化需求，后者侧重查询串与候选文档(或网页)在内容方面的匹配程度。

在电商、资讯等众多应用场景中，相较于物品的描述、用户的画像和行为的上下文等其他信息，用户行为往往是与用户的偏好最直接相关的，例如，用户购买商品和阅读新闻等的行为较能体现用户的喜好和兴趣。因此，对用户行为数据的建模，受到了学术界和工业界的广泛关注，并且在知名学术期刊和学术会议上发表了大量相关的研究论文(请参见附录 A 和附录 B)。美国国防部(Department of Defense，DoD)也在 2014 年将一个类似的问题——对人类行为的计算机建模——列为六大颠覆性基础研究领域之一。

在推荐系统领域，科研人员对用户的各种行为数据进行了较为深入的研究，主要包括以下几种类型：①显式反馈，例如用户对物品的 1～5 分的数值评分(numerical rating)行为、喜欢/不喜欢的二值评分(binary rating)行为以及点赞(like)等单值行为；②隐式反馈(又称为单类反馈)，例如用户对物品的点击(click)、浏览(browse/view/examination)、收藏(collect/favorite)、加入购物车(add-to-cart)和购买(purchase)等行为；③异构反馈，例如同时包含两种或两种以上的显式反馈和/或隐式反馈；④序列反馈，例如在隐式反馈中包含时序信息。

需要说明的是，在一个真实的应用中，为了更加准确地学习用户偏好，我们除了需要考虑上述多类型行为(multi-type behavior)，还可以考虑：①多方面行为(multi-aspect behavior)，如用户对物品的价格、质量和售后服务等不同方面的反馈；②多粒度行为(multi-granularity behavior)，如用户对商品、品牌、商家和品类等不同粒度的反馈；③多模态行为(multi-modal behavior)，如文本评论行为和数值反馈行为等；④多领域行为(multi-domain behavior)，如用户在电商、资讯和社交等不同领域的行为。与此同时，面向显式反馈、隐式反馈、异构反馈和序列反馈等不同类型的行为进行建模的技术和算法是较为基础和关键的，这也是本书的重点。

1.2 推荐问题分类

根据推荐算法的输入和输出不同，也就是学习用户偏好时可以使用的用户行为或用户反馈等数据的类型以及建模的目标不同，我们可以得到不同的推荐问题，包括单行为推荐、多行为推荐、序列推荐、联邦推荐和多源数据推荐等。

单行为推荐(single-behavior recommendation)是指算法的输入只有一种类型的行为或反馈数据，例如，显式反馈或隐式反馈。接着，根据评分预测(rating prediction)和物品排序(item ranking)等不同的建模目标，可以得到以下三类问题：①基于显式反馈的评分预测，又称为协同过滤(collaborative filtering，CF)；②基于显式反馈的物品排序，又称为协同排序(collaborative ranking，CR)；③基于隐式反馈的物品排序，又称为单类协同过滤(one-class collaborative filtering，OCCF)。这三类问题可以简单地概括为从评分到评分(from rating to rating，rating2rating)、从评分到排序(from rating to ranking，rating2ranking)和从隐式反馈到排序(from implicit feedback to ranking，implicit2ranking)。

多行为推荐(multi-behavior recommendation)是指算法的输入至少包含两种不同类型的行为或反馈数据,例如同时包含数值评分和二值评分的异构显式反馈、同时包含购买和浏览的异构单类反馈等。类似地,根据评分预测和物品排序等不同的建模目标,一般有以下两类问题:①基于异构反馈的评分预测,通常是指对异构显式反馈数据进行建模,因此又称为异构协同过滤(heterogeneous collaborative filtering,HCF);②基于异构反馈的物品排序,通常是指对异构隐式(或单类)反馈数据进行建模,因此又称为异构单类协同过滤(heterogeneous OCCF,HOCCF)。

序列推荐(sequential recommendation)是指算法的输入包括用户的反馈数据(例如购买、浏览等)和行为的先后时序信息。一般有以下两类问题:①单行为序列推荐,通常是指序列中只有一种类型的单类反馈(例如购买行为),因此又称为序列单类协同过滤(sequential OCCF,SOCCF);②多行为序列推荐,通常是指序列中有两种或两种以上不同类型的单类反馈(例如浏览、加入购物车和购买等行为),因此又称为序列异构单类协同过滤(sequential HOCCF,SHOCCF)。

联邦推荐(federated recommendation)是指算法在对用户的行为数据进行建模时,还需要保护用户隐私(user privacy)和数据安全(data security)。根据不同的应用场景,以及不同程度的用户隐私和数据安全的保护要求,可以分为以下三个类别:①跨用户联邦推荐(cross-user federated recommendation,CUFR);②跨组织联邦推荐(cross-organization federated recommendation,COFR);③双跨联邦推荐(dual-cross federated recommendation,DCFR)。跨用户联邦推荐通常是指算法的输入是同一组织内不同用户的数据,例如用户的浏览和购买行为,其中重点关注个体用户(或用户群组)间的隐私,即每个用户(或用户群组)的数据不离开本地(即个体用户或用户群组)且隐私信息不被泄露。跨组织联邦推荐通常是指算法的输入包含来自两个或两个以上不同组织的用户的数据,例如来自电商平台的消费行为和来自资讯平台的阅读行为,其中重点关注组织间的数据安全,即每个组织的数据不离开本地(即组织),而不考虑同一组织内的个体用户(或用户群组)间的隐私。双跨联邦推荐同时考虑组织间的数据安全和每个组织内的个体用户(或用户群组)间的隐私。此外,结合评分预测和物品排序等不同的建模目标,每一类联邦推荐问题又可以进一步细分为面向评分预测的联邦推荐问题和面向物品排序的联邦推荐问题。需要说明的是,跨用户联邦推荐与联邦学习[12]中的横向联邦学习有一定的相似性,前者的用户对应后者的样本,前者的物品对应后者的特征。在跨组织联邦推荐中,情况就比较复杂:当不同组织间用户相同(或重合较多)、物品不同(或重合较少)时,属于纵向联邦学习范式,而当不同组织间用户不同(或重合较少)、物品相同(或重合较多)时,属于横向联邦学习范式。因此,在本书中,结合推荐系统的实际情况,我们没有从横向联邦学习和纵向联邦学习的角度进行分类,而是从跨用户隐私保护和跨组织数据安全的角度,对相应的联邦推荐问题和算法进行分类,以更加贴近实际的应用场景以及不同的隐私和安全要求。

多源数据推荐(multi-source recommendation)是指算法可以使用用户行为数据和其他数据,包括物品的类别、内容描述和知识图谱数据,用户的社交关系数据以及发生行为的时间、位置等上下文信息等。为了有效地融合多种数据和知识,在工业界的应用中,通常通过与特征工程(feature engineering)、知识图谱(knowledge graph)[13]、深度学习(deep learning)[14-15]、集成学习(ensemble learning)[16]、检索重排、混合推荐和 A/B 测试[17]等相结合的方式进行建模,因为这种方式往往具有较好的推荐效果和可扩展性。

关于基于内容、知识图谱、社交关系、上下文和用户行为等的多源数据推荐和工程实践,已有相关的结合深度学习和推荐系统的书籍[18],因此,在本书中,我们重点关注单行为推荐、多行为推荐、序列推荐和联邦推荐等问题中关于用户行为建模的技术。

需要说明的是,推荐系统的研究领域较为宽泛,根据推荐系统领域的旗舰国际会议 ACM RecSys 历年征文通知中的研究话题和研讨会主题,我们总结得到其中的研究方向和问题,大致包括实践应用、问题设置、算法研究和用户研究四方面(请参见附录 C 和附录 D)。在本书中,我们重点关注不同问题设置中的推荐技术和算法,较少涉及实践应用和用户研究。此外,关于推荐系统领域常用的专业术语,特别是本书中用到的部分,请参见附录 E。最后,特别值得一提的是,自 21 世纪初至今,国内学者在推荐系统领域取得了一系列重要成果,包括多篇中文综述论文[19-26],非常值得我们关注。

1.3 数学基础知识

1.3.1 线性代数

1. 向量相乘

对于两个维度相同的向量 $\boldsymbol{a} \in \mathbb{R}^{1\times d}$ 和 $\boldsymbol{b} \in \mathbb{R}^{1\times d}$,可以定义它们的内积(inner product),又称为数量积(scalar product)和点积(dot product):

$$\boldsymbol{a} \cdot \boldsymbol{b} = \sum_{i=1}^{d} a_i b_i \tag{1-1}$$

相当于将它们对应位置的元素相乘再求和,有时候也记作 $\langle \boldsymbol{a}, \boldsymbol{b} \rangle$ 或 $\boldsymbol{a}\boldsymbol{b}^{\mathrm{T}}$。除此之外,还可以定义两个向量的外积(又称为向量积和叉积),在本书中不会涉及。

2. 矩阵相乘

给定一个矩阵 $\boldsymbol{A} \in \mathbb{R}^{n\times d}$ 和另一个矩阵 $\boldsymbol{B} \in \mathbb{R}^{d\times m}$,它们的乘积 $\boldsymbol{C}=\boldsymbol{A}\boldsymbol{B}$ 定义为:

$$c_{ij} = \sum_{k=1}^{d} a_{ik} b_{kj} \tag{1-2}$$

即矩阵 $\boldsymbol{C}$ 中第 i 行第 j 列的元素值等于矩阵 $\boldsymbol{A}$ 中第 i 行向量与矩阵 $\boldsymbol{B}$ 中第 j 列向量的内积。注意,在这种定义下,只有当矩阵 $\boldsymbol{A}$ 的列数与矩阵 $\boldsymbol{B}$ 的行数相等时,这两个矩阵才能相乘。

当两个矩阵大小相同,即有 $\boldsymbol{A} \in \mathbb{R}^{n\times m}$ 且 $\boldsymbol{B} \in \mathbb{R}^{n\times m}$ 时,也可以定义它们的 Hadamard 积,写作如下形式:

$$(\boldsymbol{A} \circ \boldsymbol{B})_{ij} = (\boldsymbol{A} \odot \boldsymbol{B})_{ij} = a_{ij} b_{ij} \tag{1-3}$$

也就是将两个矩阵的对应位置元素相乘。更进一步地,我们也可以定义这两个矩阵的内积,也就是将它们对应位置的元素相乘再求和:

$$\mathrm{tr}(\boldsymbol{A}^{\mathrm{T}}\boldsymbol{B})=\sum_{i=1}^{n}\sum_{j=1}^{m}a_{ij}b_{ij} \tag{1-4}$$

在其他领域中,可能会用到两个任意大小的矩阵相乘的 Kronecker 积(又称为外积),在本书中不会涉及。

1.3.2　概率论

1. 贝叶斯公式

假设事件 C 与事件 D 之间存在关联,则可以通过这两个事件的联合概率 $P(C,D)$,得到在事件 D 发生的情况下,事件 C 发生的概率 $P(C|D)$,推导过程如下:

$$P(C,D)=P(C|D)P(D)=P(D|C)P(C) \tag{1-5}$$

即两个事件同时发生的概率等于,在其中一个事件发生的情况下另一个事件也发生的概率乘以前一个事件发生的概率。将上式两边同时除以 $P(D)$,可以得到:

$$P(C|D)=\frac{P(C)P(D|C)}{P(D)} \tag{1-6}$$

这是贝叶斯公式,也是生成式模型(generative model)的理论基础。其中,$P(C)$是事件 C 的先验概率(prior probability),又称为边缘概率(marginal probability);$P(D|C)$是已知事件 C 发生后事件 D 发生的条件概率(conditional probability),又称作事件 D 的后验概率(posterior probability)或似然(likelihood);$P(D)$是事件 D 的先验概率,由于与事件 C 的发生无关,可看作一个标准化常量。这样,估计 $P(C|D)$的问题就可转化为根据训练数据来估计 $P(C)$和 $P(D|C)$的问题。

2. 极大似然估计

极大似然估计根据训练数据(采样)来估计概率分布的参数。假设 $X=\{x_1,x_2,\cdots,x_n\}$表示一系列满足独立同分布原则的数据样本,θ 表示模型的参数,可以定义似然:

$$L(\theta|X)=P(X|\theta)=\prod_{u=1}^{n}P(x_u|\theta) \tag{1-7}$$

为了得到最大化似然 $L(\theta|X)$的参数 $\hat{\theta}$,可使用对数似然(log-likelihood),将相乘改为相加,可以有效避免小数相乘时发生下溢出(underflow)现象:

$$\mathrm{LL}(\theta|X)=\ln L(\theta|X)=\sum_{u=1}^{n}\ln P(x_u|\theta) \tag{1-8}$$

然后通过梯度上升等方式进行求解:

$$\theta^*=\arg\max_{\theta}\mathrm{LL}(\theta|X) \tag{1-9}$$

1.3.3　神经网络中的激活函数

在神经网络模型中,通过在神经元的末端使用一些激活函数,可以为模型引入一些非线性的特性。记一个神经元中的激活函数为 $f(z)$,其中 z 表示神经元中线性函数的输出结果,在不使用激活函数的情况等价于 $f(z)=z$。

1. sigmoid 函数

sigmoid 函数又称为 logistic 函数，定义为：

$$f(z)=\frac{1}{1+\mathrm{e}^{-z}} \tag{1-10}$$

sigmoid 函数能把输入值 z 映射到(0,1)区间内，平滑且易于求导。

2. tanh 函数

tanh 函数即双曲正切函数，定义为：

$$f(z)=\frac{\mathrm{e}^{z}-\mathrm{e}^{-z}}{\mathrm{e}^{z}+\mathrm{e}^{-z}} \tag{1-11}$$

tanh 函数能把输入值 z 映射到(−1,1)区间内，函数图形经过原点且关于原点对称。

3. ReLU 函数

ReLU 是整流线性单元(rectified linear unit)的缩写。ReLU 函数在输入值小于 0 时，输出值为 0，在输入值大于 0 时，输出值等于输入值，即：

$$f(z)=\max(0,z) \tag{1-12}$$

ReLU 函数通过单侧抑制，只激活网络中的部分神经元，增加了稀疏性。

1.4 常用数据集和验证方法

1.4.1 常用数据集

1. MovieLens 电影评分数据集

MovieLens 电影评分数据集①是推荐算法研究中最常用的数据集之一，由美国明尼苏达大学(University of Minnesota)的 GroupLens 研究组收集和发布，包含了多个在不同时间段内收集到的规模各不相同的子数据集，例如，最经典的由 943 个用户对 1682 部电影的 100000 条评分记录组成的 MovieLens 100K 数据集(1998 年 4 月发布)、由 6040 个用户对 3952 部电影的 1000209 条评分记录组成的 MovieLens 1M 数据集(2003 年 2 月发布)和由 71567 个用户对 10681 部电影的 10000054 条评分记录组成的 MovieLens 10M 数据集(2009 年 1 月发布)以及较新的在 2019 年 12 月发布的 MovieLens 25M 数据集等。考虑到推荐系统数据的稀疏性问题，MovieLens 数据集中仅保留了评分记录数不小于 20 的用户的数据。并且，除了最基本的(用户 ID、物品 ID、评分、时间戳)信息外，MovieLens 数据集还提供了一些用户的基本信息(性别、年龄和职业)和物品的描述信息(电影名、电影类型和上映日期)。

① https://grouplens.org/datasets/movielens/

2. Netflix 电影评分数据集

Netflix 电影评分数据集也是一个推荐算法研究中常用的历史比较悠久的数据集，由电影租赁网站 Netflix 在 2005 年年底发布，用于 Netflix 百万美元竞赛，以激励人们设计和开发更好的推荐算法。Netflix 数据集中包含了 1998 年 10 月至 2005 年 12 月期间，480189 个匿名的 Netflix 用户对 17770 部电影的 99072112 条评分记录（包含评分日期），并且包含了电影的标题和发行年份信息。

3. Amazon 电商评论数据集

美国加州大学圣迭戈分校（University of California，San Diego）的 Julian McAuley 教授在其个人主页上发布了他的研究团队收集的一些推荐系统数据集，其中有一个从知名电商平台 Amazon 上收集到的关于商品的评论数据集①。Amazon 数据集包含了 1996 年 5 月至 2014 年 7 月期间的约 1.4 亿条评论数据（每条评论由评分及文字评论等组成），并且给出了一些商品的描述、类别、价格、品牌和图像特征等信息。为了方便研究，研究人员还将原数据集按照商品类别分为 24 个较小的子数据集，例如，图书数据集、电子产品数据集和电子游戏数据集等。

4. 天猫电商多行为数据集

天猫（Tmall）电商多行为数据集②是在 IJCAI 2015 竞赛中发布的，包含了一些天猫用户在某年“双十一”活动前后 6 个月的匿名行为日志。一条行为记录对应的信息有用户 ID、物品 ID、时间戳和行为类型等。其中，记录的行为类型包括点击、加入购物车、购买和收藏。Tmall 数据集还提供了用户的性别和年龄以及物品的类别、商家和品牌等信息。

1.4.2 验证方法

1. 交叉验证法

对于不考虑序列信息的推荐问题，我们可以使用交叉验证法（cross validation）来对模型进行训练和验证，具体方法为：对于一个数据集，将它随机分成 k（例如 $k=5$）个大小相同的子集，每次取其中一个子集作为测试集，其余 $k-1$ 个子集共同构成训练集，如此重复 k 次，最后取在 k 个不同测试集上的结果的平均值作为最终的评估结果。注意，在大多数算法中，我们需要先使用一个较小的验证集来寻找最优的模型参数。

2. 留一法

留一法（leave-one-out）是交叉验证法的一个特例，即将数据集中的每个样本都分到一个不同的子集中（即 k 等于数据集的大小），只选取一个样本用作测试，其余数据全部

① http://jmcauley.ucsd.edu/data/amazon/

② https://tianchi.aliyun.com/dataset/dataDetail?dataId=42

用于训练。在推荐算法研究中，留一法多用于引入序列信息的情况。通常，为了评估模型对用户行为序列的预测能力，我们将每个用户的最后一次行为记录划入测试集，其余记录划入训练集。注意，在进行正式的模型测试前，为了调节模型参数，可以将每个用户的倒数第二次行为记录划入一个新增加的验证集，然后使用剩下的训练集数据来训练模型并观察在各参数下的表现。

3. 强泛化效果验证和弱泛化效果验证

在推荐技术的验证中，比较主流的模型效果验证方法包括强泛化效果验证和弱泛化效果验证。强泛化效果验证先对用户进行划分从而得到训练集用户$\mathcal{U}^{\mathrm{tr}}$、验证集用户$\mathcal{U}^{\mathrm{vad}}$和测试集用户$\mathcal{U}^{\mathrm{te}}$，使得$\mathcal{U}^{\mathrm{tr}} \cap \mathcal{U}^{\mathrm{vad}} \cap \mathcal{U}^{\mathrm{te}} = \varnothing$且$\mathcal{U}^{\mathrm{tr}} \cup \mathcal{U}^{\mathrm{vad}} \cup \mathcal{U}^{\mathrm{te}} = \mathcal{U}$，再将每一位用户的交互数据划分到对应的数据中。显然，验证集用户和测试集用户的交互数据没有出现在训练过程中，因此模型需要具备较强的泛化能力才能获得较好的推荐效果。弱泛化效果验证则将每一位用户的交互数据按照设定的阈值划分到训练集、验证集和测试集中，因此验证集用户和测试集用户在训练过程中会以训练集用户的角色出现并参与到训练过程中。显而易见，弱泛化效果验证在验证和测试模型效果时，需要衡量模型在每一个用户上的推荐效果，当用户数目较多时，这种验证方式相较于强泛化效果验证而言效率较低，并且由于验证集用户和测试集用户在训练中已经出现并参与了训练，因此弱泛化验证对模型泛化能力要求相对较低。

1.5 常用评价指标

1.5.1 面向评分预测的评价指标

评分预测任务（见 2.1 节）可以看作一个回归（或连续变量预测）任务。我们可以使用平均绝对误差（mean absolute error，MAE）和均方根误差（root mean square error，RMSE）来评估推荐算法对测试集中的评分记录$(u,i,r_{ui}) \in \mathcal{R}^{\mathrm{te}}$（其中，$u$ 和 i 分别表示一个用户和一个物品，r_{ui} 表示用户 u 对物品 i 的真实评分）的预测效果。

(1) MAE 的定义为：

$$\mathrm{MAE} = \frac{1}{|\mathcal{R}^{\mathrm{te}}|} \sum_{(u,i,r_{ui}) \in \mathcal{R}^{\mathrm{te}}} |r_{ui} - \hat{r}_{ui}| \tag{1-13}$$

其中，$\hat{r}_{ui}$ 表示通过算法得到的用户 u 对物品 i 的预测评分。

(2) RMSE 的定义为：

$$\mathrm{RMSE} = \sqrt{\frac{1}{|\mathcal{R}^{\mathrm{te}}|} \sum_{(u,i,r_{ui}) \in \mathcal{R}^{\mathrm{te}}} (r_{ui} - \hat{r}_{ui})^2} \tag{1-14}$$

容易看出，对于 MAE 和 RMSE 这两个指标，值越小，表明预测评分与实际评分之间的差异越小，推荐效果越好。

1.5.2 面向物品排序的评价指标

物品排序任务(见 4.1 节)可以看作一个分类(或离散变量预测)任务的一种变化形式。我们将测试集中的用户 u 交互过的物品的集合表示为 $\mathcal{I}_u^{te}$,则 $\mathcal{I}_u^{te}$ 中的物品就是关于用户 u 的正样本,其他物品 $\mathcal{I} \backslash \mathcal{I}_u^{te}$ 都是关于用户 u 的负样本。物品排序的推荐算法会根据预测的用户偏好进行排序,为用户 u 生成一个 top-K 物品推荐列表,表示为 $\mathcal{I}_u^{re} = \{i(1), \cdots, i(l), \cdots, i(K)\} \subset \mathcal{I} \backslash \mathcal{I}_u$,其中 $i(l)$ 表示这个列表中第 l 位的物品,这些物品也就是算法所预测的正样本。我们可以通过比较用户的真实交互列表 $\mathcal{I}_u^{te}$ 和推荐列表 $\mathcal{I}_u^{re}$ 来评估推荐算法的效果。下面介绍一些常用的面向排序的评估指标。

1. 精确率(Precision)

对于用户 u,精确率定义为:

$$\text{Pre}_u @K = \frac{1}{K}\sum_{l=1}^{K} \delta(i(l) \in \mathcal{I}_u^{te}) \tag{1-15}$$

其中,当且仅当 x 为真时,$\delta(x)=1$;否则,$\delta(x)=0$。$\sum_{l=1}^{K} \delta(i(l) \in \mathcal{I}_u^{te})$ 表示推荐列表 $\mathcal{I}_u^{re}$ 和真实交互列表 $\mathcal{I}_u^{te}$ 的交集的大小 $|\mathcal{I}_u^{re} \cap \mathcal{I}_u^{te}|$,$\text{Pre}_u @K$ 表示在用户 u 的 top-K 物品推荐列表中命中的比例。

然后,对于整个测试集,有:

$$\text{Pre}@K = \frac{1}{|\mathcal{U}^{te}|}\sum_{u \in \mathcal{U}^{te}} \text{Pre}_u @K \tag{1-16}$$

其中,$\mathcal{U}^{te}$ 表示测试集中的用户集合。

2. 召回率(Recall)

对于用户 u,召回率定义为:

$$\text{Rec}_u @K = \frac{1}{|\mathcal{I}_u^{te}|}\sum_{l=1}^{K} \delta(i(l) \in \mathcal{I}_u^{te}) \tag{1-17}$$

这个值表示有多少个用户 u 真正交互过的物品($i \in \mathcal{I}_u^{te}$)出现在了推荐列表 $\mathcal{I}_u^{re}$ 中。

然后,对于整个测试集,有:

$$\text{Rec}@K = \frac{1}{|\mathcal{U}^{te}|}\sum_{u \in \mathcal{U}^{te}} \text{Rec}_u @K \tag{1-18}$$

3. F1 分数

对于用户 u,F1 分数定义为:

$$\text{F1}_u @K = 2 \times \frac{\text{Pre}_u @K \times \text{Rec}_u @K}{\text{Pre}_u @K + \text{Rec}_u @K} \tag{1-19}$$

然后,对于整个测试集,有:

$$\text{F1@}K=\frac{1}{|\mathcal{U}^{\text{te}}|}\sum_{u\in\mathcal{U}^{\text{te}}}\text{F1}_u\text{@}K \tag{1-20}$$

4. 归一化折损累积增益(normalized discounted cumulative gain，NDCG)

对于用户 u，归一化折损累积增益定义为：

$$\text{NDCG}_u\text{@}K=\frac{1}{Z_u}\text{DCG}_u\text{@}K \tag{1-21}$$

其中，$\text{DCG}_u\text{@}K=\sum_{l=1}^{K}\frac{2^{\delta(i(l)\in\mathcal{I}_u^{\text{te}})}-1}{\log_2(l+1)}$，而 Z_u 是最优的 $\text{DCG}_u\text{@}K$ 得分(对应真实交互列表$\mathcal{I}_u^{\text{te}}$中的物品恰好排在推荐列表$\mathcal{I}_u^{\text{re}}$的开头的情况)。

然后，对于整个测试集，有：

$$\text{NDCG@}K=\frac{1}{|\mathcal{U}^{\text{te}}|}\sum_{u\in\mathcal{U}^{\text{te}}}\text{NDCG}_u\text{@}K \tag{1-22}$$

5. 1-call 值

对于用户 u，1-call 的值定义为：

$$\text{1-call}_u\text{@}K=\delta\left(\sum_{l=1}^{K}\delta(i(l)\in\mathcal{I}_u^{\text{te}})\geqslant 1\right) \tag{1-23}$$

这个值表示是否至少有一个用户 u 真正交互过的物品($i\in\mathcal{I}_u^{\text{te}}$)出现在了推荐列表$\mathcal{I}_u^{\text{re}}$中。

然后，对于整个测试集，有：

$$\text{1-call@}K=\frac{1}{|\mathcal{U}^{\text{te}}|}\sum_{u\in\mathcal{U}^{\text{te}}}\text{1-call}_u\text{@}K \tag{1-24}$$

6. 平均倒数排名(mean reciprocal rank，MRR)

对于用户 u，倒数排名 RR_u 定义为：

$$\text{RR}_u=\frac{1}{\min_{i\in\mathcal{I}_u^{\text{te}}}(p_{ui})} \tag{1-25}$$

其中，p_{ui} 是物品 i 在推荐列表$\mathcal{I}_u^{\text{re}}$中的排序位置；$\min_{i\in\mathcal{I}_u^{\text{te}}}(p_{ui})$表示在推荐列表$\mathcal{I}_u^{\text{re}}$中出现的该用户第一个真正交互过的物品($i\in\mathcal{I}_u^{\text{te}}$)的位置。

然后，对于整个测试集，有：

$$\text{MRR}=\frac{1}{|\mathcal{U}^{\text{te}}|}\sum_{u\in\mathcal{U}^{\text{te}}}\text{RR}_u \tag{1-26}$$

7. 平均精度均值(mean average precision，MAP)

对于用户 u，精度均值 AP_u 定义为：

$$\text{AP}_u=\frac{1}{|\mathcal{I}_u^{\text{te}}|}\sum_{i\in\mathcal{I}_u^{\text{te}}}\left[\frac{1}{p_{ui}}\left(\sum_{j\in\mathcal{I}_u^{\text{te}}}\delta(p_{uj}<p_{ui})+1\right)\right] \tag{1-27}$$

其中，p_{ui} 是物品 i 在推荐列表 $\mathcal{J}_u^{re}$ 中的排序位置；$p_{uj} < p_{ui}$ 意味着物品 j 排在物品 i 的前面；$\frac{1}{p_{ui}}\left(\sum_{j \in \mathcal{J}_u^{te}} \delta(p_{uj} < p_{ui}) + 1\right)$ 表示推荐列表 $\mathcal{J}_u^{re}$ 的子列表（从 1 到 p_{ui}）的精确率值。

然后，对于整个测试集，有：

$$\text{MAP} = \frac{1}{|\mathcal{U}^{te}|} \sum_{u \in \mathcal{U}^{te}} \text{AP}_u \tag{1-28}$$

8. 平均相对位置（average relative position，ARP）

对于用户 u，相对位置 RP_u 定义为：

$$\text{RP}_u = \frac{1}{|\mathcal{J}_u^{te}|} \sum_{i \in \mathcal{J}_u^{te}} \frac{p_{ui}}{|\mathcal{J}| - |\mathcal{J}_u|} \tag{1-29}$$

其中，p_{ui} 是物品 i 在推荐列表 $\mathcal{J}_u^{re}$ 中的排序位置；$\frac{p_{ui}}{|\mathcal{J}| - |\mathcal{J}_u|}$ 是命中的物品 i 的相对位置。

然后，对于整个测试集，有：

$$\text{ARP} = \frac{1}{|\mathcal{U}^{te}|} \sum_{u \in \mathcal{U}^{te}} \text{RP}_u \tag{1-30}$$

9. 曲线下面积（area under the curve，AUC）

对于用户 u，曲线下面积定义为：

$$\text{AUC}_u = \frac{1}{|\mathcal{R}^{te}(u)|} \sum_{(i,j) \in \mathcal{R}^{te}(u)} \delta(\hat{r}_{ui} > \hat{r}_{uj}) \tag{1-31}$$

其中，当且仅当 x 为真时，$\delta(x) = 1$；否则，$\delta(x) = 0$。$\mathcal{R}^{te}(u) = \{(i,j) \mid (u,i) \in \mathcal{R}^{te}, (u,j) \notin \mathcal{R} \cup \mathcal{R}^{te}\}$ 表示测试集中与用户 u 相关的成对关系，其中的 $\mathcal{R}$ 和 $\mathcal{R}^{te}$ 分别表示训练集和测试集中的（用户，物品）对。

然后，对于整个测试集，有：

$$\text{AUC} = \frac{1}{|\mathcal{U}^{te}|} \sum_{u \in \mathcal{U}^{te}} \text{AUC}_u \tag{1-32}$$

需要说明的是，对于面向评分预测和面向物品排序的评价指标，我们可以根据用户的活跃程度和物品的流行程度对不同的用户段（user segment）和物品段（item segment）单独进行评价，更加深入地分析推荐算法的效果。

1.6 深度学习平台简介

TensorFlow[27] 和 PyTorch[28] 分别是由谷歌人工智能团队和 Facebook 人工智能研究院开发的两个常用的深度学习框架，两者都对 Python 提供了很好的支持，具有丰富的社区资源，非常适合新手入门。Keras[29] 是以 TensorFlow 或 Theano 作为后端进一步封装得到的高级 API 组件，模块化程度较高，用户交互比较友好。PaddlePaddle（飞桨）[30]

是百度自主研发的产业级深度学习平台，集成了推荐系统、计算机视觉和自然语言处理等领域中常见的模型，并配有详细的文档和教程，用户可以根据自己的需求快速实现相应的深度学习算法。可以从以下地址找到这些深度学习平台的中文版安装及使用指引：

（1）TensorFlow：https://tensorflow.google.cn/overview/?hl=zh_cn；

（2）PyTorch：https://pytorch123.com/；

（3）Keras：https://keras.io/zh/；

（4）PaddlePaddle：https://www.paddlepaddle.org.cn/。

1.7 本章小结

本章的内容总结如下：在1.1节，对推荐技术和用户行为等进行了介绍；在1.2节，对本书中涉及的各类推荐问题进行了介绍；在1.3节，对本书中一些比较常用的数学基础知识进行了介绍；在1.4节，对推荐算法研究领域常用的数据集和验证方法（含数据集预处理方法）进行了介绍；在1.5节，分别对推荐算法中的评分预测任务和物品排序任务的评价指标进行了介绍；在1.6节，列举了几种常用的深度学习平台。

需要特别说明的是，智能推荐技术的研发和部署可能会涉及用户隐私和权益、网络秩序和安全等方面的问题，因此，研究者和实践者必须遵守有关法律法规，用好、管好推荐技术，让技术给用户、企业和社会带来益处。

1.8 参考文献

[1] SMITH B, LINDEN G. Two decades of recommender systems at Amazon.com [J]. IEEE Internet Computing, 2017, 21(3): 12-18.

[2] WANG J, HUANG P, ZHAO H, et al. Billion-scale commodity embedding for E-commerce recommendation in Alibaba [C]//GUO Y, FAROOQ F. Proceedings of the 24th ACM SIGKDD International Conference on Knowledge Discovery and Data Mining (KDD'18), New York: ACM, 2018: 839-848.

[3] LIU J, DOLAN P, PEDERSEN E. Personalized news recommendation based on click behavior [C]//RICH C, YANG Q, CAVAZZA M, et al. Proceedings of the 15th International Conference on Intelligent User Interfaces (IUI'10), New York: ACM, 2010: 31-40.

[4] WU F, QIAO Y, CHEN J, et al. MIND: A large-scale dataset for news recommendation [C]//JURAFSKY D, CHAI J, SCHLUTER N, et al. Proceedings of the 58th Annual Meeting of the Association for Computational Linguistics (ACL'20), New York: ACM, 2020: 3597-3606.

[5] COVINGTON P, ADAMS J, SARGIN E. Deep neural networks for YouTube recommendations [C]//SEN S, GEYER W, FREYNE J, et al. Proceedings of the 10th ACM Conference on Recommender Systems (RecSys'16), New York: ACM, 2016: 191-198.

[6] GOMEZ-URIBE C, HUNT N. The Netflix recommender system: Algorithms, business value, and innovation [J]. ACM Transactions on Management Information Systems, 2016, 6(4): 13:1-13:19.

[7] WANG C, ZHU H, ZHU C, et al. Personalized employee training course recommendation with career development awareness [C]//HUANG Y, KING I, LIU T, et al. Proceedings of The Web Conference 2020 (WWW'20), New York: ACM, 2020: 1648-1659.

[8] STAAB S,WERTHNER H,RICCI F,et al. Intelligent systems for tourism [J]. IEEE Intelligent Systems,2002,17(6): 53-64.

[9] KENTHAPADI K, LE B, VENKATARAMAN G. Personalized job recommendation system at LinkedIn: Practical challenges and lessons learned [C]//CREMONESI P,RICCI F,BERKOVSKY S,et al. Proceedings of the 11th ACM Conference on Recommender Systems (RecSys'17), New York: ACM,2017: 346-347.

[10] TOFFLER A. Future shock [M]. New York: Random House,1970.

[11] RICCI F,ROKACH L,SHAPIRA B. Recommender systems handbook [M]. Berlin: Springer,2015.

[12] 杨强,刘洋,程勇,等.联邦学习[M].北京:电子工业出版社,2020.

[13] 秦川,祝恒书,庄福振,等.基于知识图谱的推荐系统研究综述[J].中国科学:信息科学,2020,50(7):937-956.

[14] 黄立威,江碧涛,吕守业,等.基于深度学习的推荐系统[J].计算机学报,2018,41(7):1619-1647.

[15] ZHANG S,YAO L,SUN A,et al. Deep learning based recommender system: A survey and new perspectives [J]. ACM Computing Surveys,2019,52(1): 5: 1-5: 38.

[16] 周志华.集成学习:基础与算法[M].北京:电子工业出版社,2021.

[17] AGARWAL D K,CHEN B C. Statistical methods for recommender systems[M]. Cambridge: Cambridge University Press,2016.

[18] 王喆.深度学习推荐系统[M].北京:电子工业出版社,2020.

[19] 曾春,邢春晓,周立柱.个性化服务技术综述[J].软件学报,2002,13(10):1952-1961.

[20] 刘建国,周涛,汪秉宏.个性化推荐系统的研究进展[J].自然科学进展,2009,19(1):1-15.

[21] 许海玲,吴潇,李晓东,等.互联网推荐系统比较研究[J].软件学报,2009,20(2):350-362.

[22] 王立才,孟祥武,张玉洁.上下文感知推荐系统[J].软件学报,2012,23(1):1-20.

[23] 黄震华,张佳雯,田春岐,等.基于排序学习的推荐算法研究综述[J].软件学报,2016,27(3):691-713.

[24] 黄际洲,孙雅铭,王海峰,等.面向搜索引擎的实体推荐综述[J].计算机学报,2019,42(7):1467-1494.

[25] 廖国琼,蓝天明,黄晓梅,等.基于事件社会网络推荐系统综述[J].软件学报,2021,32(2):424-444.

[26] 张玉洁,董政,孟祥武.个性化广告推荐系统及其应用研究[J].计算机学报,2021,44(3):531-563.

[27] ABADI M,BARHAM P,CHEN J,et al. TensorFlow: A system for large-scale machine learning [C]//KEETON K, ROSCOE T. Proceedings of the 12th USENIX Symposium on Operating Systems Design and Implementation (OSDI'16),Berkeley: USENIX Association,2016: 265-283.

[28] PASZKE A,GROSS S,MASSA F,et al. PyTorch: An imperative style,high-performance deep learning library [C]//WALLACH H,LAROCHELLE H,BEYGELZIMER A,et al. Proceeding of the 32nd Annual Conference on Neural Information Processing Systems (NeurIPS'19). New York: Curran Associates Inc. ,2019: 8024-8035.

[29] GULLI A, PAL S. Deep learning with Keras: Implementing deep learning models and neural networks with the power of Python [M]. Birmingham: Packt Publishing,2017.

[30] 马艳军,于佃海,吴甜,等.飞桨:源于产业实践的开源深度学习平台[J].数据与计算发展前沿,2019,1(1):105-115.

1.9 习题

1. 请想一想,以某电商平台为例,从用户访问电商网站到完成下单,推荐技术扮演了什么角色？

2. 请结合实际例子分析智能推荐系统与信息检索系统(例如搜索引擎)的联系与区别。

3. 请举例说一说,智能推荐系统和技术给你的生活和学习带来了什么样的影响?

4. 请举例说一说,智能推荐技术可以应用在哪些场景(1.1 节中提到的除外)?

5. 如何看待智能推荐技术应用广泛这一现象?

6. 请想一想,在哪些场景中适合使用以评分预测为目标的推荐算法,在哪些场景中适合使用以物品排序为目标的推荐算法?

7. 请用 MATLAB 或 Python 绘制 sigmoid、tanh 和 ReLU 函数的曲线图。

8. 关于推荐效果的评估,除了推荐的准确程度以外,你觉得还有哪些比较重要的指标?

9. 请用示意图的方式展示精确率(Precision)和召回率(Recall)的区别。

10. 在什么情况下,召回率(Recall)和 1-call 的值是相等的?

11. 请使用任意一种自己熟悉的编程语言实现面向评分预测的评价指标(包括不同用户段和物品段上的评价指标)。

12. 请使用任意一种自己熟悉的编程语言实现面向物品排序的评价指标。

13. 请想一想,在对推荐列表进行评估时,与精确率(Precision)相比,归一化折损累计增益(NDCG)更加关注哪些方面?

14. 请想一想,自行搭建一个包含推荐系统的网络平台有哪些需要注意的事项?

15. 关于智能推荐技术,你认为什么样的智能才是真正的智能?

16. 请想一想,10 年后的智能推荐技术会是怎么样的?

17. 请查阅相关资料,举例说一说 TensorFlow 与 PaddlePaddle 的异同点。

第 2 章

基于显式反馈的评分预测

用户对物品的数值评分等显式反馈可以作为判断用户对该物品的喜欢或满意程度的重要依据。基于此，直观上可以综合利用系统中的所有用户对物品的评分数据，设计出基于显式反馈的评分预测方法，预测每个用户对其未交互过（即未评过分）的物品的评分，然后根据分值大小进行个性化推荐（向用户推荐其未评过分的物品中预测评分较高的物品）。本章首先介绍协同过滤问题的定义，然后介绍一些用于解决评分预测（又称协同过滤）问题的方法，包括基于均值填充的方法、基于邻域的方法[1-2]、基于矩阵分解的方法[3-8]和基于深度学习的方法[9-10]。

2.1 协同过滤（CF）问题

广义上，协同过滤（collaborative filtering，CF）是指利用系统中所有用户的集体智慧（collective intelligence 或 wisdom of the crowd），具体表现为观测到的用户对部分物品的反馈，为每个用户筛选出匹配其个性化偏好的物品。本章将 CF 问题具体化为基于显式反馈的评分预测问题，其中推荐算法计算得到的不同用户对不同物品的预测评分可进一步用于推荐。描述 CF 问题所用到的符号及其说明如表 2-1 所示。在 CF 问题中，我们已知一些用户 $u \in \mathcal{U}$ 对一些物品 $i \in \mathcal{J}$ 的评分 r_{ui}（可将这些三元组 $\mathcal{R}=\{(u,i,r_{ui})\}$ 记录到如图 2-1 所示的二维矩阵中），目标是预测未知项中的评分值，即 $\hat{r}_{ui}$，$(u,i,r_{ui}) \notin \mathcal{R}$。也可以用 y_{ui} 来标记评分记录是否已知，若

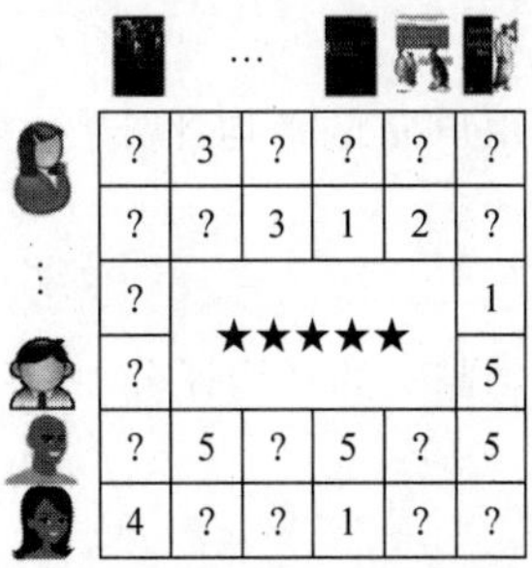

图 2-1　CF 问题示意图

在训练集中观测到用户 u 对物品 i 有评分记录，则 $y_{ui}=1$，否则 $y_{ui}=0$。通过比较测试集中的预测评分与真实评分之间的差异，可以评估基于显式反馈的评分预测算法的推荐效果(面向评分预测的评价指标见 1.5.1 节)。

表 2-1 OCCF 问题中的符号及其说明

符号	说明
n	用户数量
m	物品数量
$u\in\{1,2,\cdots,n\}$	用户 ID
$i,j\in\{1,2,\cdots,m\}$	物品 ID
$\mathbb{G}=\{1,2,3,4,5\}$	评分值的范围
$r_{ui}\in\mathbb{G}$	观测到的用户 u 对物品 i 的评分
$\mathcal{R}=\{(u,i,r_{ui})\}$	训练集中的(观测到的)(u,i,r_{ui})三元组的集合
$y_{ui}\in\{1,0\}$	指示变量，当$(u,i,r_{ui})\in\mathcal{R}$时，$y_{ui}=1$，否则，$y_{ui}=0$
$\mathcal{U}$	完整的用户集合
$\mathcal{J}$	完整的物品集合
$\mathcal{U}_i$	训练集中对物品 i 评过分的用户的集合
$\mathcal{J}_u$	训练集中用户 u 评过分的物品的集合
$\mathcal{R}^{\text{te}}=\{(u,i,r_{ui})\}$	测试集中的(u,i,r_{ui})三元组的集合
$\hat{r}_{ui}$	用户 u 对物品 i 的预测评分

2.2 基于均值填充的方法

基于均值填充的方法(average filling，AF)通过利用训练数据的一些统计特征来进行评分预测。

2.2.1 预测公式

首先，定义如下一些训练数据的统计特征：

全局平均评分 $$\bar{r}=\frac{\sum_{u,i}y_{ui}r_{ui}}{\sum_{u,i}y_{ui}}$$

用户 u 的平均评分 $$\bar{r}_u=\frac{\sum_{i}y_{ui}r_{ui}}{\sum_{i}y_{ui}}$$

物品 i 的平均评分 $$\bar{r}_i=\frac{\sum_{u}y_{ui}r_{ui}}{\sum_{u}y_{ui}}$$

用户 u 的偏置 $$b_u=\frac{\sum_{i}y_{ui}(r_{ui}-\bar{r}_i)}{\sum_{i}y_{ui}}$$

物品 i 的偏置 $$b_i = \frac{\sum_u y_{ui}(r_{ui} - \bar{r}_u)}{\sum_u y_{ui}}$$

其中,用户偏置表示该用户 u 是宽容的($b_u>0$)还是挑剔的($b_u<0$);物品偏置表示该物品 i 是受欢迎的($b_i>0$)还是不受欢迎的($b_i<0$)。

有了以上统计特征,从不同角度求平均,可得到以下一些评分预测公式(prediction rule):

用户平均 $\hat{r}_{ui} = \bar{r}_u$

物品平均 $\hat{r}_{ui} = \bar{r}_i$

用户平均与物品平均的均值 $\hat{r}_{ui} = \frac{\bar{r}_u}{2} + \frac{\bar{r}_i}{2}$

用户偏置与物品平均之和 $\hat{r}_{ui} = b_u + \bar{r}_i$

用户平均与物品偏置之和 $\hat{r}_{ui} = \bar{r}_u + b_i$

全局平均、用户偏置与物品偏置之和 $\hat{r}_{ui} = \bar{r} + b_u + b_i$

2.2.2 讨论

从排序的角度来看,$\hat{r}_{ui} = \bar{r}_u$ 不能用来对候选物品进行排序,因为同一用户在不同物品上的预测评分相同;从个性化的角度来看,$\hat{r}_{ui} = \bar{r}_i$ 不能得到个性化的结果,因为根据该预测评分得到的不同用户的推荐列表相同。AF 方法通常在稀疏数据上表现良好(即在 $\frac{|\mathcal{R}|}{nm}$ 非常小的情况下),是一个非常基础的推荐算法。在 MovieLens 100K 数据集上的实验结果显示,$\hat{r}_{ui} = b_u + \bar{r}_i$ 的表现最好,并且对活跃用户的评分预测较为准确。

2.3 基于邻域的方法

基于用户的协同过滤(user-based CF,UCF)算法[1]假设在过去有着相似品味的用户在未来也会有相似的品味,基于物品的协同过滤(item-based CF,ICF)算法[2]则假设一个用户会喜欢一些和其过去喜欢过的物品相似的物品。要实现这两种基于邻域的协同过滤算法(neighborhood-based CF),很自然地涉及三个问题:①如何计算两个用户或两个物品之间的相似度?②如何选择一些相似用户或物品?③如何根据相似用户或物品的信息来预测评分?需要说明的是,基于邻域的协同过滤算法又称为基于记忆的协同过滤(memory-based CF)算法,但是前者更能体现算法的本质。为了介绍基于邻域的方法的设计思路,这里补充如表 2-2 所示的一些在基于邻域的方法中用到的符号及其说明。

表 2-2 基于邻域的方法中用到的符号及其说明

符 号	说 明
K	用户或物品的最近邻居数
$\mathcal{N}_j$	物品 j 的 top-K 最近邻的集合
$\mathcal{N}_u$	用户 u 的 top-K 最近邻的集合

2.3.1 基于用户的协同过滤

1. 相似度度量

用户 u 和用户 w 之间的皮尔逊相关系数(Pearson correlation coefficient,PCC)的定义为:

$$s_{wu}=\frac{\sum_{k\in\mathcal{I}_w\cap\mathcal{I}_u}(r_{uk}-\bar{r}_u)(r_{wk}-\bar{r}_w)}{\sqrt{\sum_{k\in\mathcal{I}_w\cap\mathcal{I}_u}(r_{uk}-\bar{r}_u)^2}\sqrt{\sum_{k\in\mathcal{I}_w\cap\mathcal{I}_u}(r_{wk}-\bar{r}_w)^2}}$$

其中,$\bar{r}_u$ 和 $\bar{r}_w$ 分别是用户 u 和用户 w 的平均评分,它们的定义与 2.2.1 节中的相同,$\mathcal{I}_w\cap\mathcal{I}_u$是用户 u 和用户 w 共同评过分的物品集合。PCC 的值会被限制在[−1,1]区间。

2. 邻居选择

在 UCF 中,选择 top-K 最近邻的步骤如下:第一步,获取用户 u 的 $s_{wu}\neq 0$ 的邻居,记为$\mathcal{N}_u$(在实际中,由于过高的空间成本,通常使用一个较大的$\mathcal{N}_u$作为候选用户集,而不使用所有邻居);第二步,获取对物品 j 评过分的用户,记为$\mathcal{U}_j$;第三步,从集合$\mathcal{U}_j\cap\mathcal{N}_u$获取用户 u 的 top-K 最近邻的集合(假设要预测 $\hat{r}_{uj}$ 的值),记为$\mathcal{N}_u^j\subseteq\mathcal{U}_j\cap\mathcal{N}_u$,其中$|\mathcal{N}_u^j|=K$。注意,$K$ 是一个需要调节的参数,例如 $K\in\{20,30,40,50,100\}$,当我们找不到 K 个最近邻时,可以考虑使用尽可能多的邻居。需要说明的是,$\mathcal{N}_u^j$ 取决于用户 u 和物品 j。

3. 预测公式

在 UCF 中,用户 u 对物品 j 的预测评分为:

$$\hat{r}_{uj}=\bar{r}_u+\frac{\sum_{w\in\mathcal{N}_u^j}s_{wu}(r_{wj}-\bar{r}_w)}{\sum_{w\in\mathcal{N}_u^j}s_{wu}}$$

其中,$\bar{r}_u$ 和 $\bar{r}_w$ 分别是用户 u 和用户 w 的平均评分,等号右侧第二项表示关于物品 j 的定义在用户 u 的近邻上的偏置(结合不同近邻 w 与用户 u 的相似度)。需要注意的是,s_{wu} 的值可能为负,因此我们也可以使用如下的预测公式:

$$\hat{r}_{uj}=\bar{r}_u+\frac{\sum_{w\in\mathcal{N}_u^j}s_{wu}(r_{wj}-\bar{r}_w)}{\sum_{w\in\mathcal{N}_u^j}|s_{wu}|}$$

并且,当$\mathcal{N}_u^j=\varnothing$时,$\hat{r}_{uj}$ 的默认值是 $\bar{r}_u$。

需要说明的是，在选择 top-K 最近邻的第一步中，限制 $s_{wu}>0$ 有时可以获得比较好的结果。

2.3.2　基于物品的协同过滤

1. 相似度度量

调整后的物品 k 和物品 j 之间的余弦相似度(adjusted cosine similarity，ACS)的定义为：

$$s_{kj}=\frac{\sum_{u\in\mathcal{U}_k\cap\mathcal{U}_j}(r_{uk}-\bar{r}_u)(r_{uj}-\bar{r}_u)}{\sqrt{\sum_{u\in\mathcal{U}_k\cap\mathcal{U}_j}(r_{uk}-\bar{r}_u)^2}\sqrt{\sum_{u\in\mathcal{U}_k\cap\mathcal{U}_j}(r_{uj}-\bar{r}_u)^2}}$$

其中，$\bar{r}_u$ 是用户 u 的平均评分，其定义与 2.2.1 节相同，$\mathcal{U}_k\cap\mathcal{U}_j$ 是对物品 k 和物品 j 都评过分的用户集合。ACS 的值会被限制在[−1，1]区间。注意，物品 k 和物品 j 的余弦相似度原本的定义为：

$$s_{kj}=\frac{\sum_{u\in\mathcal{U}_k\cap\mathcal{U}_j}r_{uk}r_{uj}}{\sqrt{\sum_{u\in\mathcal{U}_k\cap\mathcal{U}_j}r_{uk}^2}\sqrt{\sum_{u\in\mathcal{U}_k\cap\mathcal{U}_j}r_{uj}^2}}$$

2. 邻居选择

在 ICF 中，选择 top-K 最近邻的步骤如下：第一步，获取物品 j 的 $s_{kj}\neq 0$ 的邻居，记为$\mathcal{N}_j$(在实际中，由于过高的空间成本，通常使用一个较大的$\mathcal{N}_j$ 作为候选物品集而不使用所有邻居)；第二步，获取用户 u 评过分的物品，记为$\mathcal{J}_u$；第三步，从集合 $\mathcal{J}_u\cap\mathcal{N}_j$ 获取物品 j 的 top-K 最近邻的集合(假设要预测 $\hat{r}_{uj}$ 的值)，记为$\mathcal{N}_j^u\subseteq\mathcal{J}_u\cap\mathcal{N}_j$，其中 $|\mathcal{N}_j^u|=K$。类似地，我们可以发现，$\mathcal{N}_j^u$ 同时取决于物品 j 和用户 u。

3. 预测公式

在 ICF 中，用户 u 对物品 j 的预测评分为：

$$\hat{r}_{uj}=\frac{\sum_{k\in\mathcal{N}_j^u}s_{kj}r_{uk}}{\sum_{k\in\mathcal{N}_j^u}s_{kj}}$$

其中，$\hat{r}_{uj}$ 表示用户 u 对物品 j 的 top-K 近邻的加权平均评分(结合不同近邻 k 与物品 j 的相似度)。注意，当$\mathcal{N}_j^u=\varnothing$时，$\hat{r}_{uj}$ 的默认值是 $\bar{r}_u$。

2.3.3　混合协同过滤

在混合协同过滤(hybrid CF)算法中，将 UCF 的预测评分与 ICF 的预测评分相结合，得到混合的预测评分：

$$\hat{r}_{uj}=\lambda^{\mathrm{UCF}}\hat{r}_{uj}^{\mathrm{UCF}}+(1-\lambda^{\mathrm{UCF}})\hat{r}_{uj}^{\mathrm{ICF}}$$

其中，λ^{UCF} 是一个权衡参数，$0 \leqslant \lambda^{\mathrm{UCF}} \leqslant 1$。

2.3.4 讨论

基于邻域的方法有着合理的假设，具有较好的可解释性。在实际使用时，有一些值得注意的地方，例如：①当被用户 u 和用户 w 共同评过分的物品的数量（即 $|\mathcal{J}_w \cap \mathcal{J}_u|$）较小时，计算得到的相似度可能不可靠；②对热门物品的相似评分相较于对不热门物品的相似评分，前者的可靠性较低，因为后者通常更能体现用户的个性化偏好；③物品相似度通常比用户相似度更加稳定，因为用户的偏好往往更具有动态性。另外，还有许多其他相似度度量方法和诸如归一化（参见 4.3.1 节）等相关技巧可以考虑。

2.4 基于矩阵分解的方法

容易看出，前面介绍的基于均值填充的方法和基于邻域的方法都存在不同的局限性。在 2.2 节介绍的基于均值填充的方法没有模型或参数的学习过程，且其中的某些变体不能实现个性化推荐（例如，使用物品平均 $\hat{r}_{ui} = \bar{r}_i$ 来预测评分）。在 2.3 节介绍的基于邻域的方法不能捕捉信息的传递性（transitivity），也就是说，如果两个用户没有共同评过分的物品（尽管他们可能有一些共同的邻居），那么他们就不会被关联起来。而且，基于邻域的方法效率较低，因为我们必须计算每一对用户或物品之间的相似度。本节介绍的基于矩阵分解的方法能解决以上不足，进而实现比较高效和准确的个性化推荐。

2.4.1 概率矩阵分解

1. 预测公式与优化目标

如图 2-2 所示，概率矩阵分解（probabilistic matrix factorization，PMF）算法[3]将一个完整的评分矩阵分解为表示用户特征和物品特征的两个矩阵的乘积的形式。在 PMF 算法中，用户 u 对物品 i 的预测评分的计算公式为：

$$\hat{r}_{ui} = \boldsymbol{U}_{u\cdot} \boldsymbol{V}_{i\cdot}^{\mathrm{T}} = \sum_{k=1}^{d} U_{uk} V_{ik} \tag{2-1}$$

其中，$\boldsymbol{U}_{u\cdot} \in \mathbb{R}^{1\times d}$ 和 $\boldsymbol{V}_{i\cdot} \in \mathbb{R}^{1\times d}$ 分别是用户 u 和物品 i 的 d 维潜在特征向量。

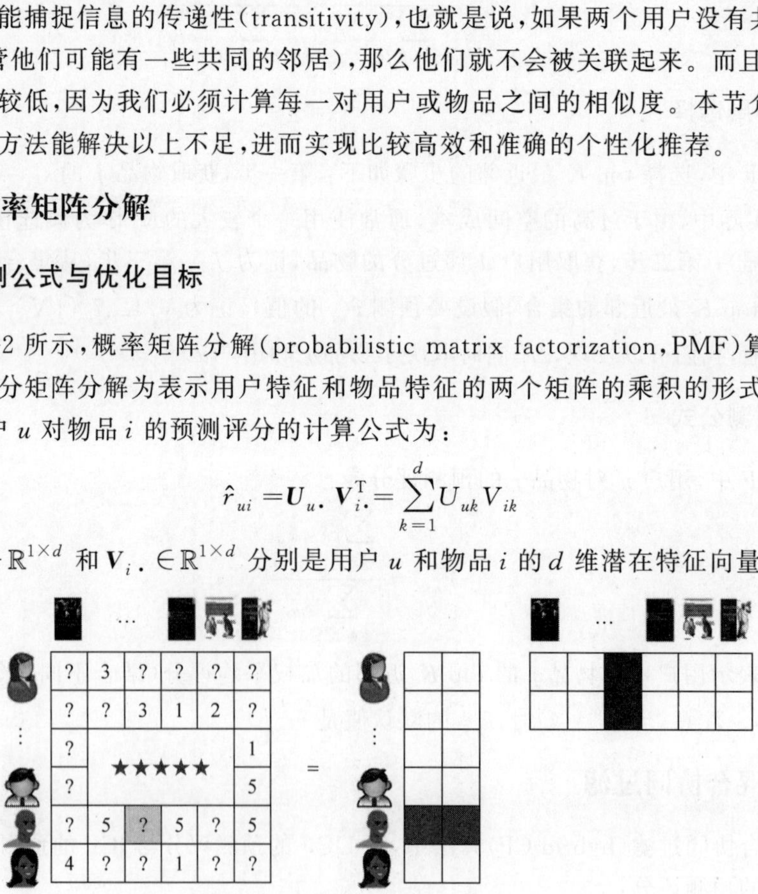

图 2-2 PMF 算法的模型结构示意图（见彩插）

为了详细介绍 PMF 算法的学习过程，我们在表 2-3 中给出了一些在基于矩阵分解的方法中常用的符号及其说明。

表 2-3 基于矩阵分解的方法中用到的符号及其说明

符 号	说 明
$\boldsymbol{R}\in\{G\cup ?\}^{n\times m}$	评分矩阵
$\boldsymbol{U}\in\mathbb{R}^{n\times d}$	用户的潜在特征矩阵
$\boldsymbol{V}\in\mathbb{R}^{m\times d}$	物品的潜在特征矩阵
$\boldsymbol{U}_{u\cdot}\in\mathbb{R}^{1\times d}$	用户的潜在特征向量
$\boldsymbol{V}_{i\cdot}\in\mathbb{R}^{1\times d}$	物品的潜在特征向量
$d\in\mathbb{R}$	潜在特征向量的维度
$\alpha_{\mathrm{u}},\alpha_{\mathrm{v}},\beta_{\mathrm{u}},\beta_{\mathrm{v}}$	正则化项上的权衡参数
T	算法的迭代次数
$\mu\in\mathbb{R}$	全局平均评分值
$b_u\in\mathbb{R}$	用户偏置
$b_i\in\mathbb{R}$	物品偏置

PMF 算法的优化目标如下：

$$\min_{\Theta}\sum_{u=1}^{n}\sum_{i=1}^{m}y_{ui}\left[\frac{1}{2}(r_{ui}-\boldsymbol{U}_{u\cdot}\boldsymbol{V}_{i\cdot}^{\mathrm{T}})^2+\frac{\alpha_{\mathrm{u}}}{2}\|\boldsymbol{U}_{u\cdot}\|^2+\frac{\alpha_{\mathrm{v}}}{2}\|\boldsymbol{V}_{i\cdot}\|^2\right]$$

其中，$\Theta=\{\boldsymbol{U},\boldsymbol{V}\}$是要学习的参数的集合；$\boldsymbol{U}\in\mathbb{R}^{n\times d}$ 和 $\boldsymbol{V}\in\mathbb{R}^{m\times d}$ 分别是用户的潜在特征矩阵和物品的潜在特征矩阵。在这里，我们要同时最小化 RMSE 损失$\frac{1}{2}(r_{ui}-\boldsymbol{U}_{u\cdot}\boldsymbol{V}_{i\cdot}^{\mathrm{T}})^2$，以及关于模型参数的正则化项$\frac{\alpha_{\mathrm{u}}}{2}\|\boldsymbol{U}_{u\cdot}\|^2+\frac{\alpha_{\mathrm{v}}}{2}\|\boldsymbol{V}_{i\cdot}\|^2$。

2. 使用交替最小二乘法求解

下面介绍使用交替最小二乘(alternating least squares，ALS)方法学习 PMF 算法中的模型参数的过程。记 $f=\sum_{u=1}^{n}\sum_{i=1}^{m}y_{ui}\left[\frac{1}{2}(r_{ui}-\boldsymbol{U}_{u\cdot}\boldsymbol{V}_{i\cdot}^{\mathrm{T}})^2+\frac{\alpha_{\mathrm{u}}}{2}\|\boldsymbol{U}_{u\cdot}\|^2+\frac{\alpha_{\mathrm{v}}}{2}\|\boldsymbol{V}_{i\cdot}\|^2\right]$，我们有参数 $\boldsymbol{U}_{u\cdot}$ 的梯度：

$$\begin{aligned}\nabla\boldsymbol{U}_{u\cdot}=\frac{\partial f}{\partial\boldsymbol{U}_{u\cdot}}&=\sum_{i=1}^{m}y_{ui}\left[-(r_{ui}-\boldsymbol{U}_{u\cdot}\boldsymbol{V}_{i\cdot}^{\mathrm{T}})\boldsymbol{V}_{i\cdot}+\alpha_{\mathrm{u}}\boldsymbol{U}_{u\cdot}\right]\\&=\boldsymbol{U}_{u\cdot}\left[\sum_{i=1}^{m}y_{ui}(\boldsymbol{V}_{i\cdot}^{\mathrm{T}}\boldsymbol{V}_{i\cdot}+\alpha_u\boldsymbol{I})\right]-\sum_{i=1}^{m}y_{ui}r_{ui}\boldsymbol{V}_{i\cdot}\end{aligned}$$

其中，$\boldsymbol{I}$ 是一个大小为 $d\times d$ 的单位矩阵。令$\nabla\boldsymbol{U}_{u\cdot}=0$，可以得到对于每个用户 u 的更新公式(update rule)：

$$\boldsymbol{U}_{u\cdot}=\boldsymbol{b}_u\boldsymbol{A}_u^{-1}\tag{2-2}$$

其中，$\boldsymbol{b}_u=\sum_{i=1}^{m}y_{ui}r_{ui}\boldsymbol{V}_{i\cdot}$，$\boldsymbol{A}_u=\sum_{i=1}^{m}y_{ui}(\boldsymbol{V}_{i\cdot}^{\mathrm{T}}\boldsymbol{V}_{i\cdot}+\alpha_u\boldsymbol{I})$。

同理，我们有参数 $\boldsymbol{V}_{i\cdot}$ 的梯度：

$$\nabla \boldsymbol{V}_{i\cdot} = \frac{\partial f}{\partial \boldsymbol{V}_{i\cdot}} = \sum_{u=1}^{n} y_{ui} \left[-(r_{ui} - \boldsymbol{U}_{u\cdot} \boldsymbol{V}_{i\cdot}^{\mathrm{T}}) \boldsymbol{U}_{u\cdot} + \alpha_{\mathrm{v}} \boldsymbol{V}_{i\cdot} \right]$$

$$= \boldsymbol{V}_{i\cdot} \left[\sum_{u=1}^{n} y_{ui} (\boldsymbol{U}_{u\cdot}^{\mathrm{T}} \boldsymbol{U}_{u\cdot} + \alpha_{\mathrm{v}} \boldsymbol{I}) \right] - \sum_{u=1}^{n} y_{ui} r_{ui} \boldsymbol{U}_{u\cdot}$$

令 $\nabla \boldsymbol{V}_{i\cdot} = 0$，可以得到对于每个物品 i 的更新公式：

$$\boldsymbol{V}_{i\cdot} = \boldsymbol{b}_i \boldsymbol{A}_i^{-1} \tag{2-3}$$

其中，$\boldsymbol{b}_i = \sum_{u=1}^{n} y_{ui} r_{ui} \boldsymbol{U}_{u\cdot}$，$\boldsymbol{A}_i = \sum_{u=1}^{n} y_{ui} (\boldsymbol{U}_{u\cdot}^{\mathrm{T}} \boldsymbol{U}_{u\cdot} + \alpha_{\mathrm{v}} \boldsymbol{I})$。

PMF 算法的 ALS 解法的流程如算法 2-1 所示。

算法 2-1　PMF 算法的 ALS 解法

1. 初始化模型参数 Θ
2. **for** $t=1,2,\cdots,T$ **do**
3. 　　**for** $u=1,2,\cdots,n$ **do**
4. 　　　　计算 $\boldsymbol{U}_{u\cdot}$ 的梯度
5. 　　　　根据式(2-2)更新 $\boldsymbol{U}_{u\cdot}$
6. 　　**end for**
7. 　　**for** $i=1,2,\cdots,m$ **do**
8. 　　　　计算 $\boldsymbol{V}_{i\cdot}$ 的梯度
9. 　　　　根据式(2-3)更新 $\boldsymbol{V}_{i\cdot}$
10. 　　**end for**
11. **end for**

3. 使用随机梯度下降法求解

下面介绍使用随机梯度下降(stochastic gradient descent，SGD)方法学习 PMF 算法中的模型参数的过程。对于一个随机采样的评分记录 (u,i,r_{ui})，记 $f_{ui} = \frac{1}{2}(r_{ui} - \boldsymbol{U}_{u\cdot} \boldsymbol{V}_{i\cdot}^{\mathrm{T}})^2 + \frac{\alpha_{\mathrm{u}}}{2} \|\boldsymbol{U}_{u\cdot}\|^2 + \frac{\alpha_{\mathrm{v}}}{2} \|\boldsymbol{V}_{i\cdot}\|^2$，有如下的参数 $\boldsymbol{U}_{u\cdot}$ 和 $\boldsymbol{V}_{i\cdot}$ 的梯度：

$$\nabla \boldsymbol{U}_{u\cdot} = \frac{\partial f_{ui}}{\partial \boldsymbol{U}_{u\cdot}} = -(r_{ui} - \boldsymbol{U}_{u\cdot} \boldsymbol{V}_{i\cdot}^{\mathrm{T}}) \boldsymbol{V}_{i\cdot} + \alpha_{\mathrm{u}} \boldsymbol{U}_{u\cdot}$$

$$\nabla \boldsymbol{V}_{i\cdot} = \frac{\partial f_{ui}}{\partial \boldsymbol{V}_{i\cdot}} = -(r_{ui} - \boldsymbol{U}_{u\cdot} \boldsymbol{V}_{i\cdot}^{\mathrm{T}}) \boldsymbol{U}_{u\cdot} + \alpha_{\mathrm{v}} \boldsymbol{V}_{i\cdot}$$

然后，有如下更新公式：

$$\boldsymbol{U}_{u\cdot} = \boldsymbol{U}_{u\cdot} - \gamma \nabla \boldsymbol{U}_{u\cdot} \tag{2-4}$$

$$\boldsymbol{V}_{i\cdot} = \boldsymbol{V}_{i\cdot} - \gamma \nabla \boldsymbol{V}_{i\cdot} \tag{2-5}$$

其中，γ 是学习率，$\gamma > 0$。

PMF 算法的 SGD 解法的流程如算法 2-2 所示。

算法 2-2 PMF 算法的 SGD 解法

初始化模型参数 Θ
for $t=1,2,\cdots,T$ **do**
  for $t_2=1,2,\cdots,|\mathcal{R}|$ **do**
    随机选取一个评分记录(u,i,r_{ui})
    计算参数梯度
    根据式(2-4)～式(2-5)更新模型参数
  end for
  减小学习率 $\gamma \leftarrow \gamma \times 0.9$
end for

4. RSVD 算法

在 PMF 算法的基础上，进一步在预测公式(见式(2-1))中引入用户偏置、物品偏置和全局平均信息，就得到了正则化奇异值分解(regularized Singular value decomposition，RSVD)算法[4]。在 RSVD 算法中，用户 u 对物品 i 的预测评分为：

$$\hat{r}_{ui}=\mu+b_u+b_i+\boldsymbol{U}_{u\cdot}\boldsymbol{V}_{i\cdot}^{\mathrm{T}} \tag{2-6}$$

其中，新引入的 $\mu\in\mathbb{R}$、$b_u\in\mathbb{R}$ 和 $b_i\in\mathbb{R}$ 分别表示全局平均评分值、用户 u 的偏置和物品 i 的偏置。

RSVD 算法的优化问题可以表示为：

$$\min_{\Theta}\sum_{u=1}^{n}\sum_{i=1}^{m}y_{ui}\left[\frac{1}{2}(r_{ui}-\hat{r}_{ui})^2+\frac{\alpha_{\mathrm{u}}}{2}\|\boldsymbol{U}_{u\cdot}\|^2+\frac{\alpha_{\mathrm{v}}}{2}\|\boldsymbol{V}_{i\cdot}\|^2+\frac{\beta_{\mathrm{u}}}{2}b_u^2+\frac{\beta_{\mathrm{v}}}{2}b_i^2\right]$$

其中，$\Theta=\{\boldsymbol{U}_{u\cdot},\boldsymbol{V}_{i\cdot},b_u,b_i,\mu\,|\,u=1,2,\cdots,n;i=1,2,\cdots,m\}$是模型参数。

考虑到训练效率和预测准确率，我们使用 SGD 方法对 RSVD 算法进行求解。对于一个随机采样的评分记录(u,i,r_{ui})，记 $f_{ui}=\frac{1}{2}(r_{ui}-\hat{r}_{ui})^2+\frac{\alpha_{\mathrm{u}}}{2}\|\boldsymbol{U}_{u\cdot}\|^2+\frac{\alpha_{\mathrm{v}}}{2}\|\boldsymbol{V}_{i\cdot}\|^2+\frac{\beta_{\mathrm{u}}}{2}b_u^2+\frac{\beta_{\mathrm{v}}}{2}b_i^2$。关于模型的参数，有如下梯度：

$$\nabla\boldsymbol{U}_{u\cdot}=\frac{\partial f_{ui}}{\partial\boldsymbol{U}_{u\cdot}}=-e_{ui}\boldsymbol{V}_{i\cdot}+\alpha_{\mathrm{u}}\boldsymbol{U}_{u\cdot}$$

$$\nabla\boldsymbol{V}_{i\cdot}=\frac{\partial f_{ui}}{\partial\boldsymbol{V}_{i\cdot}}=-e_{ui}\boldsymbol{U}_{u\cdot}+\alpha_{\mathrm{v}}\boldsymbol{V}_{i\cdot}$$

$$\nabla b_u=\frac{\partial f_{ui}}{\partial b_u}=-e_{ui}+\beta_{\mathrm{u}}b_u$$

$$\nabla b_i=\frac{\partial f_{ui}}{\partial b_i}=-e_{ui}+\beta_{\mathrm{v}}b_i$$

$$\nabla\mu=\frac{\partial f_{ui}}{\partial\mu}=-e_{ui}$$

其中，$e_{ui}=r_{ui}-\hat{r}_{ui}$。

更新公式如下：

$$\boldsymbol{U}_{u\cdot}=\boldsymbol{U}_{u\cdot}-\gamma\nabla\boldsymbol{U}_{u\cdot} \tag{2-7}$$

$$\boldsymbol{V}_{i\cdot}=\boldsymbol{V}_{i\cdot}-\gamma\nabla\boldsymbol{V}_{i\cdot} \tag{2-8}$$

$$b_u=b_u-\gamma\nabla b_u \tag{2-9}$$

$$b_i=b_i-\gamma\nabla b_i \tag{2-10}$$

$$\mu=\mu-\gamma\nabla\mu \tag{2-11}$$

其中，γ 是学习率，$\gamma>0$。

RSVD算法的算法流程如算法2-3所示。

算法2-3　RSVD算法

1. 初始化模型参数 Θ
2. **for** $t=1,2,\cdots,T$ **do**
3. 　　**for** $t_2=1,2,\cdots,|\mathcal{R}|$ **do**
4. 　　　　随机选取一个评分记录(u,i,r_{ui})
5. 　　　　计算模型参数的梯度
6. 　　　　根据式(2-7)～式(2-11)更新模型参数
7. 　　**end for**
8. 　　减小学习率 $\gamma\leftarrow\gamma\times0.9$
9. **end for**

5. 参数初始化与超参数设置

在基于矩阵分解的方法的学习过程中，我们需要在一开始时对模型参数进行初始化，具体如下：

$$U_{uk}=(r-0.5)\times0.01,\quad k=1,2,\cdots,d$$

$$V_{ik}=(r-0.5)\times0.01,\quad k=1,2,\cdots,d$$

$$\mu=\frac{\sum_{u=1}^{n}\sum_{i=1}^{m}y_{ui}r_{ui}}{\sum_{u=1}^{n}\sum_{i=1}^{m}y_{ui}}\quad(\text{在 RSVD 算法中})$$

$$b_u=\frac{\sum_{i=1}^{m}y_{ui}(r_{ui}-\mu)}{\sum_{i=1}^{m}y_{ui}}\quad(\text{在 RSVD 算法中})$$

$$b_i=\frac{\sum_{u=1}^{n}y_{ui}(r_{ui}-\mu)}{\sum_{u=1}^{n}y_{ui}}\quad(\text{在 RSVD 算法中})$$

其中，r 表示一个随机数，$0\leqslant r<1$。

为了获得初步的实验结果，我们可以初始化学习率 γ 为 0.01，固定潜在特征向量的维度 $d=20$，权衡参数 $\alpha_{\mathrm{u}}=\alpha_{\mathrm{v}}=\beta_{\mathrm{u}}=\beta_{\mathrm{v}}=0.01$ 以及迭代次数 $T=100$。

2.4.2 改进的奇异值分解

SVD++算法[5]是在 RSVD 算法的基础上进行改进的，它同时从两个不同的角度来看待评分行为，即既考虑用户对物品的具体评分(偏好值)，又把用户对哪些物品有过评分行为当作该用户的一种虚拟属性。除了表 2-1 和表 2-3 中的符号，在 SVD++算法中还需要用到如表 2-4 所示的一些符号。

表 2-4 SVD++算法中用到的符号及其说明(补充)

符 号	说 明
$\widetilde{\boldsymbol{R}}\in\{1,0\}^{n\times m}$	单类反馈矩阵
$\boldsymbol{W}\in\mathbb{R}^{m\times d}$	新的物品的潜在特征矩阵
$\boldsymbol{W}_{i'\cdot}\in\mathbb{R}^{1\times d}$	新的物品的潜在特征向量

1. 预测公式与优化目标

在 SVD++算法[5]中，用户 u 对物品 i 的预测评分为：

$$\hat{r}_{ui}=\boldsymbol{U}_{u\cdot}\boldsymbol{V}_{i\cdot}^{\mathrm{T}}+\widetilde{\boldsymbol{U}}_{u\cdot}^{-i}\boldsymbol{V}_{i\cdot}^{\mathrm{T}}+b_u+b_i+\mu \tag{2-12}$$

其中，$\boldsymbol{U}_{u\cdot}\boldsymbol{V}_{i\cdot}^{\mathrm{T}}$ 是对评分矩阵 $\boldsymbol{R}$ 进行分解的结果，与 PMF 算法(见式(2-1))和 RSVD 算法(见式(2-6))中的含义相同；$\widetilde{\boldsymbol{U}}_{u\cdot}^{-i}\boldsymbol{V}_{i\cdot}^{\mathrm{T}}$ 是对单类反馈矩阵 $\widetilde{\boldsymbol{R}}$ 进行分解的结果。需要特别说明的是，当只有评分数据时，$\widetilde{\boldsymbol{R}}$ 中的第 u 行、第 i 列的元素表示用户 u 对物品 i 是否有过评分行为，即与 y_{ui} 等价，而此时 $\widetilde{\boldsymbol{U}}_{u\cdot}^{-i}\boldsymbol{V}_{i\cdot}^{\mathrm{T}}$ 与受约束的概率矩阵分解(constrained PMF)[3]中的约束项一致(仅归一化方式不同)。全局平均评分值 $\mu\in\mathbb{R}$、用户偏置 $b_u\in\mathbb{R}$ 和物品偏置 $b_i\in\mathbb{R}$ 的定义与 RSVD 算法(见式(2-6))中的相同。新引入的表示用户 u 的一种虚拟属性的 $\widetilde{\boldsymbol{U}}_{u\cdot}^{-i}\in\mathbb{R}^{1\times d}$ 的计算公式为：

$$\widetilde{\boldsymbol{U}}_{u\cdot}^{-i}=\frac{1}{\sqrt{|\mathcal{J}_u\backslash\{i\}|}}\sum_{i'\in\mathcal{J}_u\backslash\{i\}}\boldsymbol{W}_{i'\cdot}$$

其中，$\boldsymbol{W}_{i'\cdot}\in\mathbb{R}^{1\times d}$ 是物品 i' 的一种新的潜在特征向量。可以这样理解，$\widetilde{\boldsymbol{U}}_{u\cdot}^{-i}$ 是对用户 u 交互过的物品(除了待预测的物品 i 以外)$i'\in\mathcal{J}_u\backslash\{i\}$ 的潜在特征求平均得到的结果。

SVD++算法的优化问题可以表示为：

$$\min_{\Theta}\sum_{u=1}^{n}\sum_{i=1}^{m}y_{ui}\left[\frac{1}{2}(r_{ui}-\hat{r}_{ui})^2+\mathrm{reg}(\boldsymbol{U}_{u\cdot},\boldsymbol{V}_{i\cdot},b_u,b_i,\boldsymbol{W})\right]$$

其中，$\mathrm{reg}(\boldsymbol{U}_{u\cdot},\boldsymbol{V}_{i\cdot},b_u,b_i,\boldsymbol{W})=\frac{\alpha_{\mathrm{u}}}{2}\|\boldsymbol{U}_{u\cdot}\|^2+\frac{\alpha_{\mathrm{v}}}{2}\|\boldsymbol{V}_{i\cdot}\|^2+\frac{\beta_{\mathrm{u}}}{2}b_u^2+\frac{\beta_{\mathrm{v}}}{2}b_i^2+\frac{\alpha_{\mathrm{w}}}{2}\sum_{i'\in\mathcal{J}_u\backslash\{i\}}\|\boldsymbol{W}_{i'\cdot}\|^2$，是用于防止过拟合的正则化项；$\Theta=\{\boldsymbol{U}_{u\cdot},\boldsymbol{V}_{i\cdot},b_u,b_i,\mu,\boldsymbol{W}_{i\cdot}\mid u=1,$

$2,\cdots,n;i=1,2,\cdots,m\}$，是要学习的模型参数。

2. 梯度、更新公式与算法流程

我们依然使用 SGD 方法来训练模型。记 $f_{ui}=\frac{1}{2}(r_{ui}-\hat{r}_{ui})^2+\mathrm{reg}(\boldsymbol{U}_{u\cdot},\boldsymbol{V}_{i\cdot},b_u,b_i,\boldsymbol{W})$，有以下梯度：

$$\nabla \boldsymbol{U}_{u\cdot}=\frac{\partial f_{ui}}{\partial \boldsymbol{U}_{u\cdot}}=-e_{ui}\boldsymbol{V}_{i\cdot}+\alpha_{\mathrm{u}}\boldsymbol{U}_{u\cdot} \tag{2-13}$$

$$\nabla \boldsymbol{V}_{i\cdot}=\frac{\partial f_{ui}}{\partial \boldsymbol{V}_{i\cdot}}=-e_{ui}(\boldsymbol{U}_{u\cdot}+\tilde{\boldsymbol{U}}_{u\cdot}^{-i})+\alpha_{\mathrm{v}}\boldsymbol{V}_{i\cdot} \tag{2-14}$$

$$\nabla b_u=\frac{\partial f_{ui}}{\partial b_u}=-e_{ui}+\beta_{\mathrm{u}}b_u \tag{2-15}$$

$$\nabla b_i=\frac{\partial f_{ui}}{\partial b_i}=-e_{ui}+\beta_{\mathrm{v}}b_i \tag{2-16}$$

$$\nabla \mu=\frac{\partial f_{ui}}{\partial \mu}=-e_{ui} \tag{2-17}$$

$$\nabla \boldsymbol{W}_{i'\cdot}=\frac{\partial f_{ui}}{\partial \boldsymbol{W}_{i\cdot}}=-\frac{e_{ui}}{\sqrt{|\mathcal{J}_u\backslash\{i\}|}}\boldsymbol{V}_{i\cdot}+\alpha_{\mathrm{w}}\boldsymbol{W}_{i'\cdot},\quad i'\in\mathcal{J}_u\backslash\{i\} \tag{2-18}$$

其中，$e_{ui}=r_{ui}-\hat{r}_{ui}$。

更新公式如下：

$$\theta=\theta-\gamma\nabla\theta \tag{2-19}$$

其中，γ 是学习率，$\gamma>0$，θ 可以是 $\boldsymbol{U}_{u\cdot},\boldsymbol{V}_{i\cdot},b_u,b_i,\mu,\boldsymbol{W}_{i'\cdot}$。

SVD++算法的算法流程如算法 2-4 所示。

算法 2-4 SVD++算法

---

1. 初始化模型参数 Θ
2. **for** $t=1,2,\cdots,T$ **do**
3.   **for** $t_2=1,2,\cdots,|\mathcal{R}|$ **do**
4.   随机选取一个评分记录(u,i,r_{ui})
5.   根据式(2-13)～式(2-18)计算模型参数的梯度
6.   根据式(2-19)更新模型参数
7.   **end for**
8.   减小学习率 $\gamma\leftarrow\gamma\times0.9$
9. **end for**

---

3. 参数初始化与超参数设置

我们可以使用训练数据的统计特征来对模型参数进行初始化，具体如下：

$$U_{uk}=(r-0.5)\times 0.01,\quad k=1,2,\cdots,d$$

$$V_{ik}=(r-0.5)\times 0.01,\quad k=1,2,\cdots,d$$

$$W_{i'k}=(r-0.5)\times 0.01,\quad k=1,2,\cdots,d$$

$$\mu=\frac{\sum_{u=1}^{n}\sum_{i=1}^{m}y_{ui}r_{ui}}{\sum_{u=1}^{n}\sum_{i=1}^{m}y_{ui}}$$

$$b_u=\frac{\sum_{i=1}^{m}y_{ui}(r_{ui}-\mu)}{\sum_{i=1}^{m}y_{ui}}$$

$$b_i=\frac{\sum_{u=1}^{n}y_{ui}(r_{ui}-\mu)}{\sum_{u=1}^{n}y_{ui}}$$

其中，r 表示一个随机数，$0\leqslant r<1$。

为了获得初步的实验结果，我们可以初始化学习率 γ 为 0.01，固定潜在特征向量的维度 $d=20$，权衡参数 $\alpha_{\mathrm{u}}=\alpha_{\mathrm{v}}=\alpha_{\mathrm{w}}=\beta_{\mathrm{u}}=\beta_{\mathrm{v}}=0.01$ 以及迭代次数 $T=100$。

4. 讨论

我们可以在单类反馈矩阵 $\tilde{\boldsymbol{R}}$ 中引入一种新的单类隐式反馈数据（例如点击行为数据），用于辅助评分预测。如此看来，SVD++算法能将显式反馈建模与隐式反馈建模无缝地融合在一起。通过扩展预测公式（如式(2-12)）的方式来融入其他信息，也是社交推荐(social recommendation)[11]等问题建模的一个重要思路。此外，容易理解，当不同的用户评过分的物品比较相似的时候，在 SVD++算法中学习的用户属性 $\tilde{\boldsymbol{U}}_{u\cdot}^{-i}$ 也会比较相似，因此 SVD++算法也可以看作一种将基于矩阵分解的方法与基于邻域的方法结合起来的方法。

2.4.3 结合多类偏好上下文的矩阵分解

结合多类偏好上下文的矩阵分解(matrix factorization with multiclass preference context，MF-MPC)算法[6]是在 SVD++算法的基础上进行改进的，它将用户的不同评分看作明确的多类偏好，弥补了 SVD++算法（见 2.4.2 节）没有对不同评分进行有区别地建模的不足。除了表 2-1 和表 2-3 中的符号，MF-MPC 算法中还需要用到如表 2-5 所示的一些符号。

表 2-5　MF-MPC 算法中用到的符号及其说明(补充)

符　号	说　明
$\mathbb{M}$	多类偏好的集合，$r_{ui} \in \mathbb{M}$
$\mathcal{J}_u^r, r \in \mathbb{M}$	被用户 u 评分为 r 的物品的集合
$\boldsymbol{M}_{i'}^r \in \mathbb{R}^{1\times d}$	关于评分为 r 的物品 i' 的潜在特征向量

1. 预测公式与优化目标

在 MF-MPC 算法[6]中，用户 u 对物品 i 的预测评分为：

$$\hat{r}_{ui} = \boldsymbol{U}_{u\cdot} \boldsymbol{V}_{i\cdot}^{\mathrm{T}} + \widetilde{\boldsymbol{U}}_{u\cdot}^{\mathrm{MPC}} \boldsymbol{V}_{i\cdot}^{\mathrm{T}} + b_u + b_i + \mu \tag{2-20}$$

其中，$\widetilde{\boldsymbol{U}}_{u\cdot}^{\mathrm{MPC}}$ 替代了 SVD++算法(见式(2-12))中的 $\widetilde{\boldsymbol{U}}_{u\cdot}^{-i}$，用于表示来自多类偏好上下文(multiclass preference context，MPC)的信息，其定义是：

$$\widetilde{\boldsymbol{U}}_{u\cdot}^{\mathrm{MPC}} = \sum_{r \in \mathbb{M}} \frac{1}{\sqrt{|\mathcal{J}_u^r \setminus \{i\}|}} \sum_{i' \in \mathcal{J}_u^r \setminus \{i\}} \boldsymbol{M}_{i'\cdot}^r$$

其中，$\boldsymbol{M}_{i'\cdot}^r \in \mathbb{R}^{1\times d}$ 是一种与类别(评分)$r \in \mathbb{M}$ 相关的物品 i' 的潜在特征向量。

MF-MPC 算法的优化问题可以写作：

$$\min_{\Theta} \sum_{u=1}^{n} \sum_{i=1}^{m} y_{ui} \left[\frac{1}{2} (r_{ui} - \hat{r}_{ui})^2 + \mathrm{reg}(u,i) \right]$$

其中，$\mathrm{reg}(u,i) = \frac{\lambda}{2} \|\boldsymbol{U}_{u\cdot}\|^2 + \frac{\lambda}{2} \|\boldsymbol{V}_{i\cdot}\|^2 + \frac{\lambda}{2} b_u^2 + \frac{\lambda}{2} b_i^2 + \frac{\lambda}{2} \sum_{r \in \mathbb{M}} \sum_{i' \in \mathcal{J}_u^r \setminus \{i\}} \|\boldsymbol{M}_{i'\cdot}^r\|^2$ 是用于防止过拟合的正则化项；$\Theta = \{\boldsymbol{U}_{u\cdot}, \boldsymbol{V}_{i\cdot}, b_u, b_i, \mu, \boldsymbol{M}_{i\cdot}^r \mid u = 1,2,\cdots,n; i = 1,2,\cdots,m\}$ 是待学习的模型参数。

2. 梯度、更新公式与算法流程

有以下梯度：

$$\nabla \boldsymbol{U}_{u\cdot} = -e_{ui} \boldsymbol{V}_{i\cdot} + \lambda \boldsymbol{U}_{u\cdot} \tag{2-21}$$

$$\nabla \boldsymbol{V}_{i\cdot} = -e_{ui} (\boldsymbol{U}_{u\cdot} + \widetilde{\boldsymbol{U}}_{u\cdot}^{\mathrm{MPC}}) + \lambda \boldsymbol{V}_{i\cdot} \tag{2-22}$$

$$\nabla b_u = -e_{ui} + \lambda b_u \tag{2-23}$$

$$\nabla b_i = -e_{ui} + \lambda b_i \tag{2-24}$$

$$\nabla \mu = -e_{ui} \tag{2-25}$$

$$\nabla \boldsymbol{M}_{i'\cdot}^r = -\frac{e_{ui}}{\sqrt{|\mathcal{J}_u^r \setminus \{i\}|}} \boldsymbol{V}_{i\cdot} + \lambda \boldsymbol{M}_{i'\cdot}^r, \quad i' \in \mathcal{J}_u^r \setminus \{i\}, r \in \mathbb{M} \tag{2-26}$$

其中，$e_{ui} = r_{ui} - \hat{r}_{ui}$。

然后，有以下更新公式：

$$\theta = \theta - \gamma \nabla \theta \tag{2-27}$$

其中，γ 是学习率，$\gamma > 0$；θ 是要学习的模型参数，$\theta \in \Theta$。

MF-MPC 算法的算法流程如算法 2-5 所示。

算法 2-5　MF-MPC 算法

1. 初始化模型参数 Θ
2. **for** $t=1,2,\cdots,T$ **do**
3. 　　**for** $t_2=1,2,\cdots,|\mathcal{R}|$ **do**
4. 　　　　随机选取一个评分记录(u,i,r_{ui})
5. 　　　　根据式(2-21)～式(2-26)计算模型参数的梯度
6. 　　　　根据式(2-27)更新模型参数
7. 　　**end for**
8. 　　减小学习率 $\gamma \leftarrow \gamma \times 0.9$
9. **end for**

3. 参数初始化与超参数设置

我们可以使用训练数据的统计特征来对模型参数进行初始化，具体如下：

$$U_{uk}=(r-0.5)\times 0.01,\quad k=1,2,\cdots,d$$

$$V_{ik}=(r-0.5)\times 0.01,\quad k=1,2,\cdots,d$$

$$M_{i'k}^{p}=(r-0.5)\times 0.01,\quad p\in \mathbb{M},k=1,2,\cdots,d$$

$$\mu=\frac{\sum_{u=1}^{n}\sum_{i=1}^{m}y_{ui}r_{ui}}{\sum_{u=1}^{n}\sum_{i=1}^{m}y_{ui}}$$

$$b_u=\frac{\sum_{i=1}^{m}y_{ui}(r_{ui}-\mu)}{\sum_{i=1}^{m}y_{ui}}$$

$$b_i=\frac{\sum_{u=1}^{n}y_{ui}(r_{ui}-\mu)}{\sum_{u=1}^{n}y_{ui}}$$

其中，r 表示一个随机数，$0\leqslant r<1$。

我们可以初始化学习率 γ 为 0.01，固定潜在特征向量的维度 $d=20$ 以及迭代次数 $T=50$，并从{0.001，0.01，0.1}中选取最优的权衡参数 λ。

4. 讨论

当我们同等看待所有评分时（即$\mathbb{M}=\{1\}$时），MF-MPC 算法中的 MPC 就退化为一种单类偏好上下文（one-class preferences context，OPC），即 SVD++算法（见 2.4.2 节）中建模的上下文信息。因此，SVD++算法可以看作 MF-MPC 算法的一个特例。

从另一个角度来看，SVD++算法建模了多类偏好上下文的一种综合(粗粒度)性质，而MF-MPC算法则建模了这些多类偏好上下文的单独(细粒度)性质。k-CoFi算法[7]将这两种方法融合成了一种更通用的方法。如图2-3所示，k-CoFi算法引入了不同粒度大小 $k \in \{1,2,\cdots,|\mathbb{M}|\}$，然后依次选取连续的 k 个最小类别($r \in \mathbb{M}$)组成一些新的类别 $\mathcal{S}_k$，进而建模更多不同粒度的偏好上下文。例如，当 $\mathbb{M}=\{1,2,3,4,5\}$ 时，$\mathcal{S}_k=\{\{1,2,\cdots,k\},\{2,3,\cdots,k+1\},\cdots,\{5-k+1,\cdots,4,5\}\}$，而SVD++算法和MF-MPC算法中建模的上下文分别对应 k-CoFi算法中的 $k=5$ 和 $k=1$ 的类别组合。关于 k-CoFi算法的推导，感兴趣的读者可查阅原论文[7]。

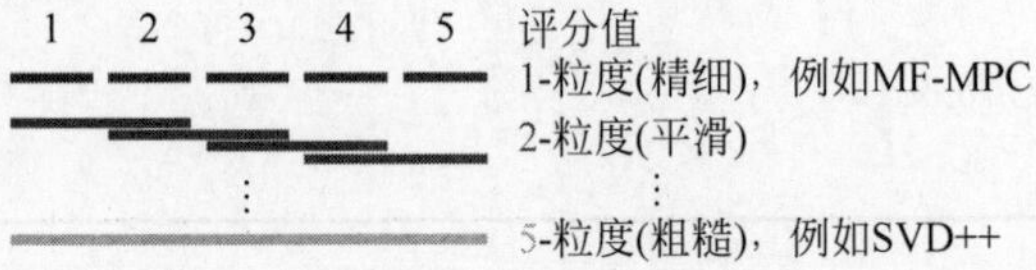

图2-3 k-CoFi算法中根据粒度大小 k 选取的分类组合的示意图(见彩插)

2.4.4 因子分解机

分解机(factorization machine，FM)算法[8]与前面的方法不同，不是直接分解一个评分矩阵，而是先将评分矩阵中的每一个交互记录转换为一个行向量，将这些行向量纵向拼接成一个新的矩阵后再进行因式分解。FM算法不仅能建模评分数据，还能建模内容数据等其他信息。表2-6补充了一些在FM算法中用到的符号及其说明。

表2-6 FM算法中用到的符号及其说明

符 号	说 明
$w_0 \in \mathbb{R}$	零阶交互的模型参数
$\boldsymbol{w} \in \mathbb{R}^{z \times 1}$	一阶交互的模型参数
$\boldsymbol{P} \in \mathbb{R}^{z \times d}$	二阶交互的模型参数
$\boldsymbol{f}_i \in \mathbb{R}^{f \times 1}$	物品 i 的描述

1. 评分数据表示

如图2-4所示，FM算法[8]将每一个观测到的用户对物品的评分记录 $(u,i,r_{ui}) \in \mathcal{R}$ 逐行写入到一个新的矩阵中，其中，每一行的前 n 个元素共同代表用户编号 u，第 $(n+1)\sim(n+m)$ 个元素共同代表物品编号 i，最后一个元素是这个记录中的评分值 r_{ui}。

也就是说，可以把原始的评分矩阵 $\boldsymbol{R} \in \{\mathbb{G} \cup \{?\}\}^{n \times m}$ 表示为一个设计矩阵 $\boldsymbol{X}$ 和一个评分向量 $\boldsymbol{r}$：

$$\boldsymbol{X} \in \{0,1\}^{p \times (n+m)}, \quad \boldsymbol{r} \in \mathbb{G}^{p \times 1}$$

其中，$p=\sum_{u=1}^{n}\sum_{i=1}^{m} y_{ui}$ 是 $\boldsymbol{R}$ 中评分的数量。对于一个评分记录 (u,i,r_{ui})，矩阵 $\boldsymbol{X}$ 中对应的行向量是：

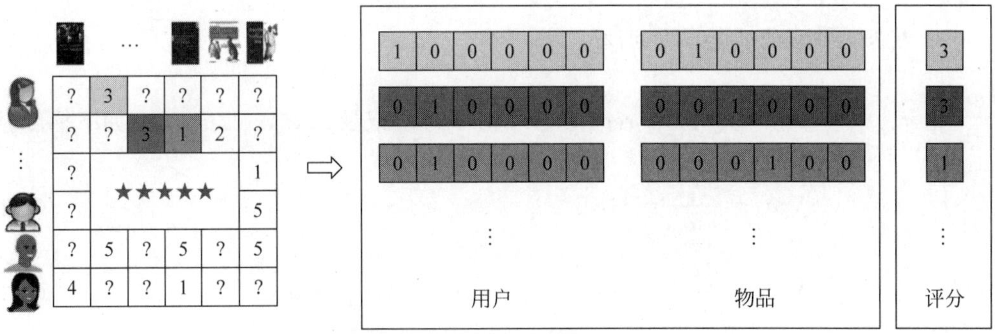

图 2-4　FM 算法中评分数据表示的示意图(见彩插)

$$\boldsymbol{x}=\left[\cdots 0\cdots \quad \underbrace{1}_{\text{第}u\text{个元素}} \quad \cdots 0\cdots \quad \underbrace{1}_{\text{第}n+i\text{个元素}} \quad \cdots 0\cdots\right]\in\{0,1\}^{1\times(n+m)}$$

其中,第 u 个元素和第 $n+i$ 个元素的值为 1(即 $x_u=x_{n+i}=1$),其他元素的值为 0。而向量 $\boldsymbol{r}$ 中对应元素的值是 r_{ui}。

2. 预测公式与优化目标

在 FM 算法[8]中,用户 u 对物品 i 的评分的预测公式为:

$$\hat{r}_{ui}=w_0+\sum_{j=1}^{n+m}w_jx_j+\sum_{j=1}^{n+m}\sum_{j'=j+1}^{n+m}x_jx_{j'}w_{jj'} \tag{2-28}$$

其中,$w_0,w_{j'},w_{jj'}\in\mathbb{R}$。上述预测公式等号右侧依次是零阶、一阶和二阶的交互关系。这里的二阶交互项的系数通常可以用两个向量的内积来近似:

$$w_{jj'}=\boldsymbol{P}_{j\cdot}\boldsymbol{P}_{j'\cdot}^{\mathrm{T}} \tag{2-29}$$

其中,$\boldsymbol{P}_{j'\cdot},\boldsymbol{P}_{j\cdot}\in\mathbb{R}^{1\times d}$。

我们把式(2-29)代入式(2-28),并且令 $\boldsymbol{P}=[\boldsymbol{U}^{\mathrm{T}}\boldsymbol{V}^{\mathrm{T}}]^{\mathrm{T}}\in\mathbb{R}^{(n+m)\times d}$($\boldsymbol{U}\in\mathbb{R}^{n\times d}$ 和 $\boldsymbol{V}\in\mathbb{R}^{m\times d}$ 的定义与表 2-3 中的相同,分别表示用户和物品的潜在特征矩阵),可以得到:

$$\begin{aligned}\hat{r}_{ui}&=w_0+\sum_{j=1}^{n+m}w_jx_j+\sum_{j=1}^{n+m}\sum_{j'=j+1}^{n+m}x_jx_{j'}\boldsymbol{P}_{j\cdot}\boldsymbol{P}_{j'\cdot}^{\mathrm{T}}\\&=w_0+w_u+w_{n+i}+\boldsymbol{P}_{u\cdot}\boldsymbol{P}_{n+i\cdot}^{\mathrm{T}}\\&\Rightarrow\mu+b_u+b_i+\boldsymbol{U}_{u\cdot}\boldsymbol{V}_{i\cdot}^{\mathrm{T}}\end{aligned} \tag{2-30}$$

需要注意的是,在这里我们只使用了评分记录的信息,因此这个预测公式与 RSVD 算法的预测公式(见式(2-6))是等价的。

FM 算法的优化问题可以写为:

$$\min_{\Theta}\sum_{u=1}^{n}\sum_{i=1}^{m}y_{ui}\left[\frac{1}{2}(r_{ui}-\hat{r}_{ui})^2+\mathrm{reg}(\boldsymbol{w},\boldsymbol{P})\right]$$

其中,$\mathrm{reg}(\boldsymbol{w},\boldsymbol{P})=\frac{\alpha_{\mathrm{w}}}{2}\sum_{j=1}^{n+m}\delta(x_j\neq 0)w_j^2+\frac{\alpha_{\mathrm{p}}}{2}\sum_{j=1}^{n+m}\delta(x_j\neq 0)\|\boldsymbol{P}_{j\cdot}\|^2$ (指示函数 $\delta(c)=\begin{cases}1, c\text{ 为真}\\0, c\text{ 为假}\end{cases}$)是用于防止过拟合的正则化项,$\Theta=\{w_0,\boldsymbol{w},\boldsymbol{P}\}$是待学习的模型参数。

3. 梯度、更新公式与算法流程

记 $f_{ui}=\frac{1}{2}(r_{ui}-\hat{r}_{ui})^2+\mathrm{reg}(\boldsymbol{w},\boldsymbol{P})$，对于每个记录$(u,i,r_{ui})\in\mathcal{R}$，有如下梯度：

$$\nabla w_0=\frac{\partial f_{ui}}{\partial w_0}=-e_{ui} \tag{2-31}$$

$$\nabla w_j=\frac{\partial f_{ui}}{\partial w_j}=-e_{ui}x_j+\alpha_{\mathrm{w}}w_j,\quad \forall x_j\neq 0 \tag{2-32}$$

$$\nabla \boldsymbol{P}_{j\cdot}=\frac{\partial f_{ui}}{\partial \boldsymbol{P}_{j\cdot}}=-e_{ui}x_j\sum_{j'\neq j}^{z}x_{j'}\boldsymbol{P}_{j'\cdot}+\alpha_{\mathrm{p}}\boldsymbol{P}_{j\cdot},\quad \forall x_j\neq 0 \tag{2-33}$$

其中，$e_{ui}=r_{ui}-\hat{r}_{ui}$。

然后，有如下更新公式：

$$w_0=w_0-\gamma\nabla w_0 \tag{2-34}$$

$$w_j=w_j-\gamma\nabla w_j,\quad \forall x_j\neq 0 \tag{2-35}$$

$$\boldsymbol{P}_{j\cdot}=\boldsymbol{P}_{j\cdot}-\gamma\nabla\boldsymbol{P}_{j\cdot},\quad \forall x_j\neq 0 \tag{2-36}$$

其中，γ 是学习率，$\gamma>0$。

FM 算法的算法流程如算法 2-6 所示。

算法 2-6　FM 算法

---

1. 初始化模型参数 Θ
2. **for** $t=1,2,\cdots,T$ **do**
3. 　　**for** $t_2=1,2,\cdots,|\mathcal{R}|$ **do**
4. 　　　　随机选取一个评分记录(u,i,r_{ui})
5. 　　　　根据式(2-31)～式(2-33)计算模型参数的梯度
6. 　　　　根据式(2-34)～式(2-36)更新模型参数
7. 　　**end for**
8. 　　减小学习率 $\gamma\leftarrow\gamma\times 0.9$
9. **end for**

有了式(2-30)所给出的 FM 算法的预测公式与 RSVD 算法的预测公式之间的对应关系，可以很容易想出 FM 算法的参数初始化和调参方法。

4. 讨论

以上内容只介绍了 FM 算法对单纯的评分数据$(u,i,r_{ui})\in\mathcal{R}$的建模方法。实际上，FM 算法相较于之前介绍的方法的优势之一是，能够同时建模其他辅助数据（例如，每个物品或用户的内容信息，即物品的描述或用户的属性），以提高推荐效果。如图 2-5 所示，可以将新引入的 f 维特征对应地拼接到向量 $\boldsymbol{x}$ 中，即使得 $z=n+m+f$，然后按照与上述流程相似的流程来训练模型和预测评分。

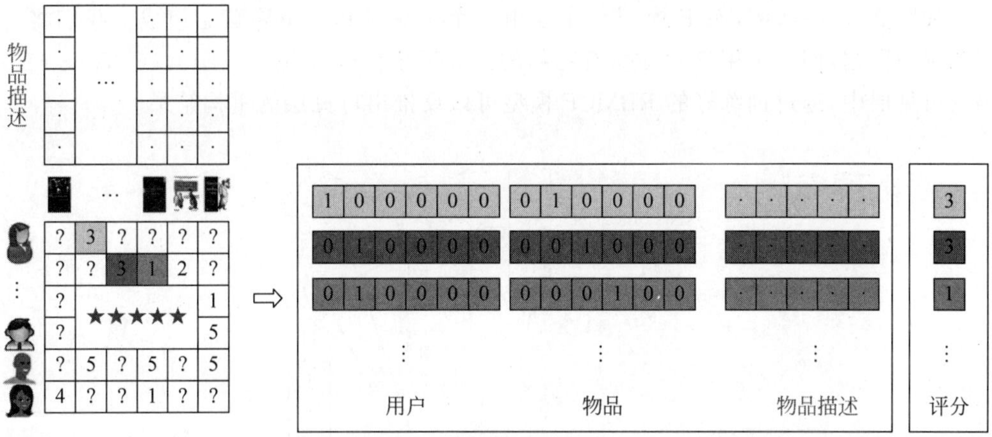

图 2-5 在 FM 算法中引入物品描述时数据表示的示意图(见彩插)

2.5 基于深度学习的方法

2.5.1 受限玻尔兹曼机

基于受限玻尔兹曼机的协同过滤(restricted Boltzmann machine based collaborative filtering,RBMCF)算法[9]利用受限玻尔兹曼机来建模用户的评分数据,是最早将深度学习技术应用到推荐系统领域的算法之一。典型的 RBM 模型是由一个可见层(visible layer)和一个隐藏层(hidden layer)组成的无向概率图模型,其中的每个节点(神经单元)代表一个二值变量(取值为 0 或 1),每一对可见层节点与隐藏层节点之间都有一条带权重的边相连,可见层内部和隐藏层内部的节点之间相互独立。

1. 模型结构

RBMCF 模型中的一些符号及其说明如表 2-7 所示。

表 2-7 RBMCF 算法中用到的符号及其说明

符 号	说 明
$\mathbb{M}$	评分的取值范围,例如$\mathbb{M}=\{1,2,3,4,5\}$
r	评分值,$r\in\mathbb{M}$
$\mathcal{J}_u^r$	被用户 u 评分为 r 的物品的集合
$\boldsymbol{W}_{i\cdot}^r\in\mathbb{R}^{1\times d}$	可见层中关于 r 的第 i 个节点与隐藏层中的各个节点之间的权重
$\boldsymbol{b}^r=[b_i^r]_{1\times m}\in\mathbb{R}^{1\times m}$	可见层中关于 r 的各个节点的偏置
$\boldsymbol{b}^h=[b_i^h]_{1\times d}\in\mathbb{R}^{1\times d}$	隐藏层中的各个节点的偏置
$\boldsymbol{p}_u^r=[p_{ui}^r]_{1\times m}\in[0,1]^{1\times m}$	可见层中关于用户 u 和评分 r 的节点的概率
$\boldsymbol{p}_u^h=[p_{ui}^h]_{1\times d}\in[0,1]^{1\times d}$	隐藏层中关于用户 u 的节点的概率
d	隐藏层中的节点个数
L	对比散度(contrastive divergence)算法中的步数
T	迭代次数

如图 2-6 所示，RBMCF 模型[9]主要由一个可见层和一个隐藏层组成。我们将一组观测到的数据（即一个用户 u 对所有物品的评分记录 $\{(i,r,\delta(r_{ui}=r))\mid i\in\mathcal{J};r\in\mathbb{M}\}$）编码到可见层中，通过训练好的 RBMCF 模型可以反推出可见层的重构结果。

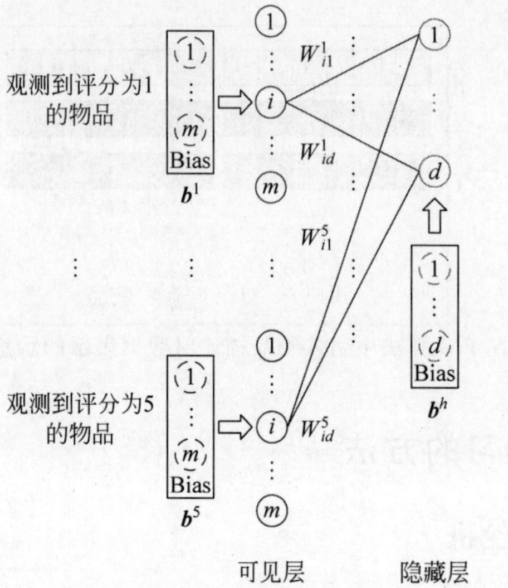

图 2-6　RBMCF 算法的模型结构示意图（见彩插）

1）隐藏层

隐藏层中关于用户 u 的节点的概率的定义如下：

$$\boldsymbol{p}_u^h=\sigma\left(\sum_{r\in\mathbf{M}}\sum_{i\in\mathcal{J}_u^r}p_{ui}^r\boldsymbol{W}_{i\cdot}^r+\boldsymbol{b}^h\right)\tag{2-37}$$

其中，$\sigma(\cdot)$ 是 sigmoid 函数。$\sum_{r\in\mathbf{M}}\sum_{i\in\mathcal{J}_u^r}p_{ui}^r\boldsymbol{W}_{i\cdot}^r$ 可以看作一种虚拟的用户属性，由被该用户评过分的物品 $i\in\mathcal{J}_u^r,r\in\mathbb{M}$ 的属性 $\boldsymbol{W}_{i\cdot}^r$ 聚合而来。

2）可见层

可见层中被用户 u 评分为 r 的物品 $i\in\mathcal{J}_u^r$ 对应的节点（即第 i 个节点）的概率的定义如下：

$$p_{ui}^r=\frac{\exp(\langle\boldsymbol{W}_{i\cdot}^r,\boldsymbol{p}_u^h\rangle+b_i^r)}{\sum_{r'\in\mathbf{M}}\exp(\langle\boldsymbol{W}_{i\cdot}^{r'},\boldsymbol{p}_u^h\rangle+b_i^{r'})}\tag{2-38}$$

其中，$\boldsymbol{p}_u^h$ 如式(2-37)所示；$\langle\cdot,\cdot\rangle$ 表示两个向量的内积。注意，我们会根据文献[12]来二值化式中的 $\boldsymbol{p}_u^h$（也包含在算法 2-7 的流程中）。

3）预测公式

在训练阶段，对于一个观测到的（用户，物品）对 (u,i)，有如下预测公式：

$$\hat{r}_{ui}=\sum_{r\in\mathbf{M}}r\times p_{ui}^r\tag{2-39}$$

其中，p_{ui}^r 可以直接根据式(2-37)和式(2-38)计算得到。

在测试阶段，对于一个未观测到的（用户，物品）对 (u,j)，有如下预测公式：

$$\hat{r}_{uj} = \sum_{r \in \mathbb{M}} r \times p_{uj}^{r} \tag{2-40}$$

其中，p_{uj}^{r} 的计算公式为 $p_{uj}^{r} = \dfrac{\exp(\langle \boldsymbol{W}_{j\cdot}^{r}, \boldsymbol{p}_{u}^{h} \rangle + b_{j}^{r})}{\sum_{r' \in \mathbb{M}} \exp(\langle \boldsymbol{W}_{j\cdot}^{r'}, \boldsymbol{p}_{u}^{h} \rangle + b_{j}^{r'})}$，与式(2-38)一致，但是其中的 $\boldsymbol{p}_{u}^{h}$ 的计算公式变为 $\boldsymbol{p}_{u}^{h} = \sigma\left(\sum_{r \in \mathbb{M}} \sum_{i \in \mathcal{J}_{u}^{r}} \boldsymbol{W}_{i\cdot}^{r} + \boldsymbol{b}^{h}\right)$。

2. 优化目标

关于用户 u 的 RBM 概率图模型的负能量值的定义如下：

$$-E(\boldsymbol{p}_{u}^{\mathbb{M}}, \boldsymbol{p}_{u}^{h} \mid \Theta) = \sum_{r \in \mathbb{M}} \sum_{i \in \mathcal{J}_{u}^{r}} b_{i}^{r} p_{ui}^{r} + \left\langle \sum_{r \in \mathbb{M}} \sum_{i \in \mathcal{J}_{u}^{r}} p_{ui}^{r} \boldsymbol{W}_{i\cdot}^{r}, \boldsymbol{p}_{u}^{h} \right\rangle + \langle \boldsymbol{b}^{h}, \boldsymbol{p}_{u}^{h} \rangle \tag{2-41}$$

其中，$\boldsymbol{p}_{u}^{\mathbb{M}} = \boldsymbol{p}_{u}^{1}, \boldsymbol{p}_{u}^{2}, \boldsymbol{p}_{u}^{3}, \boldsymbol{p}_{u}^{4}, \boldsymbol{p}_{u}^{5}$ 或 $\boldsymbol{p}_{u}^{\mathbb{M}} = \boldsymbol{p}_{u}^{0.5}, \boldsymbol{p}_{u}^{1}, \cdots, \boldsymbol{p}_{u}^{4.5}, \boldsymbol{p}_{u}^{5}$ 等。

根据式(2-41)的负能量函数，我们可以得到每个参数 $\theta \in \Theta$，$\Theta = \{\boldsymbol{W}_{i\cdot}^{r}, b_{i}^{r}, \boldsymbol{b}^{h} \mid i \in \mathcal{J}_{u}^{r}; r \in \mathbb{M}\}$ 的梯度，如下：

$$\nabla \boldsymbol{W}_{i\cdot}^{r} = \frac{\partial -E(\boldsymbol{p}_{u}^{\mathbb{M}}, \boldsymbol{p}_{u}^{h} \mid \Theta)}{\partial \boldsymbol{W}_{i\cdot}^{r}} = p_{ui}^{r} \boldsymbol{p}_{u}^{h}, \quad i \in \mathcal{J}_{u}^{r}, r \in \mathbb{M} \tag{2-42}$$

$$\nabla b_{i}^{r} = \frac{\partial -E(\boldsymbol{p}_{u}^{\mathbb{M}}, \boldsymbol{p}_{u}^{h} \mid \Theta)}{\partial b_{i}^{r}} = p_{ui}^{r}, \quad i \in \mathcal{J}_{u}^{r}, r \in \mathbb{M} \tag{2-43}$$

$$\nabla \boldsymbol{b}^{h} = \frac{\partial -E(\boldsymbol{p}_{u}^{\mathbb{M}}, \boldsymbol{p}_{u}^{h} \mid \Theta)}{\partial \boldsymbol{b}^{h}} = \boldsymbol{p}_{u}^{h} \tag{2-44}$$

根据式(2-41)的负能量函数，我们还能得到关于用户 u 的可见层和隐藏层的联合概率，如下：

$$\mathrm{Prob}(\boldsymbol{p}_{u}^{\mathbb{M}}, \boldsymbol{p}_{u}^{h} \mid \Theta) = \frac{\exp(-E(\boldsymbol{p}_{u}^{\mathbb{M}}, \boldsymbol{p}_{u}^{h} \mid \Theta))}{\sum_{\boldsymbol{p}_{u}^{\mathbb{M}'}, \boldsymbol{p}_{u}^{h'}} \exp(-E(\boldsymbol{p}_{u}^{\mathbb{M}'}, \boldsymbol{p}_{u}^{h'} \mid \Theta))} \tag{2-45}$$

从中我们可以得出关于用户 u 的可见层的边缘分布，如下：

$$\mathrm{Prob}(\boldsymbol{p}_{u}^{\mathbb{M}} \mid \Theta) = \frac{\sum_{\boldsymbol{p}_{u}^{h'}} \exp(-E(\boldsymbol{p}_{u}^{\mathbb{M}}, \boldsymbol{p}_{u}^{h'} \mid \Theta))}{\sum_{\boldsymbol{p}_{u}^{\mathbb{M}'}, \boldsymbol{p}_{u}^{h'}} \exp(-E(\boldsymbol{p}_{u}^{\mathbb{M}'}, \boldsymbol{p}_{u}^{h'} \mid \Theta))} \tag{2-46}$$

然后，关于用户 u，我们最大化式(2-46)中的概率的对数似然，得到如下的参数梯度推导公式：

$$\frac{\partial \ln \mathrm{Prob}(\boldsymbol{p}_{u}^{\mathbb{M}} \mid \Theta)}{\partial \Theta}$$

$$= \frac{\partial\left(\ln\left(\sum_{\boldsymbol{p}_{u}^{h'}} \exp\left(-E\left(\boldsymbol{p}_{u}^{\mathbb{M}}, \boldsymbol{p}_{u}^{h'} \mid \Theta\right)\right)\right) - \ln\left(\sum_{\boldsymbol{p}_{u}^{\mathbb{M}'}, \boldsymbol{p}_{u}^{h'}} \exp\left(-E\left(\boldsymbol{p}_{u}^{\mathbb{M}'}, \boldsymbol{p}_{u}^{h'} \mid \Theta\right)\right)\right)\right)}{\partial \Theta}$$

$$
=\sum_{\boldsymbol{p}_u^{h'}} \frac{\exp(-E(\boldsymbol{p}_u^{\mathbb{M}},\boldsymbol{p}_u^{h'}\mid\Theta))}{\sum_{\boldsymbol{p}_u^{h'}}\exp(-E(\boldsymbol{p}_u^{\mathbb{M}},\boldsymbol{p}_u^{h'}\mid\Theta))}\cdot\frac{\partial(-E(\boldsymbol{p}_u^{\mathbb{M}},\boldsymbol{p}_u^{h'}\mid\Theta))}{\partial\Theta}-
$$

$$
\sum_{\boldsymbol{p}_u^{\mathbb{M}'},\boldsymbol{p}_u^{h'}} \frac{\exp(-E(\boldsymbol{p}_u^{\mathbb{M}'},\boldsymbol{p}_u^{h'}\mid\Theta))}{\sum_{\boldsymbol{p}_u^{\mathbb{M}'},\boldsymbol{p}_u^{h'}}\exp(-E(\boldsymbol{p}_u^{\mathbb{M}'},\boldsymbol{p}_u^{h'}\mid\Theta))}\cdot\frac{\partial(-E(\boldsymbol{p}_u^{\mathbb{M}'},\boldsymbol{p}_u^{h'}\mid\Theta))}{\partial\Theta} \tag{2-47}
$$

$$
=\left\langle\frac{\partial(-E(\boldsymbol{p}_u^{\mathbb{M}},\boldsymbol{p}_u^{h'}\mid\Theta))}{\partial\Theta}\right\rangle_{(\boldsymbol{p}_u^{h'}\mid\boldsymbol{p}_u^{\mathbb{M}};\Theta)}-\left\langle\frac{\partial(-E(\boldsymbol{p}_u^{\mathbb{M}'},\boldsymbol{p}_u^{h'}\mid\Theta))}{\partial\Theta}\right\rangle_{(\boldsymbol{p}_u^{\mathbb{M}'},\boldsymbol{p}_u^{h'}\mid\Theta)}
$$

$$
=\left\langle\frac{\partial(-E(\boldsymbol{p}_u^{\mathbb{M}},\boldsymbol{p}_u^{h'}\mid\Theta))}{\partial\Theta}\right\rangle_{\text{data}}-\left\langle\frac{\partial(-E(\boldsymbol{p}_u^{\mathbb{M}'},\boldsymbol{p}_u^{h'}\mid\Theta))}{\partial\Theta}\right\rangle_{\text{model}}
$$

有了式(2-47)和式(2-42)～式(2-44)中的梯度,我们可以得到梯度上升方法中的更新公式:

$$
\boldsymbol{W}_{i\cdot}^r=\boldsymbol{W}_{i\cdot}^r+\gamma(\langle p_{ui}^r\boldsymbol{p}_u^h\rangle_{\text{data}}-\langle p_{ui}^r\boldsymbol{p}_u^h\rangle_{\text{model}}),\quad i\in\mathcal{J}_u^r,r\in\mathbb{M} \tag{2-48}
$$

$$
b_i^r=b_i^r+\gamma(\langle p_{ui}^r\rangle_{\text{data}}-\langle p_{ui}^r\rangle_{\text{model}}),\quad i\in\mathcal{J}_u^r,r\in\mathbb{M} \tag{2-49}
$$

$$
\boldsymbol{b}^h=\boldsymbol{b}^h+\gamma(\langle\boldsymbol{p}_u^h\rangle_{\text{data}}-\langle\boldsymbol{p}_u^h\rangle_{\text{model}}) \tag{2-50}
$$

其中,γ 是学习率,$\gamma>0$。

3. 学习过程

为了学习模型参数 $\Theta=\{\boldsymbol{W}_{i\cdot}^r,b_i^r,\boldsymbol{b}^h\mid i\in\mathcal{J}_u^r;r\in\mathbb{M}\}$,按照文献[12]中的方法,我们采用对比散度来高效地近似式(2-47)中的期望,如算法 2-7 所示。

算法 2-7　L 步 Gibbs 采样的对比散度(关于用户 $\boldsymbol{u}$)

1. **for** $i\in\mathcal{J}_u^r$(其中 $r\in\mathbb{M}$) **do**
2. 　　$p_{ui}^{r(0)}=1$
3. **end for**
4. 根据式(2-37)计算 $\boldsymbol{p}_u^{h(0)}$
5. 二值化 $\boldsymbol{p}_u^{h(0)}$[12]
6. **for** $l=1,2,\cdots,L$ **do**
7. 　　根据式(2-38)计算 $p_{ui}^{r(l)},i\in\mathcal{J}_u^r,r\in\mathbb{M}$
8. 　　根据式(2-37)计算 $\boldsymbol{p}_u^{h(l)}$
9. 　　二值化 $\boldsymbol{p}_u^{h(l)}$[12]
10. **end for**

注意,$\langle\cdot\rangle_{\text{data}}$ 是由 $p_{ui}^{r(0)}$ 和 $\boldsymbol{p}_u^{h(0)}$ 计算得到的,其中 $p_{ui}^{r(0)}$ 表示原始观测到的数据,而 $\langle\cdot\rangle_{\text{model}}$ 是由 $p_{ui}^{r(L)}$ 和 $\boldsymbol{p}_u^{h(L)}$ 近似得到的,表示由学习到的模型推测出的概率。

最后,我们有如下梯度上升方法中的更新公式:

$$\boldsymbol{W}_{i\cdot}^{r} = \boldsymbol{W}_{i\cdot}^{r} + \gamma(\langle p_{ui}^{r(0)} \boldsymbol{p}_{u}^{h(0)} \rangle_{\text{data}} - \langle p_{ui}^{r(L)} \boldsymbol{p}_{u}^{h(L)} \rangle_{\text{model}}), \quad i \in \mathcal{J}_{u}^{r}, r \in \mathbb{M} \tag{2-51}$$

$$b_{i}^{r} = b_{i}^{r} + \gamma(\langle p_{ui}^{r(0)} \rangle_{\text{data}} - \langle p_{ui}^{r(L)} \rangle_{\text{model}}), \quad i \in \mathcal{J}_{u}^{r}, r \in \mathbb{M} \tag{2-52}$$

$$\boldsymbol{b}^{h} = \boldsymbol{b}^{h} + \gamma(\langle \boldsymbol{p}_{u}^{h(0)} \rangle_{\text{data}} - \langle \boldsymbol{p}_{u}^{h(L)} \rangle_{\text{model}}) \tag{2-53}$$

其中，γ 是学习率，$\gamma>0$。

RBMCF 算法的完整流程如算法 2-8 所示。

算法 2-8 RBMCF 算法

1. 初始化：$\boldsymbol{W}_{i\cdot}^{r} \sim N(0, 0.1^2)$，$\boldsymbol{b}^{r}=\boldsymbol{0}$，$\boldsymbol{b}^{h}=\boldsymbol{0}$
2. **for** $t=1,2,\cdots,T$ **do**
3. 　随机打乱用户集合 $\mathcal{U}$
4. 　**for** $u \in \mathcal{U}$ **do**
5. 　　执行关于用户 u 的 L 步 Gibbs 采样的对比散度算法，并记录 $p_{ui}^{r(0)}$ 和 $p_{ui}^{r(L)}$ 以及 $\boldsymbol{p}_{u}^{h(0)}$ 和 $\boldsymbol{p}_{u}^{h(L)}$
6. 　　根据式(2-51)～式(2-53)更新 $\boldsymbol{W}_{i\cdot}^{r}$，$b_{i}^{r}$，$\boldsymbol{b}^{h}$，$i \in \mathcal{J}_{u}^{r}$，$r \in \mathbb{M}$
7. 　**end for**
8. **end for**

4. 参数设置

对于 RBMCF，我们将模型中的权重初始化为从正态分布 $N(0, 0.1^2)$ 中随机采样到的值，将模型中的偏置初始化为 0。

为了得到初步的实验结果，我们可以固定隐藏层的大小 $d=20$，使用大小为 16 的小批量梯度上升(mini-batch gradient ascent)方法来训练模型，在对比散度中使用步数 $L=1$ 的 Gibbs 采样，以及设置学习率 $\gamma=0.05$。为了平衡效率与推荐效果，我们设置动量 0.9，从{0.0005，0.001，0.005，0.01}中寻找最优的权重衰减值 α_w。我们还可以使用提前停止策略来避免过拟合，即当 RMSE 的值在连续 20 次迭代中保持不变时停止训练(最大训练迭代次数为 200)。

2.5.2 自编码器

AutoRec 算法[10]通过一个紧凑且能够高效训练的自编码器模型(autoencoder)来重构用户或物品的评分向量，从而可以预测各个未知项对应的评分值。

1. 算法原理

一个基于用户(即要重构用户的评分向量)的 AutoRec 算法[10]的模型结构如图 2-7 所示，其中的一些符号及其说明如表 2-8 所示。

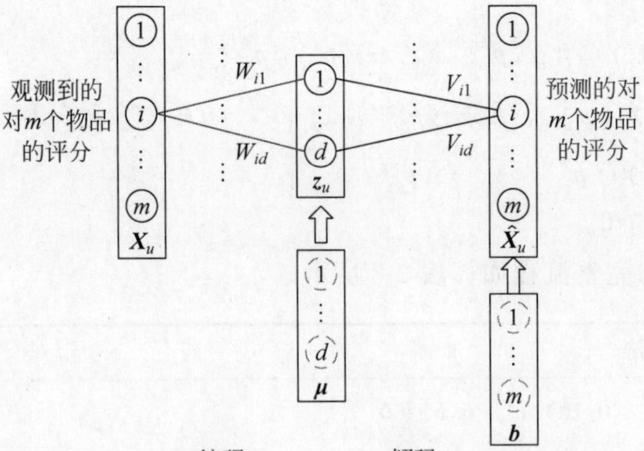

图 2-7 AutoRec 算法的模型结构示意图(见彩插)

表 2-8 基于用户的 AutoRec 算法中用到的符号及其说明

符 号	说 明
$X_u \in \mathbb{R}^{1\times m}$	观测到的用户 u 的评分向量,即 $X_u = [r_{u1} r_{u2} \cdots r_{um}]$
$\hat{X}_u \in \mathbb{R}^{1\times m}$	预测的用户 u 的评分向量
d	潜在特征向量的维度
$z_u \in \mathbb{R}^{1\times d}$	学习到的用户 u 的潜在特征向量
$W \in \mathbb{R}^{m\times d}$	把 X_u 变换为 z_u 时的权重矩阵,或称为所有物品的潜在特征矩阵
$W_{i\cdot} \in \mathbb{R}^{1\times d}$	把 X_u 变换为 z_u 时的权重向量,或称为物品 i 的潜在特征向量
$b^z \in \mathbb{R}^{1\times d}$	把 X_u 变换为 z_u 时的偏置
$V \in \mathbb{R}^{m\times d}$	把 z_u 变换为 $\hat{X}_u$ 时的权重矩阵,或称为所有物品的另一种潜在特征矩阵
$V_{i\cdot} \in \mathbb{R}^{1\times d}$	把 z_u 变换为 $\hat{X}_u$ 时的权重向量,或称为物品 i 的另一种潜在特征向量
$b \in \mathbb{R}^{1\times m}$	把 z_u 变换为 $\hat{X}_u$ 时的偏置,$b = [b_1 b_2 \cdots b_m]$

从图 2-7 中可以看到,AutoRec 算法包含编码和解码两个过程。编码是指把输入的评分向量 $X_u \in \mathbb{R}^{1\times m}$ 变换为一个潜在空间中的低维特征向量 $z_u \in \mathbb{R}^{1\times d}$;解码是指把潜在特征向量 z_u 变换为一个重构的评分向量 $\hat{X}_u \in \mathbb{R}^{1\times m}$ 作为输出。需要注意的是,在基于用户的 AutoRec 算法中,我们把一个用户 u 对所有物品的评分观测值作为输入的评分向量 $X_u = [r_{u1} r_{u2} \cdots r_{um}]$,然后进行重构;而在基于物品的 AutoRec 算法中,我们把输入和预测的目标替换为所有用户对一个物品 i 的评分,即输入 $X_i = [r_{1i} r_{2i} \cdots r_{ni}]$。通过重构的向量我们就能得到对各个未知项的预测评分值 $\hat{r}_{ui}$,$(u, i, r_{ui}) \notin \mathcal{R}$。

继续以基于用户的 AutoRec 为例,AutoRec 算法[10]的过程可形式化为如下形式:

$$z_u = g(X_u W^{\mathrm{T}} + b^z) \tag{2-54}$$

$$\hat{X}_u = f(z_u V^{\mathrm{T}} + b) \tag{2-55}$$

其中，$g(\cdot)$和$f(\cdot)$分别是编码和解码过程中的激活函数(可用于学习一些非线性的特征)；$\boldsymbol{W}\in\mathbb{R}^{m\times d}$和$\boldsymbol{V}\in\mathbb{R}^{m\times d}$是要学习的权重；$\boldsymbol{b}^z\in\mathbb{R}^{1\times d}$和$\boldsymbol{b}\in\mathbb{R}^{1\times m}$是要学习的偏置。要预测用户$u$对单个物品$i$的评分$\hat{r}_{ui}$，根据式(2-54)～式(2-55)，可以写出：

$$\hat{r}_{ui}=f\left(g\left(\sum_{i'=1}^{m}r_{ui'}\boldsymbol{W}_{i'\cdot}+\boldsymbol{b}^z\right)\boldsymbol{V}_{i\cdot}^{\mathrm{T}}+b_i\right)$$

基于用户的AutoRec算法的优化目标定义如下：

$$\min_{\Theta}\sum_{u=1}^{n}\sum_{i=1}^{m}y_{ui}\left[(r_{ui}-\hat{r}_{ui})^2+\frac{\lambda}{2}\|\boldsymbol{W}_{i\cdot}\|^2+\frac{\lambda}{2}\|\boldsymbol{V}_{i\cdot}\|^2\right]$$

其中，Θ是要学习的模型参数，$\Theta=\{\boldsymbol{W}_{i\cdot},\boldsymbol{V}_{i\cdot},\boldsymbol{b}^z,b_i\mid i=1,2,\cdots,m\}$。

2. 参数设置

为了得到初步的实验结果，对于AutoRec算法，我们可以设置隐藏层的节点数(即潜在特征向量的维度)$d=200$，选取最优的正则化项系数$\lambda\in\{0.0001,0.001,0.01,0.1\}$，采用sigmoid函数作为隐藏层和输出层的激活函数(即$g(\cdot)$和$f(\cdot)$)，使用学习率为0.001的Adam优化器进行训练。更多的参数设置与实验结果可以查阅AutoRec算法的原论文[10]。

3. 讨论

根据文献[10]中的分析，AutoRec算法与RBMCF算法的不同点有：①RBMCF算法是基于受限玻尔兹曼机的生成概率模型，而AutoRec算法是基于自编码器的判别模型；②RBMCF算法通过最大化对数似然来学习参数，而AutoRec算法直接最小化RMSE损失；③AutoRec算法的训练过程不需要使用对比散度，而使用相对更快的基于梯度的反向传播算法；④RBMCF算法通常只能对离散的评分数据建模，因为需要为每个具体的评分值学习一组参数，而AutoRec算法可以对连续和离散的评分数据建模。

另外，可以很容易地将AutoRec算法应用到第4章的单类协同过滤问题中。在4.5.2节和4.5.3节中介绍的CDAE算法和Mult-VAE算法，就是在AutoRec算法的基础上变化而来的，并被成功应用于对单类隐式反馈行为的建模。通常只需要将这些算法中的输入向量、输出向量和优化目标做一些调整，就能解决不同的问题。

2.6　本章小结

本章的内容总结如下：在2.1节，先对协同过滤问题(本章中指基于显式反馈的评分预测问题)进行了介绍；在2.2节，介绍了基于均值填充的方法；在2.3节，分别介绍了基于用户的协同过滤方法和基于物品的协同过滤方法，以及它们的混合方法；在2.4节，介绍了多种不同的基于矩阵分解的方法，包括最原始的PMF算法、引入物品偏置等信息的RSVD算法、引入多类偏好上下文的MF-MPC算法以及可以引入内容等其他信息的FM算法等。在2.5节，以基于受限玻尔兹曼机的RBMCF算法和基于自编码器的AutoRec算法为例，展示了深度学习技术在评分预测问题上的应用。

2.7 参考文献

[1] GOLDBERG D, NICHOLS D, OKI B, et al. Using collaborative filtering to weave an information tapestry [J]. Communications of the ACM, 1992, 35(12): 61-70.

[2] LINDEN G, SMITH B, YORK J. Amazon. com recommendations: Item-to-item collaborative filtering [J]. IEEE Internet Computing, 2003, 7(1): 76-80.

[3] SALAKHUTDINOV R, MNIH A. Probabilistic matrix factorization [C]//PLATT J C, KOLLER D, SINGER Y, et al. Proceedings of the 20th Annual Conference on Neural Information Processing Systems (NeurIPS'07). New York: Curran Associates, Inc., 2007: 1257-1264.

[4] KOREN Y, BELL R, VOLINSKY C. Matrix factorization techniques for recommender systems [J]. IEEE Computer, 2009, 42(8): 30-37.

[5] KOREN Y. Factorization meets the neighborhood: A multifaceted collaborative filtering model [C]//LI Y, LIU B, SARAWAGI S. Proceedings of the 14th ACM SIGKDD International Conference on Knowledge Discovery and Data Mining (KDD'08), New York: ACM, 2008: 426-434.

[6] PAN W, MING Z. Collaborative recommendation with multiclass preference context [J]. IEEE Intelligent Systems, 2017, 32(2): 45-51.

[7] HUANG Y, CHEN Z, LI L, et al. k-CoFi: Modeling k-granularity preference context in collaborative filtering [C]//QIU M. Proceedings of International Conference on Smart Computing and Communication (SmartCom'17), Berlin: Springer, 2017: 406-416.

[8] RENDLE S. Factorization machines with libFM [J]. ACM Transactions on Intelligent Systems and Technology, 2012, 3(3): 57: 1-57: 22.

[9] SALAKHUTDINOV R, MNIH A, HINTON G E. Restricted Boltzmann machines for collaborative filtering [C]//GHAHRAMANI Z. Proceedings of the 24th International Conference on Machine Learning (ICML'07), New York: ACM, 2007: 791-798.

[10] SEDHAIN S, MENON A K, SANNER S, et al. AutoRec: Autoencoders meet collaborative filtering [C]//GANGEMI A, LEONARDI S, PANCONESI A. Proceedings of the 24th International Conference on World Wide Web (WWW'15), New York: ACM, 2015: 111-112.

[11] 刘华锋,景丽萍,于剑. 融合社交信息的矩阵分解推荐方法研究综述[J]. 软件学报,2018,29(2): 340-362.

[12] HINTON G E. A practical guide to training restricted Boltzmann machines [M]//MONTAVON G, ORR G, MÜLLER K. Neural networks: Tricks of the trade. 2nd ed. Berlin: Springer, 2012: 599-619.

2.8 习题

1. 查阅相关资料,你能找到哪些可用于研究评分预测问题的数据集?

2. 请下载 MovieLens 100K 数据集,统计每个用户评过分的物品数量,并以曲线的形式进行展示(横坐标为评过分的物品数量,纵坐标为相应的用户数量),曲线中的点(x,y)表示对x个物品评过分的用户有y个。

3. 请想一想,什么样的协同过滤算法才能被认为可以实现个性化推荐?

4. 请想一想，在用于UCF的皮尔逊相关系数的计算式中，减去用户的平均评分有什么作用？

5. 请想一想，在混合协同过滤(hybrid CF)算法中，应如何设置UCF与ICF的比重？

6. 请用示意图的方式展示PMF、RSVD、SVD++和MF-MPC在对用户反馈建模方面的联系与区别。

7. 请想一想，如何利用其他深度学习技术(例如多层感知机)设计协同过滤算法？

8. 除了用户对物品的评分数据外，还有哪些数据是比较容易获得且能用于提升推荐效果的(如何设计相应的推荐算法)？

9. 能否通过一些改变，将本章介绍的算法用于预测用户对物品的点击等行为发生的概率？

10. 为什么说基于邻域的方法比基于矩阵分解的方法在可解释性方面更好？在展示推荐结果时，如何体现这种可解释性？

11. 为什么说基于矩阵分解的方法具有可传递性(transitivity)？

12. 实现UCF和RSVD算法，并在MovieLens 100K数据集上分析不同邻居个数(10、20、30)和不同潜在特征维度(10、20、30)对评分预测结果的影响。

13. 请比较UCF、ICF、RSVD和SVD++四个算法的时间复杂度。

14. 请简要阐述受限玻尔兹曼机用于评分预测的基本原理。

15. 请简要阐述自编码器用于评分预测的基本原理。

16. 截至2021年8月23日，在谷歌学术中可以查到，文献[8]被引用1123次，请从中找出5篇结合深度学习对原始的分解机模型进行改进的学术论文。

17. 在RecSys、SIGIR等知名国际会议的论文集中，查阅研究CF问题的前沿工作(近3年)，并总结其中的研究动机、主要思路、关键技术和对比实验。

第 3 章

基于显式反馈的物品排序

推荐系统有两个重要任务：评分预测和物品排序。前者旨在拟合用户对物品的评分值，后者侧重根据用户对物品的预测偏好对候选物品进行排序。本章主要关注物品排序任务，因为它最后的输出是物品排序列表，与真实应用中的推荐问题更为匹配，可以直接用于向用户推荐他或她可能感兴趣的物品。

对于用户反馈数据类型，通常可以分为显式反馈数据和隐式反馈数据。显式反馈数据通过评分值来反映用户对物品的喜爱程度，隐式反馈数据则通常是点击、浏览等形式的单值数据。本章关注基于显式反馈的物品排序算法，因为它包含了比隐式反馈更精确的偏好信息。

3.1 协同排序(CR)问题

本章研究的问题是协同排序(collaborative ranking，CR)问题，其定义如下：给定 n 个用户、m 个物品以及用户对物品的历史评分记录 $\mathcal{R}=\{(u,i,r_{ui})\}$，其中 r_{ui} 表示用户 u 对物品 i 的评分。目标是为每个用户生成个性化的物品排序列表，如图 3-1 所示。需要注意的是，当向用户进行推荐时，候选物品通常是指该用户所有未交互的物品，即 $\mathcal{I}\backslash\mathcal{I}_u$，其中 $\mathcal{I}$ 表示物品集合，$\mathcal{I}_u$ 表示用户 u 交互过的物品集合。本章所用

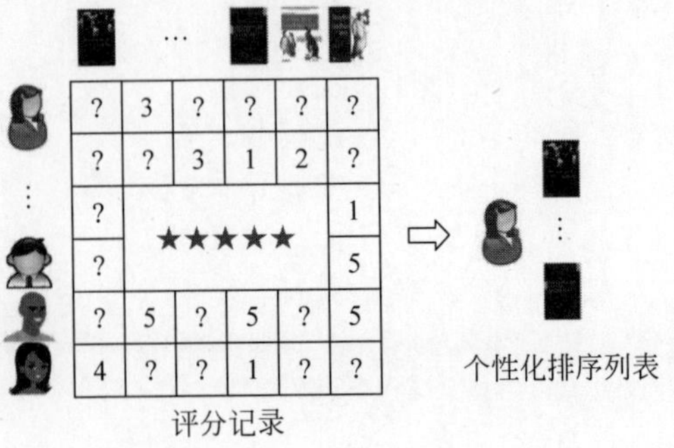

图 3-1 CR 问题示意图

到的符号和其说明如表 3-1 所示。

表 3-1 CR 问题中的符号及其说明

符号	说明
n	用户数
m	物品数
d	潜在特征向量的维度
$\mathcal{U}=\{u\}$	用户集合
$\mathcal{I}=\{i\}$	物品集合
$\mathcal{R}=\{(u,i,r_{ui})\}$	训练集的评分记录集合
$\mathbb{M}$	多类偏好集合
$r_{ui}\in\mathbb{M}$	用户 u 对物品 i 的真实评分
$\bar{r}_{ui}$	r_{ui} 归一化后的评分值
$\mathcal{I}_u^{\mathrm{P}}$	训练集中用户 u 购买过的物品集合
$\mathcal{I}_u^{\mathrm{E}}$	训练集中用户 u 浏览过的物品集合
$\mathcal{I}_u^r, r\in\mathbb{M}$	用户 u 评分为 r 的物品集合
$\hat{r}_{ui}$	用户 u 对物品 i 的预测评分
$\boldsymbol{U}_{u\cdot}\in\mathbb{R}^{1\times d}$	用户 u 的潜在特征向量
$\boldsymbol{V}_{i\cdot}\in\mathbb{R}^{1\times d}$	物品 i 的潜在特征向量
$\boldsymbol{M}_{i'\cdot}^r\in\mathbb{R}^{1\times d}$	物品 i' 的潜在特征向量(评分为 r)
$b_u\in\mathbb{R}$	用户 u 的偏置
$b_i\in\mathbb{R}$	物品 i 的偏置
$\lambda_{\mathrm{mod.}}$	HoToR(mod.)中的权衡参数
$\lambda_{\mathrm{nei.}}$	HoToR(nei.)中的权衡参数
s_{ki}	物品 k 和物品 i 的相似度
$\mathcal{N}_i$	物品 i 的邻居集合

3.2 粗精迁移排序

迁移排序(transfer to rank,ToR)[1]是一种简单有效的算法,包含浏览和评分两个阶段。它首先使用用户的浏览行为数据进行全局偏好学习,然后利用评分行为数据来进一步优化候选物品列表。ToR 模型虽然在一定程度上模拟了用户的购物过程,但忽略了用户在购买选择上的差异,也就是说,某些用户虽然给物品打了高分,但他们不一定会购买该物品。为了解决此问题,粗精迁移排序(coarse-to-fine transfer to rank,CoFiToR)[2]将用户购物过程进一步细分为三个阶段,即浏览阶段(E 阶段)、评分阶段(S 阶段)和购买阶段(P 阶段),对应三个具体问题:①用户是否会浏览一个物品?②用户浏览一个物品后,会给它评多少分?③用户最终是否会购买该物品?

3.2.1 模型介绍

CoFiToR 算法的结构示意图如图 3-2 所示。它包含浏览、评分和购买三个阶段，从粗粒度到细粒度以递进的方式来建模用户对物品的偏好，每个阶段都代表用户购物流程中的一个步骤。具体而言，浏览阶段旨在提取出用户最有可能会浏览的物品；接着，在评分阶段，它通过预测用户对可能会浏览的物品的评分，来进一步优化浏览阶段得到的候选物品列表；最后，在购买阶段，它通过学习用户对物品的购买偏好，从评分阶段得到的候选物品列表筛选出用户最有可能会购买的物品，从而组成最终的候选物品列表。可以看出，CoFiToR 的三个阶段依次对用户的购物过程进行建模分析，具有递进关系。在不同阶段之间，它通过候选物品列表的形式共享和传递知识，并通过不断优化候选物品列表来提升推荐性能。

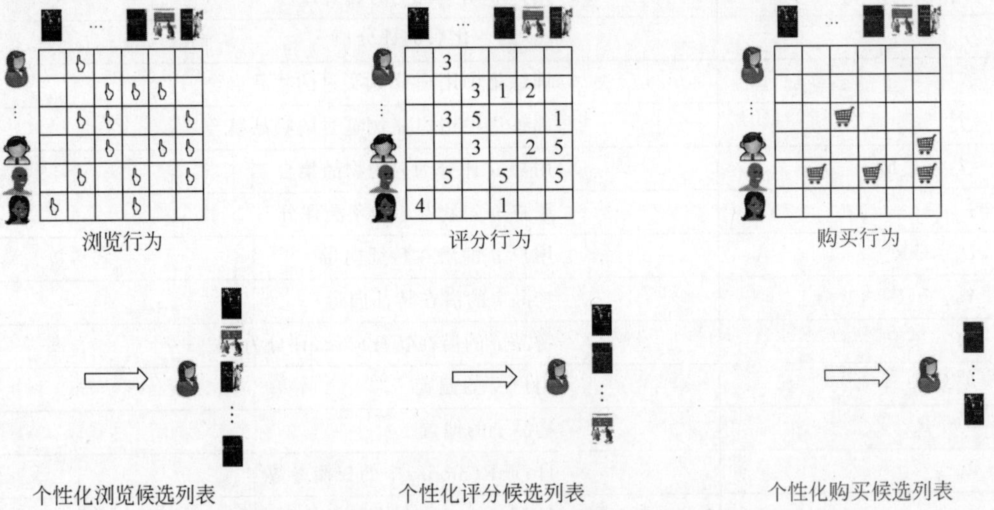

图 3-2 CoFiToR 算法的模型结构示意图(见彩插)

CoFiToR 的优化问题可以表示如下：

$$\mathrm{Prob}(\mathcal{E},\mathcal{S},\mathcal{P}|\mathcal{R}) \tag{3-1}$$

其中，$\mathcal{E}$、$\mathcal{S}$和$\mathcal{P}$分别表示基于原始评分记录生成的用于模拟浏览、评分和购买行为的数据。为了解决上面的优化问题，CoFiToR 将其转换成三个子问题，并得到包含三个阶段的解决方案：

$$\mathrm{Prob}(\mathcal{E}|\Theta_{\mathrm{E}}) \rightarrow \mathrm{Prob}(\mathcal{S}|\Theta_{\mathrm{S}};\ \mathcal{L}_{\mathrm{E}}) \rightarrow \mathrm{Prob}(\mathcal{P}|\Theta_{\mathrm{P}};\ \mathcal{L}_{\mathrm{S}}) \tag{3-2}$$

其中，Θ_{E}、Θ_{S} 和 Θ_{P} 是要学习的模型参数；$\mathcal{L}_{\mathrm{E}}$是浏览阶段输出的候选物品列表；$\mathcal{L}_{\mathrm{S}}$是评分阶段输出的候选物品列表。下面，我们将详细描述 CoFiToR 模型的三个阶段。

1. 浏览阶段

浏览阶段的目标是找出用户最有可能浏览的物品。为此，CoFiToR 将用户所有的评分记录$\mathcal{R}$当作用户的浏览行为$\mathcal{E}$(如图 3-2 所示)，即$\mathcal{E}=\{(u,i)|(u,i,r_{ui})\in\mathcal{R}\}$，目标函数的表示如下：

$$\text{Prob}(\mathcal{E} \mid \Theta_{\mathrm{E}}) \tag{3-3}$$

其中，Θ_{E} 为浏览阶段要学习的模型参数。

为了提取用户可能浏览的物品，CoFiToR 在浏览阶段采用 BPR 算法[3]。BPR 算法基于成对的偏好假设，将所有观测到的记录都当作正样本，将未观测到的记录当作负样本，通过建模用户对正样本和负样本的偏好之间的差异来对物品进行排序，其目标函数如下：

$$\min_{\Theta} \sum_{u \in \mathcal{U}} \sum_{i \in \mathcal{J}_u^{\mathrm{P}}} \sum_{j \in \mathcal{J} \setminus \mathcal{J}_u^{\mathrm{P}}} f_{uij} \tag{3-4}$$

其中，$f_{uij} = -\ln\sigma(\hat{r}_{ui} - \hat{r}_{uj}) + \frac{\alpha_{\mathrm{u}}}{2}\|\boldsymbol{U}_{u\cdot}\|^2 + \frac{\alpha_{\mathrm{v}}}{2}\|\boldsymbol{V}_{i\cdot}\|^2 + \frac{\alpha_{\mathrm{v}}}{2}\|\boldsymbol{V}_{j\cdot}\|^2 + \frac{\beta_{\mathrm{v}}}{2}b_i^2 + \frac{\beta_{\mathrm{v}}}{2}b_j^2$ 是定义在 (u,i,j) 三元组上的目标函数；$\sigma(\cdot)$ 是 sigmoid 函数。用户 u 对物品 i 评分的预测公式如下：

$$\hat{r}_{ui} = \boldsymbol{U}_{u\cdot} \boldsymbol{V}_{i\cdot}^{\mathrm{T}} + b_i \tag{3-5}$$

其中，$\boldsymbol{U}_{u\cdot}$ 和 $\boldsymbol{V}_{i\cdot}$ 分别表示用户 u 和物品 i 的潜在特征；b_i 表示物品 i 的偏置信息。

对于协同排序问题，直接使用 BPR 算法可能会造成信息损失，因为它平等地对待所有评分记录，没有考虑用户对物品的评分信息。为了赋予高分的物品更多的权重，CoFiToR 将物品的评分信息融入 BPR 的目标函数中，获得的目标函数如下：

$$\min_{\Theta} \sum_{u \in \mathcal{U}} \sum_{i \in \mathcal{J}_u^{\mathrm{E}}} \bar{r}_{ui} \sum_{j \in \mathcal{J} \setminus \mathcal{J}_u^{\mathrm{E}}} f_{uij} \tag{3-6}$$

其中，$\mathcal{J}_u^{\mathrm{E}}$ 是训练集中用户 u 浏览过的物品集合；$\bar{r}_{ui} = (2^{r_{ui}} - 1)/2^5$ 是用户 u 对物品 i 的评分 r_{ui} 的归一化值[4]，5 代表最高的评分值。通过引入归一化评分 $\bar{r}_{ui}$，不仅增加了正负样本之间的差异，而且有助于区分不同分数的正样本。

通过利用修正的 BPR 算法，CoFiToR 在浏览阶段获得了候选物品列表 $\mathcal{L}_{\mathrm{E}}$，该列表将作为评分阶段的输入，以继续对其进行优化。

2. 评分阶段

在浏览阶段得到用户可能浏览的物品后，下一步需要估计用户对物品的评分值，这也是 CoFiToR 在评分阶段的目标。具体来说，CoFiToR 将用户对物品的评分记录 $\mathcal{R}$ 当作用户的评分行为 $\mathcal{S}$（如图 3-2 所示），即 $\mathcal{S} = \mathcal{R}$，目标函数的表示如下：

$$\text{Prob}(\mathcal{S} \mid \Theta_{\mathrm{S}};\ \mathcal{L}_{\mathrm{E}}) \tag{3-7}$$

其中，Θ_{S} 是评分阶段要学习的模型参数；$\mathcal{L}_{\mathrm{E}}$ 是浏览阶段得到的候选物品列表。

为了预测用户对物品的评分，在评分阶段，CoFiToR 采用 PMF 算法[5]来学习用户和物品的潜在特征。具体来说，它将用户对物品的偏好建模成用户潜在特征向量和物品潜在特征向量的内积，目标函数如下：

$$\min_{\Theta} \sum_{u=1}^{n} \sum_{i=1}^{m} y_{ui} \left[\frac{1}{2}(r_{ui} - \hat{r}_{ui})^2 + \frac{\alpha_{\mathrm{u}}}{2}\|\boldsymbol{U}_{u\cdot}\|^2 + \frac{\alpha_{\mathrm{v}}}{2}\|\boldsymbol{V}_{i\cdot}\|^2 \right] \tag{3-8}$$

预测公式为：

$$\hat{r}_{ui} = \boldsymbol{U}_{u\cdot} \boldsymbol{V}_{i\cdot}^{\mathrm{T}} + b_u + b_i + \mu \tag{3-9}$$

其中，$\boldsymbol{U}_{u\cdot}$和$\boldsymbol{V}_{i\cdot}$分别表示用户u和物品i的潜在特征向量；b_u和b_i分别表示用户u和物品i的偏置信息；μ表示全局平均偏好。

在评分阶段，通过利用PMF算法，CoFiToR可以得到用户对物品的预测评分，然后它对浏览阶段得到的候选物品列表$\mathcal{L}_E$进行重排(re-ranking)，同时移除排序靠后的物品，从而得到大小为$N_S(N_S<N_E)$的新候选物品列表$\mathcal{L}_S$，该列表会作为购买阶段的输入以进一步对其进行优化。值得注意的是，在ToR[1]中，$\mathcal{L}_S$就是最终的候选物品列表，它会被直接推荐给用户，而CoFiToR会继续对其进行优化，这也是CoFiToR与ToR最主要的区别。

需要说明的是，如果利用PMF的预测结果对所有未评分的物品(而非浏览阶段得到的候选物品列表$\mathcal{L}_E$)进行排序，结果往往会非常差。主要有两个原因，首先，PMF在建模过程中没有利用未观测到的(用户，物品)对，即没有考虑大量的负反馈信息，这样不利于算法找出用户感兴趣的物品；其次，最小化平方误差$(r_{ui}-\hat{r}_{ui})^2$不能有效地区分比真值r_{ui}大一点和小一点的预测值$\hat{r}_{ui}$的好坏，但预测值的相对大小在排序中是非常重要的，即存在建模目标与排序目标的不一致性。ToR和CoFiToR中的重排策略巧妙地规避了以上两个问题，且第二阶段的逐点偏好学习算法又能与第一阶段的成对偏好学习算法形成一定的互补。

3. 购买阶段

在评分阶段得到用户对物品的预测评分后，需要知道用户是否会购买该物品，这也是CoFiToR在购买阶段要解决的问题。为了提取用户最有可能会购买的物品，CoFiToR将评分记录$\mathcal{R}$中用户对物品的评分为5的记录(5为分数的最大值)当作用户的购买行为(如图3-2所示)，即$\mathcal{P}=\{(u,i)|(u,i,5)\in\mathcal{R}\}$，目标函数的表示如下：

$$\text{Prob}(\mathcal{P}|\Theta_P;\mathcal{L}_S) \tag{3-10}$$

其中，Θ_P是在购买阶段要学习的模型参数；$\mathcal{L}_S$是评分阶段得到的候选物品列表。

为了提取用户最有可能购买的物品，CoFiToR在购买阶段再次采用BPR算法，原因在于基于成对偏好学习的BPR与基于逐点偏好学习的PMF有较强的互补性，这也在ToR中得到了证实[1]。注意，购买阶段使用的是原始的BPR算法，即式(3-4)，没有融入用户的评分信息，这与浏览阶段的不同。

在购买阶段，为了识别用户可能会购买的物品，CoFiToR根据BPR的预测评分来对$\mathcal{L}_S$中的候选物品列表再次进行重排，并移除排序靠后的物品，最后得到大小为$N_P(N_P<N_S<N_E)$的候选物品列表$\mathcal{L}_P$，即最终的物品推荐列表。

3.2.2 算法流程

CoFiToR的算法流程如算法3-1所示。它包含三个阶段，不同阶段之间通过候选物品列表来实现知识的共享和迁移。需要说明的是，CoFiToR的三个阶段是相对独立的，因此，每个阶段的模型可以根据实际需要进行更改，阶段的数量也可以灵活增减。

算法 3-1 CoFiToR 算法

1. **E 阶段**
2. 输入：浏览行为数据 $\mathcal{E}=\{(u,i)|(u,i,r_{ui})\in\mathcal{R}\}$
3. 输出：候选物品列表$\mathcal{L}_{\mathrm{E}}$
4. 优化式(3-6)的目标函数
5. 根据式(3-5)计算(u,i)对的浏览概率
6. 为每个用户生成大小为 N_{E} 的候选列表$\mathcal{L}_{\mathrm{E}}$
7. **S 阶段**
8. 输入：评分行为数据$\mathcal{S}=\mathcal{R}$，E 阶段的候选列表$\mathcal{L}_{\mathrm{E}}$
9. 输出：候选物品列表$\mathcal{L}_{\mathrm{S}}$
10. 优化式(3-8)的目标函数
11. 根据式(3-9)计算(u,i)对的预测评分
12. 为每个用户生成大小为 N_{S} 的候选列表$\mathcal{L}_{\mathrm{S}}$
13. **P 阶段**
14. 输入：购买行为数据$\mathcal{P}=\{(u,i)|(u,i,5)\in\mathcal{R}\}$，S 阶段的候选列表$\mathcal{L}_{\mathrm{S}}$
15. 输出：候选物品列表$\mathcal{L}_{\mathrm{P}}$
16. 优化式(3-4)的目标函数
17. 根据式(3-5)计算(u,i)对的购买概率
18. 为每个用户生成大小为 N_{P} 的候选列表$\mathcal{L}_{\mathrm{P}}$

3.2.3 代码实现

CoFiToR 的算法代码采用 Java 语言编写，工具是 JDK 1.8 和代码编辑器 Eclipse。它具有三个阶段。第一阶段采用加强版本的 BPR 算法，其中采样、对评分进行归一化和计算损失函数的代码如下：

```
public static void train() throws IOException
    {
        for (int iter = 0; iter < num_iterations; iter++){
            for (int iter2 = 0; iter2 < num_train; iter2++){
                //随机采样一个(u, i, r_ui)三元组
                int idx = (int) Math.floor(Math.random() * num_train);
                int u = indexUserTrain[idx];
                int i = indexItemTrain[idx];
                float rating = indexRatingTrain[idx];

                //对评分进行归一化
                float r_ui = 0f;
                if(rtype == 5){
                    int loc = (int)rating;
                    r_ui = rating_weight[loc];
                }
```

```
                else if(rtype == 10){
                    int loc = (int)(rating * 2);
                    r_ui = rating_weight[loc];
                }

                //获取训练集中用户 u 的评分记录
                Map<Integer, Float> Item_Rating = TrainData.get(u);
                int j = i;
                while (true){
                    //随机采样一个物品 j
                    j = (int) Math.floor(Math.random() * m) + 1;
                    //判断物品 j 是否是负样本
                    if (ItemSetTrain.contains(j) && !Item_Rating.containsKey(j))
                    {
                        break;
                    } else {
                        continue;
                    }
                }

                //计算损失函数
                float r_uij = biasV[i] - biasV[j];
                for (int f = 0; f < d; f++){
                    r_uij += U[u][f] * (V[i][f] - V[j][f]);
                }
                float EXP_r_uij = (float) Math.pow(Math.E, r_uij);
                float loss_uij = -1f / (1f + EXP_r_uij);
            }
        }
    }
```

第二阶段采用 PMF 算法，其中采样和计算损失函数的代码如下：

```
public static void train()
{
    for (int iter = 0; iter < num_iterations; iter++){
        for (int iter_rand = 0; iter_rand < num_train_target; iter_rand++){
            //随机采样一个(u, i, r_ui)三元组
            int rand_case = (int) Math.floor(Math.random() * num_train_target);
            int userID = indexUserTrain[rand_case];
            int itemID = indexItemTrain[rand_case];
            float rating = ratingTrain[rand_case];

            //计算预测公式和误差
            float pred = 0;
            float err = 0;
            for (int f = 0; f < d; f++){
                pred += U[userID][f] * V[itemID][f];
            }
            pred += g_avg + biasU[userID] + biasV[itemID];
```

```
            err = rating - pred;
        }
    }
}
```

第三阶段采用原始的 BPR 算法,可以参考第一阶段的代码实现。

3.2.4 实验设置

对于实验参数的设置,CoFiToR 设置潜在特征向量的维度 $d=100$,学习率 $\gamma=0.01$,迭代次数 T 从{100,500,1000}中选取,正则化项上的权衡参数 α 从{0.1,0.01,0.001}中选取。根据验证集上的 NDCG@5 指标选择最优的参数值。

3.2.5 讨论

CoFiToR 算法由三个阶段组成,分别从浏览、评分和购买三种不同但相关的视角看待用户的评分记录。每个阶段都代表用户购物流程中的一个步骤,从粗粒度到细粒度逐步建模用户的偏好,不同阶段之间通过候选物品列表的形式来实现知识的共享与迁移。与 ToR 模型相比,CoFiToR 模型对用户的购买行为建模,因此能够更准确地捕捉用户的偏好信息。需要说明的是,分阶段建模(例如检索、匹配、重排、规则过滤等)在实际应用中也是一种比较常用的做法,因此 CoFiToR 模型可以看作工业界推荐系统的一个缩影。

CoFiToR 是一个基于迁移学习的框架,其基础模型可以替换为其他模型,因此,在未来工作中,可以将其他互补性较强的算法整合到 CoFiToR 框架中,以进一步提升其推荐性能。此外,CoFiToR 使用的模型要么基于单点偏好,要么基于成对偏好,未来可以考虑使用信息检索中常用的基于成列偏好的模型[6-7]。

3.3 上下文感知协同排序

结合多类偏好上下文的矩阵分解(matrix factorization with multiclass preference context,MF-MPC)算法[8]将偏好上下文定义为用户已评分的物品,并将其结合到传统的矩阵分解模型中以解决评分预测问题。受到 MF-MPC 算法的启发,上下文感知协同排序(context-aware collaborative ranking,CCR)算法[9]通过在用户偏好的建模过程中融入上下文信息来提高推荐效果。具体而言,它首先从用户的原始评分记录中提取隐含的上下文作为辅助信息,然后将其融入用户偏好的建模过程中,以预测用户对物品的喜好。

3.3.1 模型介绍

CCR 算法的示意图如图 3-3 所示,可以看到它从一个新的视角对评分数据进行建模。具体来说,它将原始的评分矩阵拆分成两个矩阵,一个表示用户的正负反馈,另一个表示用户的偏好上下文;然后,它通过一个对数几率损失函数来连接这两个矩阵,并从中学习用户和物品的特征;最后,它根据预测的用户对物品的偏好来对物品进行排序,从而得到最终的物品推荐列表。

CCR 算法的建模原理如下。它首先计算每个用户的平均评分值作为其个性化的阈

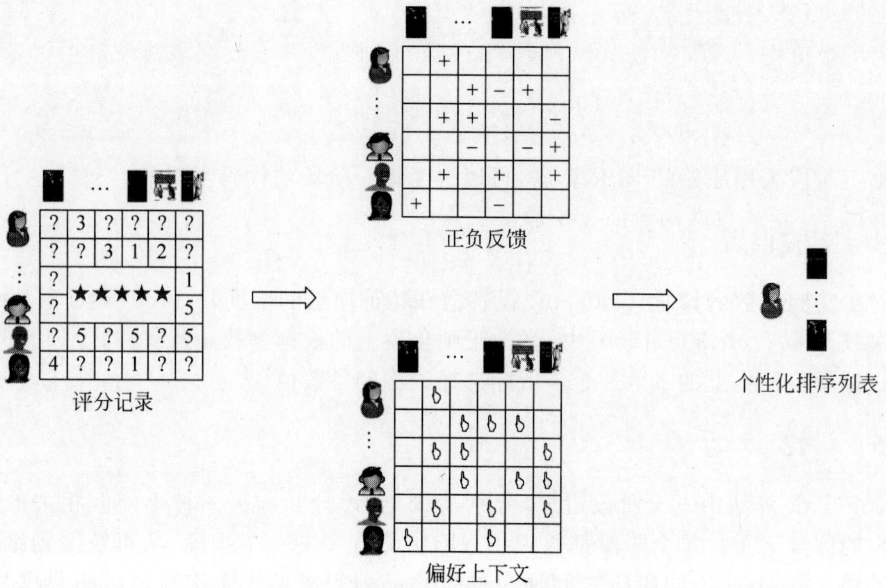

图 3-3　CCR 算法的模型结构示意图(见彩插)

值,即 $\bar{r}_u$,然后将用户对物品的原始评分值按照以下方式转换成二值评分:

$$y_{ui}=\begin{cases}+1, & r_{ui}\geqslant\bar{r}_u\\ -1, & r_{ui}<\bar{r}_u\end{cases} \tag{3-11}$$

具体而言,它将 $y_{ui}=+1$ 的记录当作正样本,并将其加入正样本集合$\mathcal{S}^{\mathrm{P}}$中,其他样本则当作负样本加入负样本集合$\mathcal{S}^{\mathrm{N}}$中。此外,它还随机采样了一部分未观测到的记录加入负样本集合中作为补充,其中未观测样本的采样数是观测样本的 ρ 倍(ρ 为预设的整数)。因此,负样本集合$\mathcal{S}^{\mathrm{N}}$由两部分组成,一部分是评分 $r_{ui}<\bar{r}_u$ 的观测记录,另一部分是采样得到的未观测到的样本(u,i),其中 $y_{ui}=-1$。需要注意的是,在训练 CCR 时,每次迭代都需要从集合$\mathcal{S}^{\mathrm{P}}\cup\mathcal{S}^{\mathrm{N}}$中随机采样一个$(u,i,y_{ui})$三元组。

为了进一步利用用户的评分记录,CCR 采用与 MF-MPC[8]类似的方法,从评分记录中挖掘出有价值的信息,即用户的偏好上下文,以准确地建模用户对物品的偏好。在实际应用中,当用户决定是否购买某个物品时,通常会根据自己之前的购物经历来作决定,即用户对历史物品的偏好会影响其对未交互物品的态度。因此,参照 MF-MPC[8],CCR 在传统的矩阵分解模型中融入用户的偏好上下文:

$$\hat{r}_{ui}=(\boldsymbol{U}_{u\cdot}+\bar{\boldsymbol{U}}_{u\cdot}^{\mathrm{MPC}})\boldsymbol{V}_{i\cdot}^{\mathrm{T}}+b_u+b_i+\mu \tag{3-12}$$

其中,$\bar{\boldsymbol{U}}_{u\cdot}^{\mathrm{MPC}}$ 表示用户 u 的内在偏好上下文,其定义如下:

$$\bar{\boldsymbol{U}}_{u\cdot}^{\mathrm{MPC}}=\sum_{r\in\mathbf{M}}\frac{1}{\sqrt{|\mathcal{J}_u^r\backslash\{i\}|}}\sum_{i'\in\mathcal{J}_u^r\backslash\{i\}}\boldsymbol{M}_{i'\cdot}^r \tag{3-13}$$

其中,$\boldsymbol{M}_{i'\cdot}^r$ 是评分值为 r 的物品 i'的潜在特征向量。由式(3-13)可得,所有的上下文物品根据用户对它们的评分被分为$|\mathbb{M}|$组,这有助于学习不同评分值物品的特征,以及用户对

不同评分值物品的偏好。

为了生成每个用户的物品推荐列表，CCR 使用对数几率损失函数来最小化真实值和预测值之间的误差，形式化如下：

$$l(\hat{r}_{ui}, r_{ui}) = -\ln \sigma(y_{ui}\hat{r}_{ui}) \tag{3-14}$$

如果(u, i, r_{ui})是正样本，$y_{ui}=1$；否则，$y_{ui}=-1$。

最后，CCR 的目标函数形式化如下：

$$\arg\min_{\Theta} \frac{1}{n}\sum_{u=1}^{n}\sum_{i=1}^{m} l(\hat{r}_{ui}, r_{ui}) + \mathrm{reg}(u, i) \tag{3-15}$$

其中，$\mathrm{reg}(u,i) = \frac{\lambda}{2}(\|\boldsymbol{U}_{u\cdot}\|^2 + \|\boldsymbol{V}_{i\cdot}\|^2 + b_u^2 + b_i^2 + \sum_{r\in\mathbf{M}}\sum_{i'\in\mathcal{J}_u^r\backslash\{i\}}\|\boldsymbol{M}_{i'\cdot}^r\|^2)$是正则化项，用于防止过拟合；$\Theta=\{\boldsymbol{U}_{u\cdot}, \boldsymbol{V}_{i\cdot}, b_u, b_i, \mu, \boldsymbol{M}_{i'\cdot}^r \mid u=1,2,\cdots,n; i=1,2,\cdots,m; r\in\mathbb{M}\}$为要学习的模型参数。

3.3.2 算法流程

CCR 的算法流程如算法 3-2 所示。它由参数初始化、评分转换和模型训练三部分组成，并将每个用户和每个物品的潜在特征和偏置项初始化为随机值。

算法 3-2 CCR 算法

```
输入：评分记录 R
输出：Top-K 物品推荐列表
初始化所有参数
for u=1,2,…,n do
    计算用户 u 的平均评分 r̄_u
end for
for each(u,i,r_ui)∈R do
    if r_ui ≥ r̄_u then
        将(u,i,+1)加入正样本集合 S^P
    else
        将(u,i,−1)加入负样本集合 S^N
    end if
end for
for t=1,2,…,T do
    有放回地随机采样 ρ|R|个未观测的样本，并加入负样本集合 S^N 中
    for t_2=1,2…,|S^P ∪ S^N| do
        随机采样一个(u,i,y_ui)三元组
        根据式(3-13)计算 Ū_u·^MPC
        根据式(3-12)计算 r̂_ui
        更新模型参数 Θ
    end for
end for
```

3.3.3 代码实现

CCR 的算法代码采用 Java 语言编写，工具是 JDK 1.8 和代码编辑器 Eclipse。其中计算用户的内在偏好上下文的代码如下：

```
public static void CCR(float yui, int u, int i)
    {
        HashMap<Float, HashSet<Integer>>  rating_itemSet = Data.TrainData.get(u);

        //计算 Uu_bar_MPC
        float[]Uu_bar_MPC = new float[Data.d];

        for (float key : rating_itemSet.keySet()){
            HashSet<Integer>  itemSet = rating_itemSet.get(key);
            int rating_size = itemSet.size();

            //计算用户的评分数量,不包含物品 i
            if(itemSet.contains(i))
                rating_size = rating_size - 1;
            if(rating_size == 0)
                continue;

            float[]temp = new float[Data.d]; //用于存储 M 中的潜在特征向量的和
                if(Data.rtype == 10){
                    for(int itemID : itemSet){
                        if(itemID == i) //排除物品 i
                            continue;
                        for(int f = 0; f < Data.d; f++){
                            int pos = (int)(key * 2);
                            temp[f] = temp[f] + Data.M[pos][itemID][f];
                        }
                    }
                }
                else{
                    for(int itemID : itemSet){
                        if(itemID == i) //排除物品 i
                            continue;
                        for(int f = 0; f < Data.d; f++){
                            int pos = (int)key;
                            temp[f] = temp[f] + Data.M[pos][itemID][f];
                        }
                    }
                }

            for(int f = 0; f < Data.d; f++){
                Uu_bar_MPC[f] = Uu_bar_MPC[f] + (float)(temp[f]/Math.sqrt((float)
rating_size));
```

```
        }
    }

    //计算 rui
    float rui_pre = Data.biasU[u] + Data.biasV[i] + Data.mu;
    for (int f = 0; f < Data.d; f++)
    {
        rui_pre += (Data.U[u][f] + Uu_bar_MPC[f]) * Data.V[i][f];
    }

    //计算损失函数
    float e_ui = - yui * Sigmoid.sigmoid( - yui * rui_pre);
}
```

3.3.4 实验设置

对于实验参数的设置，CCR 设置潜在特征向量的维度 $d=20$，学习率 $\gamma=0.01$ 以及采样大小 $\rho=3$，迭代次数 T 从{100,500,1000}中选取，正则化项上的权衡参数 α 从{0.1，0.01，0.001}中选取。根据验证集上的 NDCG@5 指标选择最优参数值。

3.3.5 讨论

CCR 算法从原始评分记录中挖掘出偏好上下文，即用户的历史交互物品，并将其融入用户偏好的建模过程中，有效地利用了他们的评分偏好信息。此外，它采用对数几率损失函数，并设计了一种改进的采样策略来帮助区分正负反馈，进而为用户提供精准的推荐。

CCR 通过线性相加的方式将内在偏好上下文结合到目标函数中，在未来工作中，可以探索更加有效的方式来整合偏好上下文。此外，可以考虑将偏好上下文应用到深度学习的框架中，以更好地学习用户的潜在特征。

3.4 整全迁移排序

在 3.2 节，我们提到 CoFiToR 模型[2]采用三阶段的方式来对用户行为进行建模，但这可能会给模型部署带来不便，因为它需要进行多次训练。为了解决此问题，整全迁移排序框架(holistic transfer to rank，HoToR)[10]被提出，其主要思想是将用户的原始评分记录转换为浏览行为数据、评分行为数据和购买行为数据，并通过知识共享和迁移把它们结合到一个整全的框架中，从而得到一个仅包含一个阶段的解决方案。

3.4.1 模型介绍

HoToR 模型的示意图如图 3-4 所示。它首先将用户的原始评分记录转换为三种不同但相关的视角，即浏览、评分和购买。然后，与两阶段的 ToR 和三阶段的 CoFiToR 不同，HoToR 将这三种视图结合起来，使得知识可以在不同行为之间共享，最终得到一个仅包含一个阶段的解决方案。更具体地说，HoToR 将用户的评分行为数据(即第二种行为数据)作为浏览行为数据(即第一种行为数据)的加权策略，然后通过一种整全的方式来结合加权的浏览行为数据和购买行为数据(即第三种行为数据)。基于此框架，HoToR 分别使用基于矩阵分解的方法和基于邻域的方法作为基本模型，并实例化了两个算法，即基于模型的整全迁移排序算法和基于邻域的整全迁移排序算法，下面我们将详细介绍这两个算法。

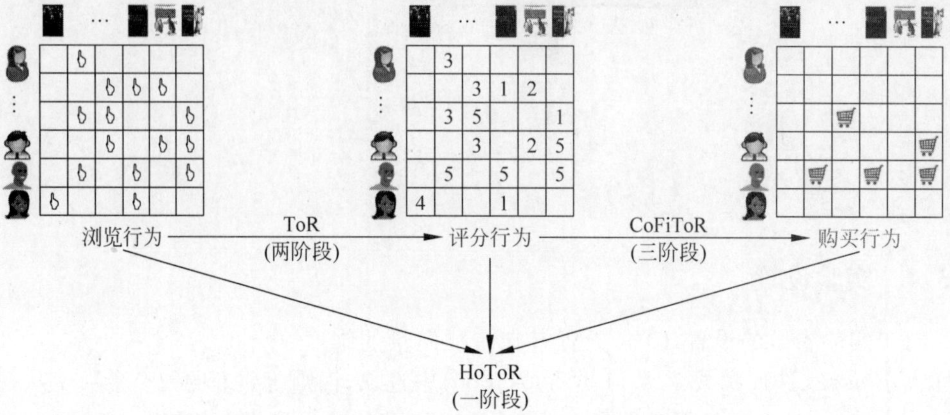

图 3-4 HoToR 算法的模型结构示意图(见彩插)

3.4.2 基于模型的整全迁移排序

为了对图 3-4 中的浏览行为数据和购买行为数据建模，基于模型的整全迁移排序(HoToR(mod.))算法采用了两种偏好假设，即用户喜欢其浏览过的物品多于其未浏览的物品，以及用户喜欢其购买过的物品多于其未购买的物品。具体来说，HoToR(mod.)算法采用 BPR 算法[3]中的成对学习方法来分别学习用户在这两种行为下的偏好，并通过引入权衡参数 $\lambda_{\text{mod.}}$ $(0 \leqslant \lambda_{\text{mod.}} \leqslant 1)$来控制这两种行为数据的比例：

$$\lambda_{\text{mod.}}(u,i,j)^{\text{E}} \text{ vs. } (1-\lambda_{\text{mod.}})(u,i,j)^{\text{P}} \tag{3-16}$$

其中，$(u,i,j)^{\text{E}} \in \{(u,i,j) \mid (u,i) \in \mathcal{E} \backslash \mathcal{P};\ j \in \mathcal{J} \backslash \mathcal{J}_u^{\text{E}}\}$，$(u,i,j)^{\text{P}} \in \{(u,i,j) \mid (u,i) \in \mathcal{P};\ j \in \mathcal{J} \backslash \mathcal{J}_u^{\text{P}}\}$。注意，用户浏览的物品只包含该用户浏览但未购买的物品(即$\mathcal{E} \backslash \mathcal{P}$)，而用户购买的物品则包含了该用户浏览且购买的物品(即$\mathcal{P}$)。还有一点需要注意的是，HoToR(mod.)将用户所有评过分的物品视为他们的浏览物品，并将评分为 5 分的物品视为他们的购买物品，即$\mathcal{E}=\{(u,i) \mid (u,i,r_{ui}) \in \mathcal{R}\}$，$\mathcal{P}=\{(u,i) \mid (u,i,5) \in \mathcal{R}\}$。

为了进一步利用图 3-4 中的评分行为数据，HoToR(mod.)算法采用了 CoFiToR 模型中加权版本的 BPR 算法[2,4]，即式(3-6)，来强调具有较高分数的正样本的重要性。最后，结合式(3-16)中两种类型的三元组，得到整全的目标函数如下：

$$\min_{\Theta} \lambda_{\text{mod.}} \sum_{u \in \mathcal{U}} \sum_{i \in \mathcal{J}_u^{\text{E}} \backslash \mathcal{J}_u^{\text{P}}} \bar{r}_{ui} \sum_{j \in \mathcal{J} \backslash \mathcal{J}_u^{\text{E}}} f_{uij} + (1-\lambda_{\text{mod.}}) \sum_{u \in \mathcal{U}} \sum_{i \in \mathcal{J}_u^{\text{P}}} \sum_{j \in \mathcal{J} \backslash \mathcal{J}_u^{\text{P}}} f_{uij} \tag{3-17}$$

其中，$\bar{r}_{ui}=(2^{r_{ui}}-1)/2^5$ 是(u,i)的权重[4]；f_{uij} 是 BPR 中的目标函数，用户对物品的预测偏好 $\hat{r}_{ui}$ 与式(3-5)相同。式(3-17)的左半部分捕捉了基于浏览和评分行为数据的偏好假设，右半部分则捕捉了基于购买行为数据的偏好假设。

在式(3-17)中，当 $\lambda_{\text{mod.}}=0$ 时，HoToR(mod.)算法等价于基于购买行为数据的 BPR 算法，即 BPR(P)；当 $\lambda_{\text{mod.}}=1$ 并使用 $\mathcal{J}_u^{\text{E}}$ 代替 $\mathcal{J}_u^{\text{E}}\backslash\mathcal{J}_u^{\text{P}}$ 时，HoToR(mod.)算法等价于基于加权的浏览行为数据的 BPR 算法，即 W-BPR(E)；当 $0<\lambda_{\text{mod.}}<1$ 时，HoToR(mod.)算法将浏览、评分和购买三种行为数据整合在一个目标函数中。此外，对于每个用户 u，式(3-17)还考虑了两种类型的有序信息。一种位于式(3-17)的左边，即 $i\in\mathcal{J}_u^{\text{E}}\backslash\mathcal{J}_u^{\text{P}}(0<r_{ui}<5)$ 和 $j\in\mathcal{J}\backslash\mathcal{J}_u^{\text{E}}(r_{uj}$ 未知，即用户 u 没有给物品 j 评分)，另一种位于式(3-17)的右边，即 $i\in\mathcal{J}_u^{\text{P}}(r_{ui}=5)$ 和 $j\in\mathcal{J}\backslash\mathcal{J}_u^{P}(r_{uj}\neq 5)$。

对于 (u,i,j) 三元组，在式(3-17)中 f_{uij} 的模型参数的梯度如下：

$$\nabla \boldsymbol{U}_{u\cdot}=\frac{\partial f_{uij}}{\partial \boldsymbol{U}_{u\cdot}}=-\sigma(\hat{r}_{uj}-\hat{r}_{ui})(\boldsymbol{V}_{i\cdot}-\boldsymbol{V}_{j\cdot})+\alpha_{\text{u}}\boldsymbol{U}_{u\cdot} \tag{3-18}$$

$$\nabla \boldsymbol{V}_{i\cdot}=\frac{\partial f_{uij}}{\partial \boldsymbol{V}_{i\cdot}}=-\sigma(\hat{r}_{uj}-\hat{r}_{ui})\boldsymbol{U}_{u\cdot}+\alpha_{\text{v}}\boldsymbol{V}_{i\cdot} \tag{3-19}$$

$$\nabla \boldsymbol{V}_{j\cdot}=\frac{\partial f_{uij}}{\partial \boldsymbol{V}_{j\cdot}}=-\sigma(\hat{r}_{uj}-\hat{r}_{ui})(-\boldsymbol{U}_{u\cdot})+\alpha_{\text{v}}\boldsymbol{V}_{j\cdot} \tag{3-20}$$

$$\nabla b_i=\frac{\partial f_{uij}}{\partial b_i}=-\sigma(\hat{r}_{uj}-\hat{r}_{ui})+\beta_{\text{v}}b_i \tag{3-21}$$

$$\nabla b_j=\frac{\partial f_{uij}}{\partial b_j}=-\sigma(\hat{r}_{uj}-\hat{r}_{ui})(-1)+\beta_{\text{v}}b_j \tag{3-22}$$

HoToR(mod.)的算法流程如算法 3-3 所示。它主要包含两层循环，其中内层循环使用采样权衡参数 $\lambda_{\text{mod.}}$ 来控制式(3-16)中浏览行为和购买行为三元组的采样比例，它们分别对应于式(3-17)中目标函数相加的左右部分。

算法 3-3　HoToR(mod.)算法

```
输入：评分数据 R 和采样权衡参数 λ_mod.
for t=1,2,…,T do
    for t_2=1,2,…,|R| do
        随机在[0,1)中产生随机数 r
        if r<λ_mod. then
            随机采样一个(用户,物品)对(u,i)∈E\P
            随机采样一个物品 j∈J\J_u^E
        else
            随机采样一个(用户,物品)对(u,i)∈P
            随机采样一个物品 j∈J\J_u^P
        根据采样得到的三元组(u,i,j)计算梯度
        更新模型参数 Θ
    end for
end for
```

值得注意的是，BPR++算法[11]也包含了这种具有两层循环和一个采样权衡参数的算法框架，它与 HoToR(mod.)的主要区别在于成对偏好学习中建模的三元组：

$$\lambda_{\text{BPR++}}(u,i,j)^{\text{E}'} \text{ vs. } (1-\lambda_{\text{BPR++}})(u,i,j)^{\text{R}} \tag{3-23}$$

其中，$(u,i,j)^{\text{E}'} \in \{(u,i,j) \mid (u,i) \in \mathcal{E};\ j \in \mathcal{J} \setminus \mathcal{J}_u^{\text{E}}\}$，$(u,i,j)^{\text{R}} \in \{(u,i,j) \mid (u,i,r_{ui}),(u,j,r_{uj}) \in \mathcal{R};\ r_{ui} > r_{uj}\}$。可以看到，式(3-23)和式(3-16)是不一样的。它们的区别主要有两点。首先，HoToR(mod.)关注建模用户对交互过物品与未交互物品的偏好，而BPR++侧重于捕捉用户对交互过物品的偏好。其次，HoToR(mod.)通过加权策略在目标函数中融入了评分行为数据，有助于准确地建模用户对物品的偏好。

3.4.3 基于邻域的整全迁移排序

除了基于模型的整全迁移排序算法，HoToR 还提出了一个基于邻域的整全迁移排序算法 HoToR(nei.)，该算法的基本思想是通过无缝地结合用户的浏览、评分和购买行为来学习他们对物品的偏好。具体来说，因为基于物品的单类协同过滤(item-based one-class collaborative filtering，IOCCF)算法[12]的有效性和简单性，HoToR(nei.)采用 IOCCF 算法来同时建模这三种行为数据，其中用户 u 对物品 i 的预测公式如下：

$$\hat{r}_{ui} = \lambda_{\text{nei.}} \sum_{k \in \mathcal{J}_u^{\text{E}} \cap \mathcal{N}_i^{\text{E}}} \bar{r}_{uk} s_{ki}^{\text{E}} + (1-\lambda_{\text{nei.}}) \sum_{k \in \mathcal{J}_u^{\text{P}} \cap \mathcal{N}_i^{\text{P}}} s_{ki}^{\text{P}} \tag{3-24}$$

其中，$\lambda_{\text{nei.}}$ $(0 \leqslant \lambda_{\text{nei.}} \leqslant 1)$是加权置信度，其既结合了式(3-24)左边基于浏览行为和评分行为的预测公式，又结合了右边基于购买行为的预测公式。在式(3-24)中，$\bar{r}_{uk} = (2^{r_{uk}}-1)/2^5$ 表示基于用户 u 对物品 k 的评分 r_{uk} 所估计的权重[4]，用于缓解浏览行为中用户偏好的不确定性。$s_{ki}^{\text{E}} = \dfrac{|\mathcal{U}_k^{\text{E}} \cap \mathcal{U}_i^{\text{E}}|}{|\mathcal{U}_k^{\text{E}} \cup \mathcal{U}_i^{\text{E}}|}$ 和 $s_{ki}^{\text{P}} = \dfrac{|\mathcal{U}_k^{\text{P}} \cap \mathcal{U}_i^{\text{P}}|}{|\mathcal{U}_k^{\text{P}} \cup \mathcal{U}_i^{\text{P}}|}$ 分别表示物品 k 和物品 i 基于浏览行为数据和基于购买行为数据的相似度，使用杰卡德指数(Jaccard index)进行计算。$\mathcal{N}_i^{\text{E}}$ 和 $\mathcal{N}_i^{\text{P}}$ 表示物品 i 分别基于浏览行为数据和基于购买行为数据的最近邻居集合。

在式(3-24)中，当 $\lambda_{\text{nei.}}=0$ 时，HoToR(nei.)算法仅使用购买行为数据 $\mathcal{P}=\{(u,i) \mid (u,i,5) \in \mathcal{R}\}$，式(3-24)等价于基于购买行为数据的 IOCCF 算法，即 IOCCF(P)，其中 $\hat{r}_{ui}^{\text{P}} = \sum_{k \in \mathcal{J}_u^{\text{P}} \cap \mathcal{N}_i^{\text{P}}} s_{ki}^{\text{P}}$；当 $\lambda_{\text{nei.}}=1$ 时，HoToR(nei.)算法结合浏览行为数据 $\mathcal{E}=\{(u,i) \mid (u,i) \in \mathcal{R}\}$ 和评分行为数据 $\mathcal{S}=\mathcal{R}$，式(3-24)等价于基于加权的浏览行为数据的 IOCCF 算法，即 W-IOCCF(E)，其中 $\hat{r}_{ui}^{\text{E}} = \sum_{k \in \mathcal{J}_u^{\text{E}} \cap \mathcal{N}_i^{\text{E}}} \bar{r}_{uk} s_{ki}^{\text{E}}$；当 $0 < \lambda_{\text{nei.}} < 1$ 时，HoToR(nei.)算法利用浏览、评分和购买三种行为数据来学习用户的偏好。

3.4.4 代码实现

HoToR 的算法代码采用 Java 语言编写，工具是 JDK 1.8 和代码编辑器 Eclipse。其中 HoToR(mod.)采样和计算损失函数部分的核心代码如下：

```
public static void HoToR_mod_training()throws IOException{
        for(int iter = 0;iter < num_iterations;iter++){
            for(int iter2 = 0;iter2 < num_train;iter2++){
                int u;
                int i = 0;
                int j = 0;
                float r_ui;
                float bar_r_ui = 1f;
                //产生随机数
                float random = (float)Math.random();
                if(random < lambda_mod) {
                    //随机采样一个(用户,物品)对(u,i)∈ℰ\𝒫
                    int idx;
                    idx = (int) Math.floor(Math.random() * num_train_notFive);
                    u = indexUserTrainClick[idx];
                    i = indexItemTrainClick[idx];
                    HashMap<Integer,Float> itemRatingSet_u = TrainData.get(u);
                    r_ui = itemRatingSet_u.get(i);
                    bar_r_ui = (float)((Math.pow(2,r_ui) - 1)/Math.pow(2,5));
                    //随机采样一个物品 j∈𝒥\𝒥_u^E
                    while(true){
                        j = (int)Math.floor(Math.random() * m) + 1;
                        if(ItemTrainingSet.contains(j)&&!itemRatingSet_u.containsKey(j))
                            break;
                    }
                }else{
                    //随机采样一个(用户,物品)对(u,i)∈𝒫
                    int idx;
                    idx = (int) Math.floor(Math.random() * (num_train - num_train_
notFive));
                    u = indexUserTrainPurchase[idx];
                    i = indexItemTrainPurchase[idx];
                    bar_r_ui = 1;
                    HashMap<Integer,Float> itemRatingSet_u = TrainData.get(u);
                    //随机采样一个物品 j∈𝒥\𝒥_u^P
                    while(true){
                        j = (int)Math.floor(Math.random() * m) + 1;
                        if(ItemTrainingSet.contains(j)&&(!itemRatingSet_u.containsKey
(j)||itemRatingSet_u.get(j)!= 5.0))
                            break;
                    }
                }

                //计算预测公式和损失函数
                float r_uij = biasV[i] - biasV[j];
                for(int k = 0;k < d;k++){
                    r_uij = r_uij + U[u][k] * (V[i][k] - V[j][k]);
                }
```

```
                float EXP_r_uij = (float)Math.pow(Math.E,r_uij);
                float loss_uij =  - 1f/(1f + EXP_r_uij);
            }
        }
    }
```

3.4.5 实验设置

对于实验参数的设置,HoToR(mod.)算法设置潜在特征向量的维度 $d=100$ 和学习率 $\gamma=0.01$,迭代次数 T 从{100,500,1000}中选取,正则化项上的权衡参数 α 从{0.1,0.01,0.001}中选取。HoToR(nei.)算法设置最近邻居的数量 $K=100$。权衡参数 $\lambda_{\text{mod.}}$ 和 $\lambda_{\text{nei.}}$ 选取的范围是{0.1,0.2,0.3,…,0.9}。根据验证集上的 NDCG@5 指标选取最优参数值。

3.4.6 讨论

HoToR 构建的是单阶段的算法,与包含两个阶段的 ToR 和包含三个阶段的 CoFiToR 相比,它更便于维护和部署。具体而言,HoToR 模型包含两种变体,即 HoToR(mod.)算法和 HoToR(nei.)算法。为了结合浏览、评分和购买三种类型的行为数据,HoToR(mod.)算法设计了一种新的采样策略,HoToR(nei.)算法则扩展了传统协同过滤方法的预测规则。通过这两种策略,HoToR 不仅利用了浏览行为和购买行为的互补性,而且通过将分数作为置信度权重利用了评分行为数据。

HoToR 将用户的历史评分记录转换为浏览、评分和购买三种行为数据,在未来工作中,可以考虑从其他新的视角来看待用户的历史评分记录,进而从用户的评分数据中学习更丰富的信息。此外,可以将这种看待评分记录的新颖视角应用到基于深度学习的模型中,以更好地捕捉用户对物品的偏好。

3.5 本章小结

本章讨论了推荐系统中的协同排序问题,即从显式反馈中学习用户对物品的偏好,从而为用户提供个性化的物品排序列表。我们介绍了三个具有代表性的算法,探讨了它们的模型、算法流程、代码实现和实验设置。具体而言,CoFiToR 从浏览、评分和购买的视角看待用户的历史评分记录,并通过顺序递进的方式对其进行建模,从而有效地捕捉了用户的偏好。CCR 在目标函数中结合了用户的内在偏好上下文,并设计了一种巧妙的采样策略来区分正负样本,从而能够准确地为用户推荐物品。HoToR 将用户的多种行为数据整合到一个联合函数中,不仅解决了多阶段模型训练的复杂性问题,而且能够利用完整的行为数据来建模用户的真实偏好。

此外,其他一些算法的目标也是为了解决协同排序问题。这些方法可以分为基于邻域的方法和基于模型的方法。基于邻域的方法根据用户或物品间的相似性来预测用户的偏好。例如,EigenRank[13] 和 VSRank[14] 关注建模用户对物品的成对偏好,其中 EigenRank

利用用户对物品排序的相关性来测量用户之间的相似度,而 VSRank 则将用户视为文档,并将用户交互过的物品视为词项,然后使用一种新的加权方案来对词项进行加权。为了降低基于成对偏好的方法的训练复杂度,成列协同过滤模型(listwise collaborative filtering,ListCF)[15]根据相似用户在物品排列上的概率分布,直接生成每个用户的物品排序列表。值得注意的是,许多研究人员将注意力转向了基于模型的方法,这类方法的代表性工作有 CoFiRank[16],它同样基于成列偏好假设,但致力于优化 NDCG(normalized discounted cumulative gain)排序指标。为了准确地学习用户和物品的潜在特征,统一推荐模型(unified recommendation model,URM)[17]在一个框架中结合了基于逐点偏好假设的损失函数和基于成列偏好假设的损失函数。局部协同排序模型(local collaborative ranking,LCR)[18]假设评分矩阵为局部低秩(local low-rank),并结合局部低秩矩阵分解方法来最小化排序损失,而成列局部协同排序模型(listed LCR,LLCR)[19]在 LCR 的基础上进一步提升了模型的效率。此外,低值注入模型(low-value injection,l-injection)[20]旨在找到用户不感兴趣的物品并为其设置低分,不仅解决了数据稀疏的问题,也提高了推荐的准确性。

3.6 参考文献

[1] PAN W,YANG Q,DUAN Y,et al. Transfer learning for behavior ranking [J]. ACM Transactions on Intelligent Systems and Technology,2017,8(5):65:1-65:23.

[2] DAI W,ZHANG Q,PAN W,et al. Transfer to rank for top-N recommendation [J]. IEEE Transactions on Big Data,2020,6(4):770-779.

[3] RENDLE S,FREUDENTHALER C,GANTNER Z,et al. BPR:Bayesian personalized ranking from implicit feedback [C]//BILMES J A,NG A Y. Proceedings of the 25th Conference on Uncertainty in Artificial Intelligence (UAI'09). Arlington:AUAI Press,2009:452-461.

[4] SHI Y,KARATZOGLOU A,BALTRUNAS L,et al. xCLiMF:Optimizing expected reciprocal rank for data with multiple levels of relevance [C]//YANG Q,KING I,LI Q,et al. Proceedings of the 7th ACM Conference on Recommender Systems (RecSys'13). New York:ACM,2013:431-434.

[5] SALAKHUTDINOV R,MNIH A. Probabilistic matrix factorization [C]//PLATT J C,KOLLER D,SINGER Y,et al. Proceeding of the 20th Annual Conference on Neural Information Processing Systems (NeurIPS'07). New York:Curran Associates Inc.,2007:1257-1264.

[6] CAO Z,QIN T,LIU T,et al. Learning to rank:From pairwise approach to listwise approach [C]//GHAHRAMANI Z. Proceedings of the 24th International Conference on Machine Learning (ICML'07). New York:ACM,2007:129-136.

[7] WU L,HSIEH C,SHARPNACK J. SQL-Rank:A listwise approach to collaborative ranking [C]//DY J,KRAUSE A. Proceedings of the 35th International Conference on Machine Learning (ICML'18). 2018:5311-5320.

[8] PAN W,MING Z. Collaborative recommendation with multiclass preference context [J]. IEEE Intelligent Systems,2017,32(2):45-51.

[9] DAI W,PAN W,MING Z. Context-aware collaborative ranking [C]//WANG F L,XIE H,LAM W,et al. Proceedings of 15th Asia Information Retrieval Societies Conference (AIRS'19). Berlin:

Springer,2019：43-55.

[10] MA W,LIAO X,DAI W,et al. Holistic transfer to rank for top-N recommendation [J]. ACM Transactions on Interactive Intelligent Systems,2021,11(1)：8：1-8：23.

[11] LERCHE L,JANNACH D. Using graded implicit feedback for Bayesian personalized ranking [C]//KOBSA A,ZHOU M X,ESTER M,et al. Proceedings of the 8th ACM Conference on Recommender Systems (RecSys'14). New York：ACM,2014：353-356.

[12] DESHPANDE M,KARYPIS G. Item-based top-N recommendation algorithms [J]. ACM Transactions on Information Systems,2004,22(1)：143-177.

[13] LIU N,YANG Q. EigenRank：A ranking-oriented approach to collaborative filtering [C]//MYAENG S,OARD D W,SEBASTIANI F,et al. Proceedings of the 31st International ACM SIGIR Conference on Research and Development in Information Retrieval (SIGIR'08). New York：ACM,2008：83-90.

[14] WANG S,SUN J,GAO B J,et al. VSRank：A novel framework for ranking-based collaborative filtering [J]. ACM Transactions on Intelligent Systems and Technology,2014,5(3)：51：1-51：24.

[15] HUANG S,WANG S,LIU T,et al. Listwise collaborative filtering [C]//BAEZA-YATES R,LALMAS MOUNIA,MOFFAT A,et al. Proceedings of the 38th International ACM SIGIR Conference on Research and Development in Information Retrieval (SIGIR'15). New York：ACM,2015：343-352.

[16] WEIMER M,KARATZOGLOU A,LE Q V,et al. COFI RANK-Maximum margin matrix factorization for collaborative ranking [C]//PLATT J C,KOLLER D,SINGER Y,et al. Proceedings of the 21st Annual Conference on Neural Information Processing Systems (NeurIPS'08). New York：Curran Associates Inc.,2008：1593-1600.

[17] SHI Y,LARSON M,HANJALIC A. Unifying rating-oriented and ranking-oriented collaborative filtering for improved recommendation [J]. Information Science,2013,229：29-39.

[18] LEE J,BENGIO S,KIM S,et al. Local collaborative ranking [C]//CHUNG C,BRODER A Z,SHIM K,et al. Proceedings of the 23rd International World Wide Web Conference (WWW'14). New York：ACM,2014：85-96.

[19] 刘海洋,王志海,黄丹,等. 基于评分矩阵局部低秩假设的成列协同排名算法[J]. 软件学报,2015,26(11)：2981-2993.

[20] LEE J,HWANG W,PARC J,et al. L-Injection：Toward effective collaborative filtering using uninteresting items [J]. IEEE Transactions on Knowledge and Data Engineering,2019,31(1)：3-16.

3.7 习题

1. 本章研究的问题(即基于显式反馈的物品排序问题)与第 2 章研究的问题(即基于显式反馈的评分预测问题)有哪些联系与区别?

2. CoFiToR 算法将用户的购物过程分为三个阶段,它是如何连接这些阶段的?

3. 可以将哪些算法用作 CoFiToR 算法中三个阶段的基础组件?

4. 在 CoFiToR 算法的三个阶段中,候选物品列表由长变短,最终得到 K 个物品(例如 $K=5$)。能否设计一种算法,候选物品列表由短变长,最终得到 K 个物品? 请想一想,关于构建候选物品列表的这两种方式，哪一种更加合理？

5. 除了 CCR 算法中使用的方法，你还能想出哪些方法可以来对用户偏好的上下文进行建模？

6. 请分析 CCR 算法的时间复杂度。

7. 多阶段的模型（例如 ToR 和 CoFiToR）存在哪些问题？HoToR 模型是如何解决这些问题的？

8. 请分析本章重点介绍的三个算法的优缺点。

9. 实现本章重点介绍的三个算法，并比较它们的推荐效果。

10. 在 RecSys、SIGIR 等知名国际会议的论文集中，查阅研究 CR 问题的前沿工作（近 3 年），总结其中的研究动机、主要思路、关键技术和对比实验。

第 4 章

基于隐式反馈的物品排序

在许多应用中，以评分形式出现的显式反馈通常不易收集，因此数量往往较为有限。此时，利用购买等隐式反馈行为数据进行用户偏好学习和个性化推荐，就变得非常重要。可喜的是，这也往往能获得不错的推荐效果。需要注意的是，隐式反馈通常不能代表用户的绝对偏好，例如，一个用户未购买某个物品不一定表示该用户不喜欢这个物品。因此，基于隐式反馈的推荐算法的目标与基于显式反馈的推荐算法的目标有所不同，前者往往以物品排序为目标；而后者可以是评分预测，也可以是物品排序。

就像评分等显式反馈可以称为多类反馈(multiclass feedback)，隐式反馈通常称为单类反馈(one-class feedback)，因此，基于隐式反馈的推荐问题又称为单类协同过滤(one-class collaborative filtering，OCCF)问题。本章首先给出 OCCF 问题的定义，然后介绍一些用于解决该问题的方法，包括基于热度的方法、基于邻域的方法[1-3]、基于矩阵分解的方法[4-7]和基于深度学习的方法[8-10]。

4.1 单类协同过滤(OCCF)问题

在单类协同过滤问题中，我们通过研究用户在推荐系统中的单一类型的隐式反馈行为，预测这些用户未来的反馈行为。更形象地表述如下：将一些用户 $u \in \mathcal{U}$ 对一些物品 $i \in \mathcal{J}$ 的购买行为 $\mathcal{R}=\{(u,i)\}$ 记录到了一个二维矩阵中，如图 4-1 所示，这里的购买行为就是要研究的隐式反馈行为。在这个矩阵中，若一个用户 u 对一个物品 i 有过购买行为，则矩阵中对应位置元素的值为“1”($y_{ui}=1$)，否则为“?”($y_{ui}=0$)。根据现有的行为记录矩阵，推荐算法可以学习每个用户的偏好，然后预测这些“?”变成

图 4-1　OCCF 问题示意图

“1”的概率有多大(相当于用户 u 对未交互的物品 $j \in \mathcal{I} \backslash \mathcal{I}_u$ 的预测评分 $\hat{r}_{uj}$)。预测评分从高到低排序后,我们可以为每个用户 u 生成一个由其未交互的物品组成的 top-K 推荐列表 $\mathcal{I}_u^{re}$,并对所使用的推荐算法进行评估(面向物品排序的评价指标见 1.5.2 节)。

本章研究 OCCF 问题时所用到的符号及其说明如表 4-1 所示。

表 4-1　OCCF 问题中的符号及其说明

符　号	说　明
n	用户数量
m	物品数量
$u \in \{1,2,\cdots,n\}$	用户 ID
$i,j \in \{1,2,\cdots,m\}$	物品 ID
$\mathcal{R}=\{(u,i)\}$	训练集中的(u,i)对的集合
$y_{ui} \in \{1,0\}$	指示变量,当$(u,i) \in \mathcal{R}$时,$y_{ui}=1$,否则,$y_{ui}=0$
$\mathcal{U}$	完整的用户集合
$\mathcal{I}$	完整的物品集合
$\mathcal{I}_u$	训练集中用户 u 交互的物品的集合
$\mathcal{R}^{te}=\{(u,i)\}$	测试集中的(u,i)对的集合
$\mathcal{I}_u^{te}$	测试集中用户 u 交互的物品的集合
$\mathcal{U}^{te}$	测试集中的用户集合
$\hat{r}_{ui}$	用户 u 对物品 i 的预测评分
$\mathcal{I}_u^{re}$	向用户 u 推荐的物品

4.2　基于热度的方法

基于热度的排序(popularity-based ranking,PopRank)按照物品流行程度进行排序,然后向用户推荐排序靠前的物品。关于用户 u 对物品 i 的预测评分 $\hat{r}_{ui}$,PopRank 的预测公式如下:

$$\hat{r}_{ui}=\frac{1}{n}\sum_{v=1}^{n} y_{vi}-\mu \tag{4-1}$$

其中,$\mu=\frac{1}{nm}\sum_{u=1}^{n}\sum_{i=1}^{m} y_{ui}$ 是一个常量,表示 0-1 矩阵的全局平均值,因此可以仅根据等号右侧的第一项来计算流行度的值,在电商场景中,其含义可以是购买过物品 i 的用户比例。可以看到,在不考虑业务逻辑(例如过滤已购买物品等)和法律法规限制(例如不得向未成年人推荐或出售某些物品等)的情况下,PopRank 方法给不同用户的推荐结果是完全一样的,因此该方法通常被认为是非个性化的。

4.3　基于邻域的方法

基于邻域的方法通过计算用户或物品之间的相似度来计算预测评分。为介绍基于邻域的方法，补充几个符号及其说明如表 4-2 所示。

表 4-2 基于邻域的方法中用到的符号及其说明

符　号	说　明
$\mathcal{U}_j$	对物品 j 有过交互行为的用户的集合
$\mathcal{N}_j$	物品 j 的 top-K 最近邻的集合
$\mathcal{N}_u$	用户 u 的 top-K 最近邻的集合

4.3.1 相似度度量

1. 杰卡德指数

衡量物品 k 和物品 j 之间的相似度的杰卡德指数(Jaccard index)的计算公式如下：

$$s_{kj}=\frac{|\mathcal{U}_k\cap\mathcal{U}_j|}{|\mathcal{U}_k\cup\mathcal{U}_j|}\tag{4-2}$$

其中，s_{kj} 表示$\mathcal{U}_k$和$\mathcal{U}_j$的交集大小与并集大小的比例。

2. 余弦相似度

物品 k 和物品 j 之间的余弦相似度(cosine similarity)的计算公式如下：

$$s_{kj}=\frac{|\mathcal{U}_k\cap\mathcal{U}_j|}{\sqrt{|\mathcal{U}_k|}\ \sqrt{|\mathcal{U}_j|}}\tag{4-3}$$

可以看到，式(4-3)与杰卡德指数相比，分子相同、分母不同。

3. 惩罚流行物品的余弦相似度

惩罚流行物品的余弦相似度(cosine similarity with penalty on popular item)引入了一个超参数 α 来计算物品 k 和物品 j 之间的相似度：

$$s_{kj}=\frac{|\mathcal{U}_k\cap\mathcal{U}_j|}{|\mathcal{U}_k|^{\alpha}\,|\mathcal{U}_j|^{1-\alpha}}\tag{4-4}$$

其中，$0.5\leqslant\alpha\leqslant1$，它是一个可以调节的超参数。当 $\alpha=0.5$ 时，与标准的余弦相似度等价；当 α 取一个较大值(即 $\alpha>0.5$)时，会对一个流行物品 k 给予一定的惩罚；当 $\alpha=1$ 时，退化为关联规则挖掘中的置信度(见第 5 点)。

4. 逆用户频率的余弦相似度

物品 k 和物品 j 之间的逆用户频率的余弦相似度(cosine similarity with inverse user frequency)[1]的计算公式如下：

$$s_{kj}=\frac{\sum\limits_{w\in\mathcal{U}_k\cap\mathcal{U}_j}\frac{1}{\ln(1+|\mathcal{J}_w|)}}{\sqrt{|\mathcal{U}_k|}\ \sqrt{|\mathcal{U}_j|}}\tag{4-5}$$

其中，$|\mathcal{J}_w|$是用户 w 交互的物品数量，表示用户 w 的活跃程度，对绝对数值取对数(即

$\ln(1+|\mathcal{J}_w|)$)是信息检索领域中一个较为常用的技巧。式(4-5)与余弦相似度相比，分子不同、分母相同。

5. 关联规则挖掘中的置信度

一个喜欢物品 k 的用户也会喜欢物品 j 的置信度(或概率)[2]的计算公式如下：

$$s_{kj}=\frac{|\mathcal{U}_k \cap \mathcal{U}_j|}{|\mathcal{U}_k|} \tag{4-6}$$

注意，关联规则挖掘(association rule mining)中的置信度可以看作一种特殊的物品之间的相似度。

6. 归一化

一旦我们得到相似度矩阵 $[s_{kj}]_{m\times m}$，$k,j=1,2,\cdots,m$，$k\neq j$，我们就能对相似度进行归一化[3]，如下：

$$\bar{s}_{kj}=\frac{s_{kj}}{\max_{j',j'\neq k} s_{kj'}}, \quad k\neq j \tag{4-7}$$

注意，这里不是全局归一化$\left(\text{即 } \dfrac{s_{kj}}{\max_{k'j'} s_{k'j'}}\right)$。这样按行进行归一化的做法使得不同行之间的相似度(例如“物品 k 与物品 j”的相似度与“物品 k' 与物品 j”的相似度)更加具有可比性。

4.3.2 预测公式

基于邻域的方法根据以上相似度度量，为每个物品 j 选择其 top-K 最近邻的物品组成集合 $\mathcal{N}_j$ 或为每个用户 u 选择其 top-K 最近邻的用户组成集合 $\mathcal{N}_u$，然后计算预测评分。

1. 基于物品的单类协同过滤

基于物品的单类协同过滤算法 IOCCF(item-based OCCF)的预测公式如下：

$$\hat{r}_{uj}=\sum_{k\in \mathcal{J}_u \cap \mathcal{N}_j} s_{kj} \tag{4-8}$$

其中，s_{kj} 是物品 k 和物品 j 之间的相似度(或关联规则挖掘中的置信度)；$\mathcal{J}_u \cap \mathcal{N}_j$ 是用户 u 交互的物品集合与物品 j 的 top-K 最近邻的物品集合的交集。注意，可能出现 $|\mathcal{J}_u \cap \mathcal{N}_j|<K$ 的情况，这在 OCCF 问题中通常是可以接受的。

2. 基于用户的单类协同过滤

基于用户的单类协同过滤算法 UOCCF(user-based OCCF)的预测公式如下：

$$\hat{r}_{uj}=\sum_{w\in \mathcal{U}_j \cap \mathcal{N}_u} s_{wu} \tag{4-9}$$

其中，s_{wu} 是用户 w 和用户 u 之间的相似度(或关联规则挖掘中的置信度)；$\mathcal{U}_j \cap \mathcal{N}_u$ 是与物品 j 交互的用户集合 $\mathcal{U}_j$ 与用户 u 的 top-K 最近邻的用户集合 $\mathcal{N}_u$ 的交集。类似地，可能

出现$|\mathcal{U}_j \cap \mathcal{N}_u| < K$的情况，这在 OCCF 问题中通常是可以接受的。

我们还可以通过 2.3.3 节中介绍的混合协同过滤的方式，将 IOCCF 和 UOCCF 进行结合，得到更好的推荐结果。

4.4 基于矩阵分解的方法

4.4.1 贝叶斯个性化排序

贝叶斯个性化排序(Bayesian personalized ranking，BPR)算法[4]是一种经典的基于矩阵分解的方法。为了更好地建模 OCCF 问题中的单类反馈，该方法提出了一个成对偏好假设(pairwise preference assumption)，用于刻画同一个用户的两个不同的(用户，物品)对的偏好差异，进而放宽了以往的逐点偏好假设(pointwise preference assumption)[11-12]。表 4-3 补充了一些在 BPR 算法中用到的符号及其说明。

表 4-3 BPR 算法中用到的符号及其说明

符　号	说　明
$b_i \in \mathbb{R}$	物品偏置
$d \in \mathbb{R}$	潜在特征向量的维度
$\boldsymbol{U}_{u\cdot} \in \mathbb{R}^{1\times d}$	用户的潜在特征向量
$\boldsymbol{V}_{i\cdot} \in \mathbb{R}^{1\times d}$	物品的潜在特征向量
T	算法的迭代次数

1. 偏好假设与预测公式

定义在物品上的逐点偏好假设[11-12]可以表示为如下形式：

$$\hat{r}_{ui}=1,\quad \hat{r}_{uj}=0,\quad i\in\mathcal{I}_u, j\in\mathcal{I}\backslash\mathcal{I}_u$$

其中，1 和 0 分别用来代表观测到的(用户，物品)对所表示的“喜欢”和未观测到的(用户，物品)对所表示的“不喜欢”两种偏好。需要说明的是，观测到的(用户，物品)对表示对应的用户与物品有过交互行为，未观测到的(用户，物品)对表示对应的用户与物品没有交互行为。简单地将所有观测到的反馈看作“喜欢”和将所有未观测到的反馈看作“不喜欢”可能会误导学习过程，因为前者可能是该用户为他人购买该物品，后者可能是该用户未曾知道有该物品。因此，BPR 算法中提出了成对偏好假设，来放松逐点偏好假设中的这一限制，进而在一定程度上解决了这个问题。

定义在同一用户的两个物品上的成对偏好假设[4]可以表示为如下形式：

$$\hat{r}_{ui}>\hat{r}_{uj},\quad i\in\mathcal{I}_u, j\in\mathcal{I}\backslash\mathcal{I}_u$$

其中，关系$\hat{r}_{ui}>\hat{r}_{uj}$意味着用户$u$很可能喜欢一个其交互过的物品$i\in\mathcal{I}_u$胜于一个其未交互过的物品$j\in\mathcal{I}\backslash\mathcal{I}_u$。与逐点偏好假设中的绝对偏好相比，成对偏好假设中的相对偏好通常更加合理。从论文[4]中报告的实验结果来看，这种成对偏好假设往往能比逐点偏好假设生成更好的推荐结果。

在 BPR 算法中，用户 u 对物品 i 的预测评分为：

$$\hat{r}_{ui}=\boldsymbol{U}_{u\cdot}\boldsymbol{V}_{i\cdot}^{\mathrm{T}}+b_i \tag{4-10}$$

其中，$\boldsymbol{U}_{u\cdot}\in\mathbb{R}^{1\times d}$ 和 $\boldsymbol{V}_{i\cdot}\in\mathbb{R}^{1\times d}$ 分别是用户 u 和物品 i 的潜在特征向量；$\boldsymbol{U}_{u\cdot}\boldsymbol{V}_{i\cdot}^{\mathrm{T}}$ 表示两者的内积；$b_i\in\mathbb{R}$ 是物品 i 的偏置。

2. 成对偏好的似然与优化目标

二元随机变量 $\delta((u,i)\succ(u,j))$ 的伯努利分布（Bernoulli distribution）定义如下[4]：

$$\begin{aligned}\mathrm{LPP}_u&=\prod_{i,j\in\mathcal{J}}\Pr(\hat{r}_{ui}>\hat{r}_{uj})^{\delta((u,i)\succ(u,j))}[1-\Pr(\hat{r}_{ui}>\hat{r}_{uj})]^{[1-\delta((u,i)\succ(u,j))]}\\&=\prod_{(u,i)\succ(u,j)}\Pr(\hat{r}_{ui}>\hat{r}_{uj})\times\prod_{(u,i)\preccurlyeq(u,j)}[1-\Pr(\hat{r}_{ui}>\hat{r}_{uj})]\end{aligned}$$

其中，$(u,i)\succ(u,j)$ 意味着用户 u 喜欢物品 i 胜于物品 j。

为了便于求解，我们使用 $\sigma(\hat{r}_{uij})$ 来近似概率 $\Pr(\hat{r}_{ui}>\hat{r}_{uj})$[4]，其中 $\hat{r}_{uij}=\hat{r}_{ui}-\hat{r}_{uj}$ 表示预测评分的差值，有：

$$\begin{aligned}\ln\mathrm{LPP}_u&=\ln\prod_{(u,i)\succ(u,j)}\sigma(\hat{r}_{uij})+\ln\prod_{(u,i)\preccurlyeq(u,j)}[1-\sigma(\hat{r}_{uij})]\\&\approx\ln\prod_{(u,i)\succ(u,j)}\sigma(\hat{r}_{uij})+\ln\prod_{(u,i)\succ(u,j)}[1-\sigma(-\hat{r}_{uij})]\\&=\ln\prod_{(u,i)\succ(u,j)}\sigma(\hat{r}_{uij})+\ln\prod_{(u,i)\succ(u,j)}\sigma(\hat{r}_{uij})\\&=2\sum_{(u,i)\succ(u,j)}\ln\sigma(\hat{r}_{uij})\\&=2\sum_{i\in\mathcal{J}_u}\sum_{j\in\mathcal{J}\setminus\mathcal{J}_u}\ln\sigma(\hat{r}_{uij})\end{aligned}$$

其中，$\sigma(z)=\dfrac{1}{1+\mathrm{e}^{-z}}$ 是 sigmoid 函数。

BPR 算法的优化目标可以写为：

$$\min_{\Theta}\sum_{u\in\mathcal{U}}\sum_{i\in\mathcal{J}_u}\sum_{j\in\mathcal{J}\setminus\mathcal{J}_u}f_{uij} \tag{4-11}$$

其中，$f_{uij}=-\ln\sigma(\hat{r}_{uij})+\frac{\alpha_{\mathrm{u}}}{2}\|\boldsymbol{U}_{u\cdot}\|^2+\frac{\alpha_{\mathrm{v}}}{2}\|\boldsymbol{V}_{i\cdot}\|^2+\frac{\alpha_{\mathrm{v}}}{2}\|\boldsymbol{V}_{j\cdot}\|^2+\frac{\beta_{\mathrm{v}}}{2}b_i^2+\frac{\beta_{\mathrm{v}}}{2}b_j^2$ 表示定义在一个三元组 (u,i,j) 上的目标函数（包括损失函数和正则化项）；$\Theta=\{\boldsymbol{U}_{u\cdot},\boldsymbol{V}_{i\cdot},b_i\mid u=1,2,\cdots,n;i=1,2,\cdots,m\}$ 表示要学习的模型参数的集合。

3. 梯度、更新公式与算法流程

对于一个随机采样的三元组 (u,i,j)，我们可以计算以下梯度：

$$\nabla\boldsymbol{U}_{u\cdot}=\frac{\partial f_{uij}}{\partial\boldsymbol{U}_{u\cdot}}=-\sigma(-\hat{r}_{uij})(\boldsymbol{V}_{i\cdot}-\boldsymbol{V}_{j\cdot})+\alpha_{\mathrm{u}}\boldsymbol{U}_{u\cdot} \tag{4-12}$$

$$\nabla\boldsymbol{V}_{i\cdot}=\frac{\partial f_{uij}}{\partial\boldsymbol{V}_{i\cdot}}=-\sigma(-\hat{r}_{uij})\boldsymbol{U}_{u\cdot}+\alpha_{\mathrm{v}}\boldsymbol{V}_{i\cdot} \tag{4-13}$$

$$\nabla \boldsymbol{V}_{j\cdot}=\frac{\partial f_{uij}}{\partial \boldsymbol{V}_{j\cdot}}=-\sigma(-\hat{r}_{uij})(-\boldsymbol{U}_{u\cdot})+\alpha_{\mathrm{v}}\boldsymbol{V}_{j\cdot} \tag{4-14}$$

$$\nabla b_i=\frac{\partial f_{uij}}{\partial b_i}=-\sigma(-\hat{r}_{uij})+\beta_{\mathrm{v}}b_i \tag{4-15}$$

$$\nabla b_j=\frac{\partial f_{uij}}{\partial b_j}=-\sigma(-\hat{r}_{uij})(-1)+\beta_{\mathrm{v}}b_j \tag{4-16}$$

其中，$\hat{r}_{uij}=\hat{r}_{ui}-\hat{r}_{uj}$。

有了以上梯度后，我们可以根据如下更新规则来更新参数：

$$\boldsymbol{U}_{u\cdot}=\boldsymbol{U}_{u\cdot}-\gamma\nabla\boldsymbol{U}_{u\cdot} \tag{4-17}$$

$$\boldsymbol{V}_{i\cdot}=\boldsymbol{V}_{i\cdot}-\gamma\nabla\boldsymbol{V}_{i\cdot} \tag{4-18}$$

$$\boldsymbol{V}_{j\cdot}=\boldsymbol{V}_{j\cdot}-\gamma\nabla\boldsymbol{V}_{j\cdot} \tag{4-19}$$

$$b_i=b_i-\gamma\nabla b_i \tag{4-20}$$

$$b_j=b_j-\gamma\nabla b_j \tag{4-21}$$

其中，γ 是学习率，$\gamma>0$。

BPR 算法的算法流程如算法 4-1 所示。

算法 4-1　BPR 算法

初始化模型参数 Θ
for $t=1,2,\cdots,T$ **do**
　　for $t_2=1,2,\cdots,|\mathcal{R}|$ **do**
　　　　随机挑选一对 $(u,i)\in\mathcal{R}$
　　　　随机从 $\mathcal{J}\backslash\mathcal{J}_u$ 中挑选一个物品 j
　　　　根据式(4-12)～式(4-16)计算梯度
　　　　根据式(4-17)～式(4-21)更新模型参数
　　end for
end for

需要说明的是，关于三元组 (u,i,j) 的随机采样可以有其他不同的方式，例如按用户采样(user-wise sampling)，即先随机采样一个用户 u，再随机采样一个用户 u 交互的物品 i，最后随机采样一个用户 u 未交互的物品 j。与算法 4-1 中的随机采样方式相比，该采样方式收敛速度较慢，但是推荐效果通常较好。此外，在随机采样过程中还可以结合用户的活跃程度、物品的流行程度和(用户，物品)对的充分训练程度等因素。

4. 参数初始化与超参数设置

我们可以根据训练集数据的统计特征来初始化模型参数：

$$b_i=\left(\frac{1}{n}\sum_{u=1}^{n}y_{ui}\right)-\mu$$

$$V_{ik}=(r-0.5)\times 0.01,\quad k=1,2,\cdots,d$$

$$U_{uk}=(r-0.5)\times 0.01,\quad k=1,2,\cdots,d$$

其中，r 是一个随机数，$0\leqslant r<1$；$\mu=\frac{1}{nm}\sum_{u=1}^{n}\sum_{i=1}^{m}y_{ui}$ 表示 0-1 矩阵的全局平均值。需要注意的是，我们也可以采用其他方式来初始化模型参数。

为了在 MovieLens 100K 这样的公开数据集上验证算法的正确性，我们可以简化参数设置，例如，我们可以固定学习率 $\gamma=0.01$ 和潜在特征向量的维度 $d=20$，然后按以下设置来选取其他超参数的最优值：①权衡参数 $\alpha_{\mathrm{u}}=\alpha_{\mathrm{v}}=\beta_{\mathrm{v}}\in\{0.001,0.01,0.1\}$；②迭代次数 $T\in\{100,500,1000\}$。需要说明的是，在不同的数据集和应用场景中，所有超参数都需要在合适的范围内根据验证集上的效果进行选择。

4.4.2 分解的物品相似度

分解的物品相似度模型（factored item similarity models，FISM）[5]通过分解物品与物品之间的相似度矩阵来建模物品特征，然后将用户交互的物品的特征相加来表示该用户的特征，这种方法在数据稀疏时比较有效。根据使用的损失函数的不同，FISM 算法又可分为使用均方根误差（root mean square error，RMSE）作为损失的 $\mathrm{FISM_{RMSE}}$ 和使用曲线下面积（area under the curve，AUC）作为损失的 $\mathrm{FISM_{AUC}}$ 两种方法。表 4-4 补充了一些在 FISM 算法中用到的符号及其说明。

表 4-4 FISM 算法中用到的符号及其说明

符 号	说 明
$\mathcal{P}$	观测到的（用户，物品）对的完整集合，同表 4-1 中的$\mathcal{R}$
$\mathcal{A}$，$\lvert\mathcal{A}\rvert=\rho\lvert\mathcal{P}\rvert$	一个采样的未观测到的（用户，物品）对的集合
$\mathcal{A}_u\subset\mathcal{J}\backslash\mathcal{J}_u$	一个采样的未被用户 u 交互的物品的集合
r_{ui}	用户 u 对物品 i 的评分观测值，当$(u,i)\in\mathcal{P}$时，$r_{ui}=1$，当$(u,i)\in\mathcal{A}$时，$r_{ui}=0$
$b_u\in\mathbb{R}$	用户偏置
$b_i\in\mathbb{R}$	物品偏置
$d\in\mathbb{R}$	潜在特征向量的维度
$\boldsymbol{V}_{i\cdot}$，$\boldsymbol{W}_{j\cdot}\in\mathbb{R}^{1\times d}$	物品的潜在特征向量
T	算法的迭代次数

1. 使用 RMSE 损失的 FISM 算法

1）预测公式

在 $\mathrm{FISM_{RMSE}}$ 算法[5]中，用户 u 对物品 i 的预测评分为：

$$\hat{r}_{ui}=b_u+b_i+\bar{\boldsymbol{U}}_{u\cdot}^{-i}\boldsymbol{V}_{i\cdot}^{\mathrm{T}} \tag{4-22}$$

其中，$\boldsymbol{V}_{i\cdot}\in\mathbb{R}^{1\times d}$ 和 $b_i\in\mathbb{R}$ 分别是物品 i 的潜在特征向量和偏置，与 BPR 算法（见式(4-10)）中的定义相同；$b_u\in\mathbb{R}$ 是用户 u 的偏置，用户 u 的特征向量$\bar{\boldsymbol{U}}_{u\cdot}^{-i}$ 是由其交互的

物品(但不包含待预测的物品 i)$i'\in\mathcal{J}_u\backslash\{i\}$的特征综合得到的:

$$\bar{\boldsymbol{U}}_{u\cdot}^{-i}=\frac{1}{|\mathcal{J}_u\backslash\{i\}|^{\alpha}}\sum_{i'\in\mathcal{J}_u\backslash\{i\}}\boldsymbol{W}_{i'\cdot},\quad 0\leqslant\alpha\leqslant 1$$

其中,$\boldsymbol{W}_{i'\cdot}\in\mathbb{R}^{1\times d}$ 是用户 u 交互的历史物品 i'对应的另一种潜在特征向量。需要注意的是,当要预测的物品 $i\notin\mathcal{J}_u$时,$\mathcal{J}_u\backslash\{i\}$与$\mathcal{J}_u$等价。

2) 优化目标

$\text{FISM}_{\text{RMSE}}$ 算法的优化目标如下:

$$\min_{\Theta}\sum_{(u,i)\in\mathcal{P}\cup\mathcal{A}}f_{ui}\tag{4-23}$$

其中,$\Theta=\{\boldsymbol{V}_{i\cdot},\boldsymbol{W}_{i'\cdot},b_u,b_i\,|\,i,i'=1,2,\cdots,m;\ u=1,2,\cdots,n\}$是模型参数;$f_{ui}=\frac{1}{2}(r_{ui}-\hat{r}_{ui})^2+\frac{\alpha_{\text{v}}}{2}\|\boldsymbol{V}_{i\cdot}\|^2+\frac{\alpha_{\text{w}}}{2}\sum_{i'\in\mathcal{J}_u\backslash\{i\}}\|\boldsymbol{W}_{i'\cdot}\|^2+\frac{\beta_{\text{u}}}{2}b_u^2+\frac{\beta_{\text{v}}}{2}b_i^2$ 是定义在(u,i)上的目标函数。$\mathcal{P}$是观测到的(用户,物品)对的完整集合,$\mathcal{A}$是一个随机采样的未观测到的(用户,物品)对的集合。从这个目标函数中的损失函数$\frac{1}{2}(r_{ui}-\hat{r}_{ui})^2$,可以看到 $\text{FISM}_{\text{RMSE}}$ 算法是一个逐点学习的方法。当$(u,i)\in\mathcal{P}$时,$r_{ui}=1$,当$(u,i)\in\mathcal{A}$时,$r_{ui}=0$。

3) 梯度、更新公式与算法流程

对于一对$(u,i)\in\mathcal{P}\cup\mathcal{A}$,有以下梯度:

$$\nabla\boldsymbol{V}_{i\cdot}=\frac{\partial f_{ui}}{\partial\boldsymbol{V}_{i\cdot}}=-e_{ui}\bar{\boldsymbol{U}}_{u\cdot}^{-i}+\alpha_{\text{v}}\boldsymbol{V}_{i\cdot}\tag{4-24}$$

$$\nabla\boldsymbol{W}_{i'\cdot}=\frac{\partial f_{ui}}{\partial\boldsymbol{W}_{i'\cdot}}=-e_{ui}\frac{1}{|\mathcal{J}_u\backslash\{i\}|^{\alpha}}\boldsymbol{V}_{i\cdot}+\alpha_{\text{w}}\boldsymbol{W}_{i'\cdot},\quad i'\in\mathcal{J}_u\backslash\{i\}\tag{4-25}$$

$$\nabla b_u=\frac{\partial f_{ui}}{\partial b_u}=-e_{ui}+\beta_{\text{u}}b_u\tag{4-26}$$

$$\nabla b_i=\frac{\partial f_{ui}}{\partial b_i}=-e_{ui}+\beta_{\text{v}}b_i\tag{4-27}$$

其中,$e_{ui}=r_{ui}-\hat{r}_{ui}$。

然后,有以下更新公式:

$$\boldsymbol{V}_{i\cdot}=\boldsymbol{V}_{i\cdot}-\gamma\nabla\boldsymbol{V}_{i\cdot}\tag{4-28}$$

$$\boldsymbol{W}_{i'\cdot}=\boldsymbol{W}_{i'\cdot}-\gamma\nabla\boldsymbol{W}_{i'\cdot},\quad i'\in\mathcal{J}_u\backslash\{i\}\tag{4-29}$$

$$b_u=b_u-\gamma\nabla b_u\tag{4-30}$$

$$b_i=b_i-\gamma\nabla b_i\tag{4-31}$$

其中,γ 是学习率,$\gamma>0$。

$\text{FISM}_{\text{RMSE}}$ 算法的算法流程如算法 4-2 所示。

算法 4-2 FISM$_{\text{RMSE}}$ 算法

初始化模型参数 Θ
for $t=1,2,\cdots,T$ **do**
  随机挑选一个集合 $\mathcal{A}$,满足 $|\mathcal{A}|=\rho|\mathcal{P}|$
  for each 随机排序的 $(u,i)\in\mathcal{P}\cup\mathcal{A}$ **do**
    计算 $\bar{\boldsymbol{U}}_{u\cdot}^{-i}=\frac{1}{|\mathcal{J}_u\backslash\{i\}|^{\alpha}}\sum_{i'\in\mathcal{J}_u\backslash\{i\}}\boldsymbol{W}_{i'\cdot}$
    根据式(4-22)计算 $\hat{r}_{ui}$
    根据式(4-24)～式(4-27)计算梯度
    根据式(4-28)～式(4-31)更新模型参数
  end for
end for

2. 使用 AUC 损失的 FISM 算法

1) 预测公式

FISM$_{\text{AUC}}$ 算法[5]在预测用户 u 对其交互的物品 $i\in\mathcal{J}_u$ 的评分时,预测公式为:

$$\hat{r}_{ui}=b_i+\bar{\boldsymbol{U}}_{u\cdot}^{-i}\boldsymbol{V}_{i\cdot}^{\mathrm{T}} \tag{4-32}$$

其中,用户 u 的特征向量 $\bar{\boldsymbol{U}}_{u\cdot}^{-i}$ 是由其交互的物品(但不包含待预测的物品 i)$i'\in\mathcal{J}_u\backslash\{i\}$ 的特征综合得到的:

$$\bar{\boldsymbol{U}}_{u\cdot}^{-i}=\frac{1}{|\mathcal{J}_u\backslash\{i\}|^{\alpha}}\sum_{i'\in\mathcal{J}_u\backslash\{i\}}\boldsymbol{W}_{i'\cdot},\quad 0\leqslant\alpha\leqslant 1$$

注意,与 FISM$_{\text{RMSE}}$ 算法中不同的是,FISM$_{\text{AUC}}$ 算法不需要考虑用户 u 的偏置,因为在成对损失中会被抵消掉。

在预测用户 u 对其未交互的物品 $j\in\mathcal{J}\backslash\mathcal{J}_u$ 的评分时(通常可以把测试集中待预测的物品看作用户未交互的物品),预测公式为:

$$\hat{r}_{uj}=b_j+\bar{\boldsymbol{U}}_{u\cdot}\boldsymbol{V}_{j\cdot}^{\mathrm{T}} \tag{4-33}$$

其中,用户 u 的特征向量 $\bar{\boldsymbol{U}}_{u\cdot}$ 为其交互的所有物品 $i'\in\mathcal{J}_u$ 的特征的和:

$$\bar{\boldsymbol{U}}_{u\cdot}=\frac{1}{|\mathcal{J}_u|^{\alpha}}\sum_{i'\in\mathcal{J}_u}\boldsymbol{W}_{i'\cdot},\quad 0\leqslant\alpha\leqslant 1$$

2) 优化目标

FISM$_{\text{AUC}}$ 算法的优化目标写作:

$$\min_{\Theta}\sum_{(u,i,\mathcal{A}_u)}f_{ui\mathcal{A}_u} \tag{4-34}$$

其中,$\Theta=\{\boldsymbol{V}_{i\cdot},\boldsymbol{W}_{i'\cdot},b_i\,|\,i,i'=1,2,\cdots,m\}$ 是模型参数;$f_{ui\mathcal{A}_u}=\frac{1}{|\mathcal{A}_u|}\sum_{j\in\mathcal{A}_u}\frac{1}{2}(1-(\hat{r}_{ui}-\hat{r}_{uj}))^2+\frac{\alpha_{\mathrm{v}}}{2}\|\boldsymbol{V}_{i\cdot}\|^2+\frac{\alpha_{\mathrm{v}}}{2}\sum_{j\in\mathcal{A}_u}\|\boldsymbol{V}_{j\cdot}\|^2+\frac{\alpha_{\mathrm{w}}}{2}\sum_{i'\in\mathcal{J}_u}\|\boldsymbol{W}_{i'\cdot}\|^2+\frac{\beta_{\mathrm{v}}}{2}b_i^2+\frac{\beta_{\mathrm{v}}}{2}\sum_{j\in\mathcal{A}_u}b_j^2$

表示定义在三元组$(u,i,\mathcal{A}_u)$上的目标函数；$\mathcal{A}_u$是一个随机采样得到的未被用户u交互的物品的集合。从这个目标函数中的损失函数$\frac{1}{|\mathcal{A}_u|}\sum_{j\in\mathcal{A}_u}\frac{1}{2}(1-(\hat{r}_{ui}-\hat{r}_{uj}))^2$，可以看到$\text{FISM}_{\text{AUC}}$算法是一个成对学习的方法。需要注意的是，与BPR算法中鼓励$\hat{r}_{ui}$和$\hat{r}_{uj}$的差值越大越好的做法不同，FISM_{AUC}算法中约束$\hat{r}_{ui}$和$\hat{r}_{uj}$的差值为一个固定值1。

3）梯度、更新公式与算法流程

对于一组$(u,i,\mathcal{A}_u)$，有以下梯度：

$$\nabla b_j=\frac{\partial f_{ui\mathcal{A}_u}}{\partial b_j}=e_{uij}+\beta_{\text{v}}b_j,\quad j\in\mathcal{A}_u \tag{4-35}$$

$$\nabla \boldsymbol{V}_{j\cdot}=\frac{\partial f_{ui\mathcal{A}_u}}{\partial \boldsymbol{V}_{j\cdot}}=e_{uij}\bar{\boldsymbol{U}}_{u\cdot}+\alpha_{\text{v}}\boldsymbol{V}_{j\cdot},\quad j\in\mathcal{A}_u \tag{4-36}$$

$$\nabla b_i=\frac{\partial f_{ui\mathcal{A}_u}}{\partial b_i}=\sum_{j\in\mathcal{A}_u}(-e_{uij})+\beta_{\text{v}}b_i \tag{4-37}$$

$$\nabla \boldsymbol{V}_{i\cdot}=\frac{\partial f_{ui\mathcal{A}_u}}{\partial \boldsymbol{V}_{i\cdot}}=\sum_{j\in\mathcal{A}_u}(-e_{uij})\bar{\boldsymbol{U}}_{u\cdot}^{-i}+\alpha_{\text{v}}\boldsymbol{V}_{i\cdot} \tag{4-38}$$

$$\nabla \boldsymbol{W}_{i'\cdot}=\frac{\partial f_{ui\mathcal{A}_u}}{\partial \boldsymbol{W}_{i'\cdot}}=\sum_{j\in\mathcal{A}_u}(-e_{uij})\left(\frac{\boldsymbol{V}_{i\cdot}}{|\mathcal{J}_u\backslash\{i\}|^{\alpha}}-\frac{\boldsymbol{V}_{j\cdot}}{|\mathcal{J}_u|^{\alpha}}\right)+\alpha_{\text{w}}\boldsymbol{W}_{i'\cdot},\quad i'\in\mathcal{J}_u\backslash\{i\} \tag{4-39}$$

$$\nabla \boldsymbol{W}_{i\cdot}=\frac{\partial f_{ui\mathcal{A}_u}}{\partial \boldsymbol{W}_{i\cdot}}=\sum_{j\in\mathcal{A}_u}(-e_{uij})\left(-\frac{\boldsymbol{V}_{j\cdot}}{|\mathcal{J}_u|^{\alpha}}\right)+\alpha_{\text{w}}\boldsymbol{W}_{i\cdot} \tag{4-40}$$

其中，$e_{uij}=(1-(\hat{r}_{ui}-\hat{r}_{uj}))/|\mathcal{A}_u|$。

然后，有以下更新公式：

$$b_j=b_j-\gamma\nabla b_j,\quad j\in\mathcal{A}_u \tag{4-41}$$

$$\boldsymbol{V}_{j\cdot}=\boldsymbol{V}_{j\cdot}-\gamma\nabla\boldsymbol{V}_{j\cdot},\quad j\in\mathcal{A}_u \tag{4-42}$$

$$b_i=b_i-\gamma\nabla b_i \tag{4-43}$$

$$\boldsymbol{V}_{i\cdot}=\boldsymbol{V}_{i\cdot}-\gamma\nabla\boldsymbol{V}_{i\cdot} \tag{4-44}$$

$$\boldsymbol{W}_{i'\cdot}=\boldsymbol{W}_{i'\cdot}-\gamma\nabla\boldsymbol{W}_{i'\cdot},\quad i'\in\mathcal{J}_u\backslash\{i\} \tag{4-45}$$

$$\boldsymbol{W}_{i\cdot}=\boldsymbol{W}_{i\cdot}-\gamma\nabla\boldsymbol{W}_{i\cdot} \tag{4-46}$$

其中，γ是学习率，$\gamma>0$。

FISM_{AUC}算法的算法流程如算法4-3所示。注意，在这里使用变量x、x_2、x_3和x_4来暂存一些梯度计算过程中的中间值。

算法 4-3 FISM$_{\text{AUC}}$ 算法

初始化模型参数 Θ
for $t=1,2,\cdots,T$ **do**
　for each 用户 u **do**
　　for each 物品 $i\in\mathcal{J}_u$ **do**
　　　计算 $\bar{U}_{u\cdot}^{-i}=\frac{1}{|\mathcal{J}_u\backslash\{i\}|^{\alpha}}\sum_{i'\in\mathcal{J}_u\backslash\{i\}}W_{i'\cdot}$
　　　计算 $\bar{U}_{u\cdot}=\frac{1}{|\mathcal{J}_u|^{\alpha}}\sum_{i'\in\mathcal{J}_u}W_{i'\cdot}$
　　　随机从 $\mathcal{J}\backslash\mathcal{J}_u$ 中采样一个物品集合 $\mathcal{A}_u$
　　　初始化 $x=0,x_2=0,x_3=0,x_4=0$
　　　for each 物品 $j\in\mathcal{A}_u$ **do**
　　　　计算 $e_{uij}=(1-(\hat{r}_{ui}-\hat{r}_{uj}))/|\mathcal{A}_u|$
　　　　更新 $x=x+(-e_{uij})\left(\frac{V_{i\cdot}}{|\mathcal{J}_u\backslash\{i\}|^{\alpha}}-\frac{V_{j\cdot}}{|\mathcal{J}_u|^{\alpha}}\right)$
　　　　更新 $x_2=x_2+(-e_{uij})\left(-\frac{V_{j\cdot}}{|\mathcal{J}_u|^{\alpha}}\right)$
　　　　更新 $x_3=x_3+(-e_{uij})$
　　　　更新 $x_4=x_4+(-e_{uij})\bar{U}_{u\cdot}^{-i}$
　　　　更新 b_j 和 $V_{j\cdot}$
　　　end for
　　　更新 b_i 和 $V_{i\cdot}$
　　　更新 $W_{i'\cdot}$，$i'\in\mathcal{J}_u\backslash\{i\}$
　　　更新 $W_{i\cdot}$
　　end for
　end for
end for

3. 参数初始化与超参数设置

FISM 算法中的参数初始化方法与 BPR 算法（见 4.4.1 节）中的类似，可以如下设置：

$$b_u=\frac{1}{m}\sum_{i=1}^{m}y_{ui}-\mu,\quad (\text{在FISM}_{\text{RMSE}}\text{ 中})$$

$$b_i=\frac{1}{n}\sum_{u=1}^{n}y_{ui}-\mu$$

$$b_j=\frac{1}{n}\sum_{u=1}^{n}y_{uj}-\mu,\quad (\text{在FISM}_{\text{AUC}}\text{ 中})$$

$$V_{ik}=(r-0.5)\times 0.01,\quad k=1,2,\cdots,d$$

$$W_{i'k}=(r-0.5)\times 0.01,\quad k=1,2,\cdots,d$$

其中，r 是一个随机数，$0\leqslant r<1$；$\mu=\frac{1}{nm}\sum_{u=1}^{n}\sum_{i=1}^{m}y_{ui}$。

为了在 MovieLens 100K 这样的公开数据集上验证算法的正确性，我们依旧可以像在 BPR 算法中一样固定学习率 $\gamma=0.01$ 和潜在特征向量的维度 $d=20$，然后固定 FISM 算法中的参数 $\alpha=0.5$ 和负采样倍数 $\rho=3$，并按以下设置选取超参数的最优值：①权衡参数 $\alpha_{\mathrm{v}}=\alpha_{\mathrm{w}}=\beta_{\mathrm{u}}=\beta_{\mathrm{v}}\in\{0.001,0.01,0.1\}$；②迭代次数 $T\in\{100,500,1000\}$。

4.4.3 基于对数几率损失的矩阵分解

MFLogLoss 算法[6] 和 BPR 算法（见 4.4.1 节）类似，也是通过分解用户对物品的交互矩阵来学习用户特征和物品特征，与 BPR 算法的不同主要在于其使用了一种基于逐点偏好假设的对数几率损失（Logistic loss，LogLoss）。表 4-5 补充了一些在 MFLogLoss 算法中用到的符号及其说明。

表 4-5 MFLogLoss 算法中用到的符号及其说明

符　号	说　明
$\mathcal{P}$	观测到的（用户，物品）对的完整集合，同表 4-1 中的 $\mathcal{R}$
$\mathcal{A},\lvert\mathcal{A}\rvert=\rho\lvert\mathcal{P}\rvert$	一个采样的未观测到的（用户，物品）对的集合
r_{ui}	用户 u 对物品 i 的评分观测值，当 $(u,i)\in\mathcal{P}$ 时，$r_{ui}=1$，当 $(u,i)\in\mathcal{A}$ 时，$r_{ui}=-1$
$b_u\in\mathbb{R}$	用户偏置
$b_i\in\mathbb{R}$	物品偏置
$d\in\mathbb{R}$	潜在特征向量的维度
$\boldsymbol{V}_{i\cdot}\in\mathbb{R}^{1\times d}$	物品的潜在特征向量
$\boldsymbol{U}_{u\cdot}\in\mathbb{R}^{1\times d}$	用户的潜在特征向量
T	算法的迭代次数

1. 预测公式与优化目标

MFLogLoss 算法的预测公式与用于评分预测的矩阵分解算法 PMF（见 2.4 节）的基本相同（不同点是 $\hat{r}_{ui}$ 的目标值 r_{ui} 的取值是 1 或 -1），如下：

$$\hat{r}_{ui}=b_u+b_i+\boldsymbol{U}_{u\cdot}\boldsymbol{V}_{i\cdot}^{\mathrm{T}} \tag{4-47}$$

其中，$\boldsymbol{U}_{u\cdot}\in\mathbb{R}^{1\times d}$ 和 $\boldsymbol{V}_{i\cdot}\in\mathbb{R}^{1\times d}$ 分别是用户 u 和物品 i 的潜在特征向量；$b_u\in\mathbb{R}$ 和 $b_i\in\mathbb{R}$ 分别是用户 u 和物品 i 的偏置。

针对基于隐式反馈的物品排序问题，MFLogLoss 算法提出了一种基于逐点偏好假设的对数几率损失函数，其优化目标写作：

$$\min_{\Theta}\sum_{(u,i)\in\mathcal{P}\cup\mathcal{A}}f_{ui} \tag{4-48}$$

其中，$\Theta=\{U_{u\cdot}, V_{i\cdot}, b_u, b_i \mid u=1,2,\cdots,n;\ i=1,2,\cdots,m\}$ 是模型参数；$f_{ui}=\ln(1+\exp(-r_{ui}\hat{r}_{ui}))+\frac{\alpha_u}{2}\|U_{u\cdot}\|^2+\frac{\alpha_v}{2}\|V_{i\cdot}\|^2+\frac{\beta_u}{2}b_u^2+\frac{\beta_v}{2}b_i^2$ 是定义在(u,i)对上的目标函数。这里的$\mathcal{P}$是观测到的(用户，物品)对的完整集合，$\mathcal{A}$是一个采样的未观测到的(用户，物品)对的集合，与 $\text{FISM}_{\text{RMSE}}$ 算法(见 4.4.2 节)中的一致。注意，与 $\text{FISM}_{\text{RMSE}}$ 算法不同的是，在 MFLogLoss 算法中，当$(u,i)\in\mathcal{P}$时，$r_{ui}=1$；当$(u,i)\in\mathcal{A}$时，$r_{ui}=-1$。

2. 梯度、更新公式与算法流程

对于一对$(u,i)\in\mathcal{P}\cup\mathcal{A}$，有以下梯度：

$$\nabla U_{u\cdot}=\frac{\partial f_{ui}}{\partial U_{u\cdot}}=-e_{ui}V_{i\cdot}+\alpha_u U_{u\cdot} \tag{4-49}$$

$$\nabla V_{i\cdot}=\frac{\partial f_{ui}}{\partial V_{i\cdot}}=-e_{ui}U_{u\cdot}+\alpha_v V_{i\cdot} \tag{4-50}$$

$$\nabla b_u=\frac{\partial f_{ui}}{\partial b_u}=-e_{ui}+\beta_u b_u \tag{4-51}$$

$$\nabla b_i=\frac{\partial f_{ui}}{\partial b_i}=-e_{ui}+\beta_v b_i \tag{4-52}$$

其中，$e_{ui}=\frac{r_{ui}}{1+\exp(r_{ui}\hat{r}_{ui})}$。

然后，有以下更新公式：

$$U_{u\cdot}=U_{u\cdot}-\gamma\nabla U_{u\cdot} \tag{4-53}$$

$$V_{i\cdot}=V_{i\cdot}-\gamma\nabla V_{i\cdot} \tag{4-54}$$

$$b_u=b_u-\gamma\nabla b_u \tag{4-55}$$

$$b_i=b_i-\gamma\nabla b_i \tag{4-56}$$

其中，γ 是学习率，$\gamma>0$。

MFLogLoss 算法的算法流程如算法 4-4 所示。

算法 4-4 MFLogLoss 算法

1. 初始化模型参数 Θ
2. **for** $t=1,2,\cdots,T$ **do**
3. 　　随机挑选一个集合$\mathcal{A}$，满足$|\mathcal{A}|=\rho|\mathcal{P}|$
4. 　　**for each** 随机排序的$(u,i)\in\mathcal{P}\cup\mathcal{A}$ **do**
5. 　　　　根据式(4-47)计算 $\hat{r}_{ui}$
6. 　　　　根据式(4-49)～式(4-52)计算梯度
7. 　　　　根据式(4-53)～式(4-56)更新模型参数
8. 　　**end for**
9. **end for**

3. 参数初始化与超参数设置

MFLogLoss 算法中的参数初始化方式也与 BPR 算法(见 4.4.1 节)中的类似,如下:

$$b_u = \frac{1}{m}\sum_{i=1}^{m} y_{ui} - \mu$$

$$b_i = \frac{1}{n}\sum_{u=1}^{n} y_{ui} - \mu$$

$$V_{ik} = (r - 0.5) \times 0.01, \quad k = 1,2,\cdots,d$$

$$U_{uk} = (r - 0.5) \times 0.01, \quad k = 1,2,\cdots,d$$

其中,$0 \leqslant r < 1$ 是一个随机数,$\mu = \frac{1}{nm}\sum_{u=1}^{n}\sum_{i=1}^{m} y_{ui}$。

为了在 MovieLens 100K 这样的公开数据集上验证算法的正确性,对于超参数的设置,我们可以固定学习率 $\gamma = 0.01$、潜在特征向量的维度 $d = 20$ 和负采样倍数 $\rho = 3$,然后调整其他参数的值使模型效果达到最优:①权衡参数 $\alpha_{\mathrm{v}} = \alpha_{\mathrm{w}} = \beta_{\mathrm{u}} = \beta_{\mathrm{v}} \in \{0.001, 0.01, 0.1\}$;②迭代次数 $T \in \{100, 500, 1000\}$。

4.4.4 基于元素的交替最小二乘

从负反馈的处理方式来看,上文介绍的 BPR、FISM 和 MFLogLoss 算法又称为负采样方法(negative sampling method)。与这些算法不同,逐元素更新最小二乘(element-wise alternating least squares,eALS)算法[7]对全量物品进行建模,因此又称为非采样方法(non-sampling method)。eALS 算法通过缓存策略,能够快速更新基于矩阵分解的模型中的参数,效率较高且推荐效果较好。表 4-6 补充了一些在 eALS 算法中用到的符号及其说明。

表 4-6 eALS 算法中用到的符号及其说明

符号	含义
$k \in \{1,2,\cdots,m\}$	物品 ID
$\mathcal{U}_i$	对物品 i 有过交互行为的用户的集合
$\boldsymbol{U}_{u\cdot} \in \mathbb{R}^{1\times d}$	用户 u 的潜在特征向量
$\boldsymbol{V}_{i\cdot} \in \mathbb{R}^{1\times d}$	物品 i 的潜在特征向量
$d \in \mathbb{R}$	潜在特征向量的维度
ω_{ui}	已交互的(用户,物品)对(u,i)的权重
s_k	未交互物品 k 的权重
T	迭代次数
λ	正则化项上的权衡参数

1. 技术细节

在 OCCF 问题中，用户已交互的物品数量往往比较少，而未交互的物品数量非常多，它们可能是用户不喜欢或没有发现的物品。eALS 的作者[7]认为需要赋予这些物品不同的权重来区分不同的情况。具体的目标函数如下：

$$L_{\text{eALS}}=\sum_{u=1}^{n}\sum_{i\in\mathcal{J}_u}\omega_{ui}(\hat{r}_{ui}-r_{ui})^2+\sum_{u=1}^{n}\sum_{k\in\mathcal{J}\backslash\mathcal{J}_u}s_k\hat{r}_{uk}^2+\lambda\left(\sum_{u=1}^{n}\|\boldsymbol{U}_{u\cdot}\|^2+\sum_{i=1}^{m}\|\boldsymbol{V}_{i\cdot}\|^2\right) \tag{4-57}$$

其中，$\sum_{u=1}^{n}\sum_{i\in\mathcal{J}_u}\omega_{ui}(\hat{r}_{ui}-r_{ui})^2$ 表示对已交互的物品的预测误差；$\sum_{u=1}^{n}\sum_{k\in\mathcal{J}\backslash\mathcal{J}_u}s_k\hat{r}_{uk}^2$ 表示对未交互的物品的偏好预测，目标是赋予该偏好预测较小的值；$\lambda\left(\sum_{u=1}^{n}\|\boldsymbol{U}_{u\cdot}\|^2+\sum_{i=1}^{m}\|\boldsymbol{V}_{i\cdot}\|^2\right)$ 是正则化项，用于防止模型过拟合。需要说明的是，ω_{ui} 表示已交互的（用户，物品）对 (u,i) 的权重，s_k 表示未交互的物品 k 的权重。用户 u 对物品 i 的偏好预测公式为 $\hat{r}_{ui}=\sum_{f=1}^{d}U_{uf}V_{if}$。

进一步地，s_k 可被认为是未交互的物品 k 不被用户喜欢的置信度。对于 s_k 的赋值可以采用不同的策略。例如，可以根据物品的流行程度确定该值。基本的假设是，如果一个用户没有交互某个较为流行的物品，那么该物品很有可能是该用户不喜欢的。在此假设下，s_k 的计算公式如下：

$$s_k=s_0\frac{f_k^{\alpha}}{\sum_{i=1}^{m}f_i^{\alpha}} \tag{4-58}$$

其中，f_i 表示物品 i 的流行度，与物品 i 有交互的用户数越多，该物品越流行；s_0 表示未交互物品的全局权重；α 表示流行度之间的差异程度，通常可设为 0.5[7]。

根据目标函数，我们可以推导相应参数的更新公式。由于目标函数引入了所有未交互的物品，会导致大量的重复计算。为了解决该问题，可以通过一些计算策略来提高算法的效率。下面，我们详细推导参数 $\boldsymbol{U}_{u\cdot}$ 的更新公式，参数 $\boldsymbol{V}_{i\cdot}$ 的推导过程类似。

我们把目标函数中的三项分别定义为：$L_1=\sum_{u=1}^{n}\sum_{i\in\mathcal{J}_u}\omega_{ui}(\hat{r}_{ui}-r_{ui})^2$，$L_2=\sum_{u=1}^{n}\sum_{k\in\mathcal{J}\backslash\mathcal{J}_u}s_k\hat{r}_{uk}^2$ 和 $L_3=\left(\sum_{u=1}^{n}\|\boldsymbol{U}_{u\cdot}\|^2+\sum_{i=1}^{m}\|\boldsymbol{V}_{i\cdot}\|^2\right)$。对参数 U_{uf} 进行求导，可得：

$$\frac{\partial L_{\text{eALS}}}{\partial U_{uf}}=\frac{\partial(L_1+L_2+L_3)}{\partial U_{uf}} \tag{4-59}$$

注意，我们是对参数逐元素进行更新，即每次对 $\boldsymbol{U}_{u\cdot}$ 中的某一维参数进行更新。我们把用户 u 对物品 i 的偏好预测（除去维度 f）记为 $\hat{r}_{ui}^{-f}$，计算公式为 $\hat{r}_{ui}^{-f}=\hat{r}_{ui}-U_{uf}V_{if}$。

$\partial L_1/\partial U_{uf}$ 的推导如下：

$$\frac{\partial L_1}{\partial U_{uf}}=\frac{\partial \sum_{i \in \mathcal{J}_u} \omega_{ui}(\hat{r}_{ui}-r_{ui})^2}{\partial U_{uf}}=\sum_{i \in \mathcal{J}_u} 2\omega_{ui}(\hat{r}_{ui}-r_{ui})V_{if}$$
$$=\sum_{i \in \mathcal{J}_u} 2\omega_{ui}(\hat{r}_{ui}^{-f}+U_{uf}V_{if}-r_{ui})V_{if} \tag{4-60}$$
$$=\sum_{i \in \mathcal{J}_u} 2\omega_{ui}(\hat{r}_{ui}^{-f}-r_{ui})V_{if}+\sum_{i \in \mathcal{J}_u} 2\omega_{ui}U_{uf}V_{if}^2$$

$\partial L_2/\partial U_{uf}$ 的推导如下：

$$\frac{\partial L_2}{\partial U_{uf}}=\frac{\partial \sum_{k \in \mathcal{I} \setminus \mathcal{J}_u} s_k \hat{r}_{uk}^2}{\partial U_{uf}}=\sum_{k \in \mathcal{I} \setminus \mathcal{J}_u} 2s_k \hat{r}_{uk} V_{kf}$$
$$=\sum_{k \in \mathcal{I} \setminus \mathcal{J}_u} 2s_k(\hat{r}_{ui}^{-f}+U_{uf}V_{kf})V_{kf}$$
$$=\sum_{k \in \mathcal{I} \setminus \mathcal{J}_u} 2s_k \hat{r}_{ui}^{-f} V_{kf}+\sum_{k \in \mathcal{I} \setminus \mathcal{J}_u} 2s_k U_{uf} V_{kf}^2 \tag{4-61}$$

$\partial L_3/\partial U_{uf}$ 的推导如下：

$$\frac{\partial L_3}{\partial U_{uf}}=2\lambda U_{uf} \tag{4-62}$$

根据式(4-59)～式(4-62)，我们可以得到$\partial L_{\text{eALS}}/\partial U_{uf}$：

$$\frac{\partial L_{\text{eALS}}}{\partial U_{uf}}=\sum_{i \in \mathcal{J}_u} 2\omega_{ui}(\hat{r}_{ui}^{-f}-r_{ui})V_{if}+\sum_{i \in \mathcal{J}_u} 2\omega_{ui}U_{uf}V_{if}^2+ \tag{4-63}$$
$$\sum_{k \in \mathcal{I} \setminus \mathcal{J}_u} 2s_k \hat{r}_{ui}^{-f} V_{kf}+\sum_{k \in \mathcal{I} \setminus \mathcal{J}_u} 2s_k U_{uf} V_{kf}^2+2\lambda U_{uf}$$

令$\partial L_{\text{eALS}}/\partial U_{uf}=0$，可以得到关于 U_{uf} 的参数更新公式，具体如下：

$$U_{uf}=\frac{-\sum_{i \in \mathcal{J}_u} \omega_{ui}(\hat{r}_{ui}^{-f}-r_{ui})V_{if}-\sum_{k \in \mathcal{I} \setminus \mathcal{J}_u} s_k \hat{r}_{ui}^{-f} V_{kf}}{\sum_{i \in \mathcal{J}_u} \omega_{ui}V_{if}^2+\sum_{k \in \mathcal{I} \setminus \mathcal{J}_u} s_k V_{kf}^2+\lambda} \tag{4-64}$$

可以看到，计算的瓶颈主要在于 $\sum_{k \in \mathcal{I} \setminus \mathcal{J}_u} s_k \hat{r}_{ui}^{-f} V_{kf}$ 和 $\sum_{k \in \mathcal{I} \setminus \mathcal{J}_u} s_k V_{kf}^2$ 这两项，因为需要遍历计算用户未交互的所有物品。为了解决该问题，eALS 算法借助缓存策略来实现快速计算。

定义缓存 $\boldsymbol{C}^{\mathrm{q}}=\sum_{k=1}^{m} s_k \boldsymbol{V}_{k\cdot}^{\mathrm{T}} \boldsymbol{V}_{k\cdot}$。在更新参数 U_{uf} 时，缓存 C^{q} 可以提前计算并存储起来，因为该缓存的计算只与物品有关，与用户 u 无关。借助该缓存，我们可以改写 $\sum_{k \in \mathcal{I} \setminus \mathcal{J}_u} s_k \hat{r}_{ui}^{-f} V_{kf}$ 和 $\sum_{k \in \mathcal{I} \setminus \mathcal{J}_u} s_k V_{kf}^2$ 这两项，具体如下：

$$\sum_{k \in \mathcal{I} \setminus \mathcal{J}_u} s_k \hat{r}_{ui}^{-f} V_{kf}=\sum_{k=1}^{m} s_k \sum_{e \neq f} U_{ue} V_{ke} V_{kf}-\sum_{k \in \mathcal{J}_u} s_k \hat{r}_{ui}^{-f} V_{kf}$$

$$= \sum_{e \neq f} U_{ue} \sum_{k=1}^{m} s_k V_{kf} V_{ke} - \sum_{k \in \mathcal{J}_u} s_k \hat{r}_{ui}^{-f} V_{kf} \tag{4-65}$$

$$= \sum_{e \neq f} U_{ue} c_{fe}^{\mathrm{q}} - \sum_{k \in \mathcal{J}_u} s_k \hat{r}_{ui}^{-f} V_{kf}$$

$$\sum_{k \in \mathcal{J} \setminus \mathcal{J}_u} s_k V_{kf}^2 = \sum_{k=1}^{m} s_k V_{kf}^2 - \sum_{k \in \mathcal{J}_u} s_k V_{kf}^2 = c_{ff}^{\mathrm{q}} - \sum_{k \in \mathcal{J}_u} s_k V_{kf}^2 \tag{4-66}$$

将式(4-65)和式(4-66)代回式(4-64),可以得到:

$$U_{uf} = \frac{\sum_{i \in \mathcal{J}_u} [\omega_{ui} r_{ui} - (\omega_{ui} - s_i) \hat{r}_{ui}^{-f}] V_{if} - \sum_{e \neq f} U_{ue} c_{ef}^{\mathrm{q}}}{\sum_{i \in \mathcal{J}_u} (\omega_{ui} - s_i) V_{if}^2 + c_{ff}^{\mathrm{q}} + \lambda} \tag{4-67}$$

类似地,我们定义缓存 $\boldsymbol{C}^{\mathrm{p}} = \sum_{k=1}^{n} \boldsymbol{U}_{k.}^{\mathrm{T}} \boldsymbol{U}_{k.}$。令 $\partial L_{\mathrm{eALS}} / \partial V_{if} = 0$,可以得到关于 V_{if} 的更新公式,具体如下:

$$V_{if} = \frac{\sum_{u \in U_i} [\omega_{ui} r_{ui} - (\omega_{ui} - s_i) \hat{r}_{ui}^{-f}] U_{uf} - s_i \sum_{e \neq f} V_{ie} c_{ef}^{\mathrm{p}}}{\sum_{u \in \mathcal{U}_i} (\omega_{ui} - s_i) U_{uf}^2 + s_i c_{ff}^{\mathrm{p}} + \lambda} \tag{4-68}$$

更新 U_{uf} 和 V_{if} 的时间复杂度分别为 $O(d + |\mathcal{J}_u|)$ 和 $O(d + |\mathcal{U}_i|)$。

2. 算法流程

逐元素更新最小二乘方法(eALS)的算法伪代码如算法 4-5 所示。首先初始化模型的参数 $\boldsymbol{U}_{u.}$ 和 $\boldsymbol{V}_{i.}$,然后依次遍历所有用户 u 和所有物品 i,根据式(4-67)和式(4-68)进行参数更新,重复以上过程 T 次直至模型收敛。每一次迭代的时间复杂度为 $O((m+n)d^2 + |\mathcal{R}|d)$。

算法 4-5 eALS 算法

输入:$\mathcal{R}, d, \lambda, \omega_{ui}, s_k$
输出:$\boldsymbol{U}_{u.}, \boldsymbol{V}_{i.}$
初始化:随机初始化 $\boldsymbol{U}_{u.}$ 和 $\boldsymbol{V}_{i.}$

1. **for** $(u,i) \in \mathcal{R}$ **do** $\hat{r}_{ui} = \sum_{f=1}^{d} U_{uf} V_{if}$
2. **for** $t = 1, 2, \cdots, T$ **do**
3. $\quad \boldsymbol{C}^{\mathrm{q}} = \sum_{k=1}^{m} s_k \boldsymbol{V}_{k.}^{\mathrm{T}} \boldsymbol{V}_{k.}$
4. $\quad$ **for** $u = 1, 2, \cdots, n$ **do**
5. $\quad\quad$ **for** $f = 1, 2, \cdots, d$ **do**
6. $\quad\quad\quad$ **for** $i = 1, 2, \cdots, |\mathcal{J}_u|$ **do**

$\hat{r}_{ui}^{-f} = \hat{r}_{ui} - U_{uf}V_{if}$
end for
根据式(4-67)更新 U_{uf}
for $i=1,2,\cdots,|\mathcal{J}_u|$ **do**
$\hat{r}_{ui} = \hat{r}_{ui}^{-f} + U_{uf}V_{if}$
end for
end for
end for
$\boldsymbol{C}^{\mathrm{p}} = \sum_{k=1}^{n} \boldsymbol{U}_{k.}^{\mathrm{T}} \boldsymbol{U}_{k.}$
for $i=1,2,\cdots,m$ **do**
for $f=1,2,\cdots,d$ **do**
for $u=1,2,\cdots,|\mathcal{U}_i|$ **do**
$\hat{r}_{ui}^{-f} = \hat{r}_{ui} - U_{uf}V_{if}$
end for
根据式(4-68)更新 V_{if}
for $u=1,2,\cdots,|\mathcal{U}_i|$ **do**
$\hat{r}_{ui} = \hat{r}_{ui}^{-f} + U_{uf}V_{if}$
end for
end for
end for
end for

3. 代码实现

逐元素更新最小二乘模型的代码采用 Java 语言编写，工具是 JDK 1.8 和代码编辑器 Eclipse。对于模型训练函数，具体流程与算法 4-5 基本一致。这里给出更新用户参数和物品参数的核心代码。值得注意的是，当更新完 U_{uf} 和 V_{if} 后，需要同步更新缓存 $\boldsymbol{C}^{\mathrm{p}}$ 和 $\boldsymbol{C}^{\mathrm{q}}$。同时，当用户对物品有交互记录时，$r_{ui}=1$。

```
public static void update_user(int u){
    for(int i: Data.PurchaseData.get(u)){
        Data.prediction_items[i] = predict(u, i);
    }

  //复制 U[u][f]
  float[] original_U = new float[Data.d];
  for(int f = 0; f < Data.d; f++){
      original_U[f] = Data.U[u][f];
  }

  for(int f = 0; f < Data.d; f++){
```

```
        float numer = 0, denom = 0;
        for(int k = 0; k < Data.d; k++){
        if(k != f){
            numer -= Data.U[u][k] * Data.C_q[f][k];
        }
    }

    for(int i: Data.PurchaseData.get(u)){
        Data.prediction_items[i] -= Data.U[u][f] * Data.V[i][f];
        numer += (Data.omega * 1 - (Data.omega - Data.s_k) * Data.prediction_items[i])
* Data.V[i][f];
        denom += (Data.omega - Data.s_k) * Data.V[i][f] * Data.V[i][f];
    }

    denom += Data.C_q[f][f] + Data.lambda;

    //更新用户参数
    Data.U[u][f] = numer / denom;

    //更新预测缓存
    for(int i: Data.PurchaseData.get(u)){
        Data.prediction_items[i] += Data.U[u][f] * Data.V[i][f];
    }
  } //第 f 维的运算结束

  //更新 C_p 缓存
  for(int f = 0; f < Data.d; f++){
      for(int k = 0; k <= f; k++){
        float val1 = Data.C_p[f][k] - original_U[f] * original_U[k] + Data.U[u][f] *
Data.U[u][k];
        Data.C_p[f][k] = val1;
        Data.C_p[k][f] = val1;
      }
  }
}
public static void update_item(int i){
  for(int u: Data.PurchaseData2.get(i))
      Data.prediction_users[u] = predict(u, i);

  //复制 V[i][f]
  float[] original_V = new float[Data.d];
  for(int f = 0; f < Data.d; f++){
     original_V[f] = Data.V[i][f];
  }

  for(int f = 0; f < Data.d; f++){
     float numer = 0, denom = 0;
     for(int k = 0; k < Data.d; k++){
```

```
        if(k != f){
            numer -= Data.V[i][k] * Data.C_p[f][k];
            }
        }
        numer * = Data.s_k;

        for(int u: Data.PurchaseData2.get(i)){
            Data.prediction_users[u] -= Data.U[u][f] * Data.V[i][f];
            numer += (Data.omega * 1 - (Data.omega - Data.s_k) * Data.prediction_users[u])
* Data.U[u][f];
            denom += (Data.omega - Data.s_k) * Data.U[u][f] * Data.U[u][f];
        }

        denom += Data.C_p[f][f] * Data.s_k + Data.lambda;

        //更新物品参数
        Data.V[i][f] = numer / denom;

        //更新预测缓存
        for(int u: Data.PurchaseData2.get(i)){
            Data.prediction_users[u] += Data.U[u][f] * Data.V[i][f];
        }

    } //结束第 f 维的运算

    //更新 C_q 缓存
    for(int f = 0; f < Data.d; f++){
        for(int k = 0; k <= f; k++)
        {
        float val1 = Data.C_q[f][k] - original_V[f] * original_V[k] * Data.s_k + Data.V
[i][f] * Data.V[i][k] * Data.s_k;
        Data.C_q[f][k] = val1;
        Data.C_q[k][f] = val1;
        }
    }
}
}
```

4. 实验设置

在实验中，我们可以选择模拟数据或真实数据进行实验，处理后的数据集应包括训练集、验证集和测试集。实验的评价指标可采用推荐系统中常用的面向物品排序的指标（见1.5.2节），包括精确率（Precision@5）、召回率（Recall@5）、F1@5、归一化折损累积增益（NDCG@5）和 1-call@5 等。

为了在 MovieLens 等公开数据集上验证算法的正确性，关于实验的参数设置，我们可以固定潜在特征向量的维度 $d=20$ 和权重 $\omega_{ui}=1$。此外，正则化项上的权衡系数 λ 从

{0.1,0.01,0.001}中选取,迭代次数 T 从{50,100,200}中选取,权重 s_0 从{100,200,400,800,1600,3200,6400}中选取。需要说明的是,权重 s_k 没有使用式(4-58)进行计算,而是采用了简单的计算方式 $s_k = s_0 / m$。上述参数的最优值的选取可以根据验证集上的NDCG@5 指标来确定。

5. 关于 eALS 算法的讨论

从相关论文中报告的实验结果可知,eALS 的推荐性能要优于 BPR 等基准算法。同时,之前研究工作提出的 ALS 算法[11]的时间复杂度为 $O((m+n)d^2+|\mathcal{R}|d)$,eALS 通过缓存策略加快了 d 倍。可见,eALS 推荐效果好、效率高,是解决 OCCF 问题的一个较为有效的算法。

OCCF 问题[12]在 2008 年被首次提出,十多年来不断有新的算法出现,包括基于矩阵分解的算法[4-5]以及基于深度学习技术的算法(见 4.5 节)。可见,OCCF 问题仍是推荐系统中一个十分重要的问题。本节介绍的 eALS 算法在传统 ALS 算法的目标函数的基础上进行了扩展,并采取缓存策略提高了模型的训练效率。eALS 算法中提出的缓存策略的可扩展性较好,在涉及参数更新的效率问题时,可以考虑应用该策略以达到降低时间复杂度的目的。同时,eALS 算法原论文[7]中提到,该算法还可以并行更新参数以及在线实时更新参数。

4.5 基于深度学习的方法

4.5.1 神经协同过滤

神经矩阵分解(neural matrix factorization,NeuMF)模型[8]结合矩阵分解和神经网络,使得模型既能通过矩阵分解捕捉用户和物品的线性特征,又能通过神经网络捕捉非线性特征。NeuMF 算法中用到的一些符号及其说明见表 4-7。

表 4-7 NeuMF 算法中用到的符号及其说明

符 号	说 明
$\boldsymbol{U}^{G}_{u\cdot} \in \mathbb{R}^{1\times d}$	GMF 中用户 u 的潜在特征向量
$\boldsymbol{V}^{G}_{i\cdot} \in \mathbb{R}^{1\times d}$	GMF 中物品 i 的潜在特征向量
$\boldsymbol{U}^{M}_{u\cdot} \in \mathbb{R}^{1\times d}$	MLP 中用户 u 的潜在特征向量
$\boldsymbol{V}^{M}_{i\cdot} \in \mathbb{R}^{1\times d}$	MLP 中物品 i 的潜在特征向量
$\odot$	两个向量对应位置元素的乘积运算
$\oplus$	两个向量的横向拼接
d	潜在特征向量的维度

1. 预测公式与优化目标

NeuMF 算法的模型结构如图 4-2 所示。模型结构主要包括 GMF(generalized matrix factorization)和 MLP(multi-layer perceptron)两部分。其中,GMF 用于捕捉(用户,物品)对的线性特征,对用户潜在特征向量和物品潜在特征向量对应位置的元素作乘积运算，即 $\boldsymbol{U}_{u\cdot}^{G} \odot \boldsymbol{V}_{i\cdot}^{G}$，得到的向量作为网络最后一层的一部分输入；MLP 用于捕捉(用户，物品)对的非线性特征，拼接用户潜在特征向量和物品潜在特征向量作为 MLP 网络的输入，即 $\boldsymbol{U}_{u\cdot}^{M} \oplus \boldsymbol{V}_{i\cdot}^{M}$，拼接后的向量经过 MLP 网络的前馈运算，在最后一层和 GMF 的输出向量拼接作为 NeuMF 最后一层的输入。模型的运算过程如下：

GMF： $\mathbf{Vec}^{\mathrm{GMF}} = \boldsymbol{U}_{u\cdot}^{G} \odot \boldsymbol{V}_{i\cdot}^{G}$

MLP： $\mathbf{Vec}^{\mathrm{MLP}} = h_L\left(\boldsymbol{W}_L\left(h_{L-1}\left(\cdots h_2\left(\boldsymbol{W}_2\left(\boldsymbol{U}_{u\cdot}^{M} \oplus \boldsymbol{V}_{i\cdot}^{M}\right)+\boldsymbol{b}_2\right)\cdots\right)\right)+b_L\right)$

NeuMF： $\hat{r}_{ui} = h_{L+1}\left(\boldsymbol{W}_{L+1}\left(\alpha\,\mathbf{Vec}^{\mathrm{GMF}} \oplus (1-\alpha)\,\mathbf{Vec}^{\mathrm{MLP}}\right)+b_{L+1}\right)$

其中，MLP 中的激活函数 $h_2(\cdot),\cdots,h_L(\cdot)$ 采用 ReLU 函数；$h_{L+1}(\cdot)$ 采用 sigmoid 函数。引入超参数 α 来调节 GMF 输出向量对预测偏好的影响。sigmoid 函数使得 $\hat{r}_{ui}$ 的数值范围限制在(0,1)，因此 $\hat{r}_{ui}$ 可以近似看作用户 u 喜欢物品 i 的概率。为了准确建模用户偏好，优化目标采用对数几率损失函数，如下所示：

$$\min_{\theta} - \sum_{(u,i)\in\mathcal{P}\cup\mathcal{A}} r_{ui}\ln\hat{r}_{ui} + (1-r_{ui})\ln(1-\hat{r}_{ui})$$

其中，$\mathcal{P}$ 和 $\mathcal{A}$ 分别表示正样本和负样本，在每一次迭代中，以 ρ 倍于正样本数目从未交互物品中随机采样得到负样本 $\mathcal{A}$，即 $|\mathcal{A}|=\rho|\mathcal{P}|$。因此，优化目标会最大化用户在正样本物品上的偏好概率，以及最小化用户在负样本物品上的偏好概率。

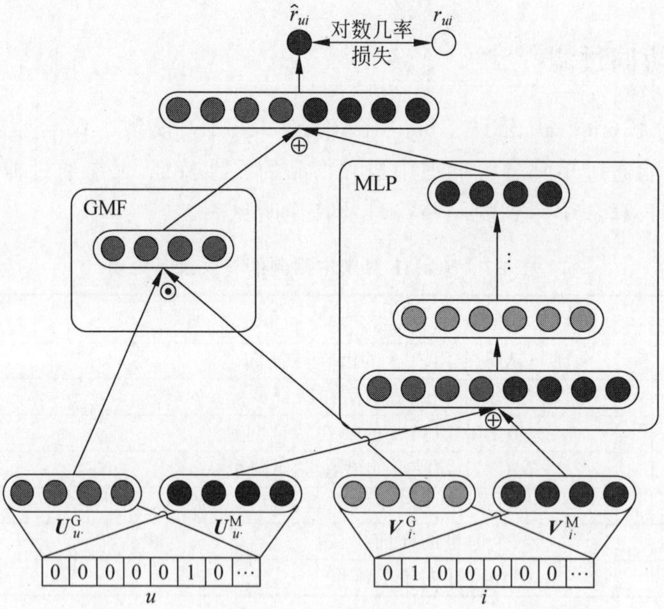

图 4-2 NeuMF 算法的模型结构示意图(见彩插)

2. 实验设置

NeuMF 算法的实现可参照论文作者提供的基于深度学习框架 Keras 的代码：https://github.com/hexiangnan/neural_collaborative_filtering。

NeuMF 算法包含了无预训练和有预训练两种设置。在无预训练时，直接训练 NeuMF 模型直至收敛。在有预训练时，单独训练 GMF 和 MLP 直至两者分别达到收敛状态，再组合两者的参数来初始化 NeuMF 中的参数并继续训练 NeuMF 模型。

为了选取最佳的参数组合，模型效果验证可采用留一法设置，即评估为每一个用户随机挑选的一个正样本物品混入其他随机采样到的若干(例如 100 个)负样本中被推荐准确的效果。为了在 MovieLens 等公开数据集上验证算法的正确性，可以固定 MLP 的隐藏层数为 3，从{128，256，512，1024}中选取批训练大小，从{8，16，32，64}中选取潜在特征向量的维度，从{1，2，…，10}中选择 ρ 的值。从图 4-2 可以知道，隐藏层节点数与潜在特征向量的维度有关，例如当潜在特征向量的维度为 16 时，可以将 3 个隐藏层的节点数依次分别设置为 32、16 和 8[8]。

3. 关于 NeuMF 算法的讨论

NeuMF 算法通过 GMF 和 MLP 来捕捉线性和非线性特征，具有较好的推荐效果。然而，MLP 的输入依然是(用户，物品)对的潜在特征向量的拼接，虽然独立于 GMF 的潜在特征向量，但是两个模块之间的知识互补性可能有一定的局限，进而导致 NeuMF 不能在 GMF 或 MLP 的基础上有较大幅度的效果提升。因此，为 MLP 模块设计一个更加复杂的输入可能更容易发挥神经网络的作用，例如，融入分解机模块以建模高阶特征，将(用户，物品)对替换为(用户，物品集合)对或(用户集合，物品)对等。

4.5.2 协同降噪自编码器

协同降噪自编码器(collaborative denoising auto-encoders，CDAE)模型[9]通过神经网络的方式较为灵活地囊括了多个基于矩阵分解的协同过滤推荐算法，同时在输入层借助降噪机制来获得更加鲁棒的特征。

1. CDAE 算法的原理

为了方便讨论 CDAE 算法和以往矩阵分解算法的联系，默认其隐藏层的层数为 1。下面介绍 CDAE 算法的技术细节。CDAE 算法中用到的一些符号及其说明如表 4-8 所示。

表 4-8　CDAE 算法中用到的符号及其说明

符　号	说　明
$\mathcal{P}=\mathcal{P}_1\cup\cdots\cup\mathcal{P}_u\cup\cdots\cup\mathcal{P}_n$	数据集中的所有正样本
$\mathcal{A}=\mathcal{A}_1\cup\cdots\cup\mathcal{A}_u\cup\cdots\cup\mathcal{A}_n$	负采样得到的所有负样本
$r_{ui}\in\{0,1\}$	用户 u 在物品 i 上的历史偏好
$\tilde{r}_{ui}$	降噪处理后用户 u 在物品 i 上的偏好
$\hat{r}_{ui}$	用户 u 在物品 i 上的预测偏好

1）技术原理

CDAE 算法的模型结构如图 4-3 所示。模型结构包含编码器(encoder)和解码器

(decoder)，编码器指的是从输入层到隐藏层的部分，用于学习用户偏好的表征向量，解码器指的是从隐藏层到输出层的部分，用于预测用户在所有物品上的偏好。

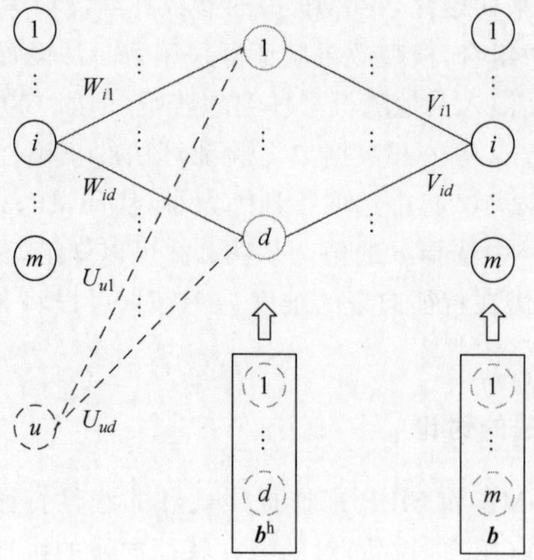

图 4-3 CDAE 算法的模型结构(单个隐藏层)示意图(见彩插)

具体地，输入层的节点数为 $m+1$，其中前 m 个节点分别表示用户在对应的 m 个物品上的历史偏好，可以是具体评分，也可以是将具体评分转化成分别表示反馈缺失(0)和交互(1)的形式。输入层的第 $m+1$ 个节点用来表示不同的输入用户。$\boldsymbol{W}_{i\cdot}\in\mathbb{R}^{1\times d}$ 表示输入层物品 i 和隐藏层各个节点的连接权重，$\boldsymbol{U}_{u\cdot}\in\mathbb{R}^{1\times d}$ 表示输入层用户节点所对应的用户 u 的潜在特征向量。因此，编码阶段的网络前馈运算如下：

$$\boldsymbol{z}_{u\cdot}=h(\widetilde{\boldsymbol{U}}_{u\cdot}+\boldsymbol{U}_{u\cdot}+\boldsymbol{b}^{\mathrm{h}})$$

其中，$\boldsymbol{z}_{u\cdot}\in\mathbb{R}^{1\times d}$ 表示用户 u 偏好的特征向量，即隐藏层向量；$\widetilde{\boldsymbol{U}}_{u\cdot}=\sum_{1\leqslant i'\leqslant m,\tilde{r}_{ui'}\neq 0}\tilde{r}_{ui'}\boldsymbol{W}_{i'\cdot}$ 表示降噪处理后对 $\boldsymbol{W}_{i'\cdot}$ 的加权，降噪机制在第 2 点中会介绍，这里的加权操作采用的是推荐模型中较为常见的向量对应元素之间的加和，也有其他一些加权方式如最大池化(max pooling)等；$\boldsymbol{b}^{\mathrm{h}}\in\mathbb{R}^{1\times d}$ 表示隐藏层的偏置向量；$h(\cdot)$表示隐藏层的激活函数，常见的有 sigmoid、identity 和 tanh 等函数。

解码器以 $\boldsymbol{z}_{u\cdot}$ 作为输入，通过如下的前馈运算预测 u 在物品 i 上的偏好：

$$\hat{r}_{ui}=f(\boldsymbol{z}_{u\cdot}\boldsymbol{V}_{i\cdot}^{\mathrm{T}}+b_i)$$

其中，$\boldsymbol{V}_{i\cdot}\in\mathbb{R}^{1\times d}$ 和 $b_i\in\mathbb{R}$ 分别表示隐藏层和输出层对应物品 i 的连接权重和偏置；$f(\cdot)$表示定义在输出层上的激活函数。

需要注意的是，在生成推荐列表时，CDAE 算法没有对输入采用降噪处理，而是直接将用户的历史偏好作为输入，最后挑选出预测偏好最高的 top-K 个未交互物品进行推荐。

2）降噪机制

由于用户误反馈等诸多因素的影响，反馈数据难免存在噪声等问题而对建模带来负面影响，CDAE 采用 DAE 的降噪机制来减少噪声的影响，从而学得更加鲁棒的表示用户偏好的特征向量。对于历史偏好 $r_{ui}\in\{0,1\}$的输入，可以采用如下方式来进行降噪处理：

$$P\left(\tilde{r}_{ui}=\frac{1}{1-q}r_{ui}\right)=1-q,\quad P(\tilde{r}_{ui}=0)=q$$

其中，q 表示独立地将用户在每一个物品上的历史偏好置为 0 的概率。同时，为了使得训练阶段降噪输入经过网络前馈得到的输出的期望与验证(或测试)阶段未降噪的输入经过网络前馈得到的输出的期望相同，未被置为 0 的偏好值替换成$\frac{1}{1-q}r_{ui}$。这意味着对于每个 r_{ui}，有 q 的概率被转变为 0，有$(1-q)$的概率被转变为$\frac{1}{1-q}r_{ui}$。其中，q 是待设置的超参数。

3) 优化目标

CDAE 算法的优化目标定义在降噪后的输入 $\tilde{r}_{ui}$ 和预测偏好 $\hat{r}_{ui}$ 上，如下：

$$\min_{\Theta}\frac{1}{n}\sum_{u=1}^{n}\sum_{i=1}^{m}l(\hat{r}_{ui},\tilde{r}_{ui})+\frac{\lambda}{2}\sum_{\theta\in\Theta}\|\theta\|^2$$

其中，$\theta\in\Theta$，$\Theta=\{\boldsymbol{U}_{u\cdot},\boldsymbol{V}_{i\cdot},\boldsymbol{W}_{i\cdot},b_i,\boldsymbol{b}^{\mathrm{h}}\mid u=1,2,\cdots,n;i=1,2,\cdots,m\}$表示模型参数，$l(\cdot)$表示损失函数，可以是平方误差损失或对数几率损失等。为了避免将全部缺失反馈当作负样本参与训练使得训练时间过长，训练时会采用负采样机制随机抽取 ρ 倍于正样本物品数目的缺失反馈作为负样本物品，即$|\mathcal{A}_u|=\rho|\mathcal{P}_u|$。$\lambda\sum_{\theta\in\Theta}\|\theta\|^2$ 是正则化项，用于防止模型陷入过拟合。

当 $l(\cdot)$采用平方误差损失时，优化目标的具体形式为：

$$\min_{\theta}\frac{1}{n}\sum_{u=1}^{n}\sum_{i=1}^{m}(\hat{r}_{ui}-\tilde{r}_{ui})^2+\lambda\sum_{\theta\in\Theta}\|\theta\|^2$$

当 $l(\cdot)$采用对数几率损失时，优化目标的具体形式为：

$$\min_{\theta}\frac{1}{n}\sum_{u=1}^{n}\sum_{i=1}^{m}\ln(1+\mathrm{e}^{-\tilde{y}_{ui}\hat{r}_{ui}})+\lambda\sum_{\theta\in\Theta}\|\theta\|^2$$

其中，当 $\tilde{r}_{ui}=0$ 时，$\tilde{y}_{ui}=-1$；当 $\tilde{r}_{ui}\neq 0$ 时，$\tilde{y}_{ui}=1$。

4) 讨论

改变 CDAE 算法中不同模块的设置且不考虑用户偏置时，可以得到多种经典的协同过滤推荐算法：

(1) 当激活函数 $h(\cdot)$和 $f(\cdot)$采用 identity 函数，$q=0$ 且没有 $\boldsymbol{b}^{\mathrm{h}}$ 时：$\hat{r}_{ui}=(\sum_{i'\in\mathcal{P}_u}\boldsymbol{W}_{i'\cdot}+\boldsymbol{U}_{u\cdot})\boldsymbol{V}_{i\cdot}^{\mathrm{T}}+b_i$，即 SVD++算法(见 2.4.2 节)；

(2) 当激活函数 $h(\cdot)$和 $f(\cdot)$采用 identity 函数，$q=0$ 且没有 $\boldsymbol{b}^{\mathrm{h}}$ 和 $\boldsymbol{U}_{u\cdot}$ 时：$\hat{r}_{ui}=(\sum_{i'\in\mathcal{P}_u}\boldsymbol{W}_{i'\cdot})\boldsymbol{V}_{i\cdot}^{\mathrm{T}}+b_i$，即 FISM 算法(见 4.4.2 节)；

(3) 当激活函数 $f(\cdot)$采用 identity 函数，$q=1$ 且没有 $\boldsymbol{b}^{\mathrm{h}}$ 和 b_i 时：$\hat{r}_{ui}=\boldsymbol{U}_{u\cdot}\boldsymbol{V}_{i\cdot}^{\mathrm{T}}$，即 PMF 算法(见 2.4.1 节)。

2. CDAE 算法的实现

CDAE 算法的提出者开源了实现代码 https://github.com/jasonyaw/CDAE，采用

的是 C++语言。GitHub 上也有诸多基于 TensorFlow 等深度学习框架的代码。

为了在 MovieLens 100K 这样的公开数据集上验证算法的正确性,可以采用 SGD 的训练方式,以 AdaGrad 作为优化器,固定负采样倍数 $\rho=5$,采用五折交叉验证的方式从 $\{0.2,0.4,0.6,0.8,1.0\}$ 中选取最优的降噪概率 q,并从 $\{10,20,50,100\}$ 中选取最优的隐藏层节点数 d。

3. 关于 CDAE 算法的讨论

CDAE 算法在单类协同过滤推荐问题上具有较好的推荐效果,同时训练时间复杂度是 $\mathcal{O}(|\mathcal{A}\cup\mathcal{P}|d)$,与参与训练的样本数和隐藏层节点数有关,训练效率较高。因此,无论是在 CDAE 模型自身结构上的改进,还是将 CDAE 模型作为生成模型和其他模型一起联合建模,都具有一定的研究价值。

4.5.3 变分自编码器

一般认为自编码器模型在重构过程中比较注重输入向量的还原,使得其泛化能力存在一定的局限。变分自编码器模型既具备较强的重构能力,又具备较强的生成能力,能够较为准确地预测用户在物品上的偏好。Mult-VAE[10] 是基于变分自编码器模型的单类协同过滤算法中的一个典型代表,我们会围绕这一模型着重介绍变分自编码器模型在单类协同过滤问题中应用的技术细节。

1. Mult-VAE 算法的原理

表 4-9 给出了 Mult-VAE 算法中用到的主要符号及其说明。

表 4-9 Mult-VAE 算法中用到的符号及其说明

符号	说明
$\mathcal{J}_u$	用户 u 交互的物品集合
$\boldsymbol{X}_u\in\{0,1\}^{1\times m}$	用户 u 的二值向量,向量中用户交互的物品对应位置的项的值为 1,其他为 0
$d\in\mathbb{R}$	潜在特征向量的维度
$\boldsymbol{z}_u\in\mathbb{R}^{1\times d}$	模型学得的用户 u 的偏好表征向量
$\boldsymbol{\mu}_u\in\mathbb{R}^{1\times d}$	$\boldsymbol{z}_u$ 的均值向量
$\boldsymbol{\sigma}_u\in\mathbb{R}^{1\times d}$	$\boldsymbol{z}_u$ 的标准差向量
$\hat{\boldsymbol{X}}_u\in\mathbb{R}^{1\times m}$	模型预测得到的用户 u 关于所有物品的偏好向量
$\hat{x}_{ui}$	模型预测得到的用户 u 关于物品 i 的偏好
$\boldsymbol{W}^{\mu}_{i\cdot},\boldsymbol{W}^{\sigma}_{i\cdot}\in\mathbb{R}^{1\times d}$	用于获得 $\boldsymbol{\mu}_{\cdot}$ 和 $\boldsymbol{\sigma}_{\cdot}$,物品 i 的潜在特征向量
$\boldsymbol{V}_{i\cdot}\in\mathbb{R}^{1\times d}$	物品 i 的潜在特征向量
ϕ	推理模型(编码器)的参数
θ	生成模型(解码器)的参数
$q_{\phi}(\boldsymbol{z}_u\vert\boldsymbol{X}_u)$	推理模型以 $\boldsymbol{X}_u$ 作为输入获得的 $\boldsymbol{z}_u$ 的分布
$p_{\theta}(\boldsymbol{X}_u\vert\boldsymbol{z}_u)$	生成模型以 $\boldsymbol{z}_u$ 作为输入获得的 $\boldsymbol{X}_u$ 的分布
$p(\boldsymbol{z}_u)$	用户偏好表征向量 $\boldsymbol{z}_u$ 的真实分布

1）技术原理

AutoRec[13] 和 CDAE[9] 等基于自编码器模型的协同过滤算法的优化目标是最小化输入向量和输出向量之间的差异，Mult-VAE 则在满足两个假设的前提下最小化输入向量和输出向量之间的差异，这两个假设分别是：①用户偏好的特征向量的分布应该服从各变量间独立的多元标准正态分布，即 $\boldsymbol{p}(\boldsymbol{z}_u)=N(\boldsymbol{0},\boldsymbol{I}_d)$，其中，$\boldsymbol{I}_d$ 表示阶数为 d 的单位矩阵；②用户在所有物品上的偏好分布应该服从多项式分布。通过满足上述两个假设的约束，Mult-VAE 模型能够更加合理、准确地预测用户关于所有物品的偏好。为了清晰地比较 Mult-VAE 模型和 CDAE 等基于自编码器的模型的差异，我们给出了包含单个隐藏层的模型框架图，如图 4-4 所示。

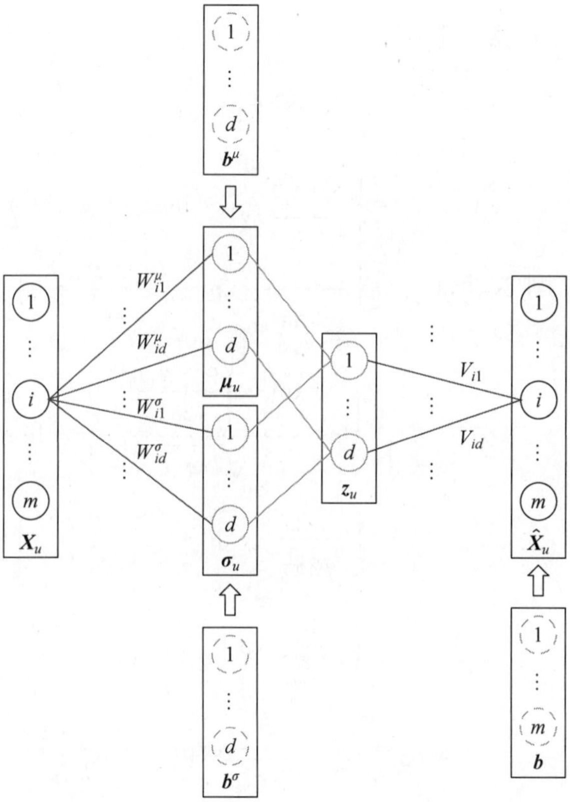

图 4-4 Mult-VAE 算法的模型结构（单个隐藏层）示意图（见彩插）

2）优化目标

Mult-VAE 模型结构包含编码器和解码器。为了满足 $p(\boldsymbol{z}_u)=N(\boldsymbol{0},\boldsymbol{I}_d)$，编码器分别预测正态分布的均值和标准差，即$\boldsymbol{\mu}_u\in\mathbb{R}^{1\times d}$ 和$\boldsymbol{\sigma}_u\in\mathbb{R}^{1\times d}$，接着融入 $\varepsilon\in N(\boldsymbol{0},\boldsymbol{I}_d)$进行重参数化来得到用户的特征偏好向量，即 $\boldsymbol{z}_u=\boldsymbol{\mu}_u+\varepsilon\odot\boldsymbol{\sigma}_u$，通过最小化两个分布 $p(\boldsymbol{z}_u)$和 $p(\boldsymbol{z}_u|\boldsymbol{X}_u)$之间的差异来使学到的用户偏好表征的分布向标准正态分布靠拢。解码器通过最大化用户在交互物品上的概率来满足假设②。综上，Mult-VAE 的优化目标如下：

$$\max_{\phi,\theta}\mathrm{E}_{q_\phi(\boldsymbol{z}_u|\boldsymbol{X}_u)}\ln p_\theta(\boldsymbol{X}_u|\boldsymbol{z}_u)-\beta\cdot\mathrm{KL}(q_\phi(\boldsymbol{z}_u|\boldsymbol{X}_u)\parallel p(\boldsymbol{z}_u)) \tag{4-69}$$

其中，$q_\phi(\boldsymbol{z}_u|\boldsymbol{X}_u)$表示通过编码器学到的用户偏好的特征向量的分布；$p_\theta(\boldsymbol{X}_u|\boldsymbol{z}_u)$表示通过解码器预测得到的用户在所有物品上的偏好。显然，优化目标中的第一项是定义在输入向量和输出向量之间的重构损失上的，具体形式如式(4-70)所示。为了最大化用户在交互物品上的概率，模型默认将未交互的物品当作负样本来处理，即降低用户在所有未交互的物品上的预测偏好。优化目标的第二项则是通过 KL 损失来衡量学到的用户偏好特征向量分布$q_\phi(\boldsymbol{z}_u|\boldsymbol{X}_u)$和各变量间独立的多元标准正态分布$p(\boldsymbol{z}_u)$之间的差异，具体形式如式(4-71)所示。具体的推导过程见式(4-72)[①]：

$$\mathrm{E}_{q_\phi(\boldsymbol{z}_u|\boldsymbol{X}_u)}\ln p_\theta(\hat{\boldsymbol{X}}_u|\boldsymbol{z}_u)=\frac{1}{n}\sum_{u=1}^{n}\sum_{i\in\mathcal{I}_u}\ln\frac{\exp(\hat{x}_{ui})}{\sum_{j=1}^{m}\exp(\hat{x}_{uj})},\tag{4-70}$$

$$\begin{aligned}&\mathrm{E}_{q_\phi(\boldsymbol{z}_u|\boldsymbol{X}_u)}\mathrm{KL}\left(q_\phi(\boldsymbol{z}_u|\boldsymbol{X}_u)\parallel p(\boldsymbol{z}_u)\right)\\&\qquad=\frac{1}{n}\sum_{u=1}^{n}\sum_{k=1}^{d}\mathrm{KL}\left(N(\mu_{uk},\sigma_{uk})\parallel N(0,1)\right)\\&\qquad=\frac{1}{n}\sum_{u=1}^{n}\sum_{k=1}^{d}\frac{1}{2}(-\ln\sigma_{uk}^2+\mu_{uk}^2+\sigma_{uk}^2-1)\end{aligned}\tag{4-71}$$

$$\begin{aligned}\mathrm{KL}\left(N(\mu_{uk},\sigma_{uk})\parallel N(0,1)\right)&=\int\frac{1}{\sqrt{2\pi\sigma_{uk}^2}}\exp\left(-\frac{(x-\mu_{uk})^2}{2\sigma_{uk}^2}\right)\\&\quad\left(\ln\frac{\exp\left(-\frac{(x-\mu_{uk})^2}{2\sigma_{uk}^2}\right)}{\sqrt{2\pi\sigma_{uk}^2}}-\ln\frac{\exp\left(-\frac{x^2}{2}\right)}{\sqrt{2\pi}}\right)\mathrm{d}x\\&=\int\frac{1}{\sqrt{2\pi\sigma_{uk}^2}}\exp\left(-\frac{(x-\mu_{uk})^2}{2\sigma_{uk}^2}\right)\ln\\&\quad\left(\frac{1}{\sqrt{\sigma_{uk}^2}}\exp\left(\frac{1}{2}\left(x^2-\frac{(x-\mu_{uk})^2}{\sigma_{uk}^2}\right)\right)\right)\mathrm{d}x\\&=\frac{1}{2}\int\frac{1}{\sqrt{2\pi\sigma_{uk}^2}}\exp\left(-\frac{(x-\mu_{uk})^2}{2\sigma_{uk}^2}\right)\\&\quad\left(-\ln\sigma_{uk}^2+x^2-\frac{(x-\mu_{uk})^2}{\sigma_{uk}^2}\right)\mathrm{d}x\\&=\frac{1}{2}(-\ln\sigma_{uk}^2+\mu_{uk}^2+\sigma_{uk}^2-1)\end{aligned}\tag{4-72}$$

2. 核心代码实现

Mult-VAE 模型的代码采用 Python 语言编写，需要的环境是 Python 3.6 和

---

① https://en.wikipedia.org/wiki/Normal_distribution

TensorFlow 1.14。

1）通过前馈编码器网络获得$\boldsymbol{\mu}_u$和$\boldsymbol{\sigma}_u$

```
# weights_q, biases_q 分别是编码器的权重、偏置参数
for i, (w, b) in enumerate(zip(self.weights_q, self.biases_q)):
    # w,b 分别是编码器每一层的权重、偏置参数
    h = tf.matmul(h, w) + b
    if i != len(self.weights_q) - 1:
        h = tf.nn.tanh(h)
    else:
        # 将编码器输出向量的一半视作均值向量
        mu_q = h[:, :self.q_dims[-1]]
        # 将编码器输出向量的另一半视作 log(σ_u^2)
        logvar_q = h[:, self.q_dims[-1]:]
        std_q = tf.exp(0.5 * logvar_q)
        KL = tf.reduce_mean(tf.reduce_sum(0.5 * (-logvar_q + tf.exp(logvar_q) + mu_q
** 2 - 1), axis=1))
```

2）通过重参数化获得z_u

```
# q_graph 函数实现编码器部分的前馈过程，并返回 μ_u、σ_u 和 KL 损失
mu_q, std_q, KL = self.q_graph()
epsilon = tf.random_normal(tf.shape(std_q))
# 训练阶段:is_training_ph = 1,即 z_u=μ_u+ε⊙σ_u;验证和测试阶段:is_training_ph = 0,
# 即 z_u=μ_u
sampled_z = mu_q + self.is_training_ph * epsilon * std_q
```

3. 实验设置

Mult-VAE 算法的实现可以参照论文作者提供的开源代码：https://github.com/dawenl/vae_cf。

为了在 MovieLens 等公开数据集上验证算法的正确性，实验参数设置可以按照论文中的描述：编码器输入前向量的 dropout 率固定为 0.5，批训练大小设置为 500，选用 Adam 作为优化器。编码器和解码器的输出层不使用激活函数，其他层的激活函数采用 tanh，从{1,3,5}中选取隐藏层的层数。此外，可以通过启发式方法确定β的值：设定梯度更新次数为 200000，从$\beta=0$开始经过设定的梯度更新次数线性增长，直至$\beta=1$，记录在此过程中推荐效果达到峰值的β值。重新训练，从$\beta=0$开始同样线性地增长直至达到记录的峰值，而后维持β值不变并继续训练直至结束。更多细节可以查阅原论文[10]。

4. 关于 Mult-VAE 的讨论

Mult-VAE 模型整体推荐效果较好，但是在最活跃用户群组上的效果可能比不过基于自编码器的 Mult-DAE[10]。QVAE[14]认为即使在用户交互数据中掺杂恶意噪声，Mult-VAE 的预测置信度依然会随着用户活跃程度的提升而增加，因此 QVAE 通过分割

用户交互数据，使用交互数据的子集重新构造优化目标来增加预测的不确定性程度，从而减小高置信度的影响。VAEGAN[15]认为 Mult-VAE 施加在用户偏好表征向量的分布上的约束太强从而限制了模型的表达能力，并提出通过判别模型来判别用户偏好表征分布和标准正态分布之间的差异来放松约束，从而提升推荐效果。DGR[16]认为对于稀疏的隐式反馈数据而言，贝塔-伯努利分布(Beta-Binomial distribution)相比于多项式分布更加符合用户在所有物品上的真实偏好分布。此外，还有一些将 VAE 拓展到序列推荐上的工作[17]。

4.6 本章小结

本章的内容总结如下：在 4.1 节，先对单类协同过滤(OCCF)问题进行了介绍；在 4.2 节，介绍了较为简单的基于热度的方法；在 4.3 节，从相似度度量和预测公式两方面介绍了一些基于邻域的 OCCF 方法；在 4.4 节，介绍了四种不同的基于矩阵分解的 OCCF 方法，依次为基于成对偏好假设的 BPR 算法、基于分解物品相似度模型的 FISM 算法、基于对数几率损失的 MFLogLoss 算法和基于逐元素更新最小二乘技术的 eALS 算法；在 4.5 节，介绍了三种不同的基于深度学习的 OCCF 方法，依次为基于神经网络的 NeuMF 算法、基于降噪自编码器的 CDAE 算法和基于变分自编码器的 Mult-VAE 算法。其中，对几个比较新的方法，即 eALS 算法、NeuMF 算法、CDAE 算法和 Mult-VAE 算法，都进行了进一步的讨论。

在基于邻域的方法中，邻域的构建是关键，有研究工作从互惠邻域(reciprocal neighborhood)的角度来改进已有的邻域构建方法[18]，即要求两个用户互为 top-K 最近邻，才能彼此成为对方邻域中的一员。

在基于矩阵分解的方法中，关于偏好假设，有研究工作通过引入物品集(item-set)[19]或用户群(user group)[20]的方式来放松 BPR 算法中的成对偏好假设，并进一步将之应用到基于逐点偏好假设的方法中[21]。也有研究工作将定义在物品上的横向成对偏好假设(horizontal pairwise preference assumption)与定义在用户群上的纵向成对偏好假设(vertical pairwise preference assumption)结合起来[22]，以更加充分地学习用户的真实偏好。还有一些研究工作将基于邻域的方法和基于矩阵分解的方法通过混合相似度(学习的相似度和预定义的相似度)[23]或知识迁移[24]的方式进行结合。此外，早期的研究工作通过在观测到的反馈中引入权重或置信度值的方式来缓解用户行为和偏好的不确定性[12]，进而提升矩阵分解的效果。需要说明的是，我们还可以将(用户，物品)矩阵看作信息检索领域中常用的(文档，词项)矩阵，并应用潜在狄利克雷分配(latent Dirichlet allocation，LDA)[25-26]等模型对用户行为进行建模。

除了(用户，物品)矩阵这一最为常用的表示方式以外，我们还可以将 OCCF 问题中的用户隐式反馈表示为一个关于用户和物品的二部图(bipartite graph)[27]，其中的边表示相应的用户和物品之间有过交互，并基于二部图设计推荐算法。也有研究人员在二部图的基础上，引入物品的类别和价格作为节点，进而得到一个异构图。此异构图可以用于学习价格敏感的用户偏好[28]。此外，如果将用户与物品之间的边或交互看作链接

(link),我们也可以从链接预测(link prediction)[29]的角度来研究 OCCF 问题。

4.7 参考文献

[1] BREESE J S, HECKERMAN D, KADIES C. Empirical analysis of predictive algorithms for collaborative filtering [C]//COOPER G F, MORAL S. Proceedings of the 14th Conference on Uncertainty in Artificial Intelligence (UAI'98), San Francisco: Morgan Kaufmann, 1998: 43-52.

[2] KIM C, KIM J. A recommendation algorithm using multi-level association rules [C]//LIU J, LIU C, KLUSCH M, et al. Proceedings of the 2003 IEEE/WIC International Conference on Web Intelligence (WI'03), Piscataway: IEEE, 2003: 524-527.

[3] KARYPIS G. Evaluation of item-based top-N recommendation algorithms [C]//PAQUES H, LIU L. Proceedings of the 10th International Conference on Information and Knowledge Management (CIKM'01), New York: ACM, 2001: 247-254.

[4] RENDLE S, FREUDENTHALER C, GANTNER Z, et al. BPR: Bayesian personalized ranking from implicit feedback [C]//BILMES J A, NG A Y. Proceedings of the 25th Conference on Uncertainty in Artificial Intelligence (UAI'09), Arlington: AUAI Press, 2009: 452-461.

[5] KABBUR S, NING X, KARYPIS G. FISM: Factored item similarity models for top-*N* recommender systems [C]//DHILLON I S, KOREN Y, GHANI R, et al. Proceedings of the 19th ACM SIGKDD International Conference on Knowledge Discovery and Data Mining (KDD'13), New York: ACM, 2013: 659-667.

[6] JOHNSON C C. Logistic matrix factorization for implicit feedback data [C]//Proceedings of the Workshop on Distributed Machine Learning and Matrix Computations at NeurIPS 2014, 2014.

[7] HE X, ZHANG H, KAN M, et al. Fast matrix factorization for online recommendation with implicit feedback [C]//PEREGO R, SEBASTIANI F, ASLAM J A, et al. Proceedings of the 39th International ACM SIGIR Conference on Research and Development in Information Retrieval (SIGIR'16), New York: ACM, 2016: 549-558.

[8] HE X, LIAO L, ZHANG H, et al. Neural collaborative filtering [C]//BARRETT R, CUMMINGS R, AGICHTEIN E, et al. Proceedings of the 26th International Conference on World Wide Web (WWW'17), New York: ACM, 2017: 173-182.

[9] WU Y, DUBOIS C, ZHENG A X, et al. Collaborative denoising auto-encoders for top-*N* recommender systems [C]//BENNETT P N, JOSIFOVSKI V, NEVILLE J, et al. Proceedings of the 9th ACM International Conference on Web Search and Data Mining (WSDM'16), New York: ACM, 2016: 153-162.

[10] LIANG D, KRISHNAN R G, HOFFMAN M D, et al. Variational autoencoders for collaborative filtering [C]//CHAMPIN P, GANDON F, LALMAS M, et al. Proceedings of the 27th International Conference on World Wide Web (WWW'18), New York: ACM, 2018: 689-698.

[11] HU Y, KOREN Y, VOLINSKY C. Collaborative filtering for implicit feedback datasets [C]//GIANNOTTI F, GUNOPULOS D, TURINI F, et al. Proceedings of the 8th IEEE International Conference on Data Mining (ICDM'08), Piscataway: IEEE, 2008: 263-272.

[12] PAN R, ZHOU Y, CAO B, et al. One-class collaborative filtering [C]//GIANNOTTI F, GUNOPULOS D, TURINI F, et al. Proceedings of the 8th IEEE International Conference on Data Mining (ICDM'08), Piscataway: IEEE, 2008: 502-511.

[13] SEDHAIN S, MENON A K, SANNER S, et al. AutoRec: Autoencoders meet collaborative

filtering [C]//GANGEMI A, LEONARDI S, PANCONESI A. Proceedings of the 24th International Conference on World Wide Web (WWW'15), New York: ACM, 2015: 111-112.

[14] WU G, BOUADJENEK M R, SANNER S. One-class collaborative filtering with the queryable variational autoencoder [C]//PIWOWARSKI B, CHEVALIER M, GAUSSIER E, et al. Proceedings of the 42nd International ACM SIGIR Conference on Research and Development in Information Retrieval (SIGIR'19), New York: ACM, 2019: 921-924.

[15] YU X, ZHANG X, CAO Y, et al. VAEGAN: A collaborative filtering framework based on adversarial variational autoencoders [C]//KRAUS S. Proceedings of the 28th International Joint Conference on Artificial Intelligence (IJCAI'19), ijcai. org, 2019: 4206-4212.

[16] LIU H, WEN J, JING L, et al. Deep generative ranking for personalized recommendation [C]// BOGERS T, SAID A, BRUSILOVSKY P, et al. Proceedings of the 13th ACM Conference on Recommender Systems (RecSys'19), New York: ACM, 2019: 34-42.

[17] SACHDEVA N, MANCO G, RITACCO E, et al. Sequential variational autoencoders for collaborative filtering [C]//CULPEPPER J S, MOFFAT A, BENNETT P N, et al. Proceedings of the 12th ACM International Conference on Web Search and Data Mining (WSDM'19), New York: ACM, 2019: 600-608.

[18] CAI W, PAN W, LIU J, et al. *k*-Reciprocal nearest neighbors algorithm for one-class collaborative filtering [J]. Neurocomputing, 2020, 381: 207-216.

[19] PAN W, CHEN L, MING Z. Personalized recommendation with implicit feedback via learning pairwise preferences over item-sets [J]. Knowledge and Information Systems, 2019, 58 (2): 295-318.

[20] PAN W, CHEN L. Group Bayesian personalized ranking with rich interactions for one-class collaborative filtering [J]. Neurocomputing, 2016, 207: 501-510.

[21] LI L, PAN W, MING Z. CoFi-points: Collaborative filtering via pointwise preference learning on user/item-set [J]. ACM Transactions on Intelligent Systems and Technology, 2020, 11(4): 41: 1-41: 24.

[22] OUYANG S, LIN L, PAN W, et al. Asymmetric Bayesian personalized ranking for one-class collaborative filtering [C]//BOGERS T, SAID A, BRUSILOVSKY P, et al. Proceedings of 13th ACM Conference on Recommender Systems (RecSys'19), New York: ACM, 2019: 373-377.

[23] LIU M, PAN W, LIU M, et al. Mixed similarity learning for recommendation with implicit feedback [J]. Knowledge-Based Systems, 2017, 119: 178-185.

[24] CAI W, ZHENG J, PAN W, et al. Neighborhood-enhanced transfer learning for one-class collaborative filtering [J]. Neurocomputing, 2019, 341: 80-87.

[25] BLEI D, NG A, JORDAN M. Latent Dirichlet allocation [J]. The Journal of Machine Learning Research, 2003(3): 993-1022.

[26] ZHANG H, LI Z, CHEN Y, et al. Exploit latent Dirichlet allocation for one-class collaborative filtering [C]//LI J, WANG X, GAROFALAKIS M, et al. Proceedings of the 23rd ACM International Conference on Conference on Information and Knowledge Management (CIKM'14), New York: ACM, 2014: 1991-1994.

[27] WANG X, HE X, WANG M, et al. Neural graph collaborative filtering [C]//PIWOWARSKI B, CHEVALIER M, GAUSSIER E, et al. Proceedings of the 42nd International ACM SIGIR Conference on Research and Development in Information Retrieval (SIGIR'19), 2019: 165-174.

[28] ZHENG Y, GAO C, HE X, et al. Price-aware recommendation with graph convolutional networks [C]//Proceedings of the 36th IEEE International Conference on Data Engineering (ICDE'20), Piscataway: IEEE, 2020: 133-144.

[29] LIBEN-NOWELL D,KLEINBERG J. The link-prediction problem for social networks [J]. Journal of the American Society for Information Science and Technology. 2007,58(7): 1019-1031.

4.8 习题

1. 除了 4.3.1 节中介绍的相似度度量方法,你还能想出哪些相似度度量方法?

2. 为什么 BPR 算法的预测公式不引入用户偏置 b_u 和均值 μ?

3. 能否将 BPR 算法的优化目标直接应用到 FISM 算法中(即使用 FISM 算法的预测公式和 BPR 中的偏好之差进行用户偏好学习和物品推荐)?

4. 查阅相关资料,说一说 MFLogLoss 算法中使用的对数几率损失的原理、特点和适用场景。

5. 参考$\partial L_{\text{eALS}}/\partial U_{uf}$ 的推导过程,完成$\partial L_{\text{eALS}}/\partial V_{if}$ 的详细推导。

6. 请分析逐元素更新最小二乘模型的时间复杂度,并说明为什么是 $O((m+n)d^2+|\mathcal{R}|d)$?

7. 当用户的反馈是正负反馈时(表示喜欢和不喜欢),模型的目标函数应该如何设计? 逐元素更新最小二乘模型中的缓存策略是否还能应用到这一问题?

8. NeuMF 中 MLP 模块的激活函数为什么采用 ReLU 而不是其他激活函数(如 sigmoid、tanh)?

9. NeuMF 中的损失函数是对数几率损失(log loss),它与二元交叉熵损失(binary cross-entropy loss)是否等价?

10. NeuMF 和 CDAE 中都需要随机采样负样本,是否有其他负采样方式? 是否可以设计成 Mult-VAE 的优化目标形式?

11. 请证明 CDAE 的时间复杂度是 $O(|\mathcal{A}\cup\mathcal{P}|d)$。

12. 请简要阐述 Mult-VAE 用于物品排序的基本原理。

13. Mult-VAE 中是否有更好或更完善的 β 选择技巧?

14. 请分析 AutoRec、CDAE 和 Mult-VAE 三个算法的联系与区别。

15. 关于推荐系统中的隐式反馈建模,除了本章介绍的基于逐点偏好假设(pointwise preference assumption)的方法(如 MFLogLoss)和基于成对偏好假设(pairwise preference assumption)的方法(如 BPR),还有基于成列偏好假设(listwise preference assumption)的方法。请查阅相关资料,简述近 3 年发表的成列方法的主要思路。

16. 请想一想,如何在现有的 OCCF 算法的基础上引入其他信息(例如物品类别等)。

17. 阅读参考文献[19],实现该论文中描述的 CoFiSet 算法,并在公开数据集上与 BPR 算法进行效果对比。

18. 在 RecSys、SIGIR 等知名国际会议的论文集中,查阅研究 OCCF 问题的前沿工作(近 3 年),并总结其中的研究动机、主要思路、关键技术和对比实验。

第 5 章

基于异构反馈的评分预测

在解决评分预测问题时，由于缺乏足够的等级评分数据（例如，1～5 分的数值评分），协同过滤算法经常面对数据稀疏性的问题。为了缓解这一问题，Koren[1]、Liu[2] 和 Zhang[3] 等除了使用显式反馈等级评分数据之外，还使用了隐式反馈数据（例如，点击、购买、是否评分等对物品没有明确偏好的用户反馈和行为）来帮助提高评分预测的效果。但是，这些研究没有考虑利用其他类型的显式反馈数据来帮助缓解等级评分数据的稀疏性问题，例如，二值评分数据，即 0 或 1 的评分，其中，0 表示用户对物品不喜欢（而不是指用户对物品的偏好信息缺失），1 表示用户对物品喜欢。

本章将重点介绍 Pan 等[4] 和 Liang 等[5] 提出的在迁移学习框架下利用二值评分数据来缓解数据稀疏性问题的两个协同过滤算法。第一个是基于迁移学习的共同矩阵分解算法，又称为迁移共同分解（transfer by collective factorization，TCF）[4]，第二个是基于偏好迁移的协同过滤算法，又称为偏好感知迁移（preference-aware transfer，PAT）[5]。

5.1 异构协同过滤（HCF）问题

Pan 等[4] 和 Liang 等[5] 研究的是面向用户异构显式反馈的评分预测问题，目的是在迁移学习框架中，利用二值评分数据来缓解等级评分数据的稀疏性问题，进而提高预测每个用户 u 对测试集中未评分物品的等级评分的效果。如图 5-1 所示，问题的输入是一组等级评分数据 $\mathcal{R}=\{(u,i,r_{ui})\mid r_{ui}\in\mathbb{G}\}$，其中 $\mathbb{G}=\{1,2,\cdots,5\}$，以及一组二值评分数据 $\widetilde{\mathcal{R}}=\{(u,i,\tilde{r}_{ui})\mid \tilde{r}_{ui}\in\mathbb{B}\}$，其中 $\mathbb{B}=\{1,0\}$。需要说明的是，等级评分数据和二值评分数据是两种不同类型的显式反馈数据，即它们是异构的。本章从迁移学习的视角对用户的两种显式反馈数据进行建模，并把拥有等级评分数据的一方称为目标方，把拥有二值评分数据的一方称为辅助方。表 5-1 对本章使用的符号进行了说明。

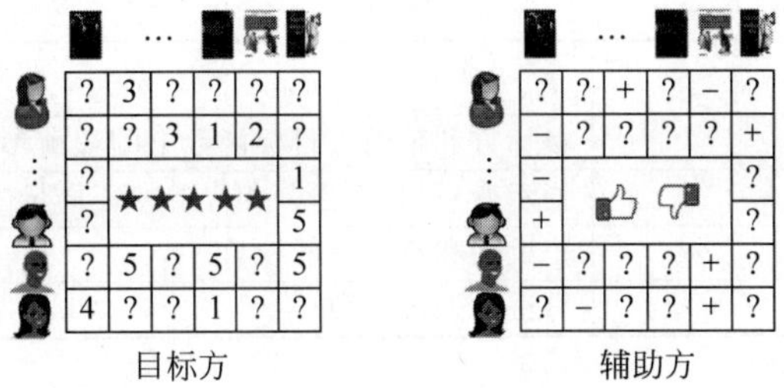

图 5-1 HCF 问题示意图

表 5-1 HCF 问题中的符号及其说明

符 号	说 明
n	用户数
m	物品数
$u \in \{1,2,\cdots,n\}$	用户 ID
$i,j \in \{1,2,\cdots,m\}$	物品 ID
$\mathbb{G}=\{1,2,\cdots,5\}$	用户对物品的等级评分的范围
$\mathbb{B}=\{1,0\}$	用户对物品的二值评分的范围，1 表示喜欢，0 表示不喜欢
$r_{ui} \in \mathbb{G}$	用户 u 对物品 i 的等级评分
$\tilde{r}_{ui} \in \mathbb{B}$	用户 u 对物品 i 的二值评分
$\mathcal{R}=\{(u,i,r_{ui})\}$	训练集中的等级评分记录集合
$\widetilde{\mathcal{R}}=\{(u,i,\tilde{r}_{ui})\}$	训练集中的二值评分记录集合
$\mathcal{J}$	训练集中所有物品的集合
$\mathcal{J}_u$	训练集中用户 u 评过分的物品的集合
$\mathcal{J}_u^g, g \in \mathbb{G}$	训练集中用户 u 评分为 g 的物品的集合
$y_{ui} \in \{0,1\}$	指示变量，1 表示用户 u 对物品 i 评过分，0 表示没有评过分
$\mathcal{P}_u$	训练集中用户 u 喜欢的物品的集合
$\mathcal{N}_u$	训练集中用户 u 不喜欢的物品的集合
$\mathcal{T}_E=\{(u,i,r_{ui})\}$	测试集中的等级评分记录集合
$\mu \in \mathbb{R}$	全局评分平均值
$b_u \in \mathbb{R}$	用户 u 的偏差（或偏置）
$b_i \in \mathbb{R}$	物品 i 的偏差（或偏置）
$d \in \mathbb{R}$	潜在特征向量的维度
$\boldsymbol{U}_{u\cdot}, \boldsymbol{W}_{u\cdot} \in \mathbb{R}^{1\times d}$	用户 u 的潜在特征向量
$\boldsymbol{V}_{i\cdot}, \boldsymbol{C}^{\mathrm{p}}_{j\cdot}, \boldsymbol{C}^{\mathrm{n}}_{j\cdot}, \boldsymbol{C}^{\mathrm{o}}_{i'\cdot}, \boldsymbol{C}^{\mathrm{g}}_{i'\cdot} \in \mathbb{R}^{1\times d}$	物品 i、j 和 i' 的潜在特征向量
$\boldsymbol{V}, \boldsymbol{C}^{\mathrm{p}}, \boldsymbol{C}^{\mathrm{n}}, \boldsymbol{C}^{\mathrm{o}}, \boldsymbol{C}^{\mathrm{g}} \in \mathbb{R}^{m\times d}$	物品的潜在特征矩阵
$\boldsymbol{B}, \widetilde{\boldsymbol{B}} \in \mathbb{R}^{d\times d}$	目标方和辅助方的内部矩阵
$\hat{r}_{ui}$	用户 u 对物品 i 的预测评分
$\hat{\tilde{r}}_{ui}$	用户 u 对物品 i 的二值预测评分
γ	学习率
ω	等级评分和二值评分的交互权重参数
α, β	正则化项上的权衡参数

续表

符　号	说　明
λ	目标方和辅助方目标函数上的权衡参数
$\delta_g, \delta_o, \delta_p, \delta_n \in \{0,1\}$	指示变量，是否引入相应的特征向量
w_p, w_n	正反馈和负反馈的权重
T	算法的迭代次数

5.2 迁移共同分解

在基于迁移学习的协同过滤算法中，一种典型的解决数据稀疏性问题的思路是将辅助方的二值评分数据（喜欢或不喜欢）中隐含的知识迁移到目标方，以提高目标方的等级评分预测效果。Pan 等[4]提出的 TCF 在迁移学习框架中联合建模了目标方的等级评分数据和辅助方的包含喜欢和不喜欢的二值评分数据，有效地缓解了数据的稀疏性问题。本节将详细介绍 TCF 的技术细节。

5.2.1 技术细节

TCF[4]的目标方和辅助方的预测公式分别如下所示：

$$\hat{r}_{ui} = \boldsymbol{U}_{u\cdot} \boldsymbol{B} \boldsymbol{V}_{i\cdot}^{\mathrm{T}} \tag{5-1}$$

$$\hat{\tilde{r}}_{ui} = \boldsymbol{U}_{u\cdot} \tilde{\boldsymbol{B}} \boldsymbol{V}_{i\cdot}^{\mathrm{T}} \tag{5-2}$$

其中，目标方和辅助方共享用户的潜在特征向量为 $\boldsymbol{U}_{u\cdot}$ 和物品的潜在特征向量为 $\boldsymbol{V}_{i\cdot}$；$\boldsymbol{B}$ 和 $\tilde{\boldsymbol{B}}$ 分别用于捕捉目标方数据和辅助方数据中特有的信息（即目标方和辅助方的矩阵 $\boldsymbol{U}$ 中的行和矩阵 $\boldsymbol{V}^{\mathrm{T}}$ 中的列之间的相关性），因为目标方的等级评分数据和辅助方的二值评分数据的语义和分布等信息很可能是不一样的。

TCF[4]的目标函数如下所示：

$$\begin{aligned}
&\min_{\Theta} \sum_{u=1}^{n} \sum_{i=1}^{m} y_{ui} \left[\frac{1}{2}(r_{ui} - \hat{r}_{ui})^2 + \frac{\alpha}{2}(\|\boldsymbol{U}_{u\cdot}\|^2 + \|\boldsymbol{V}_{i\cdot}\|^2) \right] + \\
&\lambda \sum_{u=1}^{n} \sum_{i=1}^{m} \tilde{y}_{ui} \left[\frac{1}{2}(\tilde{r}_{ui} - \hat{\tilde{r}}_{ui})^2 + \frac{\alpha}{2}(\|\boldsymbol{U}_{u\cdot}\|^2 + \|\boldsymbol{V}_{i\cdot}\|^2) \right] + \frac{\beta}{2}\|\boldsymbol{B}\|_{\mathrm{F}}^2 + \\
&\lambda \frac{\beta}{2}\|\tilde{\boldsymbol{B}}\|_{\mathrm{F}}^2, \text{s. t.} \boldsymbol{U}, \boldsymbol{V} \in D
\end{aligned} \tag{5-3}$$

其中，$\Theta \in \{\boldsymbol{U}, \boldsymbol{V}, \boldsymbol{B}, \tilde{\boldsymbol{B}}\}$ 表示模型参数；y_{ui} 和 $\tilde{y}_{ui}$ 分别是目标方和辅助方的指示变量，它们为 1 时表示用户 u 对物品 i 有评分，为 0 时表示用户 u 对物品 i 没有评分；D 表示潜在变量的值域。为了发现潜在的主题，并降低噪声的影响，D 可以表示成 $D_{\mathrm{R}} = \{\boldsymbol{U} \in \mathbb{R}^{n \times d}, \boldsymbol{V} \in \mathbb{R}^{m \times d}\}$ 或 $D_{\perp} = D_{\mathrm{R}} \cap \{\boldsymbol{U}^{\mathrm{T}}\boldsymbol{U} = \boldsymbol{I}, \boldsymbol{V}^{\mathrm{T}}\boldsymbol{V} = \boldsymbol{I}\}$。因此，TCF 有两个变体：当 D 表示成 D_{R} 时，TCF 为共同矩阵三分解（collective matrix tri-factorization，CMTF）[4]，当 D 表示成 $D_{\perp}$ 时，TCF 为共同奇异值分解（collective SVD，CSVD）[4]。

令 $f_u = \sum_{i=1}^{m} y_{ui}\left[\frac{1}{2}(r_{ui}-\hat{r}_{ui})^2+\frac{\alpha}{2}(\|\boldsymbol{U}_{u\cdot}\|^2+\|\boldsymbol{V}_{i\cdot}\|^2)\right]+\frac{\beta}{2}\|\boldsymbol{B}\|^2+\lambda\sum_{i=1}^{m}\tilde{y}_{ui}\left[\frac{1}{2}(\tilde{r}_{ui}-\hat{\tilde{r}}_{ui})^2+\frac{\alpha}{2}(\|\boldsymbol{U}_{u\cdot}\|^2+\|\boldsymbol{V}_{i\cdot}\|^2)\right]+\lambda\frac{\beta}{2}\|\tilde{\boldsymbol{B}}\|^2$，给定 $\boldsymbol{B}$ 和 $\boldsymbol{V}$，可以得到CMTF中用户的潜在特征矩阵 $\boldsymbol{U}$ 的解析解，推导过程如下所示：

$$
\begin{aligned}
\frac{\partial f_u}{\partial \boldsymbol{U}_{u\cdot}} &= \sum_{i=1}^{m} y_{ui}\left[(-r_{ui}+\hat{r}_{ui})\boldsymbol{V}_{i\cdot}\boldsymbol{B}^{\mathrm{T}}+\alpha\boldsymbol{U}_{u\cdot}\right]+\lambda\sum_{i=1}^{m}\tilde{y}_{ui}\left[(-\tilde{r}_{ui}+\hat{\tilde{r}}_{ui})\boldsymbol{V}_{i\cdot}\tilde{\boldsymbol{B}}^{\mathrm{T}}+\alpha\boldsymbol{U}_{u\cdot}\right] \\
&= -\sum_{i=1}^{m}(y_{ui}r_{ui}\boldsymbol{V}_{i\cdot}\boldsymbol{B}^{\mathrm{T}}+\lambda\tilde{y}_{ui}\tilde{r}_{ui}\boldsymbol{V}_{i\cdot}\tilde{\boldsymbol{B}}^{\mathrm{T}})+\alpha\boldsymbol{U}_{u\cdot}\sum_{i=1}^{m}(y_{ui}+\lambda\tilde{y}_{ui})+ \\
&\quad \boldsymbol{U}_{u\cdot}\sum_{i=1}^{m}(y_{ui}\boldsymbol{B}\boldsymbol{V}_{i\cdot}^{\mathrm{T}}\boldsymbol{V}_{i\cdot}\boldsymbol{B}^{\mathrm{T}}+\lambda\tilde{y}_{ui}\tilde{\boldsymbol{B}}\boldsymbol{V}_{i\cdot}^{\mathrm{T}}\boldsymbol{V}_{i\cdot}\tilde{\boldsymbol{B}}^{\mathrm{T}})
\end{aligned}
\tag{5-4}
$$

令 $\frac{\partial f_u}{\partial \boldsymbol{U}_{u\cdot}}=\boldsymbol{0}$，推导出用户 u 的潜在特征向量 $\boldsymbol{U}_{u\cdot}$ 的计算公式如下所示：

$$
\boldsymbol{U}_{u\cdot}=\boldsymbol{b}_u\boldsymbol{C}_u^{-1} \tag{5-5}
$$

其中，$\boldsymbol{C}_u=\sum_{i=1}^{m}(y_{ui}\boldsymbol{B}\boldsymbol{V}_{i\cdot}^{\mathrm{T}}\boldsymbol{V}_{i\cdot}\boldsymbol{B}^{\mathrm{T}}+\lambda\tilde{y}_{ui}\tilde{\boldsymbol{B}}\boldsymbol{V}_{i\cdot}^{\mathrm{T}}\boldsymbol{V}_{i\cdot}\tilde{\boldsymbol{B}}^{\mathrm{T}})+\alpha\sum_{i=1}^{m}(y_{ui}+\lambda\tilde{y}_{ui})\boldsymbol{I}$；$\boldsymbol{b}_u=\sum_{i=1}^{m}(y_{ui}r_{ui}\boldsymbol{V}_{i\cdot}\boldsymbol{B}^{\mathrm{T}}+\lambda\tilde{y}_{ui}\tilde{r}_{ui}\boldsymbol{V}_{i\cdot}\tilde{\boldsymbol{B}}^{\mathrm{T}})$。

类似地，给定 $\boldsymbol{B}$ 和 $\boldsymbol{U}$，可以得到CMTF中物品的潜在特征矩阵 $\boldsymbol{V}$ 的解析解，物品 i 的潜在特征向量 $\boldsymbol{V}_{i\cdot}$ 的计算公式如下所示：

$$
\boldsymbol{V}_{i\cdot}=\boldsymbol{b}_i\boldsymbol{C}_i^{-1} \tag{5-6}
$$

其中，$\boldsymbol{C}_i=\sum_{u=1}^{n}(y_{ui}\boldsymbol{B}^{\mathrm{T}}\boldsymbol{U}_{u\cdot}^{\mathrm{T}}\boldsymbol{U}_{u\cdot}\boldsymbol{B}+\lambda\tilde{y}_{ui}\tilde{\boldsymbol{B}}^{\mathrm{T}}\boldsymbol{U}_{u\cdot}^{\mathrm{T}}\boldsymbol{U}_{u\cdot}\tilde{\boldsymbol{B}})+\alpha\sum_{u=1}^{n}(y_{ui}+\lambda\tilde{y}_{ui})\boldsymbol{I}$；$\boldsymbol{b}_i=\sum_{u=1}^{n}(y_{ui}r_{ui}\boldsymbol{U}_{u\cdot}\boldsymbol{B}+\lambda\tilde{y}_{ui}\tilde{r}_{ui}\boldsymbol{U}_{u\cdot}\tilde{\boldsymbol{B}})$。需要说明的是，式(5-5)和式(5-6)中解析解的更新规则可以视为最小二乘(alternating least squares，ALS)方法[6]的推广。

在CSVD中，值域 $D_{\perp}$ 的限制起到了与正则化项类似的效果，将式(5-3)中的正则化项去掉，可以得到新的目标函数：

$$
\begin{aligned}
&\min_{\boldsymbol{U},\boldsymbol{V}}\frac{1}{2}\|\boldsymbol{Y}\odot(\boldsymbol{R}-\boldsymbol{U}\boldsymbol{B}\boldsymbol{V}^{\mathrm{T}})\|_F^2+\frac{\lambda}{2}\|\tilde{\boldsymbol{Y}}\odot(\tilde{\boldsymbol{R}}-\boldsymbol{U}\tilde{\boldsymbol{B}}\boldsymbol{V}^{\mathrm{T}})\|_F^2, \\
&\text{s. t. } \boldsymbol{U}^{\mathrm{T}}\boldsymbol{U}=\boldsymbol{I},\quad \boldsymbol{V}^{\mathrm{T}}\boldsymbol{V}=\boldsymbol{I}
\end{aligned}
\tag{5-7}
$$

其中，$\odot$表示矩阵中的元素逐项相乘。

令 $f=\frac{1}{2}\|\boldsymbol{Y}\odot(\boldsymbol{R}-\boldsymbol{U}\boldsymbol{B}\boldsymbol{V}^{\mathrm{T}})\|_F^2+\frac{\lambda}{2}\|\tilde{\boldsymbol{Y}}\odot(\tilde{\boldsymbol{R}}-\boldsymbol{U}\tilde{\boldsymbol{B}}\boldsymbol{V}^{\mathrm{T}})\|_F^2$，$\boldsymbol{U}$ 的梯度计算公式如下所示：

$$
\frac{\partial f}{\partial \boldsymbol{U}}=(\boldsymbol{Y}\odot(\boldsymbol{U}\boldsymbol{B}\boldsymbol{V}^{\mathrm{T}}-\boldsymbol{R}))\boldsymbol{V}\boldsymbol{B}^{\mathrm{T}}+\lambda(\tilde{\boldsymbol{Y}}\odot(\boldsymbol{U}\tilde{\boldsymbol{B}}\boldsymbol{V}^{\mathrm{T}}-\tilde{\boldsymbol{R}}))\boldsymbol{V}\tilde{\boldsymbol{B}}^{\mathrm{T}} \tag{5-8}
$$

通过格拉斯曼流形(Grassmann manifold)梯度下降算法[7]可以得到 $\boldsymbol{U}$ 的更新公式如下

所示：

$$\boldsymbol{U} \leftarrow \boldsymbol{U} - \gamma(\boldsymbol{I} - \boldsymbol{U}\boldsymbol{U}^{\mathrm{T}})\frac{\partial f}{\partial \boldsymbol{U}} = \boldsymbol{U} - \gamma\nabla\boldsymbol{U} \tag{5-9}$$

将式(5-9)代入目标函数(见式(5-7))中，可以得到如下公式：

$$\begin{aligned} g(\gamma) &= \frac{1}{2}\|\boldsymbol{Y}\odot[\boldsymbol{R}-(\boldsymbol{U}-\gamma\nabla\boldsymbol{U})\boldsymbol{B}\boldsymbol{V}^{\mathrm{T}}]\|_{\mathrm{F}}^{2}+\frac{\lambda}{2}\|\widetilde{\boldsymbol{Y}}\odot[\widetilde{\boldsymbol{R}}-(\boldsymbol{U}-\gamma\nabla\boldsymbol{U})\widetilde{\boldsymbol{B}}\boldsymbol{V}^{\mathrm{T}}]\|_{\mathrm{F}}^{2} \\ &= \frac{1}{2}\|\boldsymbol{Y}\odot(\boldsymbol{R}-\boldsymbol{U}\boldsymbol{B}\boldsymbol{V}^{\mathrm{T}})+\gamma\boldsymbol{Y}\odot(\nabla\boldsymbol{U}\boldsymbol{B}\boldsymbol{V}^{\mathrm{T}})\|_{\mathrm{F}}^{2}+\frac{\lambda}{2}\|\widetilde{\boldsymbol{Y}}\odot(\widetilde{\boldsymbol{R}}-\boldsymbol{U}\widetilde{\boldsymbol{B}}\boldsymbol{V}^{\mathrm{T}})+\gamma\widetilde{\boldsymbol{Y}}\odot(\nabla\boldsymbol{U}\widetilde{\boldsymbol{B}}\boldsymbol{V}^{\mathrm{T}})\|_{\mathrm{F}}^{2} \end{aligned} \tag{5-10}$$

令 $\boldsymbol{t}_1=\boldsymbol{Y}\odot(\boldsymbol{R}-\boldsymbol{U}\boldsymbol{B}\boldsymbol{V}^{\mathrm{T}})$，$\tilde{\boldsymbol{t}}_1=\widetilde{\boldsymbol{Y}}\odot(\widetilde{\boldsymbol{R}}-\boldsymbol{U}\widetilde{\boldsymbol{B}}\boldsymbol{V}^{\mathrm{T}})$，$\boldsymbol{t}_2=\boldsymbol{Y}\odot(\nabla\boldsymbol{U}\boldsymbol{B}\boldsymbol{V}^{\mathrm{T}})$，$\tilde{\boldsymbol{t}}_2=\widetilde{\boldsymbol{Y}}\odot(\nabla\boldsymbol{U}\widetilde{\boldsymbol{B}}\boldsymbol{V}^{\mathrm{T}})$，有 $g(\gamma)=\frac{1}{2}\|\boldsymbol{t}_1+\gamma\boldsymbol{t}_2\|_{\mathrm{F}}^{2}+\frac{\lambda}{2}\|\tilde{\boldsymbol{t}}_1+\gamma\tilde{\boldsymbol{t}}_2\|_{\mathrm{F}}^{2}$，以及梯度如下：

$$\frac{\partial g(\gamma)}{\partial\gamma}=\mathrm{tr}(\boldsymbol{t}_1^{\mathrm{T}}\boldsymbol{t}_2)+\gamma\mathrm{tr}(\boldsymbol{t}_2^{\mathrm{T}}\boldsymbol{t}_2)+\lambda[\mathrm{tr}(\tilde{\boldsymbol{t}}_1^{\mathrm{T}}\tilde{\boldsymbol{t}}_2)+\gamma\mathrm{tr}(\tilde{\boldsymbol{t}}_2^{\mathrm{T}}\tilde{\boldsymbol{t}}_2)] \tag{5-11}$$

其中，tr(·)是矩阵的迹(trace)。令 $\frac{\partial g(\gamma)}{\partial\gamma}=0$，可以得到 $\gamma=\frac{-\mathrm{tr}(\boldsymbol{t}_1^{\mathrm{T}}\boldsymbol{t}_2)-\lambda\mathrm{tr}(\tilde{\boldsymbol{t}}_1^{\mathrm{T}}\tilde{\boldsymbol{t}}_2)}{\mathrm{tr}(\boldsymbol{t}_2^{\mathrm{T}}\boldsymbol{t}_2)+\lambda\mathrm{tr}(\tilde{\boldsymbol{t}}_2^{\mathrm{T}}\tilde{\boldsymbol{t}}_2)}$。

类似地，可以得到物品的潜在特征矩阵 $\boldsymbol{V}$ 的更新规则如下所示：

$$\boldsymbol{V} \leftarrow \boldsymbol{V} - \gamma\nabla\boldsymbol{V} \tag{5-12}$$

其中，$\nabla\boldsymbol{V}=(\boldsymbol{I}-\boldsymbol{V}\boldsymbol{V}^{\mathrm{T}})\frac{\partial f}{\partial\boldsymbol{V}}$，$\frac{\partial f}{\partial\boldsymbol{V}}=(\boldsymbol{Y}\odot(\boldsymbol{U}\boldsymbol{B}\boldsymbol{V}^{\mathrm{T}}-\boldsymbol{R}))\boldsymbol{U}\boldsymbol{B}+\lambda(\widetilde{\boldsymbol{Y}}\odot(\boldsymbol{U}\widetilde{\boldsymbol{B}}\boldsymbol{V}^{\mathrm{T}}-\widetilde{\boldsymbol{R}}))\boldsymbol{U}\widetilde{\boldsymbol{B}}$。

给定 $\boldsymbol{U}$ 和 $\boldsymbol{V}$，目标方和辅助方可以分别计算 $\boldsymbol{B}$ 和 $\widetilde{\boldsymbol{B}}$。令 $\mathcal{F}(\boldsymbol{R}\sim\boldsymbol{U}\boldsymbol{B}\boldsymbol{V}^{\mathrm{T}})=\sum_{u=1}^{n}\sum_{i=1}^{m}y_{ui}\left[\frac{1}{2}(r_{ui}-\hat{r}_{ui})^2+\frac{\alpha}{2}(\|\boldsymbol{U}_{u\cdot}\|^2+\|\boldsymbol{V}_{i\cdot}\|^2)\right]+\frac{\beta}{2}\|\boldsymbol{B}\|_{\mathrm{F}}^{2}$，有：

$$\begin{aligned} \mathcal{F}(\boldsymbol{R}\sim\boldsymbol{U}\boldsymbol{B}\boldsymbol{V}^{\mathrm{T}}) &\propto \sum_{u=1}^{n}\sum_{i=1}^{m}y_{ui}\left[\frac{1}{2}(r_{ui}-\hat{r}_{ui})^2\right]+\frac{\beta}{2}\|\boldsymbol{B}\|_{\mathrm{F}}^{2} \\ &= \frac{1}{2}\|\boldsymbol{Y}\odot(\boldsymbol{R}-\boldsymbol{U}\boldsymbol{B}\boldsymbol{V}^{\mathrm{T}})\|_{\mathrm{F}}^{2}+\frac{\beta}{2}\|\boldsymbol{B}\|_{\mathrm{F}}^{2} \end{aligned} \tag{5-13}$$

因此，可以得到如下等价的目标函数：

$$\min_{\boldsymbol{B}}\frac{1}{2}\|\boldsymbol{Y}\odot(\boldsymbol{R}-\boldsymbol{U}\boldsymbol{B}\boldsymbol{V}^{\mathrm{T}})\|_{\mathrm{F}}^{2}+\frac{\beta}{2}\|\boldsymbol{B}\|_{\mathrm{F}}^{2} \tag{5-14}$$

其中，$\boldsymbol{B}$ 的计算可以与最小二乘 SVM 问题[8]中的 $\boldsymbol{w}$ 的计算完全相同；$\boldsymbol{w}=\mathrm{vec}(\boldsymbol{B})=[\boldsymbol{B}_{\cdot 1}^{\mathrm{T}}\cdots\boldsymbol{B}_{\cdot d}^{\mathrm{T}}]^{\mathrm{T}}\in\mathbb{R}^{d^2\times 1}$ 是由矩阵 $\boldsymbol{B}$ 的列拼接而成的向量。当 $y_{ui}=1$ 时，可以构造样本 $\{(\boldsymbol{x}_{ui},r_{ui})\}$，其中 $\boldsymbol{x}_{ui}=\mathrm{vec}(\boldsymbol{U}_{u\cdot}^{\mathrm{T}}\boldsymbol{V}_{i\cdot})\in\mathbb{R}^{d^2\times 1}$。因此，我们可以得到与最小二乘 SVM 问题等价的目标函数，如下所示：

$$\min_{\boldsymbol{w}}\frac{1}{2}\|\boldsymbol{r}-\boldsymbol{X}\boldsymbol{w}\|_{\mathrm{F}}^{2}+\frac{\beta}{2}\|\boldsymbol{w}\|_{\mathrm{F}}^{2} \tag{5-15}$$

其中，数据矩阵 $\boldsymbol{X}=[\cdots\boldsymbol{x}_{ui}\cdots]^{\mathrm{T}}\in\mathbb{R}^{p\times d^2}$（当 $y_{ui}=1$ 时），评分 $\boldsymbol{r}\in\{1,2,3,4,5\}^{p\times 1}$，$p=\sum_{u=1}^{n}\sum_{i=1}^{m}y_{ui}$。令 $\nabla\boldsymbol{w}=-\boldsymbol{X}^{\mathrm{T}}(\boldsymbol{r}-\boldsymbol{X}\boldsymbol{w})+\beta\boldsymbol{w}=\boldsymbol{0}$，我们可以得到：

$$\boldsymbol{w}=(\boldsymbol{X}^{\mathrm{T}}\boldsymbol{X}+\beta\boldsymbol{I})^{-1}\boldsymbol{X}^{\mathrm{T}}\boldsymbol{r} \tag{5-16}$$

需要说明的是，$\boldsymbol{B}$ 和 $\boldsymbol{w}$ 可以被视为线性紧算子（linear compact operator），它们能够使用各种现有的离线工具来有效求解。

5.2.2　算法流程

构建 TCF[4]模型的流程如下：①对目标方的等级评分数据的范围进行处理，使得它与辅助方的二值评分数据的范围一致；②在算法的第一次迭代中，对 $\boldsymbol{U}$ 和 $\boldsymbol{V}$ 进行随机初始化（对于 CMTF）或使用辅助方的二值评分数据的训练集 $\widetilde{\mathcal{R}}$ 的 SVD 结果[9]（对于 CSVD），然后通过式(5-16)计算 $\boldsymbol{B}$ 和 $\widetilde{\boldsymbol{B}}$；③在算法的第 $t(t>1)$ 次迭代中，更新 $\boldsymbol{U},\boldsymbol{V},\boldsymbol{B},\widetilde{\boldsymbol{B}}$。重复步骤②和步骤③，直到收敛。在算法 5-1 中，我们可以看到 TCF 算法流程的伪代码。

算法 5-1　TCF 算法

输入：目标方的等级评分数据的训练集 $\mathcal{R}$，辅助方的二值评分数据的训练集 $\widetilde{\mathcal{R}}$
输出：每个用户 u 对测试集 $\mathcal{T}_{\mathrm{E}}$ 中的物品 i 的预测评分

1. 通过 $r_{ui}=\dfrac{r_{ui}-1}{4}, r_{ui}\in\mathcal{R}$ 对目标方的等级评分进行处理
2. **if** $t==1$ **then**
3. 　　对于 CMTF，随机初始化 $\boldsymbol{U}$ 和 $\boldsymbol{V}$；对于 CSVD，使用 $\widetilde{\mathcal{R}}$ 的 SVD 结果
4. 　　通过式(5-16)计算 $\boldsymbol{B}$ 和 $\widetilde{\boldsymbol{B}}$
5. **end if**
6. **for** $t=2,3,\cdots,T$ **do**
7. 　　对于 CMTF，$T_1=1$；对于 CSVD，$T_1=20$
8. 　　**for** $t_1=1,2,\cdots,|T_1|$ **do**
9. 　　　　固定 $\boldsymbol{V}$ 和 $\boldsymbol{B}$，对于 CMTF，通过式(5-5)更新 $\boldsymbol{U}$；对于 CSVD，通过式(5-9)更新 $\boldsymbol{U}$
10. 　　　　固定 $\boldsymbol{U}$ 和 $\boldsymbol{B}$，对于 CMTF，通过式(5-6)更新 $\boldsymbol{V}$；对于 CSVD，通过式(5-12)更新 $\boldsymbol{V}$
11. 　　　　if 模型已收敛 then
12. 　　　　　　跳出当前循环
13. 　　　　**end if**
14. 　　**end for**
15. 　　固定 $\boldsymbol{U}$ 和 $\boldsymbol{V}$，通过式(5-16)更新 $\boldsymbol{B}$ 和 $\widetilde{\boldsymbol{B}}$
16. 　　**if** 模型已收敛 **then**
17. 　　　　跳出当前循环
18. 　　**end if**
19. **end for**

5.2.3　代码实现

TCF 代码的运行环境为 MATLAB，算法 5-1 的第 7～15 行对应的核心代码如下：

```
//CMTF
//固定 U 和 B,通过式(5-6)更新 V
U2 = [U * B; U * B_aux];
V = MF_U(vec_V(:,[2 1 3]), tradeoff_alpha_V, V, U2, tradeoff_lambda, num_user);

//固定 V 和 B,通过式(5-5)更新 U
V2 = [V * B'; V * B_aux'];
U = MF_U(vec_U, tradeoff_alpha_U, U, V2, tradeoff_lambda, num_item);


//固定 U 和 V,通过式(5-16)更新 B 和 B̃
B = EstimateB(U,V,train_vec,tradeoff_beta);
B_aux = EstimateB(U,V,aux_vec,tradeoff_beta_aux);

//CSVD
 for iterUV = 1:20

    //固定 V 和 B,通过式(5-9)更新 U
   GradU = CalGradU(U,V,B,B_aux,train_vec,aux_vec,tradeoff_lambda);
   gamma = StepSize_gamma( U, GradU, V, B, B_aux, train_vec, aux_vec, tradeoff_lambda );
   U = U - gamma * GradU;

   //固定 U 和 B,通过式(5-12)更新 V
   GradV = CalGradU(V,U,B',B_aux',train_vec(:,[2 1 3]),aux_vec(:,[2 1 3]),tradeoff_
lambda);
   gamma = StepSize_gamma( V, GradV, U, B', B_aux', train_vec(:,[2 1 3]), aux_vec(:,[2 1
3]), tradeoff_lambda );
   V = V - gamma * GradV;
 end

  //固定 U 和 V,通过式(5-16)更新 B 和 B 和 B̃
 B = EstimateB(U, V, train_vec, tradeoff_beta);
 B_aux = EstimateB(U, V, aux_vec, tradeoff_beta_aux);
```

5.2.4 实验设置

对于 CMTF 和 CSVD,Pan 等[4]设置模型的潜在特征向量的维度 $d=10$,算法的总迭代次数 $T=100$,辅助方的二值评分数据的权重 λ 从 $\{0.01,0.1,1\}$ 中进行选择,对所有的数据集都有 $\lambda=0.1$。对于 CMTF,正则化项上的权衡参数 $\beta=1$,正则化项上的权衡参数 α 从 $\{0.01,0.1,1\}$ 中进行选择,对所有的数据集都有 $\alpha=0.1$。

5.2.5 讨论

Pan 等[4]针对协同过滤中的数据稀疏性问题,提出了一个基于迁移学习的共同矩阵分解(TCF)算法。TCF 在目标方和辅助方的用户和物品都对齐的情况下,将辅助方的二值评分数据(喜欢或不喜欢)中的知识迁移到目标方,以提高目标方的等级评分预测效果。

在 MoviePilot[10] 和 Netflix 这两个数据集上的实验结果表明，在不同的数据稀疏程度下，CMTF 和 CSVD 的效果都优于基准方法。

未来还可以在其他的一些问题设置中进一步拓展 TCF 框架，例如，当目标方和辅助方的用户和物品只有部分对齐时、当需要考虑目标方和辅助方之间的用户隐私和数据安全时[11]等。

5.3 偏好感知迁移

迁移混合分解模型（transfer by mixed factorization，TMF）[12]利用辅助方的二值评分数据中用户的隐式偏好上下文来帮助提高目标方的评分预测效果，而 SVD++[13]和 MF-MPC[14]利用了目标方的等级评分数据中用户的隐式偏好上下文来更好地学习用户的个性化偏好。为了结合两者的优点，Liang 等[5]基于迁移学习框架提出共享目标方和辅助方的评分信息，并以互补的方式将等级评分、二值评分和目标方与辅助方的隐式偏好上下文这三者所包含的信息融合在一起，进而设计了一个偏好感知迁移学习（PAT）算法，以提高用户对物品的评分预测效果。

5.3.1 技术细节

共同矩阵分解（collective matrix factorization，CMF）算法[15]利用目标方和辅助方的两种不同类型的显式反馈数据来联合构建推荐模型。在模型的构建过程中，目标方和辅助方共享物品的潜在特征向量 $\boldsymbol{V}_{i\cdot}$。目标方和辅助方的评分预测公式分别如下所示：

$$\hat{r}_{ui}=\mu+b_u+b_i+\boldsymbol{U}_{u\cdot}\boldsymbol{V}_{i\cdot}^{\mathrm{T}} \tag{5-17}$$

$$\hat{\hat{r}}_{ui}=\boldsymbol{W}_{u\cdot}\boldsymbol{V}_{i\cdot}^{\mathrm{T}} \tag{5-18}$$

我们可以发现，CMF 在以等级评分预测为目标来构建模型时，并没有考虑隐式偏好上下文的信息。

根据 SVD++[13]、MF-MPC[14]和 TMF[12]的建模方式，Liang 等[5]得到如下偏好上下文：

$$\bar{\boldsymbol{C}}_{u\cdot}^{\mathrm{o}}=\delta_{\mathrm{o}}\frac{1}{\sqrt{|\mathcal{J}_u\backslash\{i\}|}}\sum_{i'\in\mathcal{J}_u\backslash\{i\}}\boldsymbol{C}_{i'\cdot}^{\mathrm{o}} \tag{5-19}$$

$$\bar{\boldsymbol{C}}_{u\cdot}^{\mathrm{g}}=\delta_{\mathrm{g}}\sum_{g\in\mathbf{G}}\frac{1}{\sqrt{|\mathcal{J}_u^g\backslash\{i\}|}}\sum_{i'\in\mathcal{J}_u^g\backslash\{i\}}\boldsymbol{C}_{i'\cdot}^{\mathrm{g}} \tag{5-20}$$

$$\bar{\boldsymbol{C}}_{u\cdot}^{\mathrm{p}}=\delta_{\mathrm{p}}w_{\mathrm{p}}\frac{1}{\sqrt{|\mathcal{P}_u|}}\sum_{j\in\mathcal{P}_u}\boldsymbol{C}_{j\cdot}^{\mathrm{p}} \tag{5-21}$$

$$\bar{\boldsymbol{C}}_{u\cdot}^{\mathrm{n}}=\delta_{\mathrm{n}}w_{\mathrm{n}}\frac{1}{\sqrt{|\mathcal{N}_u|}}\sum_{j\in\mathcal{N}_u}\boldsymbol{C}_{j\cdot}^{\mathrm{n}} \tag{5-22}$$

其中，$\bar{\boldsymbol{C}}_{u\cdot}^{\mathrm{o}}$ 表示单类偏好上下文（one-class preference context，OPC），其认为用户 u 对物品 i 的预测评分除了与物品 i 有关以外，还与用户 u 评过分的其他物品 $i'\in\mathcal{J}_u\backslash\{i\}$ 有关；$\bar{\boldsymbol{C}}_{u\cdot}^{\mathrm{g}}$ 表示多类偏好上下文（multiclass preference context，MPC），其在单类偏好上下文的

基础上将用户 u 对除物品 i 以外的其他物品 $i' \in \mathcal{J}_u \setminus \{i\}$ 根据评分等级 $g \in \mathbb{G}$ 进行了分类；$\bar{\boldsymbol{C}}_{u\cdot}^{p}$ 表示正反馈偏好上下文，其认为对物品集合具有相似喜好的用户在对其他物品的喜好上也是相似的；$\bar{\boldsymbol{C}}_{u\cdot}^{n}$ 表示负反馈偏好上下文，其认为对物品集合具有相似不喜好的用户在对其他物品的不喜好上也是相似的；$\delta_o, \delta_g, \delta_p, \delta_n \in \{0,1\}$ 是指示变量，为 1 时表示引入对应的偏好上下文，为 0 时表示不引入对应的偏好上下文；w_p 和 w_n 分别表示正反馈和负反馈上的权重。

Liang 等[5]将这四类偏好上下文融入迁移学习框架中，分别得到以下目标方和辅助方的预测公式：

$$\hat{r}_{ui} = \mu + b_u + b_i + (\boldsymbol{U}_{u\cdot} + \bar{\boldsymbol{C}}_{u\cdot}^{o} + \bar{\boldsymbol{C}}_{u\cdot}^{g} + \bar{\boldsymbol{C}}_{u\cdot}^{p} + \bar{\boldsymbol{C}}_{u\cdot}^{n})\boldsymbol{V}_{i\cdot}^{T} \tag{5-23}$$

$$\hat{\tilde{r}}_{ui} = \boldsymbol{W}_{u\cdot}\boldsymbol{V}_{i\cdot}^{T} \tag{5-24}$$

其中，$\bar{\boldsymbol{C}}_{u\cdot}^{o}$ 是 SVD++[13]中的偏好上下文，它会使得具有相似单类偏好上下文的用户的潜在特征向量接近。需要说明的是，Liang 等将偏好上下文融入目标方的预测公式中而不是辅助方的预测公式中，这是因为 Liang 等的研究目标是等级评分预测，而不是二值评分预测。在图 5-2 中，可以看到目标方和辅助方的整体预测规则，图中的绿色虚线表示引入目标方和辅助方之间的交互。需要说明的是，图 5-2 中的 $\boldsymbol{C}_{j\cdot}^{g}$ 表示 MF-MPC[14]中的多类偏好上下文，如果该项不考虑评分的等级，就会退化为 SVD++[13]中的单类偏好上下文 $\boldsymbol{C}_{j\cdot}^{o}$，对应地，PAT 也退化为 PAT-OPC[5]。

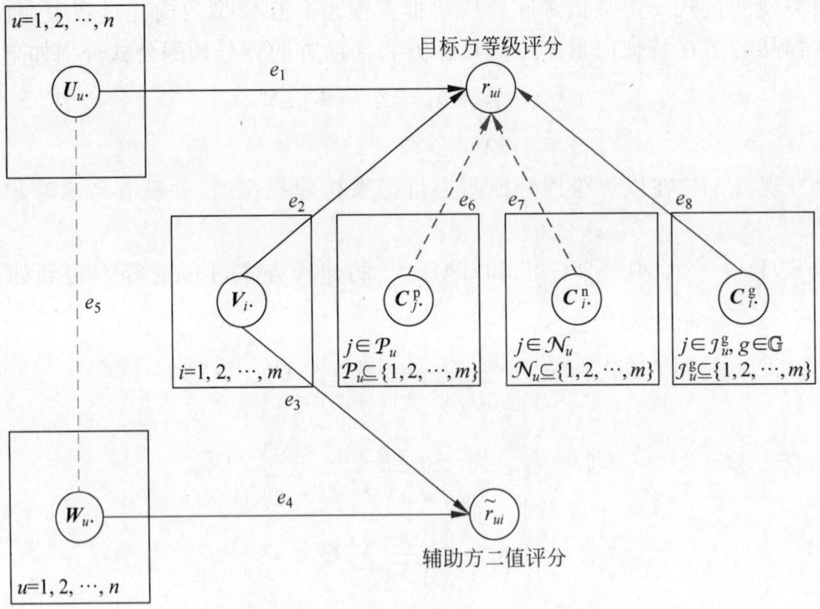

图 5-2 PAT 算法的模型结构示意图(见彩插)

PAT[5]的目标函数与 TMF[12]的类似，如下所示：

$$\min_{\Theta} \sum_{u=1}^{n} \sum_{i=1}^{m} y_{ui} f_{ui} + \lambda \sum_{u=1}^{n} \sum_{i=1}^{m} \tilde{y}_{ui} \tilde{f}_{ui} \tag{5-25}$$

其中，y_{ui} 和 $\tilde{y}_{ui}$ 分别是目标方和辅助方的指示变量，为 1 时表示用户 u 对物品 i 有评分，为 0 时表示用户 u 对物品 i 没有评分，$f_{ui}=\frac{1}{2}(r_{ui}-\hat{r}_{ui})^2+\frac{\alpha}{2}(\|\boldsymbol{U}_{u\cdot}\|^2+\|\boldsymbol{V}_{i\cdot}\|^2+b_u^2+b_i^2+\delta_{\mathrm{p}}\sum_{j\in\mathcal{P}_u}\|\boldsymbol{C}_{j\cdot}^{\mathrm{p}}\|^2+\delta_{\mathrm{n}}\sum_{j\in\mathcal{N}_u}\|\boldsymbol{C}_{j\cdot}^{\mathrm{n}}\|^2+\delta_{\mathrm{o}}\sum_{i'\in\mathcal{J}_u\backslash\{i\}}\|\boldsymbol{C}_{i'\cdot}^{\mathrm{o}}\|^2+\delta_{\mathrm{g}}\sum_{g\in\mathbb{G}}\sum_{i'\in\mathcal{J}_u^g\backslash\{i\}}\|\boldsymbol{C}_{i'\cdot}^{g}\|^2)$ 是目标方定义在用户 u 和物品 i 上的目标函数，$\tilde{f}_{ui}=\frac{1}{2}(\tilde{r}_{ui}-\hat{\tilde{r}}_{ui})^2+\frac{\alpha}{2}(\|\boldsymbol{W}_{u\cdot}\|^2+\|\boldsymbol{V}_{i\cdot}\|^2)$ 是辅助方定义在用户 u 和物品 i 上的目标函数，$\Theta=\{\mu,b_u,b_i,\boldsymbol{U}_{u\cdot},\boldsymbol{V}_{i\cdot},\boldsymbol{C}_{j\cdot}^{\mathrm{p}},\boldsymbol{C}_{j\cdot}^{\mathrm{n}},\boldsymbol{C}_{i'\cdot}^{\mathrm{o}},\boldsymbol{C}_{i'\cdot}^{g}\mid u=1,2,\cdots,n;\ i,i',j=1,2,\cdots,m\}$ 表示模型的参数。

关于 f_{ui}，模型参数的梯度如下所示：

$$\nabla\mu=\frac{\partial f_{ui}}{\partial\mu}=-e_{ui} \tag{5-26}$$

$$\nabla b_u=\frac{\partial f_{ui}}{\partial b_u}=-e_{ui}+\alpha b_u \tag{5-27}$$

$$\nabla b_i=\frac{\partial f_{ui}}{\partial b_i}=-e_{ui}+\alpha b_i \tag{5-28}$$

$$\nabla\boldsymbol{U}_{u\cdot}=\frac{\partial f_{ui}}{\partial\boldsymbol{U}_{u\cdot}}=-e_{ui}\boldsymbol{V}_{i\cdot}+\alpha\boldsymbol{U}_{u\cdot} \tag{5-29}$$

$$\nabla\boldsymbol{V}_{i\cdot}=\frac{\partial f_{ui}}{\partial\boldsymbol{V}_{i\cdot}}=-e_{ui}(\omega\boldsymbol{U}_{u\cdot}+(1-\omega)\boldsymbol{W}_{u\cdot}+\bar{\boldsymbol{C}}_{u\cdot}^{\mathrm{p}}+\bar{\boldsymbol{C}}_{u\cdot}^{\mathrm{n}}+\bar{\boldsymbol{C}}_{u\cdot}^{\mathrm{o}}+\bar{\boldsymbol{C}}_{u\cdot}^{\mathrm{g}})+\alpha\boldsymbol{V}_{i\cdot} \tag{5-30}$$

$$\nabla\boldsymbol{C}_{i'\cdot}^{\mathrm{o}}=\frac{\partial f_{ui}}{\partial\boldsymbol{C}_{i'\cdot}^{\mathrm{o}}}=\delta_{\mathrm{o}}(-e_{ui}\frac{1}{\sqrt{|\mathcal{J}_u\backslash\{i\}|}}\boldsymbol{V}_{i\cdot}+\alpha\boldsymbol{C}_{i'\cdot}^{\mathrm{o}}),\quad i'\in\mathcal{J}_u\backslash\{i\} \tag{5-31}$$

$$\nabla\boldsymbol{C}_{i'\cdot}^{\mathrm{g}}=\frac{\partial f_{ui}}{\partial\boldsymbol{C}_{i'\cdot}^{\mathrm{g}}}=\delta_{\mathrm{g}}(-e_{ui}\frac{1}{\sqrt{|\mathcal{J}_u^g\backslash\{i\}|}}\boldsymbol{V}_{i\cdot}+\alpha\boldsymbol{C}_{i'\cdot}^{\mathrm{o}}),\quad i'\in\mathcal{J}_u^g\backslash\{i\},g\in\mathbb{G} \tag{5-32}$$

其中，$e_{ui}=r_{ui}-\hat{r}_{ui}$ 是目标方中真实评分与预测评分之间的差，$\omega\boldsymbol{U}_{u\cdot}+(1-\omega)\boldsymbol{W}_{u\cdot}$ 用于引入目标方和辅助方的用户潜在特征向量之间的交互[16]。

关于 $\tilde{f}_{ui}$，模型参数的梯度如下所示：

$$\nabla\boldsymbol{C}_{j\cdot}^{\mathrm{p}}=\frac{\partial f_{ui}}{\partial\boldsymbol{C}_{j\cdot}^{\mathrm{p}}}=\delta_{\mathrm{p}}(-e_{ui}w_{\mathrm{p}}\frac{1}{\sqrt{|\mathcal{P}_u|}}\boldsymbol{V}_{i\cdot}+\alpha\boldsymbol{C}_{j\cdot}^{\mathrm{p}}),\quad j\in\mathcal{P}_u \tag{5-33}$$

$$\nabla\boldsymbol{C}_{j\cdot}^{\mathrm{n}}=\frac{\partial f_{ui}}{\partial\boldsymbol{C}_{j\cdot}^{\mathrm{n}}}=\delta_{\mathrm{n}}(-e_{ui}w_{\mathrm{n}}\frac{1}{\sqrt{|\mathcal{N}_u|}}\boldsymbol{V}_{i\cdot}+\alpha\boldsymbol{C}_{j\cdot}^{\mathrm{n}}),\quad j\in\mathcal{N}_u \tag{5-34}$$

$$\nabla\boldsymbol{W}_{u\cdot}=\frac{\partial\tilde{f}_{ui}}{\partial\boldsymbol{W}_{u\cdot}}=\lambda(-\tilde{e}_{ui}\boldsymbol{V}_{i\cdot}+\alpha\boldsymbol{W}_{u\cdot}) \tag{5-35}$$

$$\nabla\boldsymbol{V}_{i\cdot}=\frac{\partial\tilde{f}_{ui}}{\partial\boldsymbol{V}_{i\cdot}}=\lambda(-\tilde{e}_{ui}(\omega\boldsymbol{W}_{u\cdot}+(1-\omega)\boldsymbol{U}_{u\cdot})+\alpha\boldsymbol{V}_{i\cdot}) \tag{5-36}$$

其中，$\tilde{e}_{ui}=\tilde{r}_{ui}-\hat{\tilde{r}}_{ui}$ 是辅助方中真实评分与预测评分之间的差。

目标方和辅助方的模型参数的更新规则如下所示：

$$\theta = \theta - \gamma \nabla \theta \tag{5-37}$$

其中，γ 为学习率，$\gamma > 0$。

5.3.2 算法流程

构建 PAT[5] 模型的流程如下：①先从目标方数据和辅助方数据的并集$\mathcal{R} \cup \tilde{\mathcal{R}}$中随机挑选一条评分记录$(u, i, r_{ui}, \tilde{r}_{ui})$，如果评分记录来源于目标方，那么该评分记录用于计算目标方中的模型参数$(\mu, b_u, b_i, \boldsymbol{U}_{u\cdot}, \boldsymbol{V}_{i\cdot}, \boldsymbol{C}^{p}_{j\cdot}, \boldsymbol{C}^{n}_{j\cdot}, \boldsymbol{C}^{o}_{i'\cdot}$ 和 $\boldsymbol{C}^{g}_{i'\cdot})$的梯度，如果评分记录来源于辅助方，那么该评分记录用于计算辅助方中的模型参数($\boldsymbol{V}_{i\cdot}$ 和 $\boldsymbol{W}_{u\cdot}$)的梯度；②利用步骤①计算得到的模型参数的梯度更新对应的模型参数；③更新学习率。重复上述三个步骤，直到收敛。在算法 5-2 中，我们可以看到 PAT 算法流程的伪代码。

算法 5-2 PAT 算法

输入：目标方的等级评分数据训练集$\mathcal{R}$，辅助方的二值评分数据训练集$\tilde{\mathcal{R}}$

输出：每个用户 u 对测试集 T_E 中物品 i 的预测评分

1. **for** $t = 1, 2, \cdots, T$ **do**
2.   **for** $t_1 = 1, 2, \cdots, |\mathcal{R} \cup \tilde{\mathcal{R}}|$ **do**
3.   从目标方和辅助方的数据中随机挑选一条评分记录
4.   根据评分记录的来源方，计算对应方中的模型参数梯度
5.   利用模型参数梯度通过式(5-37)更新模型参数
6.   **end for**
7.   通过 $\gamma = \gamma \times 0.9$ 更新学习率
8. **end for**

5.3.3 代码实现

PAT 代码的运行环境为 JDK 1.8 和 MyEclipse 2020，算法 5-2 的第 3～5 行对应的核心代码如下：

```
//从目标方和辅助方的数据并集中随机挑选一条评分记录
int rand_case = (int) Math.floor( Math.random() * Data.num_train );
int userID = Data.indexUserTrain[rand_case];
int itemID = Data.indexItemTrain[rand_case];
float rating = Data.ratingTrain[rand_case];

//如果随机挑选的评分记录属于辅助方，那么利用该评分计算辅助方的用户和物品梯度(∇W_u. 和
//∇V_i. )，并更新对应的用户和物品的潜在特征向量(W_u. 和 V_i. )
if( rand_case > Data.num_train_target && Data.lambda > 0 )
{
```

```
        float auxiliary_pred = 0;
        float auxiliary_err = 0;
        for (int f = 0; f < Data.d; f++)
        {
            //计算辅助方的预测评分 r̂ui
            auxiliary_pred += Data.W[userID][f] * Data.V[itemID][f];
        }

        for (int f = 0; f < Data.d; f++)
        {
            //计算用户梯度∇Wu.
            float grad_W_f = Data.lambda * ( - auxiliary_err * Data.V[itemID][f] +
Data.alpha_w * Data.W[userID][f] );
            //计算物品梯度∇Vi.
            float grad_V_f = Data.lambda * ( - auxiliary_err * ( Data.rho * Data.W
[userID][f] + (1 - Data.rho) * Data.U[userID][f] ) + Data.alpha_v * Data.V[itemID][f] );
            //更新用户和物品的潜在特征向量(Wu. 和 Vi.)
            Data.W[userID][f] = Data.W[userID][f] - Data.gamma * grad_W_f;
            Data.V[itemID][f] = Data.V[itemID][f] - Data.gamma * grad_V_f;
        }
}

//如果随机挑选的评分记录属于目标方,那么利用该评分计算目标方的用户和物品梯度(∇Uu. 和
//∇Vi.),并更新对应的用户和物品的潜在特征向量(Uu. 和 Vi.)
if( rand_case <= Data.num_train_target )
{
        float [] tilde_Uu_g = new float[Data.d];
        float [] tilde_Uu = new float[Data.d];

        if(Data.delta_g!= 0)    //如果引入了多类偏好上下文 C^g_i.
        {
            for(int g = 1; g <= Data.num_rating_types; g++)
            {
                if( Data.user_graded_rating_number[userID][g]> 0 )
                {
                    HashSet<Integer> itemSet = Data.Train_ExplicitFeedbacksGraded.get
(userID).get(g);
                    //计算等级评分个数并开根号
                    float explicit_feedback_num_u_sqrt = 0;
                    if(itemSet.contains(itemID) )
                    {
                        if( itemSet.size()> 1 )
                        {
                            explicit_feedback_num_u_sqrt
                            = (float) Math.sqrt ( Data.user_graded_rating_number
[userID][g] - 1 );
```

```
                    }
                }
                else
                {
                    explicit_feedback_num_u_sqrt
                    = (float) Math.sqrt( Data.user_graded_rating_number[userID][g] );
                }

                if (explicit_feedback_num_u_sqrt > 0)
                {
                    //计算多类偏好上下文 C^g_i· 对应的模型参数梯度∇C^g_i·
                    for( int i2 : itemSet )
                    {
                        if(i2 != itemID)
                        {
                            for(int f = 0; f < Data.d; f++)
                            {
                                tilde_Uu_g[f] += Data.G[i2][g][f];
                            }
                        }
                    }

                    //计算正则化项
                    for (int f = 0; f < Data.d; f++)
                    {
                        tilde_Uu_g[f] = tilde_Uu_g[f] / explicit_feedback_num_u_
sqrt;
                        tilde_Uu[f] += tilde_Uu_g[f];
                        tilde_Uu_g[f] = 0;
                    }
                }
            }
        }
    }

    //单类偏好上下文 C^o_i· 的计算与多类偏好上下文 C^g_i· 的类似,省略

    float [] Pu = new float[Data.d];
    if( Data.delta_p!= 0 && Data.UserPositiveNumAuxiliary[userID]> 0 ) //如果引入了
                                                        //"喜欢"偏好上下文 C^p_j·
    {
        HashSet< Integer > itemSet = Data.AuxiliaryDataPositive.get(userID);
        for( int auxiliary_itemID : itemSet )
        {
            for (int f = 0; f < Data.d; f++)
            {
                //计算"喜欢"偏好上下文 C^p_j· 对应的模型参数梯度∇C^p_j·
                Pu[f] += Data.P[auxiliary_itemID][f];
```

```
            }
        }
        //计算正则化项
        for (int f = 0; f < Data.d; f++)
        {
            Pu[f] = Pu[f] / Data.UserPositiveNumAuxiliary[userID];
        }
    }

    //"不喜欢"偏好上下文 C^n_j. 的计算与"喜欢"偏好上下文 C^p_j. 的计算类似,省略

    float pred = 0;
    float err = 0;
    for (int f = 0; f < Data.d; f++)
    {
        //计算目标方的预测评分 r̂_ui
        pred += ( Data.U[userID][f] + Data.delta_p * Data.weight_p * Pu[f] + 
Data.delta_n * Data.weight_n * Nu[f] + Data.delta_g * tilde_Uu[f] + Data.delta_o * Ou
[f]) * Data.V[itemID][f];
    }
    pred += Data.g_avg + Data.biasU[userID] + Data.biasV[itemID];
    err = rating - pred; //计算真实评分和预测评分的误差

    //更新 μ
    Data.g_avg = Data.g_avg - Data.gamma * ( - err );

    //更新 b_u 和 b_i
    Data.biasU[userID] = Data.biasU[userID] - Data.gamma * ( - err + Data.beta_u
 * Data.biasU[userID] );
    Data.biasV[itemID] = Data.biasV[itemID] - Data.gamma * ( - err + Data.beta_v
 * Data.biasV[itemID] );

    //更新用户和物品的潜在特征向量 U_u. 和 V_i.
    float [] V_before_update = new float[Data.d];
    for(int f = 0; f < Data.d; f++)
    {
        V_before_update[f] = Data.V[itemID][f];
        float grad_U_f = - err * Data.V[itemID][f] + Data.alpha_u * Data.U
[userID][f];
        float grad_V_f = - err * ( ( Data.rho * Data.U[userID][f] + (1 - Data.rho) * 
Data.W[userID][f] ) + Data.delta_p * Data.weight_p * Pu[f] + Data.delta_n * Data.
weight_n * Nu[f] + Data.delta_g * tilde_Uu[f] + Data.delta_o * Ou[f]) + Data.alpha_v
 * Data.V[itemID][f];
        Data.U[userID][f] = Data.U[userID][f] - Data.gamma * grad_U_f;
        Data.V[itemID][f] = Data.V[itemID][f] - Data.gamma * grad_V_f;
    }

    //更新"喜欢"偏好对应的模型参数 C^p_j.
```

```
        if( Data.delta_p!= 0 && Data.UserPositiveNumAuxiliary[userID]> 0 )
        {
            HashSet < Integer > itemSet = Data.AuxiliaryDataPositive.get(userID);
            for(int auxiliary_itemID : itemSet)
            {
                for (int f = 0; f < Data.d; f++)
                {
                    Data.P[auxiliary_itemID][f] = Data.P[auxiliary_itemID][f] - Data.
gamma * Data.delta_p * ( - err * Data.weight_p * V_before_update[f] / Data.
UserPositiveNumAuxiliary[userID] + Data.alpha_p * Data.P[auxiliary_itemID][f] );
                }
            }
        }
        //更新"不喜欢"偏好对应的模型参数 C^n_j 与更新"喜欢"偏好对应的模型参数 C^p_j 类似,
        //省略

        //更新单类偏好上下文对应的模型参数 C^o_i 与更新多类偏好上下文对应的模型参数 C^g_i
        //类似,省略

        //更新多类偏好上下文对应的模型参数 C^g_i
        if(Data.delta_g!= 0)
        {
            for(int g = 1; g < = Data.num_rating_types; g++)
            {
                if( Data.user_graded_rating_number[userID][g]> 0 )
                {
                    HashSet < Integer > itemSet = Data.Train_ExplicitFeedbacksGraded.get
(userID).get(g);

                    float explicit_feedback_num_u_sqrt = 0;
                    if(itemSet.contains(itemID) )
                    {
                        if( itemSet.size()> 1 )
                        {
                            explicit_feedback_num_u_sqrt = (float) Math.sqrt( Data.
user_graded_rating_number[userID][g] - 1 );
                        }
                    }
                    else
                    {
                        explicit_feedback_num_u_sqrt = (float) Math.sqrt( Data.user_
graded_rating_number[userID][g] );
                    }

                    if(explicit_feedback_num_u_sqrt > 0)
                    {
```

```
                    for( int i2 : itemSet )
                    {
                        if(i2 != itemID)
                        {
                            for (int f = 0; f < Data.d; f++)
                            {
                                Data.G[i2][g][f] = Data.G[i2][g][f] - Data.gamma
 * ( - err * V_before_update[f] / explicit_feedback_num_u_sqrt + Data.alpha_g * Data.G
[i2][g][f] );
                            }
                        }
                    }
                }
            }
        }
    }
}
```

5.3.4　实验设置

PAT[5]的参数设置与TMF[12]的相同。对于MovieLens 10M数据集和Flixter数据集，Liang等[5]分别设置模型的潜在特征向量的维度 $d=20$ 和 $d=10$，设置算法的总迭代次数 $T=50$、学习率 $\gamma=0.01$、目标方和辅助方评分数据的交互权重 $\omega=0.5$、辅助方的二值评分数据的权重 $\lambda=1$、正则化项上的权衡参数 $\alpha=0.01$、正反馈上的权重 $w_p=2$ 以及负反馈上的权重 $w_n=1$。需要说明的是，PAT的参数选择与5.2.4节中的一致，辅助方的二值评分（模拟数据）通过以下步骤得到：①将训练集中大于或等于4的评分视为"喜欢"，小于4的评分视为"不喜欢"；②将"不喜欢"视为 $\tilde{r}_{ui}=1$，将"喜欢"视为 $\tilde{r}_{ui}=5$。

5.3.5　讨论

Liang等[5]面向异构显式反馈建模问题，提出了一个基于偏好迁移的协同过滤(PAT)算法。PAT以目标方的等级评分和辅助方的二值评分（喜欢或不喜欢）作为输入，将目标方的隐式偏好上下文融入目标方的等级评分预测公式中，以进一步提高评分预测效果。在MovieLens 10M和Flixter这两个数据集上的实验结果表明，PAT比TMF[1-2]和MF-MPC[1-4]的效果要好。

TCF[4]和PAT[5]都是面向异构显式反馈（目标方的等级评分和辅助方的二值评分）的方法，它们利用辅助方的二值评分信息来提高目标方的等级评分预测效果。它们的主要区别在于：TCF共享了目标方和辅助方的用户潜在特征向量和物品潜在特征向量，同时引入了内部矩阵来捕捉目标方和辅助方的矩阵 $\boldsymbol{U}$ 中的行和矩阵 $\boldsymbol{V}^{\mathrm{T}}$ 中的列之间的相关性；而PAT除了共享物品潜在特征向量外，还引入了目标方和辅助方的用户潜在特征向量之间的交互、辅助方数据中用户对物品的喜欢或不喜欢的偏好以及目标方数据中的隐式偏好上下文。CMF[15]、富交互迁移共同分解(interaction-rich transfer by collective factorization, iTCF)[16]和 TMF[12]可以看作 PAT 的特例,这些模型与 PAT 的关系(以及在图 5-2 中对应的边)如表 5-2 所示。

表 5-2 CMF、iTCF 和 TMF 与 PAT 的关系

方 法	边
CMF	$\{e_1, e_2, e_3, e_4\}$
iTCF	$\{e_1, e_2, e_3, e_4, e_5\}$
TMF	$\{e_1, e_2, e_3, e_4, e_5, e_6, e_7\}$
PAT	$\{e_1, e_2, e_3, e_4, e_5, e_6, e_7, e_8\}$

从表 5-2 可以看出,CMF 的目标方和辅助方共享了物品的潜在特征向量,iTCF 在 CMF 的基础上引入了目标方和辅助方的用户潜在特征向量之间的交互,TMF 在 iTCF 的基础上引入了辅助方中用户对物品的喜欢或不喜欢的偏好,而 PAT 在 TMF 的基础上又进一步引入了目标方数据中的偏好上下文。它们的模型效果随着模型组件数量的增多而变好,一方面,这表明未来可以通过增加模型组件的数量来进一步提高模型的效果,另一方面,这也表明了 PAT 是一个较为灵活和通用的框架。

5.4 本章小结

本章针对基于异构反馈的评分预测问题,对 TCF[4]和 PAT[5]进行了较为详细的介绍,其中,TCF 较早在迁移学习框架中联合建模了目标方的等级评分数据和辅助方的包含喜欢和不喜欢的二值评分数据,进而缓解了协同过滤中的数据稀疏性问题,而 PAT 可以视为 TCF 的扩展。与 TCF 相比,PAT 引入了更多的模型组件,具有更好的推荐效果。另外,还讨论了 PAT 的一些特例(CMF[15]、iTCF[16]和 TMF[12]),感兴趣的读者可以阅读原论文进一步了解。

需要说明的是,HCF 问题可以看作一个特殊的跨域推荐[17-18]问题,其中的目标方和辅助方分别对应目标领域和辅助领域,因此从跨域推荐的角度对 HCF 问题进行扩展和求解也是一个值得关注的点。

随着人们对隐私保护的重视以及相关隐私保护法律法规的颁布,面向 HCF 问题的推荐算法中存在的用户隐私泄露问题也越来越值得关注,例如,目标方和辅助方的用户潜在特征向量之间的交互过程会导致两方的用户偏好被泄露。关于个体用户的隐私保护和组织间的数据安全,我们将会在第 9 章和第 10 章进行介绍。

5.5 参考文献

[1] KOREN Y. Factor in the neighbors: Scalable and accurate collaborative filtering [J]. ACM Transactions on Knowledge Discovery from Data, 2010, 4(1): 1: 1-1: 24.

[2] LIU N, XIANG E W, ZHAO M, et al. Unifying explicit and implicit feedback for collaborative filtering [C]//HUANG J, KOUDAS N, JONES G J F, et al. Proceedings of the 19th ACM International Conference on Information and Knowledge Management (CIKM'10). New York:

ACM,2010: 1445-1448.
[3] ZHANG Y,NIE J. Probabilistic latent relational model for integrating heterogeneous information for recommendation (Technical report: UCSC-SOE-10-22) [R]. Santa Cruz: School of Engineering of UCSC,2010.
[4] PAN W,YANG Q. Transfer learning in heterogeneous collaborative filtering domains [J]. Artificial Intelligence,2013,197: 39-55.
[5] LIANG F,DAI W,HUANG Y,et al. PAT: Preference-aware transfer learning for recommendation with heterogeneous feedback [C]//Proceedings of the 2020 International Joint Conference on Neural Networks (IJCNN'20). Piscataway: IEEE,2020: 1-7.
[6] BELL R M, KOREN Y. Scalable collaborative filtering with jointly derived neighborhood interpolation weights [C]//Proceedings of the 7th IEEE International Conference on Data Mining (ICDM'07). Piscataway: IEEE,2007: 43-52.
[7] EDELMAN A, ARIAS T A, SMITH S T. The geometry of algorithms with orthogonality constraints [J]. SIAM Journal on Matrix Analysis and Applications,1998,20(2): 303-353.
[8] SUYKENS J A K,VANDEWALLE J. Least squares support vector machine classifiers [J]. Neural Processing Letters,1999,9(3): 293-300.
[9] CREMONESI P, KOREN Y, TURRIN R. Performance of recommender algorithms on top-N recommendation tasks [C]//AMATRIAIN X,TORRENS M,RESNICK P,et al. Proceedings of the 4th ACM Conference on Recommender Systems (RecSys'10). New York: ACM,2010: 39-46.
[10] SAID A,BERKOVSKY S,LUCA E. Putting things in context: Challenge on context-aware movie recommendation [C]//Proceedings of the Workshop on Context-Aware Movie Recommendation (CAMRa'10),ACM: New York,2010: 2-6.
[11] YANG Q,LIU Y,CHEN T,et al. Federated machine learning: Concept and applications [J]. ACM Transactions on Intelligent Systems and Technology,2019,10(2): 12: 1-12: 19.
[12] PAN W, XIA S, LIU Z, et al. Mixed factorization for collaborative recommendation with heterogeneous explicit feedbacks [J]. Information Sciences,2016,332: 84-93.
[13] KOREN Y. Factorization meets the neighborhood: A multifaceted collaborative filtering model [C]//LI Y, LIU B, SARAWAGI S. Proceedings of the 14th ACM SIGKDD International Conference on Knowledge Discovery and Data Mining (KDD'08). New York: ACM, 2008: 426-434.
[14] PAN W,MING Z. Collaborative recommendation with multiclass preference context [J]. IEEE Intelligent Systems,2017,32(2): 45-51.
[15] SINGH A P,GORDON G J. Relational learning via collective matrix factorization [C]//LI Y,LIU B,SARAWAGI S. Proceedings of the 14th ACM SIGKDD International Conference on Knowledge Discovery and Data Mining (KDD'08). New York: ACM,2008: 650-658.
[16] PAN W,MING Z. Interaction-rich transfer learning for collaborative filtering with heterogeneous user feedback [J]. IEEE Intelligent Systems,2014,29(6): 48-54.
[17] 陈雷慧,匡俊,陈辉,等.跨领域推荐技术综述 [J].华东师范大学学报(自然科学版),2017,(5): 101-116.
[18] 刘真,田靖玉,苑宝鑫,等.基于知识聚合和迁移的跨领域推荐算法[J].电子学报,2020,48(10): 1928-1932.

5.6 习题

1. 本章研究的问题(即基于异构反馈的评分预测问题)与第 2 章中研究的问题(即基

于显式反馈的评分预测问题)有哪些联系和区别?

2. 请说一说,在一个真实的应用中,包含的异构反馈的形式通常有哪些?如果要模拟生成这样的数据,应该怎么做?

3. 请简要阐述迁移学习用于目标数据和辅助数据联合建模的基本思路。

4. TCF 的两个变体(CMTF 和 CSVD)的主要区别是什么?

5. SVD++和 MF-MPC 的主要区别是什么?

6. 能否在 PAT 的基础上加入更多的组件?

7. TCF 和 PAT 是如何用辅助方的二值评分信息来提高目标方的等级评分预测效果的?

8. TCF 和 PAT 的主要区别是什么?

9. 请想一想,当有超过两种类型的显式反馈时,如何扩展 TCF 和 PAT?

10. 请说一说,在本章研究的问题中,什么是目标方,什么是辅助方?

11. 在 RecSys、SIGIR 等知名国际会议的论文集中,查阅最新的基于迁移学习的推荐算法(近 3 年),并从迁移的知识和迁移的方式两方面对相关算法进行总结。

第 6 章

基于异构反馈的物品排序

在本章，我们关注推荐系统中的一个重要问题——基于异构反馈的物品排序，其中的异构反馈通常是指异构隐式反馈或异构单类反馈，因此该问题又称为异构单类协同过滤(heterogeneous one-class collaborative filtering, HOCCF)问题[1]。在 HOCCF 问题中，我们的目标是根据用户的异构单类隐式反馈为用户提供个性化推荐。这样的实际应用场景非常多，例如，电商平台可以根据用户的浏览、加入购物车和购买等行为进行商品推荐，视频平台可以根据用户的浏览、观看和转发等行为进行视频推荐等。本章将详细介绍几个用于解决 HOCCF 问题的算法，包括技术细节、算法流程以及分析讨论等。

6.1 异构单类协同过滤(HOCCF)问题

本章研究的问题是异构单类协同过滤。如图 6-1 所示，为了方便讨论，假设有来自 n 个用户和 m 个物品的两种不同类型的单类反馈，例如，购买反馈，表示为$\mathcal{R}^{\mathrm{P}}=\{(u,i)\}$，以及浏览反馈，表示为$\mathcal{R}^{\mathrm{E}}=\{(u,i)\}$。具体而言，对于每一个用户，都有其购买过的物品列表$\mathcal{I}_u^{\mathrm{P}}$和浏览过的物品列表$\mathcal{I}_u^{\mathrm{E}}$。我们的目标是根据不同用户的异构反馈，为每个用户提供个性化推荐服务，向用户推荐其可能喜欢但之前没有购买过的物品列表，即$\mathcal{I}_u^{\mathrm{re}}\subseteq\mathcal{I}\backslash\mathcal{I}_{\mathrm{u}}^{\mathrm{P}}$(上标 re 是 recommend 的缩写，表示推荐给用户的物品列表)。需要说明的是，当有超过两种类型的单类反馈时，我们可以把某一类型的反馈(例如购买)当作目标反馈，而把其他类型的反馈(例如浏览、加入购物车等)合并为辅助反馈，也可以把不同类型的反馈区别对待。本章中的符号和说明如表 6-1 所示。

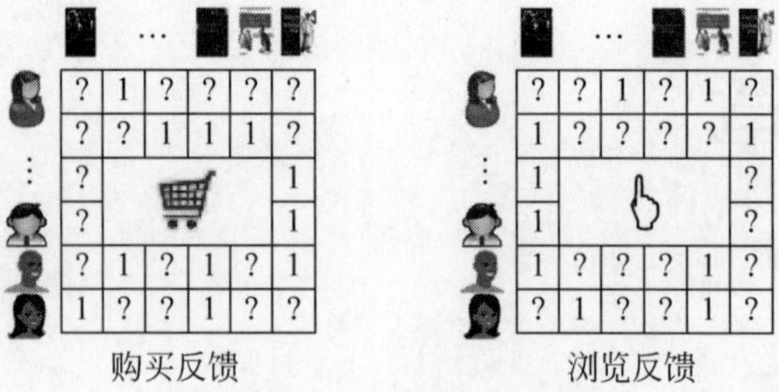

图 6-1 HOCCF 问题示意图

表 6-1 HOCCF 问题中的符号及其说明

符　　号	说　　明
n	用户数
m	物品数
$u \in \{1,2,\cdots,n\}$	用户 ID
$i,j,k \in \{1,2,\cdots,m\}$	物品 ID
$\mathcal{U}$	用户集合
$\mathcal{I}$	物品集合
$\mathcal{R}=\{(u,i)\}$	所有交互记录集合
$\mathcal{R}^{\mathrm{P}}=\{(u,i)\}$	所有购买记录集合
$\mathcal{R}^{\mathrm{E}}=\{(u,i)\}$	所有浏览记录集合
$\mathcal{I}_u^{\mathrm{P}}=\{i \mid (u,i)\in\mathcal{R}^{\mathrm{P}}\}$	用户 u 购买过的物品集合
$\mathcal{I}_u^{\mathrm{E}}=\{i \mid (u,i)\in\mathcal{R}^{\mathrm{E}}\}$	用户 u 浏览过的物品集合
$\mathcal{U}_i^{\mathrm{P}}=\{u \mid (u,i)\in\mathcal{R}^{\mathrm{P}}\}$	购买过物品 i 的用户集合
$\mathcal{U}_i^{\mathrm{E}}=\{u \mid (u,i)\in\mathcal{R}^{\mathrm{E}}\}$	浏览过物品 i 的用户集合
$\boldsymbol{U}_{u\cdot}\in\mathbb{R}^{1\times d}$	用户 u 的潜在特征向量
$\boldsymbol{V}_{i\cdot}\in\mathbb{R}^{1\times d}$	物品 i 的潜在特征向量
d	潜在特征向量的维度
$\hat{r}_{ui},\hat{r}_{uj},\hat{r}_{uk}$	用户 u 对物品 i、j、k 的预测偏好
ω_{ui}	购买记录中(u,i)的权重
s_k	未交互的物品 k 的权重
c_j	浏览反馈中物品 j 的权重
γ_1,γ_2	边界值
T	迭代次数
λ	正则化项上的参数

与单类协同过滤(OCCF)问题相比，HOCCF 问题引入了用户的浏览反馈，在建模过程中引入更多与用户偏好相关的信息，能在一定程度上缓解数据的稀疏性，但同时也带来了新的挑战。一般而言，用户的购买反馈比较稀疏，但能够比较准确地反映用户的真实偏好，而用户的浏览反馈往往数量较多，但具有一定的不确定性，不能很好地反映用户的真实偏好。如何利用这两种反馈进行建模是 HOCCF 问题面临的一个重要挑战。

6.2 基于全量的异构反馈建模

随机梯度下降(stochastic gradient descent, SGD)和交替最小二乘(alternating least squares, ALS)是推荐模型常用的优化方法[2]。在 SGD 方法中,通常会采样一部分(用户,物品)对作为负样本,并对相应的变量进行更新;而 ALS 方法则是基于全部(用户,物品)对来进行变量的交替更新。在相关工作中,SGD 方法通常效率较高,因此被应用得更多。在本节,我们将介绍浏览数据增强的最小二乘方法(view-enhanced eALS, VALS)[3]。VALS 基于 eALS[4]技术对用户的两种反馈(即购买反馈和浏览反馈)进行建模,在优化过程中,对于某一用户,基于全部物品对变量进行交替更新,是基于矩阵分解的模型中一个比较有代表性的方法。

6.2.1 技术细节

VALS 是在 eALS 基础上的扩展,因此 VALS 的目标函数是在 eALS 的基础上进行改进的,除了 eALS 中的三项(见 4.4.4 节),VALS 通过采用边界损失(margin loss)的形式增加了关于浏览反馈的损失项。具体的目标函数如下:

$$
\begin{aligned}
L_{\mathrm{VALS}}= & \sum_{u=1}^{n}\sum_{i\in\mathcal{J}_u^{\mathrm{P}}}\omega_{ui}(\hat{r}_{ui}-r_{ui})^2+\sum_{u=1}^{n}\sum_{k\in\mathcal{J}\setminus(\mathcal{J}_u^{\mathrm{P}}\cup\mathcal{J}_u^{\mathrm{E}})}s_k\hat{r}_{uk}^2+ \\
& \sum_{u=1}^{n}\sum_{j\in\mathcal{J}_u^{\mathrm{E}}}c_j\left[\sum_{i\in\mathcal{J}_u^{\mathrm{P}}}(\gamma_1-(\hat{r}_{ui}-\hat{r}_{uj}))^2+\sum_{k\in\mathcal{J}\setminus(\mathcal{J}_u^{\mathrm{P}}\cup\mathcal{J}_u^{\mathrm{E}})}(\gamma_2-(\hat{r}_{uj}-\hat{r}_{uk}))^2\right]+ \\
& \lambda\left(\sum_{u=1}^{n}\|\boldsymbol{U}_{u\cdot}\|^2+\sum_{i=1}^{m}\|\boldsymbol{V}_{i\cdot}\|^2\right)
\end{aligned}
\tag{6-1}
$$

其中,$\sum_{u=1}^{n}\sum_{j\in\mathcal{J}_u^{\mathrm{E}}}c_j\left[\sum_{i\in\mathcal{J}_u^{\mathrm{P}}}(\gamma_1-(\hat{r}_{ui}-\hat{r}_{uj}))^2+\sum_{k\in\mathcal{J}\setminus(\mathcal{J}_u^{\mathrm{P}}\cup\mathcal{J}_u^{\mathrm{E}})}(\gamma_2-(\hat{r}_{uj}-\hat{r}_{uk}))^2\right]$是新增加的一项,表示浏览反馈下的物品 j 分别与购买反馈下的物品 i 和无交互记录的物品 k 之间的边界损失。VALS 的基本假设是用户的异构反馈具有偏序性,例如,用户购买反馈的级别要高于浏览反馈的级别。具体而言,优化的目标是使购买偏好的预测值 $\hat{r}_{ui}$ 高于浏览偏好的预测值 $\hat{r}_{uj}$ 一个固定的值,即 γ_1;同时,使浏览偏好的预测值 $\hat{r}_{uj}$ 高于未交互偏好的预测值 $\hat{r}_{uk}$ 一个固定的值,即 γ_2。此外,c_j 表示浏览反馈下物品 j 的权重。用户 u 对物品 i 的偏好预测计算公式为$\hat{r}_{ui}=\sum_{f=1}^{d}U_{uf}V_{if}$。

根据式(6-1)的目标函数,可以推导出相应参数的更新公式。在 VALS 目标函数中,有三项与 eALS 相同,推导过程可参考 4.4.4 节。本节重点对新引入的项进行推导,类似地,我们借助缓存策略来提高计算效率。下面将详细推导参数 $\boldsymbol{U}_{u\cdot}$ 的更新公式,参数 $\boldsymbol{V}_{i\cdot}$ 的推导过程与此类似。

为了方便描述,把目标函数中新引入的项记为 $L_{\mathrm{exam}}=L_1+L_2$,其中 $L_1=$

$\sum_{u=1}^{n}\sum_{j\in\mathcal{I}_u^{\mathrm{E}}}c_j\sum_{i\in\mathcal{I}_u^{\mathrm{P}}}(\gamma_1-(\hat{r}_{ui}-\hat{r}_{uj}))^2, L_2=\sum_{u=1}^{n}\sum_{j\in\mathcal{I}_u^{\mathrm{E}}}c_j\sum_{k\in\mathcal{I}\backslash(\mathcal{I}_u^{\mathrm{P}}\cup\mathcal{I}_u^{\mathrm{E}})}(\gamma_2-(\hat{r}_{uj}-\hat{r}_{uk}))^2$。

对参数 U_{uf} 进行求导,可得:

$$\frac{\partial L_{\mathrm{exam}}}{\partial U_{uf}}=\frac{\partial(L_1+L_2)}{\partial U_{uf}} \tag{6-2}$$

注意,是逐元素对参数进行更新,即每次对 $\boldsymbol{U}_{u\cdot}$ 中的某一维参数进行更新。把用户 u 对物品 i 的偏好预测值(除去维度 f)记为 $\hat{r}_{ui}^{-f}$,计算公式为 $\hat{r}_{ui}^{-f}=\hat{r}_{ui}-U_{uf}V_{if}$。

$\partial L_1/\partial U_{uf}$ 的推导如下:

$$\begin{aligned}\frac{\partial L_1}{\partial U_{uf}}&=\frac{\partial\sum_{j\in\mathcal{I}_u^{\mathrm{E}}}c_j\sum_{i\in\mathcal{I}_u^{\mathrm{P}}}(\gamma_1-(\hat{r}_{ui}-\hat{r}_{uj}))^2}{\partial U_{uf}}\\&=\sum_{j\in\mathcal{I}_u^{\mathrm{E}}}\sum_{i\in\mathcal{I}_u^{\mathrm{P}}}2c_j(\gamma_1-(\hat{r}_{ui}-\hat{r}_{uj}))[-(V_{if}-V_{jf})]\\&=\sum_{j\in\mathcal{I}_u^{\mathrm{E}}}\sum_{i\in\mathcal{I}_u^{\mathrm{P}}}2c_j(\gamma_1-(\hat{r}_{ui}^{-f}+U_{uf}V_{if}-\hat{r}_{uj}^{-f}-U_{uf}V_{jf}))[-(V_{if}-V_{jf})]\\&=-2\sum_{j\in\mathcal{I}_u^{\mathrm{E}}}\sum_{i\in\mathcal{I}_u^{\mathrm{P}}}\gamma_1c_j(V_{if}-V_{jf})+2\sum_{j\in\mathcal{I}_u^{\mathrm{E}}}\sum_{i\in\mathcal{I}_u^{\mathrm{P}}}c_j(\hat{r}_{ui}^{-f}-\hat{r}_{uj}^{-f})(V_{if}-V_{jf})+\\&\quad 2\sum_{j\in\mathcal{I}_u^{\mathrm{E}}}\sum_{i\in\mathcal{I}_u^{\mathrm{P}}}c_j(V_{if}-V_{jf})^2U_{uf}\end{aligned} \tag{6-3}$$

$\partial L_2/\partial U_{uf}$ 的推导如下:

$$\begin{aligned}\frac{\partial L_2}{\partial U_{uf}}&=\frac{\partial\sum_{j\in\mathcal{I}_u^{\mathrm{E}}}c_j\sum_{k\in\mathcal{I}\backslash(\mathcal{I}_u^{\mathrm{P}}\cup\mathcal{I}_u^{\mathrm{E}})}(\gamma_2-(\hat{r}_{uj}-\hat{r}_{uk}))^2}{\partial U_{uf}}\\&=\sum_{j\in\mathcal{I}_u^{\mathrm{E}}}\sum_{k\in\mathcal{I}\backslash(\mathcal{I}_u^{\mathrm{P}}\cup\mathcal{I}_u^{\mathrm{E}})}2c_j(\gamma_2-(\hat{r}_{uj}-\hat{r}_{uk}))[-(V_{jf}-V_{kf})]\\&=\sum_{j\in\mathcal{I}_u^{\mathrm{E}}}\sum_{k\in\mathcal{I}\backslash(\mathcal{I}_u^{\mathrm{P}}\cup\mathcal{I}_u^{\mathrm{E}})}2c_j(\gamma_2-(\hat{r}_{uj}^{-f}+U_{uf}V_{jf}-\hat{r}_{uk}^{-f}-U_{uf}V_{kf}))[-(V_{jf}-V_{kf})]\\&=-2\sum_{j\in\mathcal{I}_u^{\mathrm{E}}}\sum_{k\in\mathcal{I}\backslash(\mathcal{I}_u^{\mathrm{P}}\cup\mathcal{I}_u^{\mathrm{E}})}\gamma_2c_j(V_{jf}-V_{kf})+2\sum_{j\in\mathcal{I}_u^{\mathrm{E}}}\sum_{k\in\mathcal{I}\backslash(\mathcal{I}_u^{\mathrm{P}}\cup\mathcal{I}_u^{\mathrm{E}})}c_j(\hat{r}_{uj}^{-f}-\hat{r}_{uk}^{-f})(V_{jf}-V_{kf})+\\&\quad 2\sum_{j\in\mathcal{I}_u^{\mathrm{E}}}\sum_{k\in\mathcal{I}\backslash(\mathcal{I}_u^{\mathrm{P}}\cup\mathcal{I}_u^{\mathrm{E}})}c_j(V_{jf}-V_{kf})^2U_{uf}\end{aligned} \tag{6-4}$$

根据式(6-3)~式(6-4),我们可以得到关于$\partial L_{\mathrm{exam}}/\partial U_{uf}$ 的导数:

$$\begin{aligned}\frac{\partial L_{\mathrm{exam}}}{\partial U_{uf}}&=2\sum_{j\in\mathcal{I}_u^{\mathrm{E}}}\sum_{i\in\mathcal{I}_u^{\mathrm{P}}}c_j(V_{if}-V_{jf})^2U_{uf}+\\&\quad 2\sum_{j\in\mathcal{I}_u^{\mathrm{E}}}\sum_{k\in\mathcal{I}\backslash(\mathcal{I}_u^{\mathrm{P}}\cup\mathcal{I}_u^{\mathrm{E}})}c_j(V_{jf}-V_{kf})^2U_{uf}+2\sum_{j\in\mathcal{I}_u^{\mathrm{E}}}\sum_{i\in\mathcal{I}_u^{\mathrm{P}}}c_j(\hat{r}_{ui}^{-f}-\hat{r}_{uj}^{-f})(V_{if}-V_{jf})+\\&\quad 2\sum_{j\in\mathcal{I}_u^{\mathrm{E}}}\sum_{k\in\mathcal{I}\backslash(\mathcal{I}_u^{\mathrm{P}}\cup\mathcal{I}_u^{\mathrm{E}})}c_j(\hat{r}_{uj}^{-f}-\hat{r}_{uk}^{-f})(V_{jf}-V_{kf})-\end{aligned}$$

$$2\sum_{j\in\mathcal{I}_u^{\mathrm{E}}}\sum_{i\in\mathcal{I}_u^{\mathrm{P}}}\gamma_1 c_j(V_{if}-V_{jf})-2\sum_{j\in\mathcal{I}_u^{\mathrm{E}}}\sum_{k\in\mathcal{I}\setminus(\mathcal{I}_u^{\mathrm{P}}\cup\mathcal{I}_u^{\mathrm{E}})}\gamma_2 c_j(V_{jf}-V_{kf}) \tag{6-5}$$

可以看到，计算的瓶颈主要在于 $\sum_{j\in\mathcal{I}_u^{\mathrm{E}}}\sum_{k\in\mathcal{I}\setminus(\mathcal{I}_u^{\mathrm{P}}\cup\mathcal{I}_u^{\mathrm{E}})}c_j(V_{jf}-V_{kf})^2U_{uf}$、$\sum_{j\in\mathcal{I}_u^{\mathrm{E}}}\sum_{k\in\mathcal{I}\setminus(\mathcal{I}_u^{\mathrm{P}}\cup\mathcal{I}_u^{\mathrm{E}})}c_j(\hat{r}_{uj}^{-f}-\hat{r}_{uk}^{-f})(V_{jf}-V_{kf})$ 和 $\sum_{j\in\mathcal{I}_u^{\mathrm{E}}}\sum_{k\in\mathcal{I}\setminus(\mathcal{I}_u^{\mathrm{P}}\cup\mathcal{I}_u^{\mathrm{E}})}\gamma_2 c_j(V_{jf}-V_{kf})$ 这三项，因为它们需要遍历计算用户未交互的所有物品。为了解决该问题，可以借助 eALS 中提出的缓存策略来实现快速计算。下面以 $\sum_{j\in\mathcal{I}_u^{\mathrm{E}}}\sum_{k\in\mathcal{I}\setminus(\mathcal{I}_u^{\mathrm{P}}\cup\mathcal{I}_u^{\mathrm{E}})}c_j(\hat{r}_{uj}^{-f}-\hat{r}_{uk}^{-f})(V_{jf}-V_{kf})$ 为例，详细展示如何运用缓存策略，其他两项的计算与此类似。具体而言，将该项展开可得：

$$\begin{aligned}&\sum_{j\in\mathcal{I}_u^{\mathrm{E}}}\sum_{k\in\mathcal{I}\setminus(\mathcal{I}_u^{\mathrm{P}}\cup\mathcal{I}_u^{\mathrm{E}})}c_j(\hat{r}_{uj}^{-f}-\hat{r}_{uk}^{-f})(V_{jf}-V_{kf})\\
=&\sum_{j\in\mathcal{I}_u^{\mathrm{E}}}c_j\hat{r}_{uj}^{-f}V_{jf}\sum_{k\in\mathcal{I}\setminus(\mathcal{I}_u^{\mathrm{P}}\cup\mathcal{I}_u^{\mathrm{E}})}1-\sum_{j\in\mathcal{I}_u^{\mathrm{E}}}c_j\hat{r}_{uj}^{-f}\sum_{k\in\mathcal{I}\setminus(\mathcal{I}_u^{\mathrm{P}}\cup\mathcal{I}_u^{\mathrm{E}})}V_{kf}-\sum_{j\in\mathcal{I}_u^{\mathrm{E}}}c_jV_{jf}\sum_{k\in\mathcal{I}\setminus(\mathcal{I}_u^{\mathrm{P}}\cup\mathcal{I}_u^{\mathrm{E}})}\hat{r}_{uk}^{-f}+\\
&\sum_{j\in\mathcal{I}_u^{\mathrm{E}}}c_j\sum_{k\in\mathcal{I}\setminus(\mathcal{I}_u^{\mathrm{P}}\cup\mathcal{I}_u^{\mathrm{E}})}\hat{r}_{uk}^{-f}V_{kf}\end{aligned} \tag{6-6}$$

定义缓存 $\boldsymbol{d}^{\text{item}}=\sum_{i=1}^{m}\boldsymbol{V}_{i\cdot}$，$\boldsymbol{Q}^{\text{item}}=\sum_{i=1}^{m}\boldsymbol{V}_{i\cdot}^{\mathrm{T}}\boldsymbol{V}_{i\cdot}$。借助缓存，可以改写式(6-6)中的三项，具体如下：

$$\sum_{k\in\mathcal{I}\setminus(\mathcal{I}_u^{\mathrm{P}}\cup\mathcal{I}_u^{\mathrm{E}})}V_{kf}=\sum_{k=1}^{m}V_{kf}-\sum_{k\in\mathcal{I}_u^{\mathrm{P}}\cup\mathcal{I}_u^{\mathrm{E}}}V_{kf}=d_f^{\text{item}}-\sum_{k\in\mathcal{I}_u^{\mathrm{P}}\cup\mathcal{I}_u^{\mathrm{E}}}V_{kf} \tag{6-7}$$

$$\begin{aligned}\sum_{k\in\mathcal{I}\setminus(\mathcal{I}_u^{\mathrm{P}}\cup\mathcal{I}_u^{\mathrm{E}})}\hat{r}_{uk}^{-f}&=\sum_{k=1}^{m}\hat{r}_{uk}^{-f}-\sum_{k\in\mathcal{I}_u^{\mathrm{P}}\cup\mathcal{I}_u^{\mathrm{E}}}\hat{r}_{uk}^{-f}=\sum_{k=1}^{m}\sum_{e\neq f}U_{ue}V_{ke}-\sum_{k\in\mathcal{I}_u^{\mathrm{P}}\cup\mathcal{I}_u^{\mathrm{E}}}\hat{r}_{uk}^{-f}\\
&=\sum_{e\neq f}U_{ue}\sum_{k=1}^{m}V_{ke}-\sum_{k\in\mathcal{I}_u^{\mathrm{P}}\cup\mathcal{I}_u^{\mathrm{E}}}\hat{r}_{uk}^{-f}=\sum_{e\neq f}U_{ue}d_e^{\text{item}}-\sum_{k\in\mathcal{I}_u^{\mathrm{P}}\cup\mathcal{I}_u^{\mathrm{E}}}\hat{r}_{uk}^{-f}\end{aligned} \tag{6-8}$$

$$\begin{aligned}\sum_{k\in\mathcal{I}\setminus(\mathcal{I}_u^{\mathrm{P}}\cup\mathcal{I}_u^{\mathrm{E}})}\hat{r}_{uk}^{-f}V_{kf}&=\sum_{e\neq f}U_{ue}\sum_{k=1}^{m}V_{ke}V_{kf}-\sum_{k\in\mathcal{I}_u^{\mathrm{P}}\cup\mathcal{I}_u^{\mathrm{E}}}\hat{r}_{uk}^{-f}V_{kf}\\
&=\sum_{e\neq f}U_{ue}q_{ef}^{\text{item}}-\sum_{k\in\mathcal{I}_u^{\mathrm{P}}\cup\mathcal{I}_u^{\mathrm{E}}}\hat{r}_{uk}^{-f}V_{kf}\end{aligned} \tag{6-9}$$

可以看到，通过缓存策略将公式进行变换，可以降低时间复杂度。最终更新$\partial L_{\text{exam}}/\partial U_{uf}$ 的时间复杂度为$O(d+|\mathcal{I}_u^{\mathrm{P}}\cup\mathcal{I}_u^{\mathrm{E}}|)$。对于$\partial L_{\text{exam}}/\partial U_{uf}$ 中剩余的其他项，其推导与$\partial L_{\text{exam}}/\partial V_{if}$ 的推导过程类似，读者可尝试进行推导。下面给出$\partial L_{\text{VALS}}/\partial U_{uf}$ 和$\partial L_{\text{VALS}}/\partial V_{if}$ 的最终推导结果。

$$\frac{\partial L_{\text{VALS}}}{\partial U_{uf}}=\frac{S_{\text{num}}^{\text{user}}}{S_{\text{den}}^{\text{user}}} \tag{6-10}$$

$$S_{\text{num}}^{\text{user}}=\sum_{e\neq f}(-U_{ue}q_{ef}^{\text{item}}s_k)-\sum_{j\in\mathcal{I}_u^{\mathrm{E}}}c_j\sum_{e\neq f}U_{ue}q_{ef}^{\text{item}}+$$

$$\sum_{i\in\mathcal{J}_u^{\mathrm{P}}}\left[\omega_{ui}r_{ui}V_{if}+(\omega_{ui}-s_k)\hat{r}_{ui}^{-f}V_{if}+(\gamma_1+\gamma_2)V_{if}\sum_{j\in\mathcal{J}_u^{\mathrm{E}}}c_j\right]-$$

$$\sum_{j\in\mathcal{J}_u^{\mathrm{E}}}\left[-s_kV_{jf}\hat{r}_{uj}^{-f}+\left(m-\sum_{j\in\mathcal{J}_u^{\mathrm{E}}}1\right)c_jV_{jf}\hat{r}_{uj}^{-f}-\sum_{j\in\mathcal{J}_u^{\mathrm{E}}}c_jV_{jf}\hat{r}_{uj}^{-f}+(\gamma_1+\gamma_2)c_jV_{jf}\sum_{i\in\mathcal{J}_u^{\mathrm{P}}}1\right]+$$

$$\sum_{j\in\mathcal{J}_u^{\mathrm{E}}}\left[\gamma_2\left(m-\sum_{i\in\mathcal{J}_u^{\mathrm{E}}}1\right)c_jV_{jf}+\gamma_2\sum_{j\in\mathcal{J}_u^{\mathrm{E}}}c_jV_{jf}+\sum_{e\neq f}U_{ue}d_e^{\mathrm{item}}c_jV_{jf}+c_j\hat{r}_{uj}^{-f}d_f^{\mathrm{item}}\right]-$$

$$\sum_{j\in\mathcal{J}_u^{\mathrm{E}}}c_jV_{jf}\sum_{j\in\mathcal{J}_u^{\mathrm{E}}}\hat{r}_{uj}^{-f}-\sum_{j\in\mathcal{J}_u^{\mathrm{E}}}c_j\hat{r}_{uj}^{-f}\sum_{j\in\mathcal{J}_u^{\mathrm{E}}}V_{jf}-\gamma_2\sum_{j\in\mathcal{J}_u^{\mathrm{E}}}c_jd_f^{\mathrm{item}} \tag{6-11}$$

$$S_{\mathrm{den}}^{\mathrm{user}}=\sum_{i\in\mathcal{J}_u^{\mathrm{P}}}(\omega_{ui}-s_k)V_{if}^2+q_{ff}^{\mathrm{item}}s_k+\lambda+\sum_{j\in\mathcal{J}_u^{\mathrm{E}}}c_jq_{ff}^{\mathrm{item}}+2\sum_{j\in\mathcal{J}_u^{\mathrm{E}}}c_jV_{jf}\sum_{j\in\mathcal{J}_u^{\mathrm{E}}}V_{jf}+$$

$$\sum_{j\in\mathcal{J}_u^{\mathrm{E}}}\left[-s_kV_{jf}^2+\left(m-\sum_{j\in\mathcal{J}_u^{\mathrm{E}}}1\right)c_jV_{jf}^2-\sum_{j\in\mathcal{J}_u^{\mathrm{E}}}c_jV_{jf}^2-2c_jV_{jf}d_f^{\mathrm{item}}\right] \tag{6-12}$$

$$\frac{\partial L_{\mathrm{VALS}}}{\partial V_{if}}=\frac{S_{\mathrm{num}}^{\mathrm{item}}}{S_{\mathrm{den}}^{\mathrm{item}}} \tag{6-13}$$

$$S_{\mathrm{num}}^{\mathrm{item}}=-\sum_{e\neq f}\left(V_{ie}q_{ef}^{\mathrm{user}}s_k+V_{ie}q_{ef}^{\mathrm{user}}\sum_{j\in\mathcal{J}_u^{\mathrm{E}}}c_j\right)+$$

$$\sum_{u\in\mathcal{U}_i^{\mathrm{P}}}\left[\omega_{ui}r_{ui}U_{uf}-(\omega_{ui}-s_k)\hat{r}_{ui}^{-f}U_{uf}+(\gamma_1+\gamma_2)\sum_{j\in\mathcal{J}_u^{\mathrm{E}}}c_jU_{uf}\right]-$$

$$\sum_{u\in\mathcal{U}_i^{\mathrm{E}}}\left[-s_kU_{uf}\hat{r}_{ui}^{-f}-c_iU_{uf}\sum_{f=1}^{d}U_{uf}d_f^{\mathrm{item}}+c_iU_{uf}\sum_{j\in\mathcal{J}_u^{\mathrm{E}}}\hat{r}_{uj}+\right.$$

$$\left.U_{uf}\sum_{j\in\mathcal{J}_u^{\mathrm{E}}}c_j\hat{r}_{uj}-(\hat{r}_{ui}^{-f}+\gamma_2)\sum_{j\in\mathcal{J}_u^{\mathrm{E}}}c_jU_{uf}\right]-$$

$$\sum_{u\in\mathcal{U}_i^{\mathrm{E}}}c_iU_{uf}\left[\hat{r}_{ui}^{-f}\left(m-\sum_{i\in\mathcal{J}_u^{\mathrm{E}}}1\right)+(\gamma_1+\gamma_2)\sum_{j\in\mathcal{J}_u^{\mathrm{P}}}1-\gamma_2\left(m-\sum_{i\in\mathcal{J}_u^{\mathrm{E}}}1\right)\right]+$$

$$\sum_{u=1}^{n}U_{uf}\sum_{j\in\mathcal{J}_u^{\mathrm{E}}}c_j\hat{r}_{uj}-\gamma_2\sum_{i\in\mathcal{J}_u^{\mathrm{E}}}d_f^{\mathrm{user}} \tag{6-14}$$

$$S_{\mathrm{den}}^{\mathrm{item}}=\sum_{u\in\mathcal{U}_i^{\mathrm{P}}}(\omega_{ui}-s_k)U_{uf}^2+q_{ff}^{\mathrm{user}}s_k+\lambda+q_{ff}^{\mathrm{user}}\sum_{j\in\mathcal{J}_u^{\mathrm{E}}}c_j+$$

$$\sum_{u\in\mathcal{U}_i^{\mathrm{E}}}\left[-s_kU_{uf}^2+\left(m-\sum_{j\in\mathcal{J}_u^{\mathrm{E}}}1\right)c_iU_{uf}^2-\sum_{j\in\mathcal{J}_u^{\mathrm{E}}}c_jU_{uf}^2\right] \tag{6-15}$$

其中，$\boldsymbol{d}^{\mathrm{item}}=\sum_{i=1}^{m}\boldsymbol{V}_{i\cdot}$；$\boldsymbol{Q}^{\mathrm{item}}=\sum_{i=1}^{m}\boldsymbol{V}_{i\cdot}^{\mathrm{T}}\boldsymbol{V}_{i\cdot}$；$\boldsymbol{d}^{\mathrm{user}}=\sum_{u=1}^{n}\boldsymbol{U}_{u\cdot}\sum_{j\in\mathcal{J}_u^{\mathrm{E}}}c_j$；$\boldsymbol{Q}^{\mathrm{user}}=\sum_{u=1}^{n}\boldsymbol{U}_{u\cdot}^{\mathrm{T}}\boldsymbol{U}_{u\cdot}$。

6.2.2 算法流程

浏览数据增强的最小二乘方法(VALS)的算法伪代码如算法 6-1 所示。首先,初始化模型参数 $U_u.$ 和 $V_i.$。然后,依次遍历所有用户 u 和所有物品 i,对参数进行更新。以上过程重复 T 次,保证模型收敛。每一次迭代的时间复杂度为 $O((m+n)d^2+|\mathcal{R}^P\cup\mathcal{R}^E|d)$。

算法 6-1　VALS 算法

输入:$\mathcal{R}^P, \mathcal{R}^E, d, \lambda, \omega_{ui}, s_0, c_0, \gamma_1, \gamma_2$
输出:$U_u., V_i.$
初始化:随机初始化 $U_u.$ 和 $V_i.$
1. for $(u,i)\in\mathcal{R}$ do
2. 　　$\hat{r}_{ui} = \sum_{f=1}^{d} U_{uf}V_{if}$
3. end for
4. for $t=1,2,\cdots,T$ do
5. 　　计算相关缓存
6. 　　for $u=1,2,\cdots,n$ do
7. 　　　　for $f=1,2,\cdots,d$ do
8. 　　　　　　for $i=1,2,\cdots,|\mathcal{I}_u^P\cup\mathcal{I}_u^E|$ do
9. 　　　　　　　　$\hat{r}_{ui}^{-f} = \hat{r}_{ui} - U_{uf}V_{if}$
10. 　　　　　end for
11. 　　　　令 $\partial L_{\text{VALS}}/\partial U_{uf}=0$,更新 U_{uf}
12. 　　　　for $i=1,2,\cdots,|\mathcal{I}_u^P\cup\mathcal{I}_u^E|$ do
13. 　　　　　　$\hat{r}_{ui} = \hat{r}_{ui}^{-f} + U_{uf}V_{if}$
14. 　　　　end for
15. 　　end for
16. 　end for
17. 　计算相关缓存
18. 　for $i=1,2,\cdots,m$ do
19. 　　　for $f=1,2,\cdots,d$ do
20. 　　　　　for $u=1,2,\cdots,|\mathcal{U}_i^P\cup\mathcal{U}_i^E|$ do
21. 　　　　　　　$\hat{r}_{ui}^{-f} = \hat{r}_{ui} - U_{uf}V_{if}$
22. 　　　　　end for
23. 　　　　令 $\partial L_{\text{VALS}}/\partial V_{if}=0$,更新 V_{if}
24. 　　　　for $u=1,2,\cdots,|\mathcal{U}_i^P\cup\mathcal{U}_i^E|$ do
25. 　　　　　　$\hat{r}_{ui} = \hat{r}_{ui}^{-f} + U_{uf}V_{if}$
26. 　　　　end for
27. 　　end for
28. 　end for
29. end for

6.2.3 代码实现

浏览数据增强的最小二乘模型(VALS)的代码采用 Java 语言编写,工具是 JDK 1.8 和代码编辑器 Eclipse。

对于模型的训练,具体流程与算法 6-1 基本一致。这里给出更新用户参数和物品参数的核心代码。值得注意的是,当更新完 U_{uf} 和 V_{if} 后,需要同步更新相关的缓存。同时,当用户对物品有交互记录时,$r_{ui}=1$。核心代码如下:

```
public static void update_user(int u){

    for(int i: Data.PurchaseData.get(u)){
        Data.prediction_items[i]  = predict(u,i);
    }

    if(Data.ExaminationData.containsKey(u)){
        for(int i: Data.ExaminationData.get(u)){
            Data.prediction_items[i]  = predict(u,i);
        }
    }

    for(int f = 0; f < Data.d; f++){
        float numer = 0,denom = 0;
        float temp = 0;

        for(int k = 0; k < Data.d; k++){
            if(k != f){
                numer += Data.U[u][k]  * Data.H_i[f][k]  + Data.Cu[u]  * Data.U[u][k]
 * Data.E_i[f][k];
                temp += Data.U[u][k]  * Data.D_i[k];
            }
        }

        for(int i: Data.PurchaseData.get(u)){
            Data.prediction_items[i]  -= Data.U[u][f]  * Data.V[i][f];
            numer += -(Data.omega * 1 - (Data.omega - Data.s_k) * Data.prediction_items
[i]) * Data.V[i][f]  - (Data.gamma1 + Data.gamma2) * Data.Cu[u]  * Data.V[i][f];
            denom += (Data.omega - Data.s_k) * Data.V[i][f]  * Data.V[i][f];
        }

        denom += Data.H_i[f][f]  + Data.lambda;

        float temp1 = 0,temp2 = 0,temp3 = 0,temp4 = 0;
        if(Data.ExaminationData.containsKey(u)){
            for(int i: Data.ExaminationData.get(u)){
                Data.prediction_items[i]  -= Data.U[u][f]  * Data.V[i][f];
                numer += -Data.s_k * Data.V[i][f]  * Data.prediction_items[i]  +
(Data.m - Data.Vu[u]) * Data.c_j * Data.V[i][f]  * Data.prediction_items[i]- Data.Cu
[u]  * Data.V[i][f]  * Data.prediction_items[i]  + (Data.gamma1 + Data.gamma2) *
Data.c_j * Data.V[i][f]  * Data.Ru[u]- Data.gamma2 * (Data.m - Data.Vu[u]) * Data.c_
j * Data.V[i][f]  - Data.gamma2 * Data.Cu[u]  * Data.V[i][f]
```

```
        - temp * Data.c_j * Data.V[i][f] - Data.c_j * Data.prediction_items[i] *
Data.D_i[f];
                temp1 += Data.c_j * Data.V[i][f];
                temp2 += Data.prediction_items[i];
                temp3 += Data.c_j * Data.prediction_items[i];
                temp4 += Data.V[i][f];
                denom += - Data.s_k * Data.V[i][f] * Data.V[i][f] + (Data.m -
Data.Vu[u]) * Data.c_j * Data.V[i][f] * Data.V[i][f]- Data.Cu[u] * Data.V[i][f]
 * Data.V[i][f] - 2 * Data.c_j * Data.V[i][f]* Data.D_i[f];
            }
        }

        numer += temp1 * temp2 + temp3 * temp4 + Data.gamma2 * Data.Cu[u] * Data.D_i
[f];
        denom += Data.Cu[u] * Data.E_i[f][f] + 2 * temp1 * temp4;

        //更新
        Data.U[u][f] = - numer / denom;
    }
}

public static void update_item(int i){
    for(int u: Data.PurchaseData2.get(i)){
        Data.prediction_users[u] = predict(u,i);
    }

    if(Data.ExaminationData2.containsKey(i)){
        for(int u : Data.ExaminationData2.get(i)){
            Data.prediction_users[u] = predict(u,i);
        }
    }
    for(int f = 0; f < Data.d; f++){
        float numer = 0,denom = 0;
        for(int k = 0; k < Data.d; k++){
            if(k != f){
                numer += Data.V[i][k] * Data.E_u[f][k] * Data.s_k + Data.V[i][k]
 * Data.H_u[f][k];
            }
        }
        for(int u: Data.PurchaseData2.get(i)){
            Data.prediction_users[u] -= Data.U[u][f] * Data.V[i][f];
            numer += - (Data.omega * 1 - (Data.omega - Data.s_k) * Data.prediction_
users[u]) * Data.U[u][f] - (Data.gamma1 + Data.gamma2) * Data.Cu[u] * Data.U[u]
[f];
            denom += (Data.omega - Data.s_k) * Data.U[u][f] * Data.U[u][f];
        }
        denom += Data.E_u[f][f] * Data.s_k + Data.H_u[f][f] + Data.lambda;
        if(Data.ExaminationData2.containsKey(i)){
```

```
            for(int u: Data.ExaminationData2.get(i)){
                Data.prediction_users[u]  -= Data.U[u][f]  * Data.V[i][f];
                numer += - Data.s_k * Data.U[u][f]  * Data.prediction_users[u]  -
Data.c_j * Data.U[u][f]  * Data.GR[u] + Data.c_j * Data.U[u][f]  * Data.GvR[u]  +
Data.LvR[u]  * Data.U[u][f]  - (Data.prediction_users[u]  + Data.gamma2) * Data.Cu
[u]  * Data.U[u][f]  + Data.c_j * (Data.prediction_users[u]  * (Data.m - Data.Vu[u])
 + (Data.gamma1 + Data.gamma2) * Data.Ru[u]  - Data.gamma2 * (Data.m - Data.Vu[u]))
 * Data.U[u][f];

                denom += - Data.s_k * Data.U[u][f]  * Data.U[u][f]  + (Data.m -
Data.Vu[u]) * Data.c_j * Data.U[u][f]  * Data.U[u][f]- Data.Cu[u]  * Data.U[u][f]
 * Data.U[u][f];
            }
        }
        numer += - Data.T[f]  + Data.gamma2 * Data.D_u[f];

        //更新
        Data.V[i][f]  = - numer / denom;
    }
}
```

6.2.4 实验设置

在实验中,我们可选择模拟数据或真实数据进行实验,处理后的数据集应包括训练集(含购买和浏览)、验证集和测试集。实验的评估指标可采用推荐系统中常用的面向物品排序的指标(见 1.5.2 节),包括精确率(Precision@5)、召回率(Recall@5)、F1@5、归一化折损累积增益(NDCG@5)以及 1-call@5。

在 MovieLens 等公开数据集上,为了得到初步的结果,我们可以固定潜在特征向量的维度 $d=20$ 和权重 $\omega_{ui}=1$,正则化项上的权衡系数 λ 从{0.1,0.01,0.001}中选取,权重 $s_0(s_k=s_0/m)$ 从{100,200,400,800,1600,3200,6400}中选取,迭代次数 T 从{50,100,200}中选取,权重 $c_0(c_j=c_0/m)$ 从{0.25,0.5,1,1.5,2}中选取,边界值 $\gamma(\gamma=\gamma_1=\gamma_2)$ 从{0.5,1,1.5,2,2.5,3,3.5,4,4.5,5}中选取。上述参数的最优值的选择可根据验证集上的 NDCG@5 指标来确定,最后利用最优参数在测试集上进行效果评估。

6.2.5 讨论

从论文中的结果可知,VALS 的推荐性能要优于 eALS。当引入了用户的浏览反馈并对它进行建模时,通常能提升推荐的准确度。同时,VALS 在 eALS 的基础上进行扩展,通过缓存策略提高了模型的训练效率,因此,可以应用在较大规模的数据上。

6.2 节介绍的 VALS 是对前面章节中介绍的 eALS 的扩展,它对用户的两种单类反馈进行建模,基于全量进行参数的交替更新,同时也运用了缓存策略提高模型训练的效率。在未来工作中,可以进一步考虑对用户两种以上的单类反馈进行建模[5]或对用户其他类型的反馈进行建模。同时,当我们想提升模型的训练效率时,可以考虑是否能够参考

eALS 的缓存策略来进行优化。

6.3 基于角色的异构反馈建模

在本节，我们从用户在购物过程中扮演的不同角色(role)出发，介绍另一个解决 HOCCF 问题的算法——基于角色的迁移排序模型(role-based transfer to rank, RoToR)[6]。该模型包含两个变体，即集成式 RoToR(记为 RoToR(int.))和顺序式 RoToR(记为 RoToR(seq.))。它们采用了不同的迁移学习方式，从用户的浏览反馈学到知识，然后迁移至对购买反馈建模的任务中。我们分别对这两种变体进行详细介绍。

6.3.1 技术细节

1. RoToR(int.)

在 RoToR(int.)中，我们把浏览反馈集成到对用户购买偏好的学习任务中，在该任务中，将每个用户视为有经验的混合者(购买角色和浏览角色的混合)，能够同时考虑不同类型的反馈。用户 u 对物品 i 最终的偏好预测是用户 u 对物品 i 关于购买反馈的偏好与关于浏览反馈的偏好之和，具体如下：

$$\hat{r}_{ui} = \hat{r}_{ui}^{(\mathrm{F})} + \hat{r}_{ui}^{(\mathrm{N})} \tag{6-16}$$

其中，$\hat{r}_{ui}^{(\mathrm{F})} = \boldsymbol{U}_{u\cdot} \boldsymbol{V}_{i\cdot}^{\mathrm{T}} + b_u + b_i$ 和 $\hat{r}_{ui}^{(\mathrm{N})} = \frac{1}{\sqrt{|\mathcal{J}_u^{\mathrm{E}}|}} \sum_{i' \in \mathcal{J}_u^{\mathrm{E}}} \boldsymbol{W}_{i'\cdot} \boldsymbol{V}_{i\cdot}^{\mathrm{T}}$ 分别对应基于矩阵分解的方法和基于邻域的方法中的预测公式。通过该扩展的预测公式，可从用户的浏览反馈学到邻域信息，并迁移到购买反馈(目标反馈)建模的任务中，从而提升推荐效果。

RoToR(int.)采用了两种不同的偏好学习方式，即基于逐点偏好假设的学习方式(记为 RoToR(poi.,int.))和基于成对偏好假设的学习方式(记为 RoToR(pai.,int.))。下面我们对 RoToR(poi.,int.)进行详细介绍。它假设用户喜欢交互过的物品，而不喜欢未交互过的物品，优化目标是最大化用户对已交互物品的偏好，同时最小化用户对未交互物品的偏好。在训练过程中需要采样一部分物品作为负样本，即 $\mathcal{R}^{\bar{\mathrm{P}}}$，每次输入一个(用户，物品)对进行训练。具体的目标函数如下：

$$\min_{\Theta} \sum_{(u,i) \in \mathcal{R}^{\mathrm{P}} \cup \mathcal{R}^{\bar{\mathrm{P}}}} f_{ui} \tag{6-17}$$

其中，$\Theta = \{\boldsymbol{U}_{u\cdot}, b_u, \boldsymbol{V}_{i\cdot}, b_i, \boldsymbol{W}_{i'\cdot} \mid u = 1,2,\cdots,n;\ i,i' = 1,2,\cdots,m\}$ 表示模型待学习的参数；$f_{ui} = \ln(1 + \exp(-r_{ui}\hat{r}_{ui})) + \frac{\alpha_{\mathrm{u}}}{2}\|\boldsymbol{U}_{u\cdot}\|^2 + \frac{\alpha_{\mathrm{v}}}{2}\|\boldsymbol{V}_{i\cdot}\|^2 + \frac{\alpha_{\mathrm{w}}}{2}\sum_{i' \in \mathcal{J}_u^{\mathrm{E}}}\|\boldsymbol{W}_{i'\cdot}\|^2 + \frac{\beta_{\mathrm{u}}}{2}b_u^2 + \frac{\beta_{\mathrm{v}}}{2}b_i^2$ 是函数的具体展开形式。若购买记录中存在(用户，物品)对，即 $(u,i) \in \mathcal{R}^{\mathrm{P}}$，则对应的真实偏好 $r_{ui} = 1$；否则对应的真实偏好 $r_{ui} = -1$。

根据目标函数 f_{ui}，可求得每个参数对应的梯度，具体如下：

$$\nabla \boldsymbol{U}_{u\cdot} = -r_{ui}\sigma(-r_{ui}\hat{r}_{ui})\boldsymbol{V}_{i\cdot} + \alpha_{\mathrm{u}}\boldsymbol{U}_{u\cdot} \tag{6-18}$$

$$\nabla \boldsymbol{V}_{i\cdot} = -r_{ui}\sigma(-r_{ui}\hat{r}_{ui})(\boldsymbol{U}_{u\cdot} + \widetilde{\boldsymbol{U}}_{u\cdot}) + \alpha_{\mathrm{v}}\boldsymbol{V}_{i\cdot} \tag{6-19}$$

$$\nabla b_u = -r_{ui}\sigma(-r_{ui}\hat{r}_{ui}) + \beta_{\mathrm{u}} b_u \tag{6-20}$$

$$\nabla b_i = -r_{ui}\sigma(-r_{ui}\hat{r}_{ui}) + \beta_{\mathrm{v}} b_i \tag{6-21}$$

$$\nabla \boldsymbol{W}_{i'\cdot} = -r_{ui}\sigma(-r_{ui}\hat{r}_{ui})\frac{1}{\sqrt{|\mathcal{J}_u^{\mathrm{E}}|}}\boldsymbol{V}_{i\cdot} + \alpha_{\mathrm{w}}\boldsymbol{W}_{i'\cdot}, \quad i' \in \mathcal{J}_u^{\mathrm{E}} \tag{6-22}$$

其中，$\sigma(x)=1/(1+\exp(-x))$是 sigmoid 函数；$\widetilde{\boldsymbol{U}}_{u\cdot}=\frac{1}{\sqrt{|\mathcal{J}_u^{\mathrm{E}}|}}\sum_{i'\in\mathcal{J}_u^{\mathrm{E}}}\boldsymbol{W}_{i'\cdot}$ 表示用户 u 关于浏览反馈的特征向量。

根据式(6-18)～式(6-22)，利用 SGD 方法对模型参数进行更新，更新公式如下：

$$\theta_{\tau+1} \leftarrow \theta_\tau - \gamma\nabla\theta_\tau \tag{6-23}$$

2. RoToR(seq.)

RoToR(int.)采用了集成的方式把用户的浏览反馈集成到一个预测公式中，存在时间复杂度较高的问题。为此，RoToR(seq.)被提出。它根据用户的购物流程把模型分为两个关联的阶段。在第一阶段，RoToR(seq.)采用基于邻域的方法，基于物品的相似度召回用户可能会购买的物品集合。在第二阶段，RoToR(seq.)采用基于矩阵分解的方法，对第一阶段召回的物品集合进行重新排序。RoToR(seq.)把 RoToR(int.)中关于购买反馈和浏览反馈的建模分成了两步，即在第一步对浏览反馈建模，在第二步对购买反馈建模。这在一定程度上降低了模型的复杂度，同时没有降低模型的推荐性能。形式化如下：

$$\hat{r}_{ui}^{(\mathrm{N})} + \hat{r}_{ui}^{(\mathrm{F})} \approx \hat{r}_{ui}^{(\mathrm{N'})} \rightarrow \hat{r}_{ui}^{(\mathrm{F})} \tag{6-24}$$

具体来说，在第一阶段，RoToR(seq.)采用基于物品相似度的方法(item-based one-class collaborative filtering，IOCCF)对用户可能会购买的物品进行召回，具体的预测公式如下：

$$\hat{r}_{ui}^{(\mathrm{N'})} = \sum_{i'\in\mathcal{N}_i\cap(\mathcal{J}_u^{\mathrm{P}}\cup\mathcal{J}_u^{\mathrm{E}})} s_{i'i}^{(\mathrm{P})} \tag{6-25}$$

其中，$s_{i'i}^{(\mathrm{P})}$ 是预定义的杰卡德指数(Jaccard index)；$\mathcal{N}_i$是与物品 i 最相似的邻居集合。注意，它假设用户购买某物品之前会浏览该物品，所以在该阶段把用户 u 购买过的物品集和浏览过的物品集进行合并，即$\mathcal{J}_u^{\mathrm{P}}\cup\mathcal{J}_u^{\mathrm{E}}$，当作用户所有的浏览物品集合。待第一阶段的训练结束后，可以得到每个用户可能会购买的候选物品列表。

在第二阶段，RoToR(seq.)采用基于矩阵分解的方法对候选物品列表进行重排，目标是得到用户最终会购买的物品列表。类似地，RoToR(seq.)也有两种不同的偏好学习方式，即基于逐点偏好假设的学习方式(记为 RoToR (poi.，seq.))和基于成对偏好假设的学习方式(记为 RoToR(pai.，seq.))。下面对 RoToR(poi.，seq.)进行详细介绍，其目标函数与 RoToR(poi.，int.)类似：

$$\min_{\Phi} \sum_{(u,i)\in\mathcal{R}^{\mathrm{P}}\cup\mathcal{R}^{\bar{\mathrm{P}}}} f_{ui}^{(\mathrm{F})} \tag{6-26}$$

其中，$\Phi=\{\boldsymbol{U}_{u\cdot}, b_u, \boldsymbol{V}_{i\cdot}, b_i \mid u=1,2,\cdots,n;\ i=1,2,\cdots,m\}$表示模型待学习的参数；

$f_{ui}^{(F)}=\ln(1+\exp(-r_{ui}\hat{r}_{ui}^{(F)}))+\frac{\alpha_u}{2}\|\boldsymbol{U}_{u\cdot}\|^2+\frac{\alpha_v}{2}\|\boldsymbol{V}_{i\cdot}\|^2+\frac{\beta_u}{2}b_u^2+\frac{\beta_v}{2}b_i^2$ 是函数的具体展开形式。若购买记录中存在(用户,物品)对,即$(u,i)\in\mathcal{R}^P$,则对应的真实偏好 $r_{ui}=1$；否则对应的真实偏好 $r_{ui}=-1$。需要说明的是,预测公式为 $\hat{r}_{ui}^{(F)}=\boldsymbol{U}_{u\cdot}\boldsymbol{V}_{i\cdot}^{T}+b_u+b_i$。

根据目标函数,可求得每个参数对应的梯度,具体如下：

$$\nabla\boldsymbol{U}_{u\cdot}=-r_{ui}\sigma(-r_{ui}\hat{r}_{ui})\boldsymbol{V}_{i\cdot}+\alpha_u\boldsymbol{U}_{u\cdot} \tag{6-27}$$

$$\nabla\boldsymbol{V}_{i\cdot}=-r_{ui}\sigma(-r_{ui}\hat{r}_{ui})\boldsymbol{U}_{u\cdot}+\alpha_v\boldsymbol{V}_{i\cdot} \tag{6-28}$$

$$\nabla b_u=-r_{ui}\sigma(-r_{ui}\hat{r}_{ui})+\beta_u b_u \tag{6-29}$$

$$\nabla b_i=-r_{ui}\sigma(-r_{ui}\hat{r}_{ui})+\beta_v b_i \tag{6-30}$$

符号的含义与 RoToR(poi.,int.)中的类似。得到梯度后,利用 SGD 对模型参数进行更新,更新公式如下：

$$\phi_{\varphi+1}\leftarrow\phi_{\varphi}-\gamma\nabla\phi_{\varphi} \tag{6-31}$$

其中,γ 是学习率,$\gamma>0$。

6.3.2 算法流程

RoToR(poi.,int.)的算法伪代码如算法 6-2 所示。首先,初始化模型的所有参数 θ；然后,随机采样生成负样本；接着,随机选取一个(用户,物品)对(u,i)进行训练,包括计算相应的梯度并对参数进行更新。以上过程重复 T 次直至模型收敛。

算法 6-2 RoToR(poi.,int.)算法

输入：$\mathcal{R}^P,\mathcal{R}^E$
输出：Top-K 推荐物品列表
初始化：随机初始化 $\boldsymbol{U}_{u\cdot},\boldsymbol{V}_{i\cdot},\boldsymbol{W}_{i'\cdot},b_u,b_i$
1. **for** $t=1,2,\cdots,T$ **do**
2. 随机采样生成负样本集$\mathcal{R}^{\bar{P}}$,$|\mathcal{R}^{\bar{P}}|=\rho|\mathcal{R}^P|$
3. **for** $t_2=1,2,\cdots,|\mathcal{R}^P\cup\mathcal{R}^{\bar{P}}|$ **do**
4. 随机选取一个(用户,物品)对$(u,i)\in\mathcal{R}^P\cup\mathcal{R}^{\bar{P}}$
5. 通过式(6-18)～式(6-22)计算相应的梯度
6. 通过式(6-23)更新模型参数
7. **end for**
8. **end for**

RoToR(poi.,seq.)的算法伪代码如算法 6-3 所示。首先,初始化模型的所有参数 ϕ；其次,采用基于邻域的方法计算用户的偏好,并为每个用户选出 $3K$ 个分数最高的候选物品；然后,随机生成负样本；接着,随机选取一个(用户,物品)对(u,i)进行训练,包括计算相应梯度并对参数进行更新。以上过程重复 T 次直至模型收敛。

算法 6-3　RoToR(poi. ,seq.)算法

输入：$\mathcal{R}^{\mathrm{P}},\mathcal{R}^{\mathrm{E}}$

输出：Top-K 推荐物品列表

初始化：随机初始化$\boldsymbol{U}_{u\cdot},\boldsymbol{V}_{i\cdot},b_u,b_i$

1. 通过式(6-25)计算偏好，得到分数最高的 $3K$ 个候选物品
2. **for** $t=1,2,\cdots,T$ **do**
3. 　　随机采样生成负样本集$\mathcal{R}^{\bar{\mathrm{P}}}$，$|\mathcal{R}^{\bar{\mathrm{P}}}|=\rho|\mathcal{R}^{\mathrm{P}}|$
4. 　　**for** $t_2=1,2,\cdots,|\mathcal{R}^{\mathrm{P}}\cup\mathcal{R}^{\bar{\mathrm{P}}}|$ **do**
5. 　　　随机选取一个(用户，物品)对$(u,i)\in\mathcal{R}^{\mathrm{P}}\cup\mathcal{R}^{\bar{\mathrm{P}}}$
6. 　　　通过式(6-27)～式(6-30)计算相应的梯度
7. 　　　通过式(6-31)更新模型参数
8. 　　**end for**
9. **end for**

6.3.3 代码实现

基于角色的迁移排序模型(RoToR)的算法代码采用 Java 语言编写，工具是 JDK 1.8 和代码编辑器 Eclipse。

(1) 对于 RoToR(poi. ,int.)，模型训练函数的流程与算法 6-2 基本一致。更新参数的核心代码如下：

```
public static void RoToR_poi_int_update(float rating, int u, int i){
    //浏览数据
    HashSet < Integer > ItemSet_u_Examination = new HashSet < Integer >();
    int ItemSetSize_u_Examination = 0;
    float normalizationFactor_Examination = 1f;
    if(ExaminationData.containsKey(u)){
        ItemSet_u_Examination = ExaminationData.get(u);
        ItemSetSize_u_Examination = ItemSet_u_Examination.size();
        normalizationFactor_Examination = (float)Math.pow(ItemSetSize_u_Examination,0.5);
    }
    //U_u.^-i
    float[]  U_u = new float[d];
    for(int i2 : ItemSet_u_Examination){
        for(int f = 0; f < d; f++){
            U_u[f]   += W[i2][f];
        }
    }
    for(int f = 0; f < d; f++){
        U_u[f]   = U_u[f]   / normalizationFactor_Examination;
    }
    float[]  Vi_before = new float[d];
```

```
    for(int f = 0; f < d; f++){
        Vi_before[f]  = V[i][f];
    }

    //r_ui
    float r_ui = biasU[u]  + biasV[i];
    for(int f = 0; f < d; f++){
        r_ui += U_u[f]  * V[i][f];
    }
    for(int f = 0; f < d; f++){
        r_ui += U[u][f]  * V[i][f];
    }

    //e_ui
    float e_ui = (float) (rating/(1 + Math.exp(rating * r_ui)));

    //更新 b_u
    biasU[u]  = biasU[u]  - gamma * ( - e_ui + beta_u * biasU[u]  );

    //更新 b_i
    biasV[i]  = biasV[i]  - gamma * ( - e_ui + beta_v * biasV[i]  );

    //更新 U_i
    for(int f = 0; f < d; f++){
        float grad_U_u_f =  -e_ui * V[i][f]  + alpha_u * U[u][f];
        float grad_V_i_f =  -e_ui * (U[u][f] + U_u[f]  ) + alpha_v * V[i][f];
        U[u][f]  = U[u][f]  - gamma * grad_U_u_f;
        V[i][f]  = Vi_before[f]  - gamma * grad_V_i_f;
    }
    //更新 W_i
    for(int i2 : ItemSet_u_Examination){
        for(int f = 0; f < d; f++){
            W[i2][f]  = W[i2][f]  - gamma * ( - e_ui * Vi_before[f]  / normalizationFactor_
Examination + alpha_w * W[i2][f]  );
        }
    }
}
```

(2) 对于 RoToR(poi.,seq.),模型训练流程与算法 6-3 基本一致。这里给出生成候选物品列表和更新参数的核心代码,具体如下:

```
//Item - based CF
public static void ICF(){
//Step 1 (ICF).计算相似度
    for(int j = 1; j < = m; j++){
        if(!TrainDataItem2User.containsKey(j))
            continue;
```

```
            HashSet<Integer> users_j = TrainDataItem2User.get(j);
            HashMap<Integer,Float> Similarity_j2AllItems = new HashMap<Integer,Float>();
            for(int k = 1; k <= m; k++){
                ArrayList<Integer> users_kj = new ArrayList<Integer>();
                if(k!= j){
                    //---
                    if(!TrainDataItem2User.containsKey(k))
                        continue;
                    HashSet<Integer> users_k = TrainDataItem2User.get(k);

                    //交集
                    for(int _user: users_j){
                        if(users_k.contains(_user)){
                            users_kj.add(_user);
                        }
                    }
                    int users_kj_num = users_kj.size();

                    //相似度
                    if(users_kj_num > 0){
                        float similarity = 0f;
                        int users_k_num = users_k.size();
                        int users_j_num = users_j.size();
                        similarity = (float) ( users_kj_num * 1.0/(users_k_num + users_j
_num - users_kj_num) ); //杰卡德指数
                           Similarity_j2AllItems.put(k,similarity);
                    }
                }
            }

        //Step 2 (ICF).排序并得到最近邻
        List<Map.Entry<Integer,Float>> listY = new ArrayList<Map.Entry<Integer,
Float>>(Similarity_j2AllItems.entrySet());
        //Sort
        if(KNNneighborNum < listY.size()){
            listY = HeapSort.heapSort(listY,KNNneighborNum);
        }

        HashMap<Integer,Float> Similarity_j2NearestItems = new HashMap<Integer,Float>();
        int _KNNneighborNum = 1;
        for(Map.Entry<Integer,Float> entry : listY){
            if(_KNNneighborNum > KNNneighborNum){
                break;
            }
            else{
                Similarity_j2NearestItems.put(entry.getKey(),entry.getValue());
                _KNNneighborNum++;
            }
        }
```

```
            Similarity_Item2NearestItems.put(j,Similarity_j2NearestItems);
        }
    }

    private static void MFLogLoss_update(float rating, int u, int i){
        //r_ui
        float r_ui = biasU[u]  + biasV[i];
        for(int f = 0; f < d; f++){
            r_ui += U[u][f]  * V[i][f];
        }

        //e_ui
        float e_ui = (float) (rating/(1 + Math.exp(rating * r_ui)));

        //更新 b_u
        biasU[u]  = biasU[u]  - gamma * (-e_ui + beta_u * biasU[u]);

        //更新 b_i
        biasV[i]  = biasV[i]  - gamma * (-e_ui + beta_v * biasV[i]);

        for(int f = 0; f < d; f++){
            float grad_U_u_f = -e_ui * V[i][f]  + alpha_u * U[u][f];
            float grad_V_i_f = -e_ui * U[u][f]  + alpha_v * V[i][f];

            U[u][f]  = U[u][f]  - gamma * grad_U_u_f;  //更新 U_u
            V[i][f]  = V[i][f]  - gamma * grad_V_i_f;  //更新 V_i
        }
    }
```

6.3.4 实验设置

在实验中,数据集的处理和评价指标可与6.2.4节保持一致。至于实验的参数设置,为了得到初步的结果,我们可以固定潜在特征向量的维度 $d=20$ 和学习率 $\gamma=0.01$,正则化项上的权衡参数从{0.1,0.01,0.001}中选取,迭代次数 T 从{100,500,1000}中选取,设置采样比例 $\rho=3$。对于 RoToR(poi.,seq.),可以设置候选物品集合的大小为 $3K=15$。上述参数的最优值的选择可根据验证集上的 NDCG 指标来确定,最后利用最优参数在测试集上评估推荐效果。

6.3.5 讨论

从论文[6]报告的实验结果可知,RoToR 的推荐性能相较于基准算法有较大幅度的提升。根据不同的迁移方式,RoToR 分为集成式 RoToR 和顺序式 RoToR,前者通过集成的方式将基于邻域的方法和基于矩阵分解的方法集成到同一个预测公式中;后者通过顺序的方式分别采用基于邻域的方法和基于矩阵分解的方法进行建模。两个变体均通过利用两种不同方法的互补性,对用户的购买反馈和浏览反馈进行了较为充分的建模,进而有效地提升了模型的性能。

在未来工作中，可以考虑将 RoToR 进一步扩展，以对两种以上的用户行为进行建模，并考虑不同行为之间的依赖关系。同时，我们也看到顺序建模的机制在提升效率的同时，没有过多牺牲推荐的准确度，因此可以考虑将其应用在其他复杂的异构反馈建模的问题中。

6.4 基于关系的异构反馈建模

由前面两种算法可以看到，引入用户的浏览反馈在一定程度上能帮助对用户购买反馈的建模，从而提升推荐的性能。但它们在建模的过程中忽略了不同行为之间的关系。我们知道，在异构反馈的建模场景中，不同行为之间往往是比较相关的。例如，在电商场景中，用户浏览感兴趣的物品后，将其加入购物车，最后进行购买。这三种行为的关系在一定程度上能够表达用户对该物品的偏好。因此，在对异构反馈的建模中，不同行为之间的关系对预测用户的偏好是一个重要的因素。

本节将详细介绍基于关系的异构反馈建模算法——高效异构协同过滤（efficient heterogeneous collaborative filtering，EHCF）[7]。EHCF 在建模过程中考虑了不同行为之间的关系，同时采用了高效稳定的模型参数训练方式，进而降低了模型的时间复杂度，是一个较为新颖有效的算法。

6.4.1 技术细节

1. 模型的整体介绍

EHCF 模型结构如图 6-2 所示。模型的输入是某个用户的 ID 以及该用户在不同行为中对应的所有物品的二值向量（有交互行为的记为 1，否则记为 0）。经过嵌入层转为向量表示后，将用户向量和物品向量进行点乘，得到用户 u 关于物品 i 的联合向量。对于行为 ℓ，用户 u 对物品 i 的偏好预测公式如下：

$$\hat{r}_{ui}^{\ell}=\boldsymbol{h}_{\ell}(\boldsymbol{U}_{u\cdot}\odot\boldsymbol{V}_{i\cdot})^{\mathrm{T}} \tag{6-32}$$

其中，$\odot$ 表示向量的对应位置元素逐项相乘；$\boldsymbol{h}_{\ell}\in\mathbb{R}^{1\times d}$ 是关于行为 ℓ 的向量。得到每种行为对应的偏好预测值后，基于平方损失函数进行模型参数的优化。

2. 多行为转移关系的构建

正如上面所描述的，EHCF 认为用户的行为之间是有联系的，而不是相互独立的。具体而言，用户两种行为之间的转移关系如下所示：

$$\boldsymbol{f}_{h_k\to h_\ell}=\boldsymbol{h}_k\boldsymbol{M}_{k\ell}+\boldsymbol{b}_{k\ell} \tag{6-33}$$

其中，$\boldsymbol{M}_{k\ell}\in\mathbb{R}^{d\times d}$ 是行为 k 到行为 ℓ 的转移矩阵，用于捕捉两种行为之间的知识迁移；$\boldsymbol{b}_{k\ell}\in\mathbb{R}^{1\times d}$ 是偏置向量。对于行为 ℓ，最终的向量 $\boldsymbol{h}_{\ell}$ 是所有前置行为到行为 ℓ 的转移关系之和，具体如下：

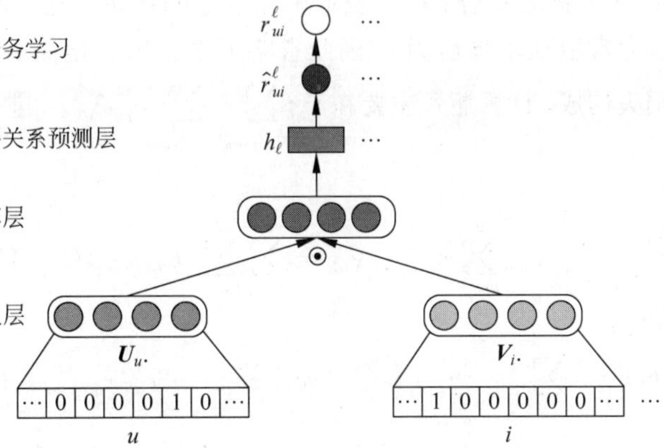

图 6-2 EHCF 算法的模型结构示意图(见彩插)

$$\boldsymbol{h}_{\ell}=\sum_{k}\boldsymbol{f}_{h_k \to h_\ell}=\sum_{k}(\boldsymbol{h}_k\boldsymbol{M}_{k\ell}+\boldsymbol{b}_{k\ell}) \tag{6-34}$$

其中,k 表示发生在行为 ℓ 之前的行为。以电商为例,用户完整的购物过程包括浏览(view)、点击(click)、加入购物车(cart)和购买(purchase)。当我们计算购买行为对应的向量 $\boldsymbol{h}_{\text{purchase}}$ 时,应该是 $\boldsymbol{f}_{h_{\text{view}} \to h_{\text{purchase}}}$、$\boldsymbol{f}_{h_{\text{click}} \to h_{\text{purchase}}}$ 以及 $\boldsymbol{f}_{h_{\text{cart}} \to h_{\text{purchase}}}$ 三项之和。其中,$\boldsymbol{h}_{\text{click}}=\boldsymbol{f}_{h_{\text{view}} \to h_{\text{click}}}$,$\boldsymbol{h}_{\text{cart}}=\boldsymbol{f}_{h_{\text{view}} \to h_{\text{cart}}}+\boldsymbol{f}_{h_{\text{click}} \to h_{\text{cart}}}$。由于 $\boldsymbol{h}_{\text{view}}$ 是最初的行为向量,因此可以采用随机初始化。通过这种方式,能够有效地学习其他行为与目标行为之间的复杂关系。

3. 模型的高效优化

很多现有工作都是基于负采样(negative sampling)的方式进行模型的训练和优化,EHCF 指出这种方式对样本分布比较敏感且采样存在偏差,因此模型难以取得最优解。为此,EHCF 在优化参数的过程中使用了所有样本,并利用正样本稀疏的特点,降低了时间复杂度。具体而言,EHCF 采用了平方损失并赋予了相应的权重。对于一批用户 $\mathcal{U}_{\text{batch}}$ 和一批物品 $\mathcal{J}_{\text{batch}}$,基于行为 ℓ 的损失函数可表示为:

$$\mathcal{L}_{\ell}(\Theta)=\sum_{u \in \mathcal{U}_{\text{batch}}}\sum_{i \in \mathcal{J}_{\text{batch}}} c_{ui}^{\ell}(r_{ui}^{\ell}-\hat{r}_{ui}^{\ell})^2=\sum_{u \in \mathcal{U}_{\text{batch}}}\sum_{i \in \mathcal{J}_{\text{batch}}} c_{ui}^{\ell}(r_{ui}^{\ell^2}-2r_{ui}^{\ell}\hat{r}_{ui}^{\ell}+\hat{r}_{ui}^{\ell^2}) \tag{6-35}$$

其中,c_{ui}^{ℓ} 表示相应的权重。由式(6-35)可得,计算该损失的时间复杂度为 $O(|\mathcal{U}_{\text{batch}}\|\mathcal{J}_{\text{batch}}|d)$,复杂度较高。对此,EHCF 采用与 eALS[4] 相似的策略,将未交互样本的损失转为全量样本与正样本损失之差。需要注意的是,对于未交互的样本,其真实偏好 $r_{ui}^{\ell}=0$。损失函数可以化简为:

$$\begin{aligned}\widetilde{\mathcal{L}}_{\ell}(\Theta)&=-2\sum_{u \in \mathcal{U}_{\text{batch}}}\sum_{i \in \mathcal{J}_{\text{batch}}^{\ell+}} c_{ui}^{\ell+}r_{ui}^{\ell}\hat{r}_{ui}^{\ell}+\sum_{u \in \mathcal{U}_{\text{batch}}}\sum_{i \in \mathcal{J}_{\text{batch}}} c_{ui}^{\ell}\hat{r}_{ui}^{\ell^2}\\&=\sum_{u \in \mathcal{U}_{\text{batch}}}\sum_{i \in \mathcal{J}_{\text{batch}}^{\ell+}}((c_{ui}^{\ell+}-c_{ui}^{\ell-})\hat{r}_{ui}^{\ell^2}-2c_{ui}^{\ell+}r_{ui}^{\ell}\hat{r}_{ui}^{\ell})+\\&\quad\sum_{u \in \mathcal{U}_{\text{batch}}}\sum_{i \in \mathcal{J}_{\text{batch}}} c_{ui}^{\ell-}\hat{r}_{ui}^{\ell^2}\end{aligned} \tag{6-36}$$

其中，$\mathcal{J}_{\text{batch}}^{\ell+}$表示正样本物品集合；$c_{ui}^{\ell+}$ 表示正样本上的权重；$c_{ui}^{\ell-}$ 表示负样本上的权重。需要说明的是，因为常数项求导后为0，因此省略了常数项。化简后的损失由正样本的损失和全量物品的损失构成，计算瓶颈主要在于 $\sum_{u\in\mathcal{U}_{\text{batch}}}\sum_{i\in\mathcal{J}_{\text{batch}}} c_{ui}^{\ell-}\hat{r}_{ui}^{\ell^2}$。进一步地，根据式(6-32)，$\hat{r}_{ui}^{\ell^2}$ 可表示如下：

$$\hat{r}_{ui}^{\ell^2}=\sum_{f=1}^{d}h_{\ell f}U_{uf}V_{if}\sum_{k=1}^{d}h_{\ell k}U_{uk}V_{ik}=\sum_{f=1}^{d}\sum_{k=1}^{d}(h_{\ell f}h_{\ell k})(U_{uf}U_{uk})(V_{if}V_{ik}) \tag{6-37}$$

代入式(6-36)，可得：

$$\begin{aligned}\tilde{\mathcal{L}}_{\ell}(\Theta)=&\sum_{u\in\mathcal{U}_{\text{batch}}}\sum_{i\in\mathcal{J}_{\text{batch}}^{l+}}\left((c_{ui}^{\ell+}-c_{ui}^{\ell-})\hat{r}_{ui}^{\ell^2}-2c_{ui}^{\ell+}r_{ui}^{\ell}\hat{r}_{ui}^{\ell}\right)+\\&\sum_{f=1}^{d}\sum_{k=1}^{d}\left((h_{\ell f}h_{\ell k})\left(\sum_{u\in\mathcal{U}_{\text{batch}}}U_{uf}U_{uk}\right)\left(\sum_{i\in\mathcal{J}_{\text{batch}}}c_{ui}^{\ell-}V_{if}V_{ik}\right)\right)\end{aligned} \tag{6-38}$$

其中，公式中的权重 $c_{ui}^{\ell-}$ 是统一赋值或仅与物品相关的，因此用户向量和物品向量可以分开计算，即 $\sum_{u\in\mathcal{U}_{\text{batch}}}U_{uf}U_{uk}$ 与 $\sum_{i\in\mathcal{J}_{\text{batch}}}c_{ui}^{\ell-}V_{if}V_{ik}$ 的计算相互独立。通过提前计算这两项，可以提高算法的效率，计算 $\sum_{u\in\mathcal{U}_{\text{batch}}}\sum_{i\in\mathcal{J}_{\text{batch}}}c_{ui}^{\ell-}\hat{r}_{ui}^{\ell^2}$ 的时间复杂度从 $O(|\mathcal{U}_{\text{batch}}||\mathcal{J}_{\text{batch}}|d)$ 降低至 $O((|\mathcal{U}_{\text{batch}}|+|\mathcal{J}_{\text{batch}}|)d^2)$。对于所有行为和所有的用户集和物品集，对应的损失项可以采用类似的方式化简。

考虑用户所有行为的损失，最终的损失函数可表示为：

$$\mathcal{L}(\Theta)=\sum_{\ell=1}^{L}\lambda_{\ell}\tilde{\mathcal{L}}_{\ell}(\Theta) \tag{6-39}$$

其中，L 表示用户的行为类型数量；λ_{ℓ} 是第ℓ种行为上的权重超参数(满足$\sum_{\ell=1}^{L}\lambda_{\ell}=1$)，其值在训练过程中可以调节。该损失函数可以看成多任务学习，通过对用户的所有行为共同训练，得到最终的模型参数。

6.4.2 代码实现

高效异构协同过滤(EHCF)的代码采用 Python 语言编写，需要的环境是 Python、TensorFlow、NumPy 和 Pandas。完整的代码可参考论文[7]作者公开的代码(https://github.com/chenchongthu/EHCF)。

6.4.3 实验设置

在实验中，数据集可用原论文[7]提供的真实数据集，评价方法可采用留一法，评价指标可与6.2.4节保持一致或与原论文保持一致。至于实验中的参数设置，权重 c_{ui}^{ℓ} 和系数 λ_{ℓ} 是两个比较重要的超参数。权重 c_{ui}^{ℓ} 可以从{0.001,0.005,0.01,0.02,0.05,0.1,0.2,0.5}中选取，每种行为的权重可设置成相同；系数 λ_{ℓ} 可以从$\left\{0,\frac{1}{6},\frac{2}{6},\frac{3}{6},\frac{4}{6},\frac{5}{6},1\right\}$

中选取，需满足所有系数之和等于1$\left(\text{即}\sum_{\ell}\lambda_{\ell}=1\right)$。对于其他参数(例如批大小和潜在特征向量的维度等)，可以在与基准算法公平比较的前提下选取。最后，在验证集上选取最优参数，并在测试集上取得最终结果。

6.4.4 讨论

从原文[7]中的实验结果可知，EHCF在推荐性能和推荐效率上都要优于基准算法，这说明了EHCF算法的有效性。EHCF中的一个关键模块是对行为之间的复杂关系进行建模，通过学习不同行为之间的转移关系，能够帮助对用户偏好更好地进行建模。消融实验显示，如果没有该模块，推荐的效果会出现一定程度的下降。另一方面，EHCF通过新的优化方法，使得模型可以基于全量物品进行优化，同时提升了模型的效率。与基准算法相比，EHCF的训练时间要少一个数量级。

EHCF启发我们在对HOCCF问题进行建模时，可以考虑不同行为之间的转移关系。它刻画的是行为之间的线性关系，在未来工作中，可以考虑构建更加复杂的非线性关系。同时，不同行为对于表达用户的偏好程度也不相同，可以考虑区别对待不同行为之间的转移关系。

6.5 其他异构反馈建模方法

我们已经介绍了浏览数据增强的最小二乘方法(VALS)、基于角色的迁移排序模型(RoToR)和高效异构协同过滤模型(EHCF)，它们分别属于基于矩阵分解的算法、基于迁移学习的算法和基于深度学习的算法，三者都能有效地对异构反馈进行建模。本节将简单介绍这三大类中的其他一些面向异构单类反馈建模的算法。

6.5.1 基于矩阵分解的方法

由于矩阵分解具有简洁、有效、可扩展性强等优点，大部分基于矩阵分解的算法都是基于基本的矩阵分解模型来改进和设计的，根据不同的策略，可以分为以下三类[8]：基于权重策略的算法、基于采样策略的算法和基于变换损失函数策略的算法。其中，VALS是基于变换损失函数策略的算法中的一种，它通过对不同的反馈构建不同的损失项，以更好地对异构反馈进行建模。

基于权重策略的算法的主要思想是不同反馈表达了用户不同程度的偏好，因此应赋予它们不同的权重以进行区分。自适应贝叶斯个性化排序模型(adaptive Bayesian personalized ranking，ABPR)[1]提出了一个自适应的权重学习策略，权重的取值范围在0到1之间。对于购买反馈，ABPR赋予对应的权重为1；对于浏览反馈，ABPR为用户的每一条浏览反馈记录学习一个相应的权重，表示该记录能够反映用户偏好的程度。该权重通过计算经验误差，进行自适应更新得到。

基于采样策略的算法的主要思想是通过不同的采样策略选取真正的负样本，从而更好地优化模型。多反馈贝叶斯个性化排序模型(multi-feedback Bayesian personalized ranking, MF-BPR)[9]设计了一个采样策略用于得到关于用户 u 的正负样本三元组 (u,i,j) 的集合。它的基本假设是用户的反馈具有偏序性，如用户购买反馈的级别要高于浏览反馈的级别。因此，在采样过程中，它首先从较高级别的反馈中选取一个正样本，然后再从低于该级别的其他反馈中选取一个负样本。

6.5.2 基于迁移学习的方法

迁移学习在推荐系统领域受到了越来越多的关注，这类算法的主要思想是从用户的辅助反馈学习得到知识，然后迁移至目标任务中，从而帮助对用户的目标反馈进行建模。RoToR(int.)采用了集成式的迁移方式，将用户的浏览反馈和购买反馈集成到一个预测公式中，然后根据目标函数进行优化；而 RoToR(seq.)采用了顺序式的迁移方式，在不同的阶段利用不同的算法，分别对浏览反馈和购买反馈进行建模，取得了较好的推荐性能。除 RoToR 外，还有其他采用了这两种迁移方式的算法，如 TJSL[10]和 ROAF[11]。

迁移联合相似度学习模型(transfer via joint similarity learning, TJSL)[10]是一个典型的采用集成式迁移的算法。TJSL 从物品相似度的角度出发，将购买反馈的相似度和浏览反馈的相似度集成到一个统一的预测公式中。具体而言，对于用户的购买反馈，TJSL 构建了购买物品和目标物品之间的相似度；对于用户的浏览反馈，TJSL 构建了浏览物品和目标物品之间的相似度。TJSL 通过这两种相似度来表达用户对物品的偏好。

基于角色的自适应分解模型(role-based adaptive factorization, ROAF)[11]是一个新颖的采用顺序式迁移的算法。ROAF 采用分阶段的方式对用户的反馈进行建模，然后将第一阶段得到的模型参数作为学习到的知识迁移至第二阶段的建模任务中。具体而言，在浏览阶段，ROAF 对用户的浏览反馈进行建模，并对模型参数进行训练和优化。在购买阶段，ROAF 在浏览阶段模型参数的基础上，利用用户的购买反馈对该模型参数进行自适应调整，进而得到最终的模型参数。

6.5.3 基于深度学习的方法

近年来，深度学习在推荐系统领域的应用也越来越广泛。多层感知机(multi-layer perceptron, MLP)、自编码器(autoencoder, AE)、循环神经网络(recurrent neural network, RNN)以及记忆网络(memory network, MN)等深度网络结构[12]被用于解决 OCCF 和 HOCCF 问题。EHCF 利用 MLP 来捕捉不同行为之间的关系。当求解第 ℓ 种行为的预测偏好时，它包含了前面的所有行为到该行为的路径，这些路径可看作多个 MLP，对应的激活函数是恒等函数。EHCF 通过利用 MLP 对行为之间的关系进行了有效的建模。

神经多任务推荐模型(neural multi-task recommendation, NMTR)[13]也是一个利用 MLP 来解决 HOCCF 问题的算法。针对传统矩阵分解过于简单的问题，NMTR 对用户的每一种反馈都采用 MLP 来建模，通过结合浅层网络和深层网络来表达用户对物品的偏好。同时，NMTR 认为用户的反馈有先后关系，如先浏览、后点击、再购买。因此对用户某种反馈的偏好预测依赖于对前一种反馈的偏好预测。通过 MLP 结构，NMTR 能够挖掘出更多关于用户和物品的信息，与传统的矩阵分解方法相比，推荐效果得到了较为显著的提升。

多关系记忆网络模型(multi-relational memory network,MRNN)[14]是一个利用记忆网络进行建模的算法。具体而言,MRMN 为用户的每种反馈构建了对应的记忆矩阵,它认为用户对物品的不同反馈应该区别对待,通过记忆网络和注意力机制,MRNN 能学习细粒度的用户与物品之间的关系,同时也能挖掘更多不同维度的信息,进而提升推荐性能。

6.6 本章小结

在本章,我们重点讨论了推荐系统中的一个十分重要的问题——异构单类协同过滤(HOCCF)。HOCCF 问题是 OCCF 问题的扩展,即当用户的反馈类型多于一种时,研究如何有效建模用户的异构单类反馈。对此,我们分别介绍了三个具有代表性的算法,对它们的技术细节和算法流程等进行了探讨。VALS 通过变换损失函数和缓存策略,实现了高效、精准的推荐效果;RoToR 则采用了不同的迁移方式,从浏览反馈迁移所学知识到目标任务,有效提升了推荐性能;EHCF 重点考虑了用户不同行为之间的关系,较为充分地学习了用户对物品的偏好,同时也通过设计相应的策略来降低模型的复杂度,是一个高效且稳定的模型。此外,我们还对其他基于异构反馈建模的算法进行了简单的讨论。感兴趣的读者可阅读关于 HOCCF 技术的综述[8]。

需要说明的是,除了将 HOCCF 问题中用户的异构单类反馈表示为两个(用户,物品)矩阵以外,我们还可以将其投影到异构信息网络(heterogeneous information network, HIN)[15-17],其中的边可以用来表示用户和物品之间不同类型的行为,并基于异构信息网络设计推荐算法。也有研究人员从异构关系学习(heterogeneous relation learning)的视角来看待 HOCCF 问题中用户与物品之间的互动关系[18]。

从本章介绍的算法中,不难发现,当我们设计面向 HOCCF 问题的算法时,其中一个重要的思路是,将面向 OCCF 问题的优秀算法进行扩展,使之能从多种类型的单类反馈中学习用户的真实偏好,例如,从 eALS[4] 到 VALS[3],从 ENMF[7] 到 EHCF[7],从 NeuMF(又称为 NCF)[19] 到 NMTR[13],从 BPR[20] 到 MF-BPR[9],从 VAE[21] 到 SVAE (staged VAE)[22],等。因此,我们可以考虑将其他较为有效的 OCCF 算法扩展成 HOCCF 算法。

最近,有研究人员尝试将 Transformer[23]、图卷积神经网络[24]等前沿的深度学习技术引入到 HOCCF 问题中的异构行为建模任务[25-28],也有研究人员尝试结合物品的知识图谱等辅助信息来更好地学习用户多行为背后的真实偏好[29]。

6.7 参考文献

[1] PAN W, ZHONG H, XU C, et al. Adaptive Bayesian personalized ranking for heterogeneous implicit feedbacks [J]. Knowledge-Based Systems, 2015, 73: 173-180.

[2] RICCI F, ROKACH L, SHAPIRA B. Recommender systems handbook [M]. Berlin:

Springer,2015.

[3] DING J,YU G,HE X,et al. Improving implicit recommender systems with view data [C]//LANG J. Proceedings of the 27th International Joint Conference on Artificial Intelligence (IJCAI'18). ijcai. org,2018: 3343-3349.

[4] HE X,ZHANG H,KAN M Y,et al. Fast matrix factorization for online recommendation with implicit feedback [C]//PEREGO R,SEBASTIANI F,ASLAM J A,et al. Proceedings of the 39th International ACM SIGIR Conference on Research and Development in Information Retrieval (SIGIR'16). New York: ACM,2016: 549-558.

[5] DING J,YU G,LI Y,et al. Improving implicit recommender systems with auxiliary data [J]. ACM Transactions on Information Systems,2020,38(1): 11: 1-11: 27.

[6] PAN W, YANG Q, CAI W, et al. Transfer to rank for heterogeneous one-class collaborative filtering [J]. ACM Transactions on Information Systems,2019,37(1): 1-20.

[7] CHEN C, ZHANG M, ZHANG Y, et al. Efficient heterogeneous collaborative filtering without negative sampling for recommendation [C]//Proceedings of the 34th AAAI Conference on Artificial Intelligence (AAAI'20),Palo Alto: AAAI Press,2020: 19-26.

[8] CHEN X,LI L, PAN W, et al. A survey on heterogeneous one-class collaborative filtering [J]. ACM Transactions on Information Systems,2020,38(4): 35: 1-35: 54.

[9] LONI B,PAGANO R,LARSON M,et al. Bayesian personalized ranking with multi-channel user feedback [C]//SEN S,GEYER W,FREYNE J,et al. Proceedings of the 10th ACM Conference on Recommender Systems (RecSys'16),New York: ACM,2016: 361-364.

[10] PAN W, LIU M, MING Z. Transfer learning for heterogeneous one-class collaborative filtering [J]. IEEE Intelligent Systems,2016,31(4): 43-49.

[11] CHEN X,PAN W,MING Z. Adaptive transfer learning for heterogeneous one-class collaborative filtering [C]//Proceedings of the 2020 International Joint Conference on Neural Networks (IJCNN'20),New York: IEEE,2020: 1-8.

[12] GOODFELLOW I, BENGIO Y, COURVILLE A. Deep learning [M]. Cambridge: MIT Press,2016.

[13] GAO C,HE X,GAN D,et al. Learning to recommend with multiple cascading behaviors [J]. IEEE Transactions on Knowledge and Data Engineering,2021,33(6): 2588-2601.

[14] ZHOU X,LIU D,LIAN J,et al. Collaborative metric learning with memory network for multi-relational recommender systems [C]//KRAUS S. Proceedings of the 28th International Joint Conference on Artificial Intelligence (IJCAI'19),ijcai. org,2019: 4454-4460.

[15] YU X,REN X,SUN Y,et al. Personalized entity recommendation: A heterogeneous information network approach [C]//CARTERETTE B,DIAZ F,CASTILLO C,et al. Proceedings of the 7th ACM International Conference on Web Search and Data Mining (WSDM'14),New York: ACM, 2014: 283-292.

[16] SHI C,LI Y,ZHANG J,et al. A survey of heterogeneous information network analysis [J]. IEEE Transactions on Knowledge and Data Engineering,2017,29(1): 17-37.

[17] 刘梦娟,王巍,李杨曦,等. AttentionRank+:一种基于关注关系与多用户行为的图推荐算法[J]. 计算机学报,2017,40(3):634-648.

[18] HUANG C. Recent advances in heterogeneous relation learning for recommendation [C]//ZHOU Z. Proceedings of the 30th International Joint Conference on Artificial Intelligence (IJCAI'21), ijcai. org,2021: 4442-4449.

[19] HE X,LIAO L,ZHANG H,et al. Neural collaborative filtering [C]//BARRETT R,CUMMINGS

R, AGICHTEIN E, et al. Proceedings of the 26th International Conference on World Wide Web (WWW'17), New York: ACM, 2017: 173-182.
[20] RENDLE S, FREUDENTHALER C, GANTNER Z, SCHMIDT-THIEME L. BPR: Bayesian personalized ranking from implicit feedback [C]//BILMES J A, NG A Y. Proceedings of the 25th Conference on Uncertainty in Artificial Intelligence (UAI'09), Arlington: AUAI Press, 2009: 452-461.
[21] LIANG D, KRISHNAN R G, HOFFMAN M D, et al. Variational autoencoders for collaborative filtering [C]//CHAMPIN P, GANDON F, LALMAS M, et al. Proceedings of the 27th International Conference on World Wide Web (WWW'18), New York: ACM, 2018: 689-698.
[22] 陈宪聪,潘微科,明仲. 面向异构单类协同过滤的阶段式变分自编码器[J]. 计算机应用, 2021, 41(12): 3499-3507.
[23] VASWANI A, SHAZEER N, PARMAR N, et al. Attention is all you need [C]//GUYON I, LUXBURG U V, BENGIO S, et al. Proceedings of the 31st Annual Conference on Neural Information Processing Systems (NeurIPS'17), New York: Curran Associates, Inc., 2017: 6000-6010.
[24] 徐冰冰,岑科廷,黄俊杰,等. 图卷积神经网络综述[J]. 计算机学报, 2020, 43(5): 755-780.
[25] XIA L, HUANG C, XU Y, et al. Multiplex behavioral relation learning for recommendation via memory augmented transformer network [C]//HUANG J, CHANG Y, CHENG X, et al. Proceedings of the 43rd International ACM SIGIR Conference on Research and Development in Information Retrieval (SIGIR'20), New York: ACM, 2020: 2397-2406.
[26] CHEN C, MA W, ZHANG M, et al. Graph heterogeneous multi-relational recommendation [C]// Proceedings of the 35th AAAI Conference on Artificial Intelligence (AAAI'21). Palo Alto: AAAI Press, 2021: 3958-3966.
[27] JIN B, GAO C, HE X, et al. Multi-behavior recommendation with graph convolutional networks [C]//HUANG J, CHANG Y, CHENG X, et al. Proceedings of the 43rd International ACM SIGIR Conference on Research and Development in Information Retrieval (SIGIR'20), New York: ACM, 2020: 659-668.
[28] XIA L, XU Y, HUANG C, et al. Graph meta network for multi-behavior recommendation [C]// DIAZ F, SHAH C, SUEL T, et al. Proceedings of the 44th International ACM SIGIR Conference on Research and Development in Information Retrieval (SIGIR'21), New York: ACM, 2021: 757-766.
[29] XIA L, HUANG C, XU Y, et al. Knowledge-enhanced hierarchical graph Transformer network for multi-behavior recommendation [C]//Proceedings of the 35th AAAI Conference on Artificial Intelligence (AAAI'21). Palo Alto: AAAI Press, 2021: 4486-4493.

6.8 习题

1. 本章研究的问题,即基于异构反馈的物品排序问题,与第 3 章中研究的问题,即基于显式反馈的物品排序问题,以及第 4 章中研究的问题,即基于隐式反馈的物品排序问题,三者有哪些联系与区别?

2. 请完成$\partial L_{\text{VALS}}/\partial U_{uf}$ 和$\partial L_{\text{VALS}}/\partial V_{if}$ 的详细推导。

3. 请分析利用浏览数据增强的最小二乘模型中每一轮迭代的时间复杂度,并说明为

什么是 $O\big((m+n)d^2+|\mathcal{R}^{\mathrm{P}}\cup\mathcal{R}^{\mathrm{E}}|d\big)$？

4. 请想一想，当用户的反馈类型多于两种时，VALS 的目标函数中的 L_{exam} 应该如何设计？

5. 请写出 RoToR(pai.,int.)和 RoToR(pai.,seq.)的目标函数，并完成对应参数的梯度求解。

6. 请分析 RoToR(poi.,int.)和 RoToR(poi.,seq.)的时间复杂度。

7. 请分析 EHCF 的时间复杂度。

8. 请比较 NMTR 与 EHCF 的异同。

9. 实现 VALS、RoToR 和 EHCF 三个算法，选取相同的数据集和评价指标，按照给出的参数选择范围，比较三个算法的推荐效果和时间成本。

10. 除了浏览和购买记录，本章介绍的算法(例如 RoToR)能否同时建模第三种行为(例如加入购物车)？请写出新的预测公式和目标函数。

11. 除了异构行为信息，你还能想到其他可用于提升推荐效果的信息吗？

12. 在 RecSys、SIGIR 等知名国际会议的论文集中，查阅研究 HOCCF 问题的前沿工作(近 3 年)，并总结其中的研究动机、主要思路、关键技术和对比实验。

第 7 章

单行为序列推荐

用户对物品的交互行为天然具有顺序性，为了利用这种序列信息，序列推荐(sequential recommendation)算法应运而生。本章重点研究序列单类协同过滤(sequential one-class collaborative filtering，SOCCF)问题，介绍一些基于不同建模技术的单行为序列推荐算法，包括基于矩阵分解的方法[1-2]、基于邻域的方法[3]、基于深度学习的方法[4-7]、基于图模型(例如图神经网络和知识图谱)的方法[7-8]等。研究表明，当有序列信息可供用户偏好的学习使用时，序列推荐算法往往能比传统的协同过滤算法取得更好的推荐效果。

7.1 序列单类协同过滤(SOCCF)问题

在序列推荐问题中，算法利用用户对物品的反馈行为以及这些行为发生的先后顺序信息，学习用户的动、静态(长期、短期)偏好，从而找出用户将来可能会交互的物品。最基本的序列推荐算法，关注由单类反馈行为(例如购买行为)组成的用户行为序列，即研究序列单类协同过滤问题(如图 7-1 所示)。

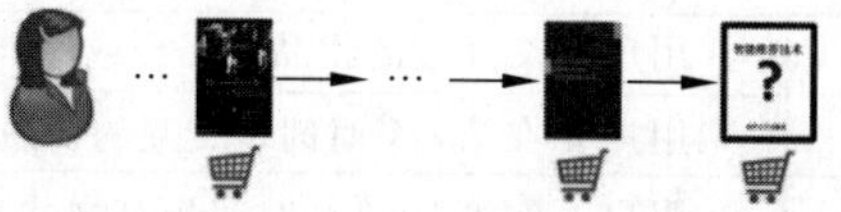

图 7-1　SOCCF 问题示意图

根据行为序列的划分方法不同，序列推荐又可分为以用户为基本单位划分的一般序列推荐和以会话(session)为基本单位划分的基于会话的推荐(session-based recommendation，SBR)。会话是指有明显开始和结束迹象的一段用户行为序列，可根据用户登录状态或反馈时间间隔等上下文信息划分而来。基于会话的推荐问题有时候会考虑一个用户有多条会话记录的情况，并从中学习用户的长短期偏好；有时候又会将用户的会话记录看作匿名的记录，即同一用户的多条会话记录之间相互独立，此时可把该问题可看作一般序列推荐(即一个用户对应一条行为序列)。

根据每次用户行为涉及的物品数量的不同，序列推荐又可分为下一物品推荐(next-item recommendation)和下一篮物品推荐(next-basket recommendation)。在下一篮物品推荐中，用户在每个时间步可选择一个或多个物品，因此在提供推荐时，还需要考虑这若干物品之间的某种相互关系等因素。实际上，下一物品推荐问题可以看作是下一篮物品推荐问题的一种特殊情况(即每一篮中只有一个物品)，因此，为下一篮物品推荐设计的算法一般也可用于下一物品推荐。

在本章中，我们重点关注上述问题的一个简化问题，即 SOCCF 问题。SOCCF 问题是指通过对序列单类反馈的建模，进行下一物品推荐。为了不失一般性，我们假定系统中有用户集合$\mathcal{U}$和物品集合$\mathcal{J}$。SOCCF 算法的输入是一个(用户，序列)对$(u,\mathcal{S}^u)$的集合，其中，$u\in\mathcal{U}$表示一个用户的 ID，$\mathcal{S}^u=\{s_1^u,s_2^u,\cdots,s_{|\mathcal{S}^u|}^u\}$表示该用户的一个历史交互物品序列，且该序列中的每个元素$s_\cdot^u$表示物品集合$\mathcal{J}$中的一个物品的 ID，即$s_\cdot^u\in\mathcal{J}$。通过从以上数据学习用户的个性化偏好、物品间的转移关系等特征，SOCCF 算法能够根据用户u及其在第$t+1$个时间步前的交互物品序列$\mathcal{S}_{1:t}^u=\{s_1^u,s_2^u,\cdots,s_t^u\}$，$t\leqslant|\mathcal{S}^u|$，预测该用户$u$在第$t+1$个时间步对任意一个物品$i\in\mathcal{J}$的偏好值$\hat{r}_{t+1,i}^u$。最终，SOCCF 算法会为每个用户$u$生成一个 top-$K$ 推荐列表，该列表是根据该用户u对候选物品(其未交互过的物品)$i\in\mathcal{J}\backslash\mathcal{S}^u$的偏好值$\hat{r}_{|\mathcal{S}^u|+1,i}^u$的排序得出的。与其他基于隐式反馈的物品排序问题一样，在确定真实的下一个物品$s_{|\mathcal{S}^u|+1}^u$的情况下，可以用 Recall@K、NDCG@K 等面向物品排序的评价指标(见 1.5.2 节)来评估 SOCCF 算法的效果。上述相关符号及其说明如表 7-1 所示。

表 7-1 SOCCF 问题中的符号及其说明

符号	说明
$\mathcal{U}$	用户集合
$\mathcal{J}$	物品集合
$u\in\mathcal{U}$	用户 ID
$i\in\mathcal{J}$	物品 ID
$\mathcal{J}_u\subseteq\mathcal{J}$，或$\mathcal{S}^u\subseteq\mathcal{J}$	用户 u 交互过的物品的集合或序列
$i_t^u\in\mathcal{S}^u$，或 $s_t^u\in\mathcal{S}^u$	用户 u 在第 t 个时间步交互的物品($t\in\{1,2,\cdots,|\mathcal{S}^u|\}$)
$\hat{r}_{ui_u^{t+1}}$，或 $\hat{r}_{t+1,i}^u$	用户 u 在第 $t+1$ 个时间步对物品 i 的预测偏好值

7.2 基于分解马尔可夫链的 FPMC 算法

分解的个性化马尔可夫链(factorizing personalized Markov chains，FPMC)算法[1]是

最经典的序列推荐算法之一，它将传统协同过滤中常用的矩阵分解方法与早期序列推荐中常用的马尔可夫链方法相结合，可通过建模个性化的马尔可夫链来进行偏好预测和物品推荐。

7.2.1 预测公式和优化目标

除了表 7-1 中的符号，FPMC 算法中还会用到如表 7-2 所示的一些特定符号。

表 7-2 FPMC 算法中用到的符号及其说明

符　号	说　明
$\mathcal{P}\in\{(u,i_u^t)\mid i_u^t\in\mathcal{S}^u;\ u\in\mathcal{U}\}$	数据集中所有的 (u,i_u^t) 的集合
$d\in\mathbb{N}$	潜在特征向量的维度
$\boldsymbol{U}_{u\cdot}\in\mathbb{R}^{1\times d}$	用户 u 的潜在特征向量
$\boldsymbol{V}_{i\cdot},\boldsymbol{P}_{i\cdot},\boldsymbol{Q}_{i\cdot}\in\mathbb{R}^{1\times d}$	物品 i 的潜在特征向量
$\alpha_u,\alpha_v,\alpha_p,\alpha_q\in\mathbb{R}$	正则化项上的权衡参数
$\gamma>0$	学习率
T	训练迭代次数

在 FPMC 算法[1]中，用户 u 在第 t 个时间步对物品 i 的偏好值的预测公式如下：

$$\hat{r}_{ui_u^t}=\boldsymbol{U}_{u\cdot}\boldsymbol{V}_{i_u^t\cdot}^{\mathrm{T}}+\boldsymbol{P}_{i_u^{t-1}\cdot}\boldsymbol{Q}_{i_u^t\cdot}^{\mathrm{T}} \tag{7-1}$$

其中，$\boldsymbol{U}_{u\cdot}$ 和 $\boldsymbol{V}_{i_u^t\cdot}\in\mathbb{R}^{1\times d}$ 分别是用户 u 和物品 i_u^t 的潜在特征向量；$\boldsymbol{P}_{i_u^{t-1}\cdot}$ 和 $\boldsymbol{Q}_{i_u^t\cdot}\in\mathbb{R}^{1\times d}$ 分别是用户在上一步（即第 $t-1$ 步）交互的物品 i_u^{t-1} 和待预测的物品 i_u^t 的潜在特征向量。$\boldsymbol{U}_{u\cdot}\boldsymbol{V}_{i_u^t\cdot}^{\mathrm{T}}$ 通过传统的矩阵分解方法建模用户对物品的长期偏好，而 $\boldsymbol{P}_{i_u^{t-1}\cdot}\boldsymbol{Q}_{i_u^t\cdot}^{\mathrm{T}}$ 则通过马尔可夫链以用户序列中相邻两物品的相关性来建模用户的短期偏好。

目标函数采用了序列贝叶斯个性化排序（sequential Bayesian personalized ranking，S-BPR）损失函数[1]，它的目标是让模型对真实目标物品 i_u^t 的评分 $\hat{r}_{ui_u^t}$ 高于对负样本物品 $j\in\mathcal{J}\setminus\mathcal{S}^u$ 的预测评分 $\hat{r}_{uj}$，如下：

$$\min_{\Theta}\sum_{u\in\mathcal{U}}\sum_{i_u^t\in\mathcal{S}^u,t\neq1}\sum_{j\in\mathcal{J}\setminus\mathcal{S}^u}-\ln\sigma(\hat{r}_{ui_u^t}-\hat{r}_{uj})+\mathrm{Reg}(\Theta) \tag{7-2}$$

其中，$\Theta=\{\boldsymbol{U}_{u\cdot},\boldsymbol{V}_{i\cdot},\boldsymbol{P}_{i\cdot},\boldsymbol{Q}_{i\cdot}\mid i\in\mathcal{J};\ u\in\mathcal{U}\}$ 是待训练的模型参数；$\mathrm{Reg}(\Theta)=\frac{\alpha_u}{2}\|U_{u\cdot}\|^2+\frac{\alpha_v}{2}\|\boldsymbol{V}_{i_u^t\cdot}\|^2+\frac{\alpha_v}{2}\|\boldsymbol{V}_{j\cdot}\|^2+\frac{\alpha_p}{2}\|\boldsymbol{P}_{i_u^{t-1}\cdot}\|^2+\frac{\alpha_q}{2}\|\boldsymbol{Q}_{i_u^t\cdot}\|^2+\frac{\alpha_q}{2}\|\boldsymbol{Q}_{j\cdot}\|^2$ 是用来防止过拟合的正则化项，$\alpha_u,\alpha_v,\alpha_p,\alpha_q\in\mathbb{R}$ 为相应的权衡参数。注意，此处的负样本物品 j 的采样范围与 FPMC 原论文[1]中稍有不同，原论文的采样范围为 $j\in\mathcal{J}\setminus i_u^t$。

7.2.2 梯度、更新公式和算法流程

对于参数 $\theta\in\Theta$，其梯度为 $\nabla\theta=\alpha_\theta\theta+\sigma(\hat{r}_{uj}-\hat{r}_{ui_u^t})\nabla(\hat{r}_{uj}-\hat{r}_{ui_u^t})$，故有：

$$\nabla\boldsymbol{U}_{u\cdot}=\alpha_u\boldsymbol{U}_{u\cdot}-\sigma(\hat{r}_{uj}-\hat{r}_{ui_u^t})(\boldsymbol{V}_{i_u^t\cdot}-\boldsymbol{V}_{j\cdot}) \tag{7-3}$$

$$\nabla \boldsymbol{V}_{i_u^t \cdot} = \alpha_v \boldsymbol{V}_{i_u^t \cdot} - \sigma(\hat{r}_{uj} - \hat{r}_{ui_u^t}) \boldsymbol{U}_{u \cdot} \tag{7-4}$$

$$\nabla \boldsymbol{V}_{j \cdot} = \alpha_v \boldsymbol{V}_{j \cdot} + \sigma(\hat{r}_{uj} - \hat{r}_{ui_u^t}) \boldsymbol{U}_{u \cdot} \tag{7-5}$$

$$\nabla \boldsymbol{Q}_{i_u^t \cdot} = \alpha_q \boldsymbol{Q}_{i_u^t \cdot} - \sigma(\hat{r}_{uj} - \hat{r}_{ui_u^t}) \boldsymbol{P}_{i_u^{t-1} \cdot} \tag{7-6}$$

$$\nabla \boldsymbol{Q}_{j \cdot} = \alpha_q \boldsymbol{Q}_{j \cdot} + \sigma(\hat{r}_{uj} - \hat{r}_{ui_u^t}) \boldsymbol{P}_{i_u^{t-1} \cdot} \tag{7-7}$$

$$\nabla \boldsymbol{P}_{i_u^{t-1} \cdot} = \alpha_p \boldsymbol{P}_{i_u^{t-1} \cdot} - \sigma(\hat{r}_{uj} - \hat{r}_{ui_u^t}) (\boldsymbol{Q}_{i_u^t \cdot} - \boldsymbol{Q}_{j \cdot}) \tag{7-8}$$

对于每个参数 $\theta \in \Theta$，更新公式为：

$$\theta = \theta - \gamma \nabla \theta \tag{7-9}$$

其中，γ 为学习率，$\gamma > 0$。

算法流程如算法 7-1 所示。首先初始化模型参数，然后进入两层循环：外层循环包括 T 次迭代，内层循环首先随机挑选一个(用户，物品)对，然后随机选取一个负样本，最后计算梯度并更新参数。

算法 7-1 FPMC 算法

1. 初始化模型参数
2. **for** $t=1,2,\cdots,T$ **do**
3. **for each** 随机排序的 $(u, i_u^t) \in \mathcal{P} \backslash \{u, i_u^1\}$ **do**
4. 从 $\mathcal{I} \backslash \mathcal{S}^u$ 中随机挑选负样本物品 j
5. 根据式(7-1)计算 $\hat{r}_{ui_u^t}$ 和 $\hat{r}_{uj}$
6. 根据式(7-3)～式(7-8)计算梯度
7. 根据式(7-9)更新参数
8. **end for**
9. **end for**

7.2.3 实验设置

在 MovieLens 等公开数据集上，我们设置潜在特征向量的维度 $d=20$ 和学习率 $\gamma=0.01$ 就可以获得比较好的效果。对于正则化项上的权衡参数和迭代次数，需要从一定范围内根据验证集上的表现来选取，例如，可固定正则化项上的权衡参数相同，且从 $\{0.1, 0.01, 0.001\}$ 范围内选取，即 $\alpha_u = \alpha_v = \alpha_p = \alpha_q \in \{0.1, 0.01, 0.001\}$；迭代次数 T 从 $\{100, 500, 1000\}$ 中选取。

7.2.4 讨论

FPMC 算法是最经典的序列推荐算法之一，它采用了较为简单的矩阵分解和单阶马尔可夫链，对用户长期偏好和短期偏好的捕捉可能不够充分，且不能很好地处理数据的稀疏性问题[2]。Fossil(见 7.3 节)结合物品相似度模型和高阶马尔可夫链对这个问题进行了改进，并取得了较好的推荐效果。

7.3　基于分解高阶马尔可夫链的 Fossil 算法

Fossil(factorized sequential prediction with item similarity models)算法[2]也是一种基于分解的序列推荐算法。Fossil 算法不仅将 FPMC 算法扩展为面向更高阶马尔可夫链的版本，以更好地捕捉用户短期偏好，还融合了物品相似度模型，从而提升了对稀疏序列的建模效果。

7.3.1　预测公式和优化目标

除了表 7-1 中的符号，Fossil 算法中还会用到如表 7-3 所示的一些特定符号。

表 7-3　Fossil 算法中用到的符号及其说明

符　号	说　明
$\mathcal{P}\in\{(u,i_u^t)\mid i_u^t\in\mathcal{S}^u;\ u\in\mathcal{U}\}$	数据集中所有的(u,i_u^t)的集合
$d\in\mathbb{N}$	潜在特征向量的维度
$\boldsymbol{V}_{i\cdot},\boldsymbol{W}_{i\cdot}\in\mathbb{R}^{1\times d}$	物品 i 的潜在特征向量
$b_i\in\mathbb{R}$	偏置
$\alpha_{\mathrm{w}},\alpha_{\mathrm{v}},\beta_{\eta},\beta_{\mathrm{v}}\in\mathbb{R}$	正则化项上的权衡参数
$\eta\in\mathbb{R}^{1\times L}$	全局权重系数
$\eta^u\in\mathbb{R}^{1\times L}$	用户 u 的个性化权重系数
L	高阶马尔可夫链的长度
$\gamma>0$	学习率
T	训练迭代次数

在 Fossil 算法[2]中，用户 u 在第 t 个时间步对物品 i 的偏好值的预测公式如下：

$$\hat{r}_{ui_u^t}=b_{i_u^t}+\bar{\boldsymbol{U}}_{u\cdot}^{i_u^t}\boldsymbol{V}_{i_u^t\cdot}^{\mathrm{T}} \tag{7-10}$$

其中，$b_{i_u^t}$ 是物品 i_u^t 的偏置；$\bar{\boldsymbol{U}}_{u\cdot}^{i_u^t}=\frac{1}{\sqrt{|\mathcal{S}_u\backslash\{i_u^t\}|}}\sum_{i'\in\mathcal{S}_u\backslash\{i_u^t\}}\boldsymbol{W}_{i'\cdot}+\sum_{\ell=1}^{L}(\eta_\ell+\eta_\ell^u)\boldsymbol{W}_{i_u^{t-\ell}\cdot}$ 可以看作在第 t 个时间步关于用户 u 的一个综合的虚拟画像；η_ℓ^u 控制了用户 u 的不同位置物品的权重；η_ℓ 是所有用户共享的全局权重参数。可以看到$\frac{1}{\sqrt{|\mathcal{S}_u\backslash\{i_u^t\}|}}\sum_{i'\in\mathcal{S}_u\backslash\{i_u^t\}}\boldsymbol{W}_{i'\cdot}$ 利用分解的物品相似度模型(FISM[9]) 建模用户的长期偏好，进而缓解了数据的稀疏性问题；$\sum_{\ell=1}^{L}(\eta_\ell+\eta_\ell^u)\boldsymbol{W}_{i_u^{t-\ell}\cdot}$ 将高阶马尔可夫链结合进来，并对不同位置和不同用户设置了个性化的权重。

与 FPMC 类似，Fossil 的目标函数也是使用 S-BPR[1]损失函数：

$$\min_{\Theta}\sum_{u\in\mathcal{U}}\sum_{i_u^t\in\mathcal{S}^u,t\neq1}\sum_{j\in\mathcal{J}\backslash\mathcal{S}^u}-\ln\sigma(\hat{r}_{ui_u^t}-\hat{r}_{uj})+\mathrm{Reg}(\Theta) \tag{7-11}$$

其中，$\Theta=\{\boldsymbol{V}_{i\cdot},\boldsymbol{W}_{i\cdot},b_i,\eta_\ell,\eta_\ell^u\mid i\in\mathcal{J};\ u\in\mathcal{U};\ \ell=1,2,\cdots,L\}$ 是待训练的模型参数；

$$\text{Reg}(\Theta)=\frac{\alpha_v}{2}\|\boldsymbol{V}_{i_u^t\cdot}\|^2+\frac{\alpha_v}{2}\|\boldsymbol{V}_{j\cdot}\|^2+\frac{\alpha_w}{2}\sum_{i'\in\mathcal{S}_u}\|\boldsymbol{W}_{i'\cdot}\|^2+\frac{\beta_v}{2}b_{i_u^t}^2+\frac{\beta_v}{2}b_j^2+\frac{\beta_\eta}{2}\eta_\ell^2+\frac{\beta_\eta}{2}(\eta_\ell^u)^2$$

是用来防止过拟合的正则项。注意,此处的负样本物品 j 的采样范围与 Fossil 原论文[2]中稍有不同,原论文的采样范围为 $j\in\mathcal{J}\setminus\{i_u^t,i_u^{t-1},\cdots,i_u^{t-\min(L,t-1)}\}$。

7.3.2 梯度、更新公式和算法流程

对于参数 $\theta\in\Theta$,其梯度为$\nabla\theta=\alpha_\theta\theta+\sigma(\hat{r}_{uj}-\hat{r}_{ui_u^t})\nabla(\hat{r}_{uj}-\hat{r}_{ui_u^t})$,故有:

$$\nabla b_{i_u^t}=\beta_v b_{i_u^t}-\sigma(\hat{r}_{uj}-\hat{r}_{ui_u^t}) \tag{7-12}$$

$$\nabla b_j=\beta_v b_j+\sigma(\hat{r}_{uj}-\hat{r}_{ui_u^t}) \tag{7-13}$$

$$\nabla\boldsymbol{V}_{i_u^t\cdot}=\alpha_v\boldsymbol{V}_{i_u^t\cdot}-\sigma(\hat{r}_{uj}-\hat{r}_{ui_u^t})\bar{\boldsymbol{U}}_{u\cdot}^{i_u^t} \tag{7-14}$$

$$\nabla\boldsymbol{V}_{j\cdot}=\alpha_v\boldsymbol{V}_{j\cdot}+\sigma(\hat{r}_{uj}-\hat{r}_{ui_u^t})\bar{\boldsymbol{U}}_{u\cdot}^{j} \tag{7-15}$$

$$\nabla\eta_\ell=\beta_\eta\eta_\ell-\sigma(\hat{r}_{uj}-\hat{r}_{ui_u^t})\boldsymbol{W}_{i_u^{t-\ell}\cdot}(\boldsymbol{V}_{i_u^t\cdot}-\boldsymbol{V}_{j\cdot})^{\mathrm{T}},\quad \ell=1,2,\cdots,L \tag{7-16}$$

$$\nabla\eta_\ell^u=\beta_\eta\eta_\ell^u-\sigma(\hat{r}_{uj}-\hat{r}_{ui_u^t})\boldsymbol{W}_{i_u^{t-\ell}\cdot}(\boldsymbol{V}_{i_u^t\cdot}-\boldsymbol{V}_{j\cdot})^{\mathrm{T}},\quad \ell=1,2,\cdots,L \tag{7-17}$$

$$\nabla\boldsymbol{W}_{i'\cdot}=\alpha_w\boldsymbol{W}_{i'\cdot}-\sigma(\hat{r}_{uj}-\hat{r}_{ui_u^t})\left(\frac{1}{\sqrt{|\mathcal{S}_u\setminus\{i_u^t\}|}}\boldsymbol{V}_{i_u^t\cdot}-\frac{1}{\sqrt{|\mathcal{S}_u|}}\boldsymbol{V}_{j\cdot}\right),$$

$$i'\in\mathcal{S}_u\setminus\{i_u^t,i_u^{t-1},\cdots,i_u^{t-L}\} \tag{7-18}$$

$$\nabla\boldsymbol{W}_{i_u^t\cdot}=\alpha_w\boldsymbol{W}_{i_u^t\cdot}-\sigma(\hat{r}_{uj}-\hat{r}_{ui_u^t})\left(-\frac{1}{\sqrt{|\mathcal{S}_u|}}\boldsymbol{V}_{j\cdot}\right) \tag{7-19}$$

$$\begin{aligned}\nabla\boldsymbol{W}_{i_u^{t-\ell}\cdot}=&\alpha_w\boldsymbol{W}_{i_u^{t-\ell}\cdot}-\sigma(\hat{r}_{uj}-\hat{r}_{ui_u^t})(\boldsymbol{V}_{i_u^t\cdot}-\boldsymbol{V}_{j\cdot})(\eta_\ell+\eta_\ell^u)-\\&\sigma(\hat{r}_{uj}-\hat{r}_{ui_u^t})\left(\frac{1}{\sqrt{|\mathcal{S}_u\setminus\{i_u^t\}|}}\boldsymbol{V}_{i_u^t\cdot}-\frac{1}{\sqrt{|\mathcal{S}_u|}}\boldsymbol{V}_{j\cdot}\right),\quad \ell=1,2,\cdots,L\end{aligned} \tag{7-20}$$

对于每个参数 $\theta\in\Theta$,更新公式为:

$$\theta=\theta-\gamma\nabla\theta \tag{7-21}$$

其中,γ 为学习率,$\gamma>0$。

算法流程如算法 7-2 所示。首先初始化模型参数,然后进入两层循环:外层循环包括 T 次迭代;内层循环随机挑选一个(用户,物品)对,选取一个负样本,最后计算梯度并更新参数。

算法 7-2 Fossil 算法

1. 初始化模型参数
2. **for** $t=1,2,\cdots,T$ **do**
3.   **for each** 随机排序的 $(u,i_u^t)\in\mathcal{P}\setminus\{(u,i_u^1),(u,i_u^2),\cdots,(u,i_u^L)\}$ **do**

4. 从$\mathcal{J}\backslash\mathcal{S}^u$中随机挑选负样本物品$j$
5. 根据式(7-10)计算$\hat{r}_{ui_u^t}$ 和$\hat{r}_{uj}$
6. 根据式(7-12)～式(7-20)计算梯度
7. 根据式(7-21)更新参数
8. **end for**
9. **end for**

7.3.3 实验设置

在MovieLens等公开数据集上,设置潜在特征向量的维度$d=20$和学习率$\gamma=0.01$就可以获得比较好的效果。对于正则化项上的权衡参数、迭代次数和马尔可夫链的长度,需要从一定范围内根据验证集上的效果来选取,例如,可固定正则化项上的权衡参数相同,且从$\{0.1,0.01,0.001\}$范围内选取,即$\alpha_u=\alpha_v=\alpha_w=\beta_v=\beta_\eta\in\{0.1,0.01,0.001\}$;迭代次数$T$从$\{100,500,1000\}$中选取;马尔可夫链的长度$L$从$\{1,2,3\}$中选取。

7.3.4 讨论

Fossil算法是将分解的物品相似度模型(即FISM[9])融合进马尔可夫链来进行序列建模,较好地解决了数据的稀疏性问题,并取得了较好的效果。然而Fossil算法还有一些可以改进的地方,例如,其只考虑了物品之间的相似度,而没考虑用户之间的相似度,为此GPS算法[10]提出对用户进行聚类得到相似的用户组,利用用户的交互来解决数据的稀疏性和用户的冷启动问题;又如其只考虑物品的学习得到的相似度,因此S-FMSM[11]将预定义的相似度(如余弦相似度等)融合进Fossil算法,利用结合预定义的相似度(predefined similarity)和学习的相似度(learned similarity)的混合相似度(mixed similarity)来进一步提升推荐效果。

7.4 基于双向物品相似度的BIS算法

受到时间感知的基于物品的协同过滤方法[12]的启发,BIS算法设计了一种面向用户行为序列的双向物品相似度(bidirectional item similarity,BIS)度量方法,并以此来进行推荐。

7.4.1 BIS算法的原理

BIS算法[3]根据时间感知的基于物品的协同过滤方法[12]的框架设计了一种序列推荐算法,下面介绍其中的相似度度量方法和预测公式。

1. 双向物品相似度

对于出现在同一序列中的两个物品i和物品i',序列感知的双向物品相似度的定义如下:

$$\mathrm{sim}_{i'\to i}^{(\ell,\rho)}=\frac{\sum_{u\in\mathcal{U}_i\cap\mathcal{U}_{i'}}\delta(-\rho\ell\leqslant(t-t')\leqslant\ell)}{|\mathcal{U}_i\cup\mathcal{U}_{i'}|}$$

其中,$\mathcal{U}_i$和$\mathcal{U}_{i'}$分别表示对物品 i 和物品 i'有过交互行为的用户的集合,序列相关性有效距离 $\ell\in\mathbb{N}$ 和逆向因子 $\rho\in[0,1]$是算法中可调节的超参数。这里比较了物品 i 和物品 i'在用户集合$\mathcal{U}_i\cap\mathcal{U}_{i'}$中的每个用户 u 的交互物品序列上的位置关系,记它们的位置分别为 t 和 t'(即 $i=s_t^u$ 和 $i'=s_{t'}^u$),若符合条件"$-\rho\ell\leqslant(t-t')\leqslant\ell$"(表明它们在序列中出现的时间点足够接近),则等式右边分子计数加 1,得到的相似度值就越大。

容易看出,当逆向因子 $\rho=0$ 时,相似度 $\mathrm{sim}_{i'\to i}^{(\ell;0)}$ 退化为一种只考虑单向序列关系的物品相似度;当逆向因子 $\rho=1$ 且有效距离 $\ell\to\infty$时,相似度 $\mathrm{sim}_{i'\to i}^{(\infty;1)}$ 退化为不考虑任何序列信息的杰卡德指数,即 $\mathrm{sim}_{i'\to i}^{(\infty,1)}=\frac{|\mathcal{U}_i\cap\mathcal{U}_{i'}|}{|\mathcal{U}_i\cup\mathcal{U}_{i'}|}$。

2. 预测公式

使用最近活跃会话窗口加权函数[13],可以得到 BIS 算法用于序列推荐问题的预测公式:

$$\hat{r}_{|\mathcal{S}^u|+1,i}^u=\sum_{i'\in\mathcal{J}_u\cap\mathcal{N}_i}w_{\mathrm{latest}}(u,i')\times\mathrm{sim}_{i'\to i}^{(\ell,\rho)}$$

其中,$\mathcal{N}_i$ 为根据上述双向物品相似度得到的物品 i 的最近邻物品集合,加权函数 $w_{\mathrm{latest}}(u,i')$的定义如下:

$$w_{\mathrm{latest}}(u,i')=\begin{cases}1, & i'\in\mathcal{S}^u_{|\mathcal{S}^u|-k+1:|\mathcal{S}^u|}\\0, & \text{其他}\end{cases}$$

可以看到,只有当物品 i'是用户 u 最近交互过的 k 个物品之一时(即 $i'\in\mathcal{S}^u_{|\mathcal{S}^u|-k+1:|\mathcal{S}^u|}$),才会被纳入考虑。

7.4.2 BIS 算法的实现

BIS 算法的 Java 实现代码可在以下网址找到:

http://csse.szu.edu.cn/staff/panwk/publications/ABIS/。

关于参数设置,可从{5,10,20,40}中选取最优的有效距离 ℓ,从{0,0.2,0.4,0.6,0.8,1}中选取最优的逆向因子 ρ,从{5,10,20,40}中选取最优的最近活跃会话窗口大小 k,并从{10,20,30}中选取最优的最近邻个数$|\mathcal{N}_i|$。

7.4.3 讨论

目前,基于模型的方法(尤其是下面将介绍的基于深度学习的方法)被广泛应用在序列推荐算法的设计中,目前对单纯基于邻域的序列推荐算法的研究比较少。作为一种基于邻域的方法,BIS 算法具有易维护和易解释的特点。是否能设计一个能更充分地利用序列信息的物品间相似度度量方法,是一个非常值得研究的问题。

7.5 基于循环神经网络的 GRU4Rec 算法

随着深度学习技术的快速发展，近年来，将深度神经网络应用到序列推荐算法的设计中已经成为一个研究热点。循环神经网络(recurrent neural networks,RNN)就是为序列建模而生的。最早的基于深度学习的序列推荐算法之一的 GRU4Rec 算法[4]，正是应用了 RNN 的一种引入了门控机制的变形，称为 GRU(gated recurrent unit)网络(门控循环单元)。GRU 网络可以缓解标准 RNN 中的梯度消失(vanishing gradient)问题，并用来建模一段交互物品序列(原文主要针对匿名的短期会话序列)。

7.5.1 GRU4Rec 算法的原理

门控循环单元(GRU)是 GRU 网络中的核心计算单元，和其他 RNN 网络中的循环神经单元一样，它保存从上一个节点(第 $t-1$ 步)传递下来的隐藏状态 $\boldsymbol{h}_{t-1} \in \mathbb{R}^{1\times d_{\mathrm{h}}}$，接收一个当前节点(第 t 步)的输入 $\boldsymbol{x}_t \in \mathbb{R}^{1\times d_{\mathrm{x}}}$，将两者结合后得到当前节点的隐藏状态 $\boldsymbol{h}_t \in \mathbb{R}^{1\times d_{\mathrm{h}}}$，并将之输出给下一个节点。需要说明的是，$d_{\mathrm{h}}$ 为隐藏状态向量的维度，又称为隐藏单元数，d_{x} 为嵌入向量的维度。注意，虽然每个节点上的输入和输出不同，但所有节点共享同一套权重参数，即在每个时间步 t 循环使用和更新同一个 GRU，因此模型的参数规模并不会随着序列长度的增加而增大。下面进一步介绍 GRU4Rec 算法是如何设计适用于序列推荐问题的 GRU 网络的。

1. 单个时间节点上的运算

GRU4Rec 算法的模型结构如图 7-2 所示。

首先，输入物品序列中的一个物品 s_t^u 经过嵌入(embedding)层后被编码为一个嵌入向量 $\boldsymbol{x}_t \in \mathbb{R}^{1\times d_{\mathrm{x}}}$，例如使用热独(one-hot)编码($d_{\mathrm{x}} = |\mathcal{J}|$)：

$$\boldsymbol{x}_t = [\underbrace{0\cdots0}_{s_t^u-1\text{个}0} \quad 1 \quad \underbrace{0\cdots0}_{|\mathcal{J}|-s_t^u\text{个}0}]$$

然后，在 GRU 的内部，当前输入 $\boldsymbol{x}_t$ 和从上一个时间节点传递下来的隐藏状态 $\boldsymbol{h}_{t-1} \in \mathbb{R}^{1\times d_{\mathrm{h}}}$ 结合得到重置门控信号 $\boldsymbol{y}_t$ 和更新门控信号 $\boldsymbol{z}_t$，它们又分别控制着候选隐藏状态 $\tilde{\boldsymbol{h}}_t \in \mathbb{R}^{1\times d_{\mathrm{h}}}$ 和当前节点隐藏状态 $\boldsymbol{h}_t \in \mathbb{R}^{1\times d_{\mathrm{h}}}$ 的输出。其中，重置门、候选激活函数、更新门和最后线性结合的运算如下：

$$\text{重置门：}\quad \boldsymbol{y}_t = \mathrm{sigmoid}(\boldsymbol{x}_t\boldsymbol{W}_{\mathrm{xy}} + \boldsymbol{h}_{t-1}\boldsymbol{W}_{\mathrm{hy}})$$

$$\text{候选激活函数：}\quad \tilde{\boldsymbol{h}}_t = \tanh(\boldsymbol{x}_t\boldsymbol{W}_{\mathrm{x}\tilde{\mathrm{h}}} + (\boldsymbol{y}_t \odot \boldsymbol{h}_{t-1})\boldsymbol{W}_{\mathrm{h}\tilde{\mathrm{h}}})$$

$$\text{更新门：}\quad \boldsymbol{z}_t = \mathrm{sigmoid}(\boldsymbol{x}_t\boldsymbol{W}_{\mathrm{xz}} + \boldsymbol{h}_{t-1}\boldsymbol{W}_{\mathrm{hz}})$$

$$\text{线性结合：}\quad \boldsymbol{h}_t = \boldsymbol{z}_t \odot \tilde{\boldsymbol{h}}_t + (1-\boldsymbol{z}_t) \odot \boldsymbol{h}_{t-1}$$

其中，运算符“$\odot$”表示 Hadamard 积(对应位置的元素相乘)，$\boldsymbol{W}_{\mathrm{xy}}, \boldsymbol{W}_{\mathrm{x}\tilde{\mathrm{h}}}, \boldsymbol{W}_{\mathrm{xz}} \in \mathbb{R}^{d_{\mathrm{x}}\times d_{\mathrm{h}}}$ 和

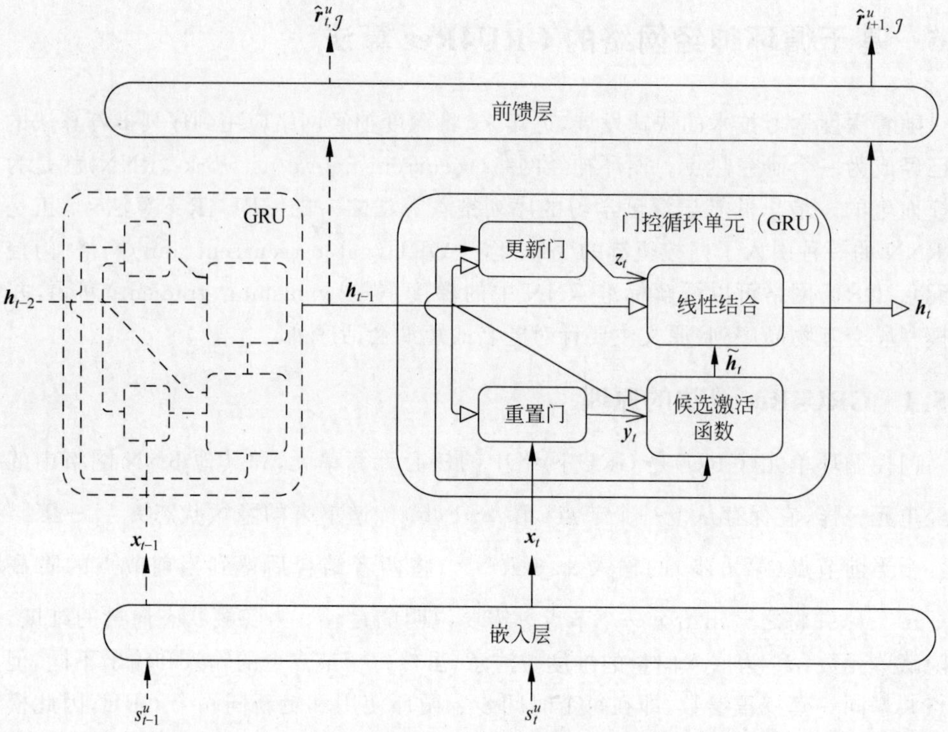

图 7-2　GRU4Rec 算法的模型结构示意图（单层 GRU 网络）

$\boldsymbol{W}_{\mathrm{hy}}, \boldsymbol{W}_{\mathrm{h\tilde{h}}}, \boldsymbol{W}_{\mathrm{hz}} \in \mathbb{R}^{d_{\mathrm{h}} \times d_{\mathrm{h}}}$ 都是待学习的权重参数。

接着，这个当前隐藏状态被传递到下一个节点，或在多层 GRU 网络中作为下一层 GRU 的输入，或经过一层前馈层后，得到当前时间节点的最终输出结果，即用户 u 在第 $t+1$ 时间步对所有物品的预测偏好值 $\hat{r}^u_{t+1,1:|\mathcal{J}|} \in \mathbb{R}^{1\times|\mathcal{J}|}$，其中，对物品 i 的偏好对应这个向量中的第 i 个值 $\hat{r}^u_{t+1,i}$。由于在循环神经网络中，信息会沿着时间节点向下传递，因此当前节点的输出蕴含着从前面所有时间节点累积得到的信息。

2. 序列并行化批处理

为了不间断地处理长度不一的交互物品序列，GRU4Rec 算法使用了一种序列并行化的批处理方式。每个批次处理该批次中序列的一阶转移。如图 7-3 所示，生成第 1 个训练批次时，依次从图 7-3(a)所示的待训练序列集合中选择若干（与批次大小相等）条序列以填满该批次，以序列中的第 1 个物品作为输入，第 2 个物品作为预测目标；在接下来的批次中，以当前序列的下一个物品作为输入，以此类推；若序列结束，则从剩余的待训练序列集合中选取下一个序列填入该批次中的空缺位置，继续训练。注意，切换到一个新序列时，需将相应的隐藏状态置零，即隐藏状态的传递情况如图 7-3(b)所示。

为了保证模型的稳定性并减少计算量，对于训练中的每一次预测，即一个（用户，时间步，下一个物品）的组合 (u, t, s^u_{t+1})，只采样部分非用户真实交互的下一个物品（$j \in$

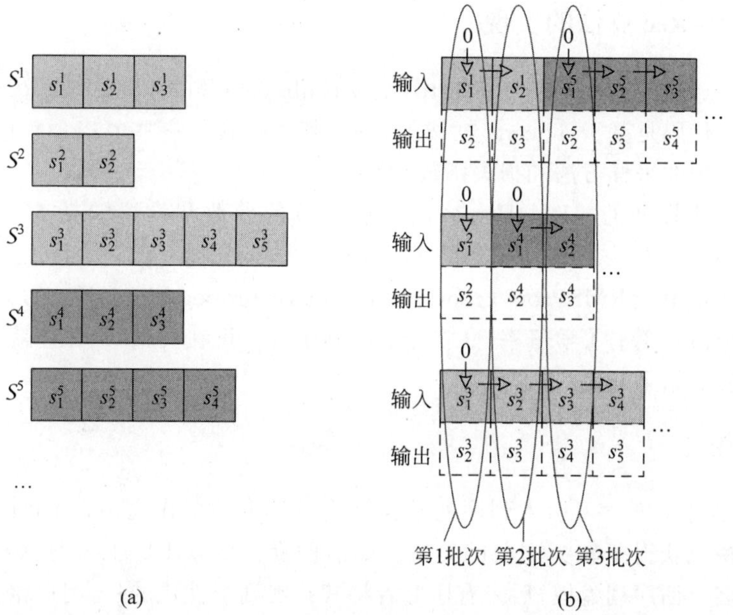

图 7-3　GRU4Rec 算法中序列并行化批处理方式的示意图(批次大小为 3)(见彩插)

$\mathcal{J}\setminus s_{t+1}^u\}$)作为负样本,组成负样本物品集合$\mathcal{A}$。在理想情况下,应按照这些物品的流行度高低来进行负采样,因为越流行的物品越容易被用户注意到,而在注意到的情况下未选择这些物品更能体现用户不喜欢它们。在 GRU4Rec[4] 中,作者提出可用同一批次中其他序列上的正样本作为当前序列的负样本,这样就能省去为该批次中的每条序列都进行一轮额外的负采样的过程,从而降低了时间复杂度。例如,对于如图 7-3 所示的第 3 批次的第 2 组训练样本——输入物品 s_2^4,预测结果的正样本为物品 s_3^4,采样的负样本物品集合为$\mathcal{A}=\{s_2^5,s_4^3\}$。这也是一种基于流行度的采样方式,因为物品在其他序列中出现的概率与其流行度的关系通常是成正比的。

3. 基于排序的损失计算

通常,在序列推荐问题中,每一次预测的正样本(目标物品)只有一个,因此可以使用两种成对排序损失——BPR 损失和 TOP1 损失。

(1) BPR 损失比较了正负样本间的得分(预测偏好值)。对于如下一组训练样本:输入的(用户,时间步)对(u,t),$t<|\mathcal{S}^u|$,正样本物品 $i=s_{t+1}^u$ 和负样本物品 $j\in\mathcal{A}$,BPR 损失定义为:$\mathcal{L}(u,t,i,\mathcal{A})=-\frac{1}{|\mathcal{A}|}\sum_{j\in\mathcal{A}}\ln(\text{sigmoid}(\hat{r}_{t+1,i}^u-\hat{r}_{t+1,j}^u))$。

(2) TOP1 损失衡量了正负样本间的相对排序。对于如下一组训练样本:输入的(用户,时间步)对(u,t),$t<|\mathcal{S}^u|$,正样本物品 $i=s_{t+1}^u$ 和负样本物品 $j\in\mathcal{A}$,TOP1 损失定义为:$\mathcal{L}(u,t,i,\mathcal{A})=\frac{1}{|\mathcal{A}|}\sum_{j\in\mathcal{A}}\text{sigmoid}(\hat{r}_{t+1,j}^u-\hat{r}_{t+1,i}^u)+\text{sigmoid}((\hat{r}_{t+1,j}^u)^2)$。

7.5.2 GRU4Rec 算法的实现

GRU4Rec 算法的提出者[4]在 https://github.com/hidasib/GRU4Rec 公布了他们的代码。这份代码是基于 Theano 框架编写的，其中包含了一些 GPU 优化的操作，并且适配了一些新增的采样方法和损失函数[14]等。

原论文[4]中提到的 GRU4Rec 算法中可调节的参数和设置包括：①隐藏单元数：100、1000 等；②损失函数：BPR、TOP1、cross-entropy 等；③优化器：AdaGrad (adaptive gradient)、RMSProp (root mean square propogation) 等；③批大小(batch size)：50、200、500 等；④学习率：0.01、0.05、0.1 等。可在文献[4]和文献[14]中查看调参后的相关实验结果与分析。

7.5.3 讨论

作为最早将深度学习引入到序列推荐算法设计中的工作之一，GRU4Rec 算法[4]在被提出后很快就获得了较为广泛的关注。如前面提到的，GRU4Rec 算法被提出时主要针对的是匿名会话序列建模，后来有研究者将其扩展到个性化的(与用户相关的)场景中，例如，文献[15]设计了一种分层的 RNN 来建模用户的完整画像信息和多条会话序列之间的转移关系，文献[16]则通过修改 GRU 神经元的结构(增加用户特征向量作为输入等)来引入用户的个性化信息。后来，研究者们[14]还基于 GRU4Rec 算法设计了更有效的损失函数(TOP1-max 和 BPR-max)和额外的采样策略，并开展了更多的相关实验。与 GRU4Rec 算法同期，也有研究者[17]设计了基于 RNN 的面向下一篮物品推荐的模型。尽管将 RNN 应用到序列推荐算法中已经非常常见，但这些基于 RNN 的模型仍然可能面临由 RNN 的结构本身带来的在长序列中梯度消失严重、并行化困难等问题，这也启发着人们研究更多更加高效和准确的序列建模方法。

7.6 基于卷积神经网络的 Caser 算法

作为另一种经典的深度学习技术，卷积神经网络(convolutional neural networks, CNN)多用于计算机视觉中的像素等空间特征建模，近来也常被用于更容易并行化的序列特征建模。将一段交互物品序列嵌入到一个以时间为纵轴的平面空间中形成“一张图”后，基于卷积序列嵌入的推荐(convolutional sequence embedding recommendation, Caser)算法[5]利用多个不同大小的卷积滤波器(convolution filter)，来捕捉序列中物品间点级的(point-level)、联合的(union-level)和跳跃的(skip)转移模式。除了建模以上提到的序列局部特征，Caser 还引入了用户全局特征，构建了一个较为统一和灵活的用于序列推荐的网络结构。

7.6.1 Caser 算法的原理

Caser 算法的模型结构如图 7-4 所示。Caser 算法通过对输入物品序列的嵌入矩阵进行一系列卷积操作来捕捉序列的局部特征，再将学习到的序列局部特征与用户全局特征(由用户嵌入向量来表示)相结合,最终得到用户在对应时间点上对所有物品的预测偏好。下面介绍 Caser 算法中各组成部分的具体定义与计算公式。

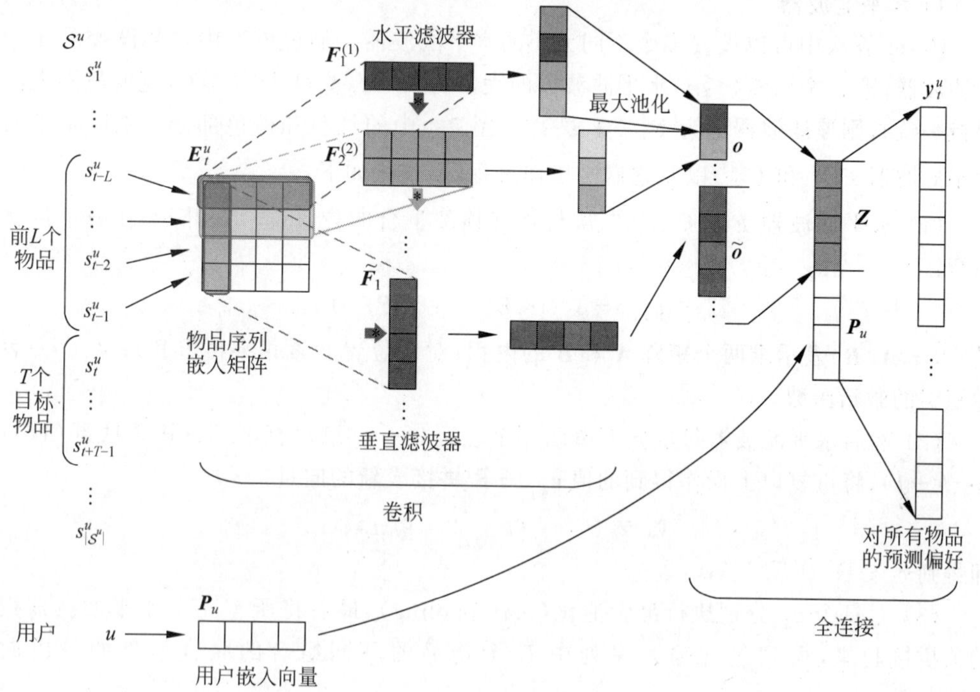

图 7-4　Caser 算法的模型结构示意图(见彩插)

1. 物品序列嵌入与用户嵌入

与基于矩阵分解的方法类似,Caser 算法中定义了每个物品 i 对应的物品嵌入向量 $\boldsymbol{Q}_i \in \mathbb{R}^{1\times d}$ 和每个用户 u 对应的用户嵌入向量 $\boldsymbol{P}_u \in \mathbb{R}^{1\times d}$,其中 d 表示这些要学习的潜在特征向量的维度。

为了捕捉用户的动态偏好,即用户交互序列的局部特征,如图 7-4 所示,当要预测用户 u 在时间步 t 上的偏好时,我们取用户 u 在第 t 步前交互的 L 个物品组成输入物品序列,并根据定义好的物品嵌入向量,拼接得到物品序列的嵌入矩阵 $\boldsymbol{E}^{(u,t)} \in \mathbb{R}^{L\times d}$:

$$\boldsymbol{E}^{(u,t)} = \begin{bmatrix} \boldsymbol{Q}_{s_{t-L}^u} \\ \vdots \\ \boldsymbol{Q}_{s_{t-2}^u} \\ \boldsymbol{Q}_{s_{t-1}^u} \end{bmatrix}$$

2. 卷积层

Caser 算法的卷积层将嵌入矩阵 $\boldsymbol{E}^{(u,t)} \in \mathbb{R}^{L\times d}$ 看作"一张图"并对其进行卷积操作,使用纵向移动的水平滤波器来捕捉前 L 步物品对后续物品的综合影响(union-level influence)，使用横向移动的垂直滤波器来捕捉前 L 步物品对后续物品的点级影响(point-level influence)。

1) 水平滤波器

Caser 算法中可以设置多个不同大小的水平滤波器。假设模型中总共设置了 n 个水平滤波器，第 k 个($1\leqslant k\leqslant n$)水平滤波器的大小为 $h\times d$(高度 $1\leqslant h\leqslant L$，宽度与嵌入向量保持一致)，则该滤波器记为 $\boldsymbol{F}_k^{(h)}\in\mathbb{R}^{h\times d}$。图 7-4 中的红色和橙色部分分别展示了两个水平滤波器 $\boldsymbol{F}_1^{(1)}$ 和 $\boldsymbol{F}_2^{(2)}$ 以及它们的工作过程，形式化如下：

(1) 水平滤波器 $\boldsymbol{F}_k^{(h)}\in\mathbb{R}^{h\times d}$ 从与矩阵顶部重合的位置($i=1$)开始，在每个位置上执行：

$$\boldsymbol{c}_{k,i}=\phi_{\mathrm{c}}(\operatorname{tr}({\boldsymbol{E}_{i:i+h-1}^{(u,t)}}^{\mathrm{T}}\boldsymbol{F}_k^{(h)}))$$

其中，$\operatorname{tr}(\boldsymbol{A}^{\mathrm{T}}\boldsymbol{B})$表示求两个矩阵 $\boldsymbol{A}$ 和 $\boldsymbol{B}$ 的内积(对应位置元素相乘再求和)；$\phi_{\mathrm{c}}(\cdot)$表示卷积层的激活函数；

(2) 然后水平滤波器每次向下滑动一个位置($i\leftarrow i+1$)，直至到达矩阵底部($1\leqslant i\leqslant L-h+1$)，将重复以上操作得到的值 $\boldsymbol{c}_{k,i}\in\mathbb{R}$ 拼接成新的向量：

$$\boldsymbol{c}_k=[\boldsymbol{c}_{k,1}\quad \boldsymbol{c}_{k,2}\quad \cdots\quad \boldsymbol{c}_{k,L-h+1}]$$

即得到 $\boldsymbol{c}_k\in\mathbb{R}^{1\times(L-h+1)}$；

(3) 对每个 $\boldsymbol{c}_k$ 分别执行最大池化(max pooling)，最后将所有 n 个水平滤波器得到的值拼接起来，得到包含输入序列中 L 个物品的不同组合的联合信息的输出向量 $\boldsymbol{o}\in\mathbb{R}^{1\times n}$：

$$\boldsymbol{o}=[\max(\boldsymbol{c}_1)\quad \max(\boldsymbol{c}_2)\quad \cdots\quad \max(\boldsymbol{c}_n)]$$

2) 垂直滤波器

Caser 算法中可以设置多个垂直滤波器，它们的大小都为 $L\times 1$。设共有 $\tilde{n}$ 个垂直滤波器，则其中的第 k 个垂直滤波器记为$\widetilde{\boldsymbol{F}}_k\in\mathbb{R}^{L\times 1}$。图 7-4 中的蓝色部分展示了一个垂直滤波器$\widetilde{\boldsymbol{F}}_1$ 以及它的工作过程。

与上文水平滤波器的步骤(1)和步骤(2)相似，每个垂直滤波器$\widetilde{\boldsymbol{F}}_k\in\mathbb{R}^{L\times 1}$ 在嵌入矩阵 $\boldsymbol{E}^{(u,t)}\in\mathbb{R}^{L\times d}$ 上从左到右滑动得到一个 d 维向量 $\tilde{c}_k=[\tilde{c}_{k,1}\tilde{c}_{k,2}\cdots\tilde{c}_{k,d}]$，相当于对矩阵 $\boldsymbol{E}^{(u,t)}$ 中的所有行向量进行加权求和：

$$\tilde{\boldsymbol{c}}_k=\sum_{\ell=1}^{L}\widetilde{\boldsymbol{F}}_{k,\ell}\cdot\boldsymbol{E}_{\ell}^{(u,t)}$$

因此，可以理解为捕捉了与 Fossil 算法[2]中类似的物品间的点对点的依赖关系。

将 $\tilde{n}$ 个垂直滤波器的输出拼接在一起得到这一部分的输出向量 $\tilde{\boldsymbol{o}}\in\mathbb{R}^{1\times d\tilde{n}}$：

$$\tilde{\boldsymbol{o}}=[\tilde{\boldsymbol{c}}_1\tilde{\boldsymbol{c}}_2\cdots\tilde{\boldsymbol{c}}_{\tilde{n}}]$$

3. 全连接层

接下来，将以上两种卷积层的输出向量合并后送入第一个全连接层，得到表示序列局部特征的向量：

$$z=\phi_a([o\ \ \tilde{o}]W)+b$$

其中，$\phi_a(\cdot)$表示这个全连接层的激活函数；$W\in\mathbb{R}^{(n+d\tilde{n})\times d}$ 和 $b\in\mathbb{R}^{1\times d}$ 是要学习的权重和偏置项。

将表示序列局部特征的 $z\in\mathbb{R}^{1\times(n+d\tilde{n})}$ 与表示用户全局特征的用户嵌入向量 $P_u\in\mathbb{R}^{1\times d}$ 拼接后送入第二个全连接层，得到该用户 u 在下一个时间步 t 对所有物品的预测偏好：

$$y^{(u,t)}=[z\ \ P_u]W'+b'$$

其中，$W'\in\mathbb{R}^{(2d)\times|\mathcal{I}|}$ 和 $b'\in\mathbb{R}^{1\times|\mathcal{I}|}$ 是要学习的权重和偏置。向量 $y^{(u,t)}\in\mathbb{R}^{1\times|\mathcal{I}|}$ 中的第 i 个值表示用户 u 在第 t 个时间步对物品 i 的预测偏好值：

$$\hat{r}^u_{t,i}=y^{(u,t)}_i$$

4. 训练方法

为了捕捉序列中的物品之间的跳跃的转移关系，Caser 算法还提出将下一个时间步 t 及其后续若干时间步的物品都视为目标物品，即考虑一个大小为 T 的正样本物品集合 $\mathcal{P}^u_t=\{s^u_t,s^u_{t+1},\cdots,s^u_{t+T-1}\}$。

模型训练的优化目标是最小化二元交叉熵损失函数：

$$\mathcal{L}=-\sum_{u\in\mathcal{U}}\sum_{t=L+1}^{|\mathcal{S}^u|}\sum_{i\in\mathcal{P}^u_t}\left[\ln(\mathrm{sigmoid}(r^u_{t,i}))+\sum_{j\neq i}\ln(1-\mathrm{sigmoid}(r^u_{t,j}))\right]$$

其中，物品 j 是随机采样的若干(例如 3 个)负样本之一。可使用 Adam 优化器进行模型训练。

7.6.2 Caser 算法的实现

Caser 算法的实现代码已经随原论文[5]一起公布，可以在 https://github.com/graytowne/caser 找到基于 MATLAB 和基于 PyTorch 的两个版本。

原论文[5]中使用网格搜索方法选取超参数的最佳取值，其中，潜在特征向量的维度 $d\in\{5,10,20,30,50,100\}$，输入序列长度 $L\in\{1,2,\cdots,9\}$，目标物品个数 $T\in\{1,2,3\}$，激活函数 $\phi_a,\phi_c\in\{\text{identity},\text{sigmoid},\tanh,\text{ReLU}\}$，每种不同大小的水平滤波器的个数从 $\{4,8,16,32,64\}$ 中选取，垂直滤波器的个数从 $\{1,2,4,8,16\}$ 中选取，学习率从 $\{1,0.1,\cdots,0.0001\}$ 中选取。

7.6.3 讨论

如文献[5]所解释的，Caser 算法已经将 FPMC[1] 和 Fossil[2] 等基于矩阵分解的算法所建模的信息包含于其中，并且考虑了前 L 个物品的不同组合的作用和对后续物品的跳跃的影响，是一种更加有效的方法。

相比于 RNN，CNN 不规定信息必须沿时间节点依次连续传递，具有更大的灵活性，并且更容易实现并行化，下一节将介绍的自注意力网络也有这样的特点。针对 Caser 算法只能捕捉短期的(L 步以内)序列特征的局限性，另一个基于 CNN 的序列推荐算法

NextItNet[18]构建了一个堆叠而成的空洞卷积神经网络(dilated convolutional neural network),使得网络中的卷积层的感受野(receptive field)逐层增大,从而能够捕捉物品间更长的依赖关系。

7.7 基于自注意力网络的 SASRec 算法

自 2017 年 Transformer 模型[19]被提出以来,自注意力机制迅速成为了最受关注的深度学习技术之一,它能为序列模型带来更高的运算效率和更好的可解释性。运用了自注意力网络(self-attention network, SAN)的序列推荐(self-attentive sequential recommendation,SASRec)算法[6]能以并行化的方式捕捉同一序列上不同时间步间的转移关系,最后通过加权求和的方式得出每个时间步的序列特征。实验表明,在多个常见的数据集上,SASRec 算法在推荐效果方面有一定的优势,因此,SASRec 算法无疑是现在序列推荐算法研究中难以回避的其中一个基准方法。

7.7.1 SASRec 算法的原理

基于自注意力机制的序列推荐算法的模型结构如图 7-5 所示。可以看到,SASRec 主要由一个输入层、一个自注意力网络和一个预测(输出)层组成。输入层负责将每个物品编码为一个物品嵌入向量,并根据它们在用户行为序列中的顺序将它们拼接成表示物品序列的嵌入矩阵。预测层从自注意力网络输出的嵌入矩阵中提取每个时间步的用户偏好特征,将其与候选物品特征结合后,即可得出对应的用户对物品的偏好值。自注意力网络是由若干自注意力块堆叠而成。一个自注意力块包含一个能捕捉不同时间步之间的关联关系的自注意力层和一个独立捕捉各时间步信息的前馈层。自注意力块内部和外部的网络层之间又通过残差连接,从而解决了梯度消失或爆炸问题,更好地传播低层的信息。自注意力网络是作为 Transformer 模型[19]的编码器(encoder)和解码器(decoder)中的一部分而被首次提出的,SASRec 中的自注意力网络的设计细节与文献[19]中的基本相同。

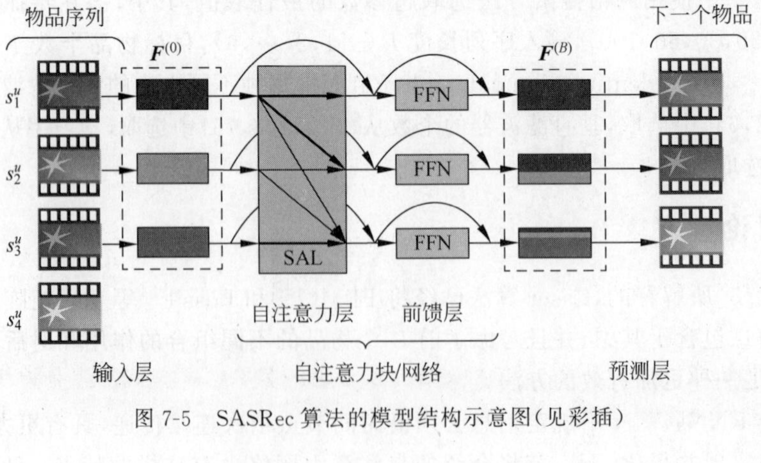

图 7-5 SASRec 算法的模型结构示意图(见彩插)

在下面关于 SASRec 算法的细节描述中，我们使用大写粗体字母来表示矩阵，而它们对应的小写形式则是其中的行向量，用其他的非粗体字母来表示标量。

1. 输入层

为了方便并行化计算，我们将每个用户的输入物品序列的长度固定为 L，即将用户 u 的历史物品序列重新写作 $\mathcal{S}^u=\{s_1^u, s_2^u, \cdots, s_L^u\}$。对于用户的历史交互物品数量大于 L 的情况，我们截取最新的序列片段；而对于用户的历史交互物品数量小于 L 的情况，我们需使用一个填充项对序列的开头部分进行填充。通常，我们选择一个较大且合适的 L 值以完整地保留多数用户的历史物品序列（过度增大 L 值可能对提升推荐效果的作用不大，甚至影响算法效率，因此可根据数据集的具体情况进行调整）。

对于一个物品序列 $\mathcal{S}^u$，我们将其初始的输入嵌入矩阵写作：

$$\boldsymbol{F}^{(0)}=\begin{bmatrix}\boldsymbol{m}_{s_1^u}+\boldsymbol{p}_1\\ \boldsymbol{m}_{s_2^u}+\boldsymbol{p}_2\\ \vdots\\ \boldsymbol{m}_{s_L^u}+\boldsymbol{p}_L\end{bmatrix}$$

可以看到，第 t 个时间步的输入嵌入向量 $\boldsymbol{f}_t^{(0)}\in\mathbb{R}^{1\times d}$ 是由对应的物品嵌入向量 $\boldsymbol{m}_{s_t^u}\in\mathbb{R}^{1\times d}$ 和位置嵌入向量 $\boldsymbol{p}_t\in\mathbb{R}^{1\times d}$ 相加得到的结果。物品嵌入矩阵 $\boldsymbol{M}\in\mathbb{R}^{|\mathcal{J}|\times d}$ 和位置嵌入矩阵 $\boldsymbol{P}\in\mathbb{R}^{L\times d}$ 都是被所有物品序列所共享的，是由模型学习得到的参数。

2. 自注意力网络

1）自注意力层

给定一个输入嵌入矩阵 $\boldsymbol{X}\in\mathbb{R}^{L\times d}$，自注意力层的定义如下：

$$\mathrm{SAL}(\boldsymbol{X})=\mathrm{softmax}\left(\frac{\boldsymbol{Q}\boldsymbol{K}^{\mathrm{T}}}{\sqrt{d}}\boldsymbol{\Delta}\right)\boldsymbol{V}$$

其中，$\boldsymbol{Q}=\boldsymbol{X}\boldsymbol{W}_{\mathrm{Q}}$；$\boldsymbol{K}=\boldsymbol{X}\boldsymbol{W}_{\mathrm{K}}$；$\boldsymbol{V}=\boldsymbol{X}\boldsymbol{W}_{\mathrm{V}}$；$\boldsymbol{W}_{\mathrm{Q}},\boldsymbol{W}_{\mathrm{K}},\boldsymbol{W}_{\mathrm{V}}\in\mathbb{R}^{d\times d}$ 是用来将输入 $\boldsymbol{X}$ 投影到 Query、Key 和 Value 三个不同空间的权重矩阵。这个公式可以这么理解，在 $\boldsymbol{Q}\boldsymbol{K}^{\mathrm{T}}$ 得到的矩阵中，第 p 行、第 q 列的元素蕴含着第 p 个时间步与第 q 个时间步的内容之间的关联度信息。$\boldsymbol{\Delta}$ 表示一个因果掩码（mask），可以看作通过一个形似下三角的过滤器将来自未来（即 $q>p$ 的情况）的信息滤除（使上三角的数变得很小从而在经过 softmax 后得到被置零的效果）。最后，再乘以 $\boldsymbol{V}$，就是根据前面算出的权重对所有时间步的信息加权，重新得到各时间步的序列特征。

为了更好地传播低层的信息以及增加模型的稳定性，我们在自注意力块内部的每一个子网络层的后面都设置一个残差连接和归一化层。具体地，对于以上自注意力层，有：

$$\boldsymbol{X}'=\mathrm{SAL}_{\mathrm{con}}(\boldsymbol{X})=\mathrm{LayerNorm}(\boldsymbol{X}+\mathrm{Dropout}(\mathrm{SAL}(\boldsymbol{X})))$$

其中，对于矩阵 $\boldsymbol{X}\in\mathbb{R}^{L\times d}$ 中的每个行向量 $\boldsymbol{x}\in\mathbb{R}^{1\times d}$，有：

$$\text{LayerNorm}(\boldsymbol{x})=\boldsymbol{\alpha}\odot\frac{\boldsymbol{x}-\boldsymbol{\mu}}{\sqrt{\sigma^2+\varepsilon}}+\boldsymbol{\beta}$$

这里的$\odot$表示将两个向量的对应元素逐项相乘，$\mu\in\mathbb{R}$ 和 $\sigma^2\in\mathbb{R}$ 是 $\boldsymbol{x}$ 的均值和方差，$\boldsymbol{\alpha}\in\mathbb{R}^{1\times d}$ 和 $\boldsymbol{\beta}\in\mathbb{R}^{1\times d}$ 是待学习的比例因子和偏置项。

2）前馈层

给定一个输入嵌入矩阵 $\boldsymbol{X}'\in\mathbb{R}^{L\times d}$，前馈层的定义如下：

$$\text{FFN}(\boldsymbol{X}')=\text{ReLU}(\boldsymbol{X}'\boldsymbol{W}_1+\boldsymbol{1}^{\text{T}}\boldsymbol{b}_1)\boldsymbol{W}_2+\boldsymbol{1}^{\text{T}}\boldsymbol{b}_1$$

其中，$\boldsymbol{W}_1,\boldsymbol{W}_2\in\mathbb{R}^{d\times d}$ 和 $\boldsymbol{b}_1,\boldsymbol{b}_2\in\mathbb{R}^{1\times d}$ 是要学习的权重和偏置，$\boldsymbol{1}$ 是一个大小为 $1\times L$ 的值全为 1 的行向量。和自注意力层不同，这里不再考虑不同时间步间的关系。这个前馈层也可以看作对矩阵中的行向量进行两次连续的卷积操作。

同理，我们在每一个前馈层后面设置一个如下的连接层：

$$\text{FFN}_{\text{con}}(\boldsymbol{X}')=\text{LayerNorm}(\boldsymbol{X}'+\text{Dropout}(\text{FFN}(\boldsymbol{X}')))$$

3）自注意力块

一个自注意力网络可由多个自注意力块堆叠而成，其中第 b 个（$1\leqslant b\leqslant B$）自注意力块的输出嵌入矩阵可写成如下形式：

$$\boldsymbol{F}^{(b)}=\text{SAB}^{(b)}(\boldsymbol{F}^{(b-1)})=\text{FFN}_{\text{con}}^{(b)}(\text{SAL}_{\text{con}}^{(b)}(\boldsymbol{F}^{(b-1)}))$$

这个递推公式对应的 $\boldsymbol{F}^{(0)}\in\mathbb{R}^{L\times d}$ 已由输入层给出。

3. 预测层

我们基于最后一个自注意力块的输出嵌入矩阵 $\boldsymbol{F}^{(B)}\in\mathbb{R}^{L\times d}$ 来预测用户对物品的偏好值，即预测用户 u 在第 $t+1$ 个时间步对物品 i 的偏好值如下：

$$\hat{r}_{t+1}^{u}=\boldsymbol{f}_t^{(B)}\boldsymbol{m}_i^{\text{T}}$$

可以看到，这个预测的偏好值是由表示用户序列偏好的嵌入向量与表示物品特征的嵌入向量相乘得到的，而用户序列偏好是利用前面所有时间步的信息学习得到的。

4. 训练方法

可以通过最小化二元交叉熵损失和 Adam 优化器来训练 SASRec 模型。损失函数如下：

$$\mathcal{L}=-\sum_{u\in\mathcal{U}}\sum_{\ell=1}^{L-1}\delta(s_{t+1}^{u})\left[\ln(\text{sigmoid}(r_{t+1,s_{t+1}^{u}}^{u}))+\ln(1-\text{sigmoid}(r_{t+1,j}^{u}))\right]$$

其中，$j\in\mathcal{J}\backslash\mathcal{S}^u$ 是每次随机采样的一个负样本。当且仅当 s_{t+1}^{u} 不是一个填充项时，指示函数 $\delta(s_{t+1}^{u})$ 的值取 1，否则为 0。

7.7.2 SASRec 算法的实现

读者可在 https://github.com/kang205/SASRec 下载文献[6]中提供的 SASRec 算法的源代码。

与大多数模型一样，SASRec 模型也需要设置嵌入向量的维度 d（在神经网络模型中又称为隐藏单元数目)。在原论文[6]的实验数据集上,d 在{10,20,30,40,50}这个范围内能获得接近最优的效果。

至于 SASRec 模型中的序列长度 L,如前面所述,需要根据不同的数据集设置一个合适的值,以保留多数用户的完整交互物品序列又不至于影响算法的效率。可以参考原始论文[6],对大部分稀疏数据集设置 $L=50$,对较稠密的 MovieLens 1M 数据集设置 $L=200$。

用于推荐的神经网络模型一般不需要太深,从{1,2,3}这个范围内调整 SASRec 模型中的自注意力块数量 B 可以获得比较好的效果[6]。

还有一些在 SASRec 模型的训练阶段才会用到的超参数。对于这些超参数,设置一些深度学习模型中常用的值即可,例如,可将批大小设为 128,学习率设为 0.001,以及 dropout 率设为 0.5(或从{0.1,0.2,…,0.9}中选取最优值)。

7.7.3 讨论

尽管取得了非常好的推荐效果,从直觉上看,SASRec 模型本身还有一些值得思考和改进的地方。例如,SASRec 的作者[6]在论文中提到的,直接在 SASRec 中学习到的序列特征上加一个用户的潜在特征并不能提高这个序列特征的表征能力,这启发后来的研究者[20-21]探索更加适用于自注意力网络模型的用户特征表示和特征结合方法,从而进一步提高推荐效果。又如有研究者[21]指出 SASRec 算法在处理超长序列时还会存在效率问题,并对此提出了一种解决方案。除此之外,还有一种名为 GC-SAN(graph contextualized self-attention network)的算法[7],通过在自注意力网络前拼接一个图神经网络(graph neural network,GNN)来丰富物品特征表示,这也提供了一种 SASRec 模型的改进思路。正如 Lin 等在介绍融合物品相似度模型与自注意力网络的序列推荐(fusing item similarity models with self-attention networks,FISSA)算法的论文[20]中所提到的,序列推荐算法的发展与序列建模技术的发展密切相关。因此,不难理解,在自然语言处理领域受到广泛关注的基于 Transformer 的双向编码器表示模型(bidirectional encoder representations from Transformers,BERT)也已经被用到了序列推荐算法的设计中[22],即 BERT4Rec 算法。BERT4Rec 算法的主要特点是基于自注意力网络,建模双向转移关系,并引入完形填空学习模式以丰富训练样本。

7.8 基于平移空间的 TransRec 算法

基于平移的推荐(translation-based recommendation,TransRec)算法[8]是一种受知识图谱技术启发而设计的序列推荐算法。在 TransRec 算法中,物品被嵌入为一个潜在平移空间中的点,而用户则被表示为这个平移空间中的平移向量。用户行为序列中的一次一阶转移在这个平移空间中的表现为:从一个物品点出发,加上用户对应的平移向量,就会到达这个用户交互的下一个物品点附近。

7.8.1 预测公式与优化目标

除了表 7-1 中的符号,TransRec 算法还会用到如表 7-4 所示的一些特定符号。

表 7-4　TransRec 算法中用到的符号及其说明

符　号	说　明
$d \in \mathbb{N}$	潜在特征向量的维度
$\boldsymbol{U}_{u\cdot} \in \mathbb{R}^{1\times d}$	用户 u 的平移向量
$\boldsymbol{t} \in \mathbb{R}^{1\times d}$	所有用户共享的全局平移向量
$\boldsymbol{V}_{i\cdot} \in \mathbb{R}^{1\times d}$	物品 i 的嵌入向量
$b_i \in \mathbb{R}$	物品偏置
$\Vert \boldsymbol{x} \Vert_2^2 = \boldsymbol{x}^{\mathrm{T}}\boldsymbol{x}$	L_2 范数的平方(即 $\boldsymbol{x}$ 长度的平方)
$\alpha_{\mathrm{u}}, \alpha_{\mathrm{v}}, \beta_{\mathrm{b}} \in \mathbb{R}$	正则化项上的权衡参数
$\gamma > 0$	学习率
T	训练迭代次数

如果一个用户 u 浏览物品 i_u^{t-1} 后浏览 i_u^t，那么我们希望物品 i_u^{t-1} 在潜在平移空间中加上用户 u 的平移向量后会到达 i_u^t 附近，即：

$$\boldsymbol{V}_{i_u^{t-1}\cdot} + \boldsymbol{U}_{u\cdot} + \boldsymbol{t} \approx \boldsymbol{V}_{i_u^t\cdot} \tag{7-22}$$

这意味着根据某种距离度量，$\boldsymbol{V}_{i_u^t\cdot}$ 是 $\boldsymbol{V}_{i_u^{t-1}\cdot} + \boldsymbol{U}_{u\cdot} + \boldsymbol{t}$ 的最近邻。这里我们根据原论文[8]，采用 L_2 距离的平方作为距离度量，由式(7-22)知道 $\boldsymbol{V}_{i_u^t\cdot}$ 和 $\boldsymbol{V}_{i_u^{t-1}\cdot} + \boldsymbol{U}_{u\cdot} + \boldsymbol{t}$ 的距离越小，用户 u 对物品 i_u^t 的偏好 $\hat{r}_{ui_u^t}$ 越大，因此可以得到如下预测公式：

$$\hat{r}_{ui_u^t} = b_{i_u^t} - \Vert \boldsymbol{V}_{i_u^{t-1}\cdot} + \boldsymbol{U}_{u\cdot} + \boldsymbol{t} - \boldsymbol{V}_{i_u^t\cdot} \Vert^2 \tag{7-23}$$

其中，$b_{i_u^t}$ 是物品 i_u^t 的偏置。注意，$\boldsymbol{V}_{i_u^{t-1}}$ 和 $\boldsymbol{V}_{i_u^t}$ 都被限制在一个单位球中，即有 $\Vert \boldsymbol{V}_{i_u^{t-1}\cdot} \Vert \leqslant 1$ 和 $\Vert \boldsymbol{V}_{i_u^t\cdot} \Vert \leqslant 1$。

TransRec 使用 S-BPR 函数[1]，优化问题如下：

$$\max_{\Theta} \sum_{u \in \mathcal{U}} \sum_{i_u^t \in \mathcal{S}^u, t \neq 1} \sum_{j \in \mathcal{J} \setminus \mathcal{S}^u} \ln \sigma(\hat{r}_{ui_u^t} - \hat{r}_{uj}) - \mathrm{Reg}(\Theta) \tag{7-24}$$

其中，$\Theta = \{\boldsymbol{V}_{i\cdot}, \boldsymbol{U}_{u\cdot}, \boldsymbol{t}, b_i \mid i \in \mathcal{J};\ u \in \mathcal{U}\}$ 是待训练的模型参数，$\mathrm{Reg}(\Theta) = \frac{\alpha_{\mathrm{v}}}{2}\Vert \boldsymbol{V}_{i_u^t\cdot} \Vert^2 + \frac{\alpha_{\mathrm{v}}}{2}\Vert \boldsymbol{V}_{i_u^{t-1}\cdot} \Vert^2 + \frac{\alpha_{\mathrm{u}}}{2}\Vert \boldsymbol{U}_{u\cdot} \Vert^2 + \frac{\alpha_{\mathrm{u}}}{2}\Vert \boldsymbol{t} \Vert^2 + \frac{\alpha_{\mathrm{v}}}{2}\Vert \boldsymbol{V}_{j\cdot} \Vert^2 + \frac{\beta_{\mathrm{b}}}{2} b_{i_u^t}^2 + \frac{\beta_{\mathrm{b}}}{2} b_j^2$ 是用来防止过拟合的正则化项。

7.8.2　梯度、更新公式与算法流程

对于参数 $\theta \in \Theta$，其梯度为 $\nabla\theta = -\sigma(\hat{r}_{uj} - \hat{r}_{ui_u^t})\nabla(\hat{r}_{uj} - \hat{r}_{ui_u^t}) - \alpha_\theta \theta$，故有：

$$\nabla b_{i_u^t} = \sigma(\hat{r}_{uj} - \hat{r}_{ui_u^t}) - \beta_{\mathrm{b}} b_{i_u^t} \tag{7-25}$$

$$\nabla b_j = -\sigma(\hat{r}_{uj} - \hat{r}_{ui_u^t}) - \beta_{\mathrm{b}} b_j \tag{7-26}$$

$$\nabla \boldsymbol{V}_{i_u^{t-1}\cdot} = \sigma(\hat{r}_{uj} - \hat{r}_{ui_u^t})\, 2(\boldsymbol{V}_{i_u^t\cdot} - \boldsymbol{V}_{j\cdot}) - \alpha_{\mathrm{v}} \boldsymbol{V}_{i_u^{t-1}\cdot} \tag{7-27}$$

$$\nabla \boldsymbol{V}_{i_u^t\cdot} = \sigma(\hat{r}_{uj} - \hat{r}_{ui_u^t})\, 2(\boldsymbol{V}_{i_u^{t-1}\cdot} + \boldsymbol{U}_{u\cdot} + \boldsymbol{t} - \boldsymbol{V}_{i_u^t}) - \alpha_{\mathrm{v}} \boldsymbol{V}_{i_u^t\cdot} \tag{7-28}$$

$$\nabla \boldsymbol{V}_{j\cdot} = -\sigma(\hat{r}_{uj} - \hat{r}_{ui_u^t})\, 2(\boldsymbol{V}_{i_u^{t-1}\cdot} + \boldsymbol{U}_{u\cdot} + \boldsymbol{t} - \boldsymbol{V}_{j\cdot}) - \alpha_{\mathrm{v}} \boldsymbol{V}_{j\cdot} \tag{7-29}$$

$$\nabla \boldsymbol{U}_{u\cdot} = \sigma(\hat{r}_{uj} - \hat{r}_{ui_u^t})\, 2(\boldsymbol{V}_{i_u^t\cdot} - \boldsymbol{V}_{j\cdot}) - \alpha_{\mathrm{u}} \boldsymbol{U}_{u\cdot} \tag{7-30}$$

$$\nabla \boldsymbol{t} = \sigma(\hat{r}_{uj} - \hat{r}_{ui_u^t})\, 2(\boldsymbol{V}_{i_u^t\cdot} - \boldsymbol{V}_{j\cdot}) - \alpha_{\mathrm{u}} t \tag{7-31}$$

对于每个参数 $\theta \in \Theta$，更新公式为：

$$\theta = \theta + \gamma \nabla \theta \tag{7-32}$$

其中，γ 为学习率，$\gamma > 0$。

初始化模型参数时，将 $\boldsymbol{V}_{i\cdot}$ 和 $\boldsymbol{t}$ 随机初始化为单位向量，即 $\|\boldsymbol{V}_{i\cdot}\|^2 = 1$，$\|\boldsymbol{t}\|^2 = 1$，将 b_i 和 $\boldsymbol{U}_{u\cdot}$ 分别初始化为零和零向量，即 $b_i = 0$，$\boldsymbol{U}_{u\cdot} = \boldsymbol{0}$。

在每一轮更新参数后，我们要通过公式 $\boldsymbol{x} = \dfrac{\boldsymbol{x}}{\max(1, \|\boldsymbol{x}\|)}$ 将物品嵌入向量 $\boldsymbol{V}_{i_u^{t-1}\cdot}$，$\boldsymbol{V}_{i_u^t\cdot}$，$\boldsymbol{V}_{j\cdot}$ 限制在单位球内（即令 $\|\boldsymbol{V}_{i_u^{t-1}\cdot}\| \leqslant 1$、$\|\boldsymbol{V}_{i_u^t\cdot}\| \leqslant 1$ 和 $\|\boldsymbol{V}_{j\cdot}\| \leqslant 1$），这是机器学习中一种常见的归一化方式。

算法流程如算法 7-3 所示。首先初始化模型参数，然后进入两层循环：外层循环包括 T 次迭代，内层循环随机挑选一个（用户，物品）对，随机选取一个负样本，计算梯度并更新参数，然后重新归一化物品嵌入向量 $\boldsymbol{V}_{i_u^{t-1}\cdot}$、$\boldsymbol{V}_{i_u^t\cdot}$ 和 $\boldsymbol{V}_{j\cdot}$。

算法 7-3 TransRec 算法

```
初始化模型参数
for t=1,2,…,T do
    for each 随机排序的(u, i_u^t) ∈ P\{(u, i_u^1)} do
        从 I\S^u 中随机挑选一个负样本物品 j
        根据式(7-23)计算 r̂_{ui_u^t} 和 r̂_{uj}
        根据式(7-25) ～式(7-31)计算梯度
        根据式(7-32)更新参数
        重新归一化物品嵌入向量 V_{i_u^{t-1}·}、V_{i_u^t·} 和 V_{j·}
    end for
end for
```

7.8.3 实验设置

在 MovieLens 等常见的公开数据集上，设置嵌入向量的维度 $d = 20$ 和学习率 $\gamma = 0.01$ 就可以获得比较好的效果。对于正则化项上的权衡参数和迭代次数，需要从一定范围内根据验证集上的表现来选取，例如，可固定正则化项上的权衡参数相同，且从 $\{0.1, 0.01, 0.001\}$ 范围内选取，即 $\alpha_{\mathrm{u}} = \alpha_{\mathrm{v}} = \beta_{\mathrm{b}} \in \{0.1, 0.01, 0.001\}$；迭代次数 T 从 $\{100, 500, 1000\}$ 中选取。

7.8.4 讨论

TransRec 算法从新的视角对用户的物品序列进行建模，取得了不错的推荐效果。但是其只能处理一对一的平移关系，如果用户在同一时间浏览了多个物品，那么 TransRec 不得不将这多个物品划分到不同时刻来建模，由此可能造成建模的不准确。CTransRec 算法[23]受知识图谱领域中另一个方法（TransD[24]）的启发，在物品嵌入向量前增加了特定的投影矩阵，从而能够处理多对多物品的建模。TransFM 算法[25]将分解机(factorization machine)融合进 TransRec 算法，从而利用内容等其他信息来进一步提升推荐效果。TransRec 算法只考虑了目标物品的前一个物品，为此，ATM 算法[26]考虑了更长的前置物品，并使用注意力机制建模不同位置上的物品的权重，取得了更加精准的推荐结果。

7.9 本章小结

本章的内容总结如下：在 7.1 节，先对序列推荐问题特别是 SOCCF 问题进行了介绍；在 7.2 节～7.8 节，分别介绍了七种不同的 SOCCF 算法，依次为基于分解马尔可夫链的 FPMC 算法、基于分解高阶马尔可夫链的 Fossil 算法、基于双向物品相似度的 BIS 算法、基于循环神经网络的 GRU4Rec 算法、基于卷积神经网络的 Caser 算法、基于自注意力网络的 SASRec 算法和基于平移空间的 TransRec 算法。在介绍上述每一种算法时，我们介绍了其中的原理，提供了可用的参数设置，并对每一种算法分别讨论了改进思路。

值得注意的是，在关于亚马逊平台部署推荐系统 20 年经验的重要论文[27]中，作者特别提到了时间这一维度，这从一个侧面说明了时序信息在用户行为建模中的重要价值，特别是用于捕捉用户行为和偏好的动态性。

此外，在对用户的序列单类反馈进行建模时，通过结合不同类型的方法（例如基于邻域的方法和基于矩阵分解的方法[28]）或引入额外信息（例如物品类别[29-33]）可望更加有效地学习用户的真实偏好。也有研究人员针对序列反馈建模中存在的一些特定问题，例如噪声(noise)[34-37]、稀疏性(sparsity)[35,38-40]、冷启动(cold-start)[41-42]、多兴趣(multi-interests)[43-44]和长序列[45]等，设计专门的方法。

需要说明的是，当用户行为发生的确切时间（例如时间戳）可用时，我们不仅可以获得用户行为发生的先后顺序，还可以获得行为发生的时间间隔等信息，这将给用户行为的建模带来更大的灵活性[46-47]。

7.10 参考文献

[1] RENDLE S, FREUDENTHALER C, SCHMIDT-THIEME L. Factorizing personalized Markov chains for next-basket recommendation [C]//RAPPA M, JONES P, FREIRE J, et al. Proceedings of the 19th International Conference on World Wide Web (WWW'10), New York: ACM, 2010: 811-820.

[2] HE R, MCAULEY J. Fusing similarity models with Markov chains for sparse sequential recommendation [C]//BONCHI F, DOMINGO-FERRER J, BAEZA-YATES R, et al. Proceedings of the 16th IEEE International Conference on Data Mining (ICDM'16), Piscataway: IEEE, 2016: 191-200.

[3] ZENG Z,LIN J,LI L,et al. Next-item recommendation via collaborative filtering with bidirectional item similarity [J]. ACM Transactions on Information Systems,2019,38(1): 7: 1-7: 22.

[4] HIDASI B,KARATZOGLOU A,BALTRUNAS L,et al. Session-based recommendations with recurrent neural networks [C]//BENGIO Y,LECUN Y. Proceedings of the 4th International Conference on Learning Representations (ICLR'16),La Jolla: ICLR,2016.

[5] TANG J,WANG K. Personalized top-N sequential recommendation via convolutional sequence embedding [C]//CHANG Y,ZHAI C,LIU Y,et al. Proceedings of the 11th ACM International Conference on Web Search and Data Mining (WSDM'18),New York: ACM,2018: 565-573.

[6] KANG W,MCAULEY J. Self-attentive sequential recommendation [C]//Proceedings of the 2018 IEEE International Conference on Data Mining (ICDM'18),Piscataway: IEEE,2018: 197-206.

[7] XU C,ZHAO P,LIU Y,et al. Graph contextualized self-attention network for session-based recommendation [C]//KRAUS S. Proceedings of the 28th International Joint Conference on Artificial Intelligence (IJCAI'19),ijcai. org,2019: 3940-3946.

[8] HE R,KANG W,MCAULEY J. Translation-based recommendation [C]//CREMONESI P,RICCI F,BERKOVSKY S. Proceedings of the 11th ACM Conference on Recommender Systems (RecSys'17),New York: ACM,2017: 161-169.

[9] KABBUR S,NING X,KARYPIS G. FISM: Factored item similarity models for top-N recommender systems [C]//DHILLON I S,KOREN Y,GHANI R,et al. Proceedings of the 19th ACM SIGKDD International Conference on Knowledge Discovery and Data Mining (KDD'13),New York: ACM,2013: 659-667.

[10] YANG Y,HOOSHYAR D,LIM H S. GPS: Factorized group preference-based similarity models for sparse sequential recommendation [J]. Information Sciences,2019,481(1): 394-411.

[11] ZHAN Z,ZHONG L,LIN J,et al. Sequence-aware similarity learning for next-item recommendation [J]. Journal of Supercomputing,2021,77: 7509-7534.

[12] WU P,YEUNG C H,LIU W,et al. Time-aware collaborative filtering with the piecewise decay function [J]. CoRR,2010,abs/1010. 3988.

[13] MOBASHER B,DAI H,LUO T,et al. Using sequential and non-sequential patterns in predictive web usage mining tasks [C]//KUMAR V,TSURNOTO S,ZHONG N,et al. Proceedings of the 2nd IEEE International Conference on Data Mining (ICDM'02),Piscataway: IEEE,2002: 669-672.

[14] HIDASI B,KARATZOGLOU A. Recurrent neural networks with top-K gains for session-based recommendations [C]//CUZZOCREA A,ALLAN J,PATON N W,et al. Proceedings of the 27th ACM International Conference on Information and Knowledge Management (CIKM'18),New York: ACM,2018: 843-852.

[15] QUADRANA M,KARATZOGLOU A,HIDASI B,et al. Personalizing session-based recommendations with hierarchical recurrent neural networks [C]//CREMONESI P,RICCI F,BERKOVSKY S,et al. Proceedings of the 11th ACM Conference on Recommender Systems (RecSys'17),New York: ACM,2017: 130-137.

[16] DONKERS T,LOEPP B,ZIEGLER J. Sequential user-based recurrent neural network recommendations [C]//CREMONESI P,RICCI F,BERKOVSKY S,et al. Proceedings of the 11th ACM Conference on Recommender Systems (RecSys'17),New York: ACM,2017: 27-31.

[17] YU F,LIU Q,WU S,et al. A dynamic recurrent model for next basket recommendation [C]//PEREGO R,SEBASTIANI F,ASLAM J A,et al. Proceedings of the 39th International ACM SIGIR Conference on Research and Development in Information Retrieval (SIGIR'16),New York:

ACM,2016: 729-732.

[18] YUAN F,KARATZOGLOU A,ARAPAKIS I,et al. A simple convolutional generative network for next item recommendation [C]//CULPEPPER J S,MOFFAT A,BENNETT P N,et al. Proceedings of the 12th ACM International Conference on Web Search and Data Mining (WSDM'19),New York: ACM,2019: 582-590.

[19] VASWANI A,SHAZEER N,PARMAR N,et al. Attention is all you need [C]//GUYON I, LUXBURG U V,BENGIO S,et al. Proceedings of the 31st Annual Conference on Neural Information Processing Systems (NeurIPS'17),New York: Curran Associates,Inc.,2017: 6000-6010.

[20] LIN J,PAN W,MING Z. FISSA: Fusing item similarity models with self-attention networks for sequential recommendation [C]//SANTOS R L T,MARINHO L B,DALY E M,et al. Proceedings of the 14th ACM Conference on Recommender Systems (RecSys'20),New York: ACM,2020: 130-139.

[21] WU L,LI S,HSIEH C,et al. SSE-PT: Sequential recommendation via personalized Transformer [C]//SANTOS R L T,MARINHO L B,DALY E M,et al. Proceedings of the 14th ACM Conference on Recommender Systems (RecSys'20),New York: ACM,2020: 328-337.

[22] SUN F,LIU J,WU J,et al. BERT4Rec: Sequential recommendation with bidirectional encoder representations from Transformer [C]//ZHU W,TAO D,CHENG X,et al. Proceedings of the 28th ACM International Conference on Information and Knowledge Management (CIKM'19), New York: ACM,2019: 1441-1450.

[23] LI H,LIU Y,MAMOULIS N,et al. Translation-based sequential recommendation for complex users on sparse data [J]. IEEE Transactions on Knowledge and Data Engineering,2020,32(8): 1639-1651.

[24] JI G,HE S,XU L,et al. Knowledge graph embedding via dynamic mapping matrix [C].// Proceedings of the 53rd Annual Meeting of the Association for Computational Linguistics and (ACL'15),New York: ACM,2015: 687-696.

[25] PASRICHA R,MCAULEY J. Translation-based factorization machines for sequential recommendation [C]//PERA S,EKSTRAND M D,AMATRIAIN X,et al. Proceedings of the 12th ACM Conference on Recommender Systems (RecSys'18),New York: ACM,2018: 63-71.

[26] WU B,HE X,SUN Z,et al. ATM: An attentive translation model for next-item recommendation [J]. IEEE Transactions on Industrial Informatics,2019,16(3): 1448-1459.

[27] SMITH B,LINDEN G. Two decades of recommender systems at Amazon. com [J]. IEEE Internet Computing,2017,21(3): 12-18.

[28] 孙光福,吴乐,刘淇,等. 基于时序行为的协同过滤推荐算法[J]. 软件学报,2013,24(11): 2721-2733.

[29] HUANG J,REN Z,ZHAO W,et al. Taxonomy-aware multi-hop reasoning networks for sequential recommendation [C]//CULPEPPER J,MOFFAT A,BENNETT P,et al. Proceedings of the 12th ACM International Conference on Web Search and Data Mining (WSDM'19),New York: ACM,2019: 573-581.

[30] TANJIM M,SU C,BENJAMIN E,et al. Attentive sequential models of latent intent for next item recommendation [C]//HUANG Y,KING I,LIU T,et al. Proceedings of The Web Conference 2020 (WWW'20),New York: ACM,2020: 2528-2534.

[31] LIU L,WANG L,LIAN T. CaSe4SR: Using category sequence graph to augment session-based recommendation [J]. Knowledge-Based Systems,2021,212: 106558.

[32] CAI R, WANG H, WU J, et al. Category-aware collaborative sequential recommendation [C]// DIAZ F, SHAH C, SUEL T, et al. Proceedings of the 44th International ACM SIGIR Conference on Research and Development in Information Retrieval (SIGIR'21), New York: ACM, 2021: 388-397.

[33] YUAN X, DUAN D, TONG L, et al. ICAI-SR: Item categorical attribute integrated sequential recommendation [C]//DIAZ F, SHAH C, SUEL T, et al. Proceedings of the 44th International ACM SIGIR Conference on Research and Development in Information Retrieval (SIGIR'21), New York: ACM, 2021: 1687-1691.

[34] CHANG J, GAO C, ZHENG Y, et al. Sequential recommendation with graph neural networks [C]//DIAZ F, SHAH C, SUEL T, et al. Proceedings of the 44th International ACM SIGIR Conference on Research and Development in Information Retrieval (SIGIR'21), New York: ACM, 2021: 378-387.

[35] ZHANG S, YAO D, ZHAO Z, et al. CauseRec: Counterfactual user sequence synthesis for sequential recommendation [C]//DIAZ F, SHAH C, SUEL T, et al. Proceedings of the 44th International ACM SIGIR Conference on Research and Development in Information Retrieval (SIGIR'21), New York: ACM, 2021: 367-377.

[36] SUN Y, WANG B, SUN Z, et al. Does every data instance matter? Enhancing sequential recommendation by eliminating unreliable data [C]//ZHOU Z. Proceedings of the 30th International Joint Conference on Artificial Intelligence (IJCAI'21), ijcai. org, 2021: 1579-1585.

[37] TONG X, WANG P, LI C, et al. Pattern-enhanced contrastive policy learning network for sequential recommendation [C]//ZHOU Z. Proceedings of the 30th International Joint Conference on Artificial Intelligence (IJCAI'21), ijcai. org, 2021: 1593-1599.

[38] WANG Z, ZHANG J, XU H, et al. Counterfactual data-augmented sequential recommendation [C]//DIAZ F, SHAH C, SUEL T, et al. Proceedings of the 44th International ACM SIGIR Conference on Research and Development in Information Retrieval (SIGIR'21), New York: ACM, 2021: 347-356.

[39] LIU Z, FAN Z, WANG Y, et al. Augmenting sequential recommendation with pseudo-prior items via reversely pre-training Transformer [C]//DIAZ F, SHAH C, SUEL T, et al. Proceedings of the 44th International ACM SIGIR Conference on Research and Development in Information Retrieval (SIGIR'21), New York: ACM, 2021: 1608-1612.

[40] YUAN X, CHEN H, SONG Y, et al. Improving sequential recommendation consistency with self-supervised imitation [C]//ZHOU Z. Proceedings of the 30th International Joint Conference on Artificial Intelligence (IJCAI'21), ijcai. org, 2021: 3321-3327.

[41] ZHENG Y, LIU S, LI Z, et al. Cold-start sequential recommendation via meta learner [C]// Proceedings of the 35th AAAI Conference on Artificial Intelligence (AAAI'21). Palo Alto: AAAI Press, 2021: 4706-4713.

[42] WANG J, DING K, CAVERLEE J. Sequential recommendation for cold-start users with meta transitional learning [C]//DIAZ F, SHAH C, SUEL T, et al. Proceedings of the 44th International ACM SIGIR Conference on Research and Development in Information Retrieval (SIGIR'21), New York: ACM, 2021: 1783-1787.

[43] TAN Q, ZHANG J, YAO J, et al. Sparse-interest network for sequential recommendation [C]// LEWIN-EYTAN L, CARMEL D, YOM-TOV E, et al. Proceedings of the 14th ACM International Conference on Web Search and Data Mining (WSDM'21), New York: ACM, 2021: 598-606.

[44] CHEN G, ZHANG X, ZHAO Y, et al. Exploring periodicity and interactivity in multi-interest

framework for sequential recommendation [C]//ZHOU Z. Proceedings of the 30th International Joint Conference on Artificial Intelligence (IJCAI'21), ijcai. org, 2021: 1426-1433.

[45] TAN Q, ZHANG J, LIU N, et al. Dynamic memory based attention network for sequential recommendation [C]//Proceedings of the 35th AAAI Conference on Artificial Intelligence (AAAI'21). Palo Alto: AAAI Press, 2021: 4384-4392.

[46] 李宇琦,陈维政,闫宏飞,等. 基于网络表示学习的个性化商品推荐[J]. 计算机学报,2019,42(08):1767-1778.

[47] LI J, WANG Y, MCAULEY J. Time interval aware self-attention for sequential recommendation [C]//CAVERLEE J, HU X, LALMAS M, et al. Proceedings of the 13th ACM International Conference on Web Search and Data Mining (WSDM'20), New York: ACM, 2020: 322-330.

7.11 习题

1. 序列推荐算法与单类协同过滤算法相比,有哪些异同点?

2. 如何利用 FPMC 算法进行下一篮物品推荐?

3. Fossil 算法中的马尔可夫链的长度是否越大越好?

4. 为什么 BIS 算法的逆向因子的值要限定在[0,1]?

5. 利用序列信息,你还能设计出其他衡量物品之间或用户之间的相似度的方法吗?

6. 在 GRU4Rec 示意图的基础上,包含双层 GRU 网络的 GRU4Rec 算法模型应如何绘制?

7. Caser 算法中的水平滤波器和垂直滤波器分别起什么作用?

8. SASRec 算法中的自注意力块的数量是否越多越好?

9. 请根据自己的理解绘制 TransRec 算法的示意图。

10. 本章重点介绍的多个算法中,哪些建模了序列中的短期动态偏好?哪些建模了序列中的长期静态偏好?

11. 能否以表格的形式列出本章介绍的几个算法的异同点(例如,可以从模型设计、解决的问题等角度切入)?

12. 在真实的应用场景中,什么时候更应该使用基于会话的推荐?什么时候只需使用一般的序列推荐?

13. 在 RecSys、SIGIR 等知名国际会议的论文集中,查阅研究 SOCCF 问题的前沿工作(近 3 年),并总结其中的研究动机、主要思路、关键技术和对比实验。

第8章

多行为序列推荐

在真实的推荐系统应用中，每个用户通常会有不同类型的行为，例如点击、加入购物车、购买和分享等。其中，购买行为是一种较能反映用户强烈偏好的行为，也是电商场景中最关注的一种行为。而点击行为通常是最常见和最丰富的一种行为，用户通过点击来浏览自己感兴趣的物品。传统的单行为序列推荐（single-behavior sequential recommendation）算法只针对单一类型的行为序列（如购买行为序列）进行建模，没有充分利用更加丰富的点击等行为来对用户的偏好和兴趣进行建模。多行为序列推荐（multi-behavior sequential recommendation）是一个新兴且重要的问题，更加适用于包含两种或两种以上不同类型的行为的真实应用。目前，研究者们已经设计了多个基于不同建模技术的多行为序列推荐算法，包括基于循环神经网络（recurrent neural network，RNN）的方法[1-3]和基于图神经网络（graph neural network，GNN）的方法[4-5]等。研究表明，与单行为序列推荐算法相比，多行为序列推荐算法往往能取得更好的推荐效果。

8.1 序列异构单类协同过滤（SHOCCF）问题

多行为序列推荐问题，又称为序列异构单类协同过滤（sequential heterogeneous one-class collaborative filtering，SHOCCF）问题，即利用用户对物品的点击、购买等多种类型的单类反馈行为，以及这些行为发生的先后顺序信息，学习用户的偏好，从而推荐用户将来可能会购买的物品（如图 8-1 所示）。

在本章，我们重点关注在异构行为序列中的下一物品推荐问题。为了不失一般性，我们假定系统中有用户集合$\mathcal{U}$、物品集合$\mathcal{I}$和行为（或反馈）集合$\mathcal{F}$。多行为序列推荐算法的输入是一个（用户，异构行为序列）对$(u, \mathcal{S}_u)$的集合，其中，$u \in \mathcal{U}$表示一个用户的 ID，$\mathcal{S}_u = \{(i_u^1, f_u^1), \cdots, (i_u^t, f_u^t), \cdots, (i_u^{|\mathcal{S}_u|}, f_u^{|\mathcal{S}_u|})\}$表示该用户的一个历史交互序列，且该序列中

图 8-1 SHOCCF 问题示意图

的每个元组(i_u^t, f_u^t)表示用户 u 在第 t 个时间步交互的物品 i_u^t 和对应的行为 f_u^t 组成的(物品,行为)对,其中 $i_u^{\cdot} \in \mathcal{J}, f_u^{\cdot} \in \mathcal{F}$。通过从以上数据中学习用户的个性化偏好,以及物品之间和行为之间的转移关系等,多行为序列推荐算法能够根据用户 u 及其在第 $t+1$ 个时间步之前长度为 L 的交互序列$\mathcal{S}_u^t=\{(i_u^{t-L+1}, f_u^{t-L+1}),\cdots,(i_u^{\ell}, f_u^{\ell}),\cdots,(i_u^t, f_u^t)\}, t\leqslant |\mathcal{S}_u|$,预测该用户 u 在第 $t+1$ 个时间步对任意一个物品 $j \in \mathcal{J}$ 的偏好值 $\hat{r}_{t+1,j}^u$。最终,序列推荐算法会为用户 u 生成一个 top-K 推荐列表,以展示根据该用户 u 对候选物品 $j \in \mathcal{J}$ 的偏好值 $\hat{r}_{|\mathcal{S}_u|+1,j}^u$ 的排序得出的其最有可能会交互的下一个物品。在已知真实的下一个交互物品 $i_u^{|\mathcal{S}_u|+1}$ 的情况下,我们可以使用 Recall@K 和 NDCG@K 等排序评价指标来评估序列推荐算法的效果。上述相关符号如表 8-1 所示。

表 8-1 SHOCCF 问题中的符号及含义

符号	含义
$\mathcal{U}$	用户集合
$\mathcal{J}$	物品集合
$\mathcal{F}$	行为(或反馈)集合
$u \in \mathcal{U}$	用户 ID
$i \in \mathcal{J}$	物品 ID
$f \in \mathcal{F}$	行为 ID
$\mathcal{S}_u$	用户 u 交互过的(物品,行为)对组成的序列
$i_u^t \in \mathcal{J}$	用户 u 在第 t 个时间步交互的物品($t \in \{1,2,\cdots,\|\mathcal{S}_u\|\}$)
$f_u^t \in \mathcal{F}$	用户 u 在第 t 个时间步产生的行为($t \in \{1,2,\cdots,\|\mathcal{S}_u\|\}$)
$\hat{r}_{t,j}^u$	用户 u 在第 t 个时间步对物品 j 的预测偏好值

8.2 基于循环神经网络的方法

在序列推荐中,循环神经网络(RNN)最早被用于 GRU4Rec 模型[6],它是一种经典的单行为序列推荐方法(见 7.5 节)。循环神经网络具有自我迭代的独特网络结构,使之能用于捕捉物品之间的转移关系。然而,传统的 RNN 由于缺乏区分不同行为的能力,不能直接用于 SHOCCF 问题。为了捕捉不同行为之间的转移关系,RLBL[1]、RIB[2] 和 BINN[3] 等基于循环神经网络的算法设计了能够适用于多行为序列的 RNN 结构,它们也是在多行为序列推荐方面的经典算法。

8.2.1　RLBL 算法

循环对数双线性(recurrent log-bilinear,RLBL)模型[1]结合了 RNN 和对数双线性(log-bilinear,LBL)模型[7]。RLBL 算法将用户的历史交互序列划分为多个窗口,使用 LBL 模型来捕捉每个窗口内的短期上下文信息,最后用一个 RNN 来汇集这些特征,进而得到用户的长期上下文信息。

1. RLBL 算法原理

RLBL 算法的模型结构如图 8-2 所示。RLBL 算法将输入的多行为序列划分为多个窗口(图 8-2 中蓝色部分),使用改进的 LBL 模型来捕捉序列的局部特征。然后,使用一个 RNN 结构来聚合这些特征,从而得到全局特征(图 8-2 中的黄色部分)。最后,将最近一个时间步的全局特征与用户潜在特征(图 8-2 中的绿色部分)相结合,得到用户 u 在对应时间步 $t+1$ 对某个物品 i 执行动作(即行为)f 的预测值。以下介绍 RLBL 算法的细节。

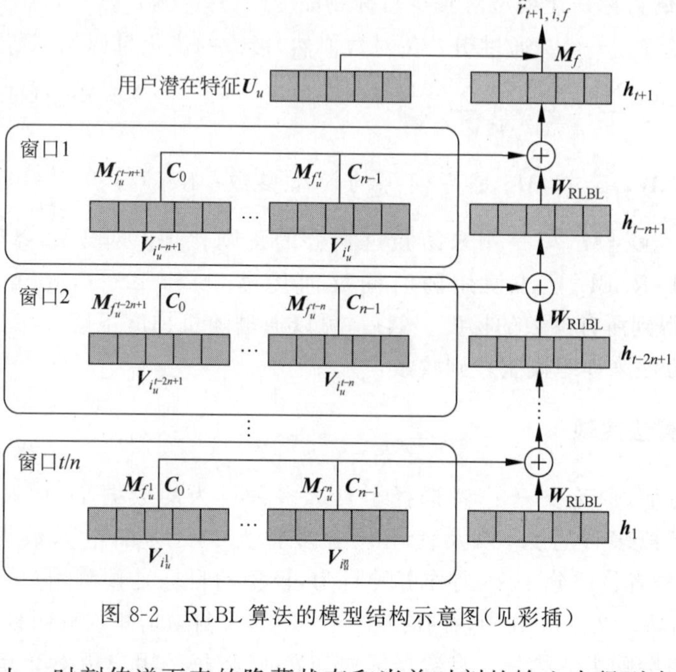

图 8-2　RLBL 算法的模型结构示意图(见彩插)

RNN 接收上一时刻传递下来的隐藏状态和当前时刻的输入来得到当前的隐藏状态。与 RNN 类似,RLBL 算法同样接收上一时刻的隐藏状态作为输入,但是当前时刻的输入变为由一个长度为 n 的时间窗口聚合得到的特征向量。换言之,RLBL 算法将输入的多行为序列划分为多个长度为 n 的窗口,并以窗口为粒度来执行 RNN 算法。

每个窗口包含了长度为 n 的(物品,行为)对序列,以$\{(i_u^{t-n+1},f_u^{t-n+1}),\cdots,(i_u^t,f_u^t)\}$为例,对于其中的$(i_u^{t-\ell},f_u^{t-\ell})$,RLBL 算法将历史交互物品 $i_u^{t-\ell}$ 编码为一个潜在特征 $\boldsymbol{V}_{i_u^{t-\ell}}\in\mathbb{R}^{d\times 1}$,将用户对物品 $i_u^{t-\ell}$ 的反馈 $f_u^{t-\ell}$ 编码为一个行为相关矩阵 $\boldsymbol{M}_{f_u^{t-\ell}}\in\mathbb{R}^{d\times d}$。

对于窗口中的每个位置 $\ell \in \{0,1,\cdots,n-1\}$ 都有一个对应的位置转移矩阵 $\boldsymbol{C}_\ell \in \mathbb{R}^{d\times d}$，用于捕捉窗口内$(i_u^{t-\ell}, f_u^{t-\ell})$的位置上下文信息。因此，在时间步 $t+1$ 的隐藏状态 $\boldsymbol{h}_{t+1}$ 的计算公式如下：

$$\boldsymbol{h}_{t+1} = \boldsymbol{W}_{\mathrm{RLBL}} \boldsymbol{h}_{t-n+1} + \sum_{\ell=0}^{n-1} \boldsymbol{C}_\ell \boldsymbol{M}_{f_u^{t-\ell}} \boldsymbol{V}_{i_u^{t-\ell}} \tag{8-1}$$

其中，$\boldsymbol{W}_{\mathrm{RLBL}} \in \mathbb{R}^{d\times d}$ 是一组可训练的参数，用于捕捉 $\boldsymbol{h}_{t+1} \in \mathbb{R}^{d\times 1}$ 和 $\boldsymbol{h}_{t-n+1} \in \mathbb{R}^{d\times 1}$ 之间窗口粒度的序列信息。当序列长度 k 小于窗口大小 n 时，式(8-1)可以改写为：

$$\boldsymbol{h}_{k+1} = \boldsymbol{W}_{\mathrm{RLBL}} \boldsymbol{h}_1 + \sum_{\ell=0}^{k-1} \boldsymbol{C}_\ell \boldsymbol{M}_{f_u^{k-\ell}} \boldsymbol{V}_{i_u^{k-\ell}} \tag{8-2}$$

其中，$\boldsymbol{h}_1 \in \mathbb{R}^{d\times 1}$ 表示用户的初始状态，对每个用户来说初始状态都是相同的。最后，用户 u 在第 $t+1$ 个时间步对物品 i 产生行为 f 的预测值如下：

$$\hat{r}_{t+1,i,f} = (\boldsymbol{h}_{t+1} + \boldsymbol{U}_u)^{\mathrm{T}} \boldsymbol{M}_f \boldsymbol{V}_i \tag{8-3}$$

其中，$\boldsymbol{U}_u \in \mathbb{R}^{d\times 1}$ 是用户 u 的潜在特征向量；$\boldsymbol{h}_{t+1} \in \mathbb{R}^{d\times 1}$ 是融合了长短期偏好的特征向量。RLBL 的目标函数采用了贝叶斯个性化排序(Bayesian personalized ranking，BPR)损失函数[8]，它的目标是让模型对真实目标物品 i_u^{t+1} 的评分 $\hat{r}_{t+1,i,f}$ 高于对负样本物品 $j \in \mathcal{J} \backslash S_u$ 的评分 $\hat{r}_{t+1,j,f}$。通过引入负对数似然，最终的优化目标如下所示：

$$\min_{\Theta} \sum_{u\in\mathcal{U}} \sum_{i_u^{t+1}\in\mathcal{S}_u} \sum_{j\in\mathcal{J}\backslash\mathcal{S}_u} -\ln\sigma(\hat{r}_{t+1,i,f} - \hat{r}_{t+1,j,f}) + \mathrm{Reg}(\Theta) \tag{8-4}$$

其中，$\Theta = \{\boldsymbol{U}, \boldsymbol{V}, \boldsymbol{W}_{\mathrm{RLBL}}, \boldsymbol{C}, \boldsymbol{M}\}$ 是待训练的模型参数；$\mathrm{Reg}(\Theta) = \frac{\lambda}{2}(\|\boldsymbol{U}\|^2 + \|\boldsymbol{V}\|^2 + \|\boldsymbol{W}_{\mathrm{RLBL}}\|^2 + \|\boldsymbol{C}\|^2 + \|\boldsymbol{M}\|^2)$ 是用来防止过拟合的正则化项。对于每个参数的更新，与 RNN 中的类似，RLBL 算法使用随时间反向传播(back propagation through time，BPTT)[9]算法得到所有参数的梯度。然后，可以通过随机梯度下降(stochastic gradient descent，SGD)方法来训练模型直到收敛。

2. RLBL 算法实现

在数据集方面，原论文[1]作者选择了具有多种行为的数据集，如通过评分数据集 MovieLens 来模拟多种行为，以及使用包含多种真实行为的电商数据集 Tmall。在 MovieLens 中，作者将评分 1～5 看作五种行为，模型的目标是预测用户下一步将会给出 4 分或 5 分的物品。在 Tmall 中，存在点击、收藏、加入购物车和购买四种行为，目标是预测用户下一步将会购买的物品。在数据集划分方面，将每条用户历史交互序列的前 70% 的交互作为训练集，紧接着的 10%作为验证集，剩下的 20%作为测试集。在实验的参数设置方面，作者设置正则化项上的权衡参数 $\lambda=0.01$，潜在特征向量的维度 $d=8$，时间窗口 n 从{2,3,4,5,6,7,8}中选择。

RLBL 算法的代码并没有公开，笔者根据自己的理解实现了基于 TensorFlow 1.14 的代码，并验证了代码的正确性和算法的有效性，下面展示部分重要代码。

```python
import tensorflow as tf
class RLBL:
    def __init__(self,emb_size,learning_rate,item_num,seq_len,window_size = 5):
        '''
        : 参数 emb_size: 潜在特征向量维度
        : 参数 learning_rate: 学习率
        : 参数 item_num: 物品数
        : 参数 seq_len: 输入序列长度
        : 参数 window_size: 窗口长度
        '''
        self.seq_len = seq_len
        self.learning_rate = learning_rate
        self.emb_size = emb_size
        self.hidden_size = emb_size
        self.behavior_num = 2
        self.item_num = int(item_num)
        self.window_size = window_size
        # 初始化所有参数
        self.all_embeddings = self.initialize_embeddings()
        # 定义 RLBL 的输入占位符
        self.uid_seq = tf.placeholder(tf.int32,[None],name = 'uid_seq')
        self.item_seq = tf.placeholder(tf.int32,[None,seq_len],name = 'item_seq')
        self.len_seq = tf.placeholder(tf.int32,[None],name = 'len_seq')
        self.position = tf.placeholder(tf.int32,[None,seq_len],name = 'position')
        self.target = tf.placeholder(tf.int32,[None],name = 'target')
        self.is_training = tf.placeholder(tf.bool,shape = ())
        self.behavior_seq = tf.placeholder(tf.int32,[None,seq_len])
        self.target_behavior = tf.placeholder(tf.int32,[None])
        self.targetM = tf.nn.embedding_lookup(self.all_embeddings['behavior_specific_
matrics'],self.target_behavior)

        # 使用矩阵乘法计算 C * M * V
        self.M = tf.nn.embedding_lookup(self.all_embeddings['behavior_specific_matrics'],
self.behavior_seq)
        self.C = tf.nn.embedding_lookup(self.all_embeddings['position_specific_matrics'],
self.position)
        self.input_emb = tf.nn.embedding_lookup(self.all_embeddings['item_embeddings'],
self.item_seq)
        self.x = tf.matmul(tf.matmul(self.C,self.M),tf.reshape(self.input_emb,[-1,
self.seq_len,self.emb_size,1]))

        # 将序列分成多个时间窗口
        self.x = tf.reshape(self.x,[-1,self.seq_len,self.emb_size])
        real_len = self.seq_len //self.window_size
        self.x = tf.split(self.x,num_or_size_splits = real_len,axis = 1)
        for i in range(real_len):
            self.x[i]  = tf.reduce_sum(self.x[i],axis = 1,keep_dims = True)
        self.x = tf.concat(self.x,axis = 1)
        self.new_input_emb = self.x
```

```
        # 将计算得到的窗口特征经过一个 RNN
        _,self.h = tf.nn.dynamic_rnn(
            tf.nn.rnn_cell.BasicRNNCell(self.emb_size),
            self.new_input_emb,
            dtype = tf.float32,
            sequence_length = self.len_seq,
        )

        # 最终的全局特征与用户潜在特征和目标行为转移矩阵融合得到最终的用户表征
        self.user_emb = tf.nn.embedding_lookup(self.all_embeddings['user_embeddings'],
self.uid_seq)
        self.final_h = self.h + self.user_emb
        self.final_h = tf.reshape(tf.matmul(tf.reshape(self.final_h,[-1,1,self.emb_
size]),self.targetM),[-1,self.emb_size])

        with tf.name_scope("dropout"):
            self.final_h = tf.layers.dropout(self.final_h,rate = args.dropout_rate,seed
= args.random_seed,training = tf.convert_to_tensor(self.is_training))

        self.output = tf.contrib.layers.fully_connected(self.final_h,self.item_num,
activation_fn = tf.nn.softmax,scope = 'fc')
        self.loss = tf.keras.losses.sparse_categorical_crossentropy(self.target,self.
output)
        self.loss = tf.reduce_mean(self.loss)
        self.opt = tf.train.AdamOptimizer(self.learning_rate).minimize(self.loss)

    def initialize_embeddings(self):
        all_embeddings = dict()
        item_embeddings = tf.Variable(tf.random_normal([self.item_num,self.hidden_
size],0.0,0.01),name = 'item_embeddings')
        padding = tf.zeros([1,self.hidden_size],dtype = tf.float32)
        item_embeddings = tf.concat([item_embeddings,padding],axis = 0)
        behavior_specific_matrics = tf.Variable(tf.random_normal([self.behavior_num,
self.emb_size,self.emb_size],0.0,0.01),name = "behavior_specific_matrics")
        padding = tf.zeros([1,self.emb_size,self.emb_size],dtype = tf.float32)
        behavior_specific_matrics = tf.concat([behavior_specific_matrics,padding],axis
= 0)
        position_specific_matrics = tf.Variable(tf.random_normal([self.window_size,
self.emb_size,self.emb_size],0.0,0.01),name = "position_specific_matrics")
        all_embeddings['item_embeddings'] = item_embeddings
        all_embeddings['behavior_specific_matrics'] = behavior_specific_matrics
        all_embeddings['position_specific_matrics'] = position_specific_matrics
        return all_embeddings
```

8.2.2 RIB 算法

结合微观行为序列的推荐(recommendation with sequences of micro behaviors,

RIB)[2]在物品序列的基础上，加入了对异构行为和停留时间的建模。对异构行为的建模使得模型能够捕捉更加细粒度的用户兴趣，而用户在某个页面上的停留时间则反映了用户对这个页面的感兴趣程度，并且停留时间越长，购买商品的转化率通常也会越高。在这一节，我们主要讨论 RIB 如何引入异构行为，对于停留时间的建模可以参考原论文[2]。

1. RIB 算法原理

RIB 算法的模型结构如图 8-3 所示，从下往上依次是输入层、循环神经层、注意力层和输出层。输入层将每个物品和其相应的行为分别编码为物品潜在特征和行为潜在特征，并将它们拼接成一个融合了物品信息和行为信息的特征向量。循环神经层将从输入层得到的特征作为输入，使用门控循环单元(GRU)来建模多行为序列，从而得到每个时间步的隐藏状态。将循环神经层每个时间步输出的隐藏状态经过一个注意力层，得到每个时间步的注意力分数。输出层将每个时间步的注意力分数和隐藏状态相乘后相加，最终得到一个能够表示用户异构行为序列的特征向量，并基于这个特征向量来预测用户对物品的偏好。以下介绍 RIB 算法的具体细节。

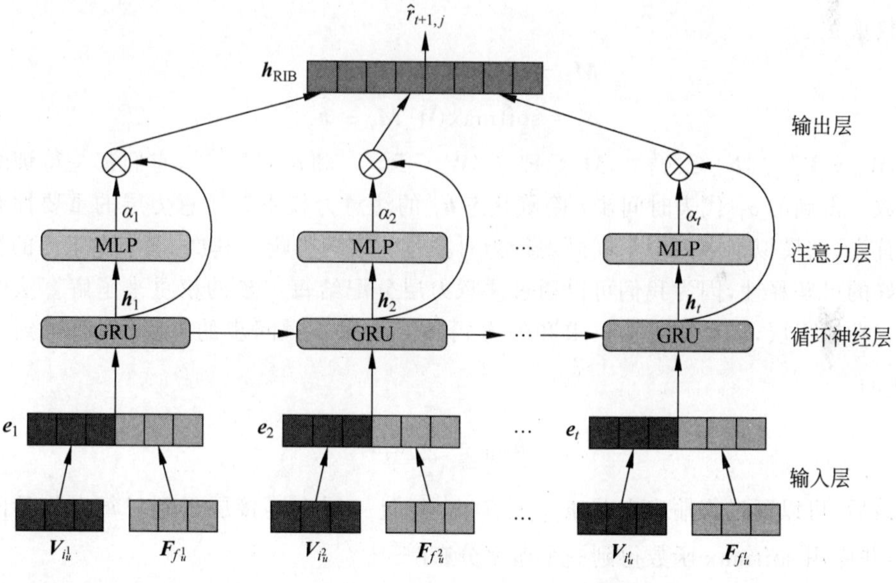

图 8-3　RIB 算法的模型结构示意图(见彩插)

在输入层中，对于异构行为序列$\mathcal{S}_u$中的每个(物品，行为)对中的物品 i_u^t 和行为 f_u^t，分别使用物品潜在特征 $\mathbf{V}_{i_u^t} \in \mathbb{R}^{d\times 1}$ 和行为潜在特征 $\boldsymbol{F}_{f_u^t} \in \mathbb{R}^{d\times 1}$ 来表示，并使用拼接操作来得到每个时间步 t 的输入 $\boldsymbol{e}_t$：

$$\boldsymbol{e}_t = \text{concatenate}\left(\boldsymbol{V}_{i_u^t}, \boldsymbol{F}_{f_u^t}\right) \tag{8-5}$$

其中，$\boldsymbol{e}_t \in \mathbb{R}^{2d\times 1}$；$\boldsymbol{V}_{i_u^t}$ 和 $\boldsymbol{F}_{f_u^t}$ 使用 word2vec 算法[10]进行初始化。这里我们省略了对停留时长的讨论，因为这并不是本章关注的重点。

在循环神经层中，作者比较了长短期记忆(long short-term memory，LSTM)网络[11]

和 GRU,由于后者具有更加简洁的结构和更快的训练速度,作者最终选择了 GRU 作为循环神经层中的主体结构。在时间步 t,GRU 接收特征向量 $\boldsymbol{e}_t$ 和时间步 $t-1$ GRU 的隐藏状态 $\boldsymbol{h}_{t-1}$ 作为输入,经过内部的门控结构得到当前的隐藏状态 $\boldsymbol{h}_t$。GRU 内部包含两个门控结构,分别是重置门和更新门,在这里我们列出相应的计算公式:

$$\boldsymbol{r}_t = \sigma(\boldsymbol{W}_{\text{er}}\boldsymbol{e}_t + \boldsymbol{W}_{\text{hr}}\boldsymbol{h}_{t-1}) \tag{8-6}$$

$$\boldsymbol{z}_t = \sigma(\boldsymbol{W}_{\text{ez}}\boldsymbol{e}_t + \boldsymbol{W}_{\text{hz}}\boldsymbol{h}_{t-1}) \tag{8-7}$$

$$\boldsymbol{c}_t = \tanh(\boldsymbol{W}_{\text{ec}}\boldsymbol{e}_t + \boldsymbol{W}_{\text{hc}}(\boldsymbol{r}_t \odot \boldsymbol{h}_{t-1})) \tag{8-8}$$

$$\boldsymbol{h}_t = (1-\boldsymbol{z}_t) \odot \boldsymbol{h}_{t-1} + \boldsymbol{z}_t \odot \boldsymbol{c}_t \tag{8-9}$$

其中,$\boldsymbol{W}_{\text{er}}, \boldsymbol{W}_{\text{ez}}, \boldsymbol{W}_{\text{ec}} \in \mathbb{R}^{d\times 2d}$ 和 $\boldsymbol{W}_{\text{hr}}, \boldsymbol{W}_{\text{hz}}, \boldsymbol{W}_{\text{hc}} \in \mathbb{R}^{d\times d}$ 都是 GRU 内部的模型参数;σ 表示 sigmoid 激活函数;$\boldsymbol{r}_t \in \mathbb{R}^{d\times 1}$ 和 $\boldsymbol{z}_t \in \mathbb{R}^{d\times 1}$ 分别表示重置门和更新门的输出;$\boldsymbol{c}_t \in \mathbb{R}^{d\times 1}$ 是从 GRU 内部记忆单元得到的输出;$\boldsymbol{h}_t \in \mathbb{R}^{d\times 1}$ 是时间步 t 输出的隐藏状态。

虽然 $\boldsymbol{h}_t$ 已经能够表达整个多行为序列的信息,但 RIB 算法进一步使用了一个注意力层来建模各个微观行为的影响,进而为每个时间步的隐藏状态分配适当的权重。具体来说,注意力层的输入是循环神经层上每个时间步的隐藏状态 $\boldsymbol{h}_t$,它的输出是相应的注意力权重 α_t:

$$\boldsymbol{M}_t = \tanh(\boldsymbol{W}_{\text{m}}\boldsymbol{h}_t + \boldsymbol{b}_{\text{m}}) \tag{8-10}$$

$$\alpha_t = \text{softmax}(\boldsymbol{W}_{\text{a}}\boldsymbol{M}_t + \boldsymbol{b}_{\text{a}}) \tag{8-11}$$

其中,$\boldsymbol{W}_{\text{m}} \in \mathbb{R}^{d\times d}$,$\boldsymbol{b}_{\text{m}} \in \mathbb{R}^{d\times 1}$,$\boldsymbol{M}_t \in \mathbb{R}^{d\times 1}$,$\boldsymbol{W}_{\text{a}} \in \mathbb{R}^{d\times d}$ 和 $\boldsymbol{b}_{\text{a}} \in \mathbb{R}^{d\times 1}$,它们都是待训练的模型参数。得到的 α_t 代表时间步 t 隐藏状态 $\boldsymbol{h}_t$ 的注意力权重。注意力层的重要性有两方面。首先,它模拟了序列中不同微观行为对推荐的不同影响。其次,基于注意力的算法具有较好的可解释性,因为我们可以通过注意力层分配给每一步的权重来了解算法的工作原理。在输出层,RIB 使用加权求和的方式来汇总每个时间步的信息,进而得到输出向量 $\boldsymbol{h}_{\text{RIB}}$:

$$\boldsymbol{h}_{\text{RIB}} = \sum_{t=1}^{|\mathcal{S}_u|} \alpha_t \boldsymbol{h}_t \tag{8-12}$$

最后,可以通过将输出向量 $\boldsymbol{h}_{\text{RIB}} \in \mathbb{R}^{d\times 1}$ 经过一层全连接层得到对每个物品的预测分数,并应用 softmax 函数得到一个概率分布 $\hat{\boldsymbol{r}} \in \mathbb{R}^{|\mathcal{J}|\times 1}$:

$$\hat{\boldsymbol{r}} = \text{softmax}(\boldsymbol{W}_{\text{RIB}}\boldsymbol{h}_{\text{RIB}} + \boldsymbol{b}_{\text{RIB}}) \tag{8-13}$$

其中,$\boldsymbol{W}_{\text{RIB}} \in \mathbb{R}^{|\mathcal{J}|\times d}$ 和 $\boldsymbol{b}_{\text{RIB}} \in \mathbb{R}^{|\mathcal{J}|\times 1}$ 是待学习的参数。最终 RIB 使用交叉熵损失函数来训练整个模型,最终的损失函数如下:

$$\mathcal{L} = -\sum_{s\in\mathcal{S}}\sum_{j\in\mathcal{J}} y_{sj}\ln(\hat{r}_{t+1,j}) + (1-y_{sj})\ln(1-\hat{r}_{t+1,j}) \tag{8-14}$$

其中,当且仅当物品 j 是序列 s 下一个真实交互的物品时,$y_{sj}=1$,否则,$y_{sj}=0$。

2. RIB 算法实现

在实验的设置方面,对于常见的数据集,可以设置潜在特征向量的维度 $d=64$,学习率为 0.001,以及 dropout 率为 0.5,就可以获得比较好的效果。

为了展示更多关于 RIB 算法的细节，笔者根据自己的理解实现了基于 TensorFlow 1.14 的代码，并验证了代码的正确性和算法的有效性。下面截取展示 RIB 中的一些关键代码。

```
import tensorflow as tf

class RIB:

    def __init__(self,emb_size,learning_rate,item_num,seq_len):
        '''
        :参数 emb_size: 潜在特征向量维度
        :参数 learning_rate: 学习率
        :参数 item_num: 物品数
        :参数 seq_len: 输入序列长度
        '''
        self.seq_len = seq_len
        self.learning_rate = learning_rate
        self.emb_size = emb_size
        self.hidden_size = emb_size
        self.behavior_num = 2
        self.item_num = int(item_num)

        # 初始化相关的潜在特征,这里使用随机初始化
        self.all_embeddings = self.initialize_embeddings()

        # 定义 RIB 模型的输入
        self.item_seq = tf.placeholder(tf.int32,[None,seq_len],name = 'item_seq')
        self.len_seq = tf.placeholder(tf.int32,[None],name = 'len_seq')
        self.target = tf.placeholder(tf.int32,[None],name = 'target')
        self.is_training = tf.placeholder(tf.bool,shape = ())
        self.behavior_seq = tf.placeholder(tf.int32,[None,seq_len])

        # 输入层
        self.behavior_emb = tf.nn.embedding_lookup(self.all_embeddings['behavior_
embeddings'],self.behavior_seq)
        self.input_emb = tf.nn.embedding_lookup(self.all_embeddings['item_embeddings'],
self.item_seq)
        self.new_input_emb = tf.concat([self.input_emb,self.behavior_emb],axis = 2)
        # 循环神经层
        self.gru_out,self.states_hidden = tf.nn.dynamic_rnn(
            tf.contrib.rnn.GRUCell(self.emb_size),
            self.new_input_emb,
            dtype = tf.float32,
            sequence_length = self.len_seq,
        )
        # 注意力层
        self.att_net = tf.contrib.layers.fully_connected(self.gru_out,self.hidden_
size,activation_fn = tf.nn.tanh,scope = "att_net1")
```

```
        self.att_net = tf.contrib.layers.fully_connected(self.att_net,1,activation_fn
= None,scope = "att_net2") # batch,state_len,1
        mask = tf.expand_dims(tf.not_equal(self.item_seq,item_num), - 1)
        paddings = tf.ones_like(self.att_net) * ( - 2 ** 32 + 1)
        self.att_net = tf.where(mask,self.att_net,paddings) # [B,1,T]
        self.att_net = tf.nn.softmax(self.att_net,axis = 1)
        # 输出层
        self.final_state = tf.reduce_sum(self.gru_out * self.att_net,axis = 1)
        with tf.name_scope("dropout"):
            self.final_state = tf.layers.dropout(self.final_state,rate = args.dropout_
rate,seed = args.random_seed,training = tf.convert_to_tensor(self.is_training))

        self.output = tf.contrib.layers.fully_connected(self.final_state,self.item_
num,activation_fn = tf.nn.softmax,scope = 'fc')
        self.loss = tf.keras.losses.sparse_categorical_crossentropy(self.target,self.
output)
        self.loss = tf.reduce_mean(self.loss)
        self.opt = tf.train.AdamOptimizer(self.learning_rate).minimize(self.loss)

    def initialize_embeddings(self):
        all_embeddings = dict()
        item_embeddings = tf.Variable(tf.random_normal([self.item_num,self.hidden_
size],0.0,0.01),name = 'item_embeddings')
        padding = tf.zeros([1,self.hidden_size],dtype = tf.float32)
        item_embeddings = tf.concat([item_embeddings,padding],axis = 0)
        behavior_embeddings = tf.Variable(tf.random_normal([self.behavior_num,self.
hidden_size],0.0,0.01),name = 'behavior_embeddings')
        padding = tf.zeros([1,self.hidden_size],dtype = tf.float32)
        behavior_embeddings = tf.concat([behavior_embeddings,padding],axis = 0)
        all_embeddings['item_embeddings'] = item_embeddings
        all_embeddings['behavior_embeddings']  = behavior_embeddings
        return all_embeddings
```

8.2.3 BINN 算法

行为密集型神经网络(behavior-intensive neural network,BINN)[3]提出了一种可以建模多行为序列的循环神经网络。在 BINN 算法中,分别使用一个会话行为学习(session behaviors learning,SBL)模块和偏好行为学习(preference behaviors learning,PBL)模块来建模用户的短期偏好和长期偏好,这两个模块都很好地考虑了用户的异构行为序列。

1. BINN 算法原理

BINN 算法的模型结构如图 8-4 所示。BINN 基于 LSTM 网络[11]提出了一个可以同时记忆多行为序列中的物品信息和行为信息的上下文感知长短期记忆(context-aware LSTM,CLSTM)网络模块,并将其应用在学习用户目前消费动机的会话行为学习模块

(SBL)和学习用户长期稳定偏好的偏好行为学习模块(PBL)。

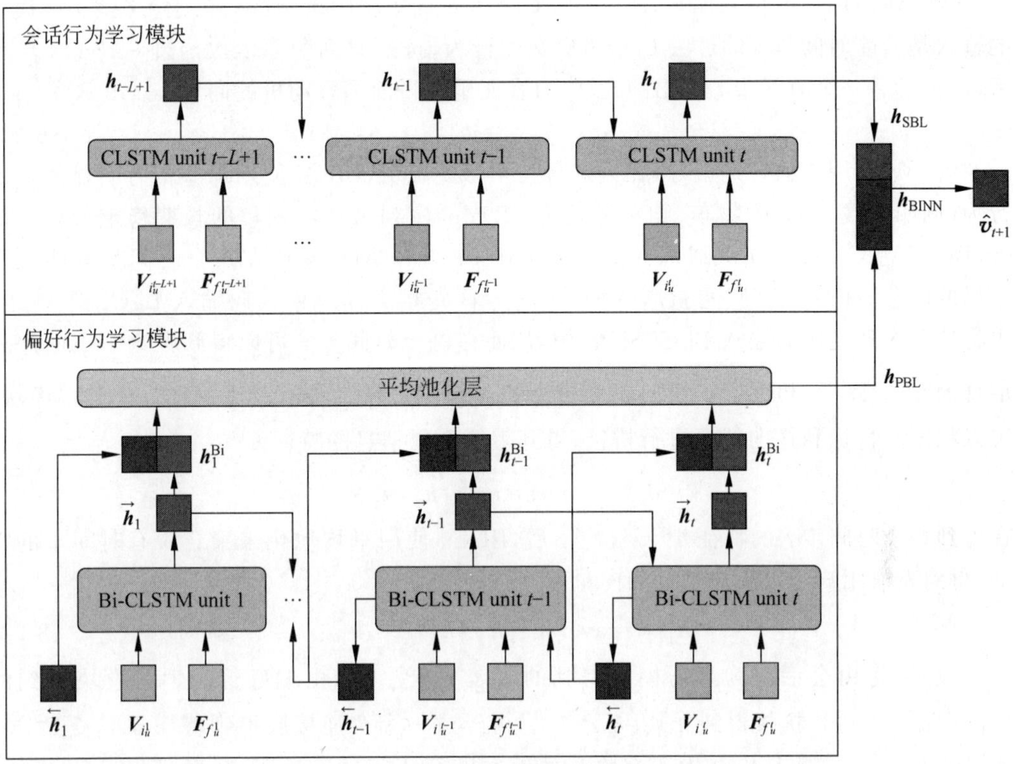

图 8-4 BINN 算法的模型结构示意图(见彩插)

传统的 LSTM 在每个时间步 t 上输入当前的物品以及 $t-1$ 时刻的内部状态 $\boldsymbol{c}_{t-1}$ 和外部状态 $\boldsymbol{h}_{t-1}$,输出 t 时刻的内部状态 $\boldsymbol{c}_t$ 和外部状态 $\boldsymbol{h}_t$。对于多行为序列,它无法建模其中每个物品所对应的行为信息。为了能够将 LSTM 应用于多行为序列,BINN 算法提出了 CLSTM,用于在 LSTM 的基础上进一步接收行为信息作为它的输入。CLSTM 具体的形式化如下:

$$\mathbf{input}_t=\sigma(\boldsymbol{W}_{\mathrm{vi}}\boldsymbol{V}_{i_u^t}+\boldsymbol{W}_{\mathrm{hi}}\boldsymbol{h}_{t-1}+\boldsymbol{W}_{\mathrm{ci}}\boldsymbol{c}_{t-1}+\boldsymbol{W}_{\mathrm{bi}}\boldsymbol{F}_{f_u^t}+\hat{\boldsymbol{b}}_{\mathrm{i}}) \tag{8-15}$$

$$\mathbf{forget}_t=\sigma(\boldsymbol{W}_{\mathrm{vf}}\boldsymbol{V}_{i_u^t}+\boldsymbol{W}_{\mathrm{hf}}\boldsymbol{h}_{t-1}+\boldsymbol{W}_{\mathrm{cf}}\boldsymbol{c}_{t-1}+\boldsymbol{W}_{\mathrm{bf}}\boldsymbol{F}_{f_u^t}+\hat{\boldsymbol{b}}_{\mathrm{f}}) \tag{8-16}$$

$$\boldsymbol{c}_t=\mathbf{forget}_t\boldsymbol{c}_{t-1}+\mathbf{input}_t\tanh(\boldsymbol{W}_{\mathrm{vc}}\boldsymbol{V}_{i_u^t}+\boldsymbol{W}_{\mathrm{hc}}\boldsymbol{h}_{t-1}+\boldsymbol{W}_{\mathrm{bc}}\boldsymbol{F}_{f_u^t}+\hat{\boldsymbol{b}}_{\mathrm{c}}) \tag{8-17}$$

$$\mathbf{output}_t=\sigma(\boldsymbol{W}_{\mathrm{vo}}\boldsymbol{V}_{i_u^t}+\boldsymbol{W}_{\mathrm{ho}}\boldsymbol{h}_{t-1}+\boldsymbol{W}_{\mathrm{co}}\boldsymbol{c}_t+\boldsymbol{W}_{\mathrm{bo}}\boldsymbol{F}_{f_u^t}+\hat{\boldsymbol{b}}_{\mathrm{o}}) \tag{8-18}$$

$$\boldsymbol{h}_t=\mathbf{output}_t\tanh(\boldsymbol{c}_t) \tag{8-19}$$

其中,$\mathbf{input}_t,\mathbf{forget}_t,\mathbf{output}_t\in\mathbb{R}^{d\times 1}$ 分别是在时间步 t 时输入门、遗忘门和输出门的输出,$\boldsymbol{W}_{\mathrm{vi}},\boldsymbol{W}_{\mathrm{hi}},\boldsymbol{W}_{\mathrm{ci}},\boldsymbol{W}_{\mathrm{bi}},\boldsymbol{W}_{\mathrm{vf}},\boldsymbol{W}_{\mathrm{hf}},\boldsymbol{W}_{\mathrm{cf}},\boldsymbol{W}_{\mathrm{bf}},\boldsymbol{W}_{\mathrm{vc}},\boldsymbol{W}_{\mathrm{hc}},\boldsymbol{W}_{\mathrm{bc}},\boldsymbol{W}_{\mathrm{vo}},\boldsymbol{W}_{\mathrm{ho}},\boldsymbol{W}_{\mathrm{co}},\boldsymbol{W}_{\mathrm{bo}}\in\mathbb{R}^{d\times d}$ 是待学习的模型参数;$\boldsymbol{V}_{i_u^t}\in\mathbb{R}^{d\times 1}$ 是物品 i_u^t 的潜在特征向量;$\boldsymbol{F}_{f_u^t}\in\mathbb{R}^{d\times 1}$ 是行为 f_u^t 的潜在特征向量;$\boldsymbol{c}_t\in\mathbb{R}^{d\times 1}$ 是细胞记忆单元得到的输出;$\hat{\boldsymbol{b}}\in\mathbb{R}^{d\times 1}$ 是偏置项;$\boldsymbol{h}_t\in\mathbb{R}^{d\times 1}$ 是时

间步 t 的输出。

为了建模用户的短期偏好，BINN 将 CLSTM 直接应用于会话行为学习模块，该模块的输入是当前时间步 t 的过去 L 个历史交互行为，按照时间顺序依次经过 CLSTM 单元后，使用最后一个时间步 t 输出的 $\boldsymbol{h}_t$ 作为表征用户目前消费动机的向量 $\boldsymbol{h}_{\mathrm{SBL}} \in \mathbb{R}^{d\times 1}$：

$$\boldsymbol{h}_{\mathrm{SBL}} = \boldsymbol{h}_t \tag{8-20}$$

为了建模用户的长期偏好，在偏好行为学习模块中，BINN 使用那些带有明显偏好的行为(例如收藏、加入购物车、购买等行为)组成的序列来学习用户的长期稳定偏好。此外，BINN 将 CLSTM 扩展成双向的 CLSTM(Bi-CLSTM)，使得在每个时间步都能获得全局的信息。Bi-CLSTM 可被看作两个操作，首先将交互序列正向输入 Bi-CLSTM 中，再将交互序列逆序后输入 Bi-CLSTM 中，从而在每个时间步 t 可以得到聚合了正向序列信息的 $\overrightarrow{\boldsymbol{h}}_t \in \mathbb{R}^{d\times 1}$ 和聚合了逆向序列信息的 $\overleftarrow{\boldsymbol{h}}_t \in \mathbb{R}^{d\times 1}$。因此，对于偏好行为学习模块，可以将正向特征和逆向特征进行拼接，得到表征全局信息的特征 $\boldsymbol{h}_t^{\mathrm{Bi}}$：

$$\boldsymbol{h}_t^{\mathrm{Bi}} = \mathrm{concatenate}(\overleftarrow{\boldsymbol{h}}_t, \overrightarrow{\boldsymbol{h}}_t) \tag{8-21}$$

在得到每个时间步 t 的特征 $\boldsymbol{h}_t^{\mathrm{Bi}} \in \mathbb{R}^{2d\times 1}$ 后，BINN 使用平均池化来聚合所有时间步的特征，得到表征用户稳定历史偏好的向量 $\boldsymbol{h}_{\mathrm{PBL}}$：

$$\boldsymbol{h}_{\mathrm{PBL}} = \mathrm{average}\left(\boldsymbol{h}_1^{\mathrm{Bi}}, \boldsymbol{h}_2^{\mathrm{Bi}}, \cdots, \boldsymbol{h}_t^{\mathrm{Bi}}\right) \tag{8-22}$$

最后，将由会话行为学习模块得到的 $\boldsymbol{h}_{\mathrm{SBL}} \in \mathbb{R}^{d\times 1}$ 和由偏好行为学习模块得到的 $\boldsymbol{h}_{\mathrm{PBL}} \in \mathbb{R}^{2d\times 1}$ 进行拼接得到 $\boldsymbol{h}_{\mathrm{BINN}} \in \mathbb{R}^{3d\times 1}$，再经过一个全连接层得到特征 $\hat{\boldsymbol{v}}_{t+1} \in \mathbb{R}^{d\times 1}$，通过计算 $\hat{\boldsymbol{v}}_{t+1}$ 与物品集合中所有物品的潜在特征之间的欧氏距离，取最接近的 top-K 个物品进行推荐。在训练时，作者使用均方误差(mean square error，MSE)来使得输出的 $\hat{\boldsymbol{v}}_{t+1}$ 逼近真实的下一物品的潜在特征 $\boldsymbol{V}_{i_u^{t+1}}$。BINN 算法的损失函数如下：

$$\mathcal{L} = -\frac{1}{|\mathcal{U}|}\sum_{u\in\mathcal{U}}\sum_{i_u^{t+1}\in\mathcal{S}_u}\left\| \hat{\boldsymbol{v}}_{t+1} - \boldsymbol{V}_{i_u^{t+1}} \right\|^2 \tag{8-23}$$

2. BINN 算法实现

在数据集方面，BINN 的作者[3]使用了阿里移动推荐算法比赛中的比赛数据集以及京东公司的电商数据集。每个数据集只保留交互记录数大于或等于 10 的用户，并过滤掉了那些出现次数少于 5 次的物品。对于数据集的划分，使用每个序列的前 90%作为训练集，剩下的 10%作为测试集。在实验的参数设置方面，作者设置 RNN 中的潜在特征向量的维度 $d=100$，dropout 率为 0.1，学习率为 0.1，以及物品的潜在特征向量和行为的潜在特征向量的维度 $d=64$。

我们通过修改 TensorFlow 1.14 中 LSTM 的源码来得到 BINN 中的 CLSTM 模块，并借助自带的 tf.nn.bidirectional_dynamic 来进一步实现 Bi-CLSTM。

```
import tensorflow as tf

class CLSTMCell(LayerRNNCell):
```

```
    def call(self,inputs,state):

        # 得到输入的物品向量和行为向量
        inputs,behaviors = array_ops.split(value = inputs,num_or_size_splits = 2,axis = 1)
        input_size = inputs.get_shape().with_rank(2).dims[1].value
        if input_size is None:
            raise ValueError("Could not infer input size from inputs.get_shape()[-1]")
        #在 CLSTM 中考虑了行为信息,因此把行为向量也拼接到里面
        clstm_matrix = math_ops.matmul(array_ops.concat([inputs,m_prev,behaviors,c_
prev],1),self._kernel) #
        clstm_matrix = nn_ops.bias_add(clstm_matrix,self._bias)

        # 使用包含物品和行为的知识来得到门控输出
        j_matrix = math_ops.matmul(array_ops.concat([inputs,m_prev,behaviors],1),self.
_kernel[0:3 * self._num_units]) #
        j_matrix = nn_ops.bias_add(j_matrix,self._bias)
        _,j,_,_ = array_ops.split(value = j_matrix,num_or_size_splits = 4,axis = 1)
        i,_,f,o = array_ops.split(value = clstm_matrix,num_or_size_splits = 4,axis = 1)

class BINN:
    def __init__(self,emb_size,learning_rate,item_num,seq_len):
        '''
        :参数 emb_size:潜在特征向量维度
        :参数 learning_rate:学习率
        :参数 item_num:物品数
        :参数 seq_len:输入序列长度
        '''
        self.seq_len = seq_len
        self.learning_rate = learning_rate
        self.emb_size = emb_size
        self.hidden_size = emb_size
        self.behavior_num = 2
        self.item_num = int(item_num)

        self.all_embeddings = self.initialize_embeddings()

        self.item_seq = tf.placeholder(tf.int32,[None,seq_len],name = 'item_seq')
        self.len_seq = tf.placeholder(tf.int32,[None],name = 'len_seq')
        self.target = tf.placeholder(tf.int32,[None],name = 'target')
        self.is_training = tf.placeholder(tf.bool,shape = ())
        self.behavior_seq = tf.placeholder(tf.int32,[None,seq_len])

        self.behavior_emb = tf.nn.embedding_lookup(self.all_embeddings['behavior_
embeddings'],self.behavior_seq)
        self.input_emb = tf.nn.embedding_lookup(self.all_embeddings['item_embeddings'],
self.item_seq)
        self.new_input_emb = tf.concat([self.input_emb,self.behavior_emb],axis = 2)
        # 前向 CLSTM 单元
```

```
        cell_fw = CLSTMCell(num_units = self.emb_size,state_is_tuple = True)
        # 逆向 CLSTM 单元
        cell_bw = CLSTMCell(num_units = self.emb_size,state_is_tuple = True)
        (self.outputs_fw,self.outputs_bw),((_,self.outputs_state_fw),(_,self.outputs_
state_bw)) = tf.nn.bidirectional_dynamic_rnn(cell_fw,cell_bw,inputs = self.new_input_
emb,dtype = tf.float32,sequence_length = self.len_seq)
        self.h_s = tf.concat([self.outputs_fw,self.outputs_bw],axis = 2) # (batch,input
_size,2 * emb_size)
        self.PBL = tf.reduce_sum(self.h_s,axis = 1)/tf.reshape(tf.cast(self.len_seq,tf.
float32),(-1,1)) # (batch,2 * emb_size),除以每个输入的实际长度
        self.SBL = self.outputs_state_fw
        self.final_state = tf.concat([self.PBL,self.SBL],axis = 1)
        with tf.name_scope("dropout"):
            self.final_state = tf.layers.dropout(self.final_state,rate = args.dropout_
rate,seed = args.random_seed,training = tf.convert_to_tensor(self.is_training))

        self.output = tf.contrib.layers.fully_connected(self.final_state,self.item_
num,activation_fn = tf.nn.softmax,scope = 'fc')
        self.loss = tf.keras.losses.sparse_categorical_crossentropy(self.target,self.
output)
        self.loss = tf.reduce_mean(self.loss)
        self.opt = tf.train.AdamOptimizer(self.learning_rate).minimize(self.loss)
```

8.2.4 讨论

对于如何将基于循环神经网络的单行为序列算法拓展到多行为序列，难点主要是如何在 RNN 结构的基础上引入表征不同行为的特征。RLBL 算法引入了行为相关的转移矩阵来对不同的行为进行区分，RIB 算法在 RNN 的输入端拼接了行为潜在特征向量来区分不同的行为，BINN 算法则提出了一种新颖的门控结构，从而能够记忆序列中的行为信息。RLBL 和 RIB 主要是在 RNN 的输入端引入了不同行为的信息，而 BINN 则是通过修改 RNN 的内部结构使其适用于多行为序列。相比于 GRU4Rec 等单行为序列推荐算法，基于 RNN 的多行为序列推荐算法能够建模更加细粒度的用户行为，从而更好地捕捉用户偏好和兴趣。但是，基于 RNN 的多行为序列推荐算法同样具有 RNN 自身的一些缺点，例如梯度消失和难以并行化训练等。

8.3 基于图神经网络的方法

随着图神经网络(GNN)的兴起，一些研究工作将会话中的物品序列表示为图的形式，利用图神经网络来捕捉物品的转换模式。图作为一种十分灵活的结构能够较好地应用于推荐系统，目前已经有不少研究工作将其应用于单行为序列推荐，但在多行为序列推荐方面只有少数的几项工作[4-5]，下面我们将对这些工作进行介绍。

8.3.1 M-SR 算法

基于微观行为和物品知识的多任务学习会话推荐模型(micro-behaviors and item knowledge into multi-task learning for session-based recommendation,MKM-SR)[4] 提出使用门控图神经网络(gated GNN,GGNN)[12] 和门控循环单元(GRU)来对多行为序列进行建模,并使用额外的物品属性构成的知识图谱来辅助训练。物品间的知识图谱能够提供额外的信息来挖掘物品间的关系,进而缓解数据的稀疏性问题。对知识图谱模块的建模作为一个辅助任务来提升会话推荐任务的性能。由于对知识图谱的建模不是本章的重点,因此我们主要关注 MKM-SR 算法对微观行为的建模。在原论文中,将知识图谱部分去除之后,模型被称为微观行为会话推荐(micro-behaviors for session-based recommendation,M-SR)。下面介绍 M-SR 算法。

1. 算法原理

M-SR 算法的模型结构如图 8-5 所示。在 M-SR 算法中,每个会话中的物品序列被构建成一张会话图,用户的微观行为提供了对用户偏好更加细粒度和深入的理解。传统的基于 RNN 的方法只能捕捉单向的转换模式,然而,在实际应用中,用户可能会与其之前交互过的物品再次交互,这种转换模式依赖于双向上下文,而不是像 GRU4Rec 等基于 RNN 的序列模型中的单向上下文。因此,M-SR 算法采用 GGNN 来对物品序列进行建模,进而获得物品潜在特征:

$$\boldsymbol{a}_v^k = (\boldsymbol{A}_v^+ + \boldsymbol{A}_v^-)\,[\boldsymbol{h}_1^{k-1}, \boldsymbol{h}_2^{k-1}, \cdots, \boldsymbol{h}_L^{k-1}]^{\mathrm{T}} + \boldsymbol{b} \tag{8-24}$$

$$\boldsymbol{h}_v^k = \mathrm{GRU}(\boldsymbol{a}_v^k, \boldsymbol{h}_v^{k-1}) \tag{8-25}$$

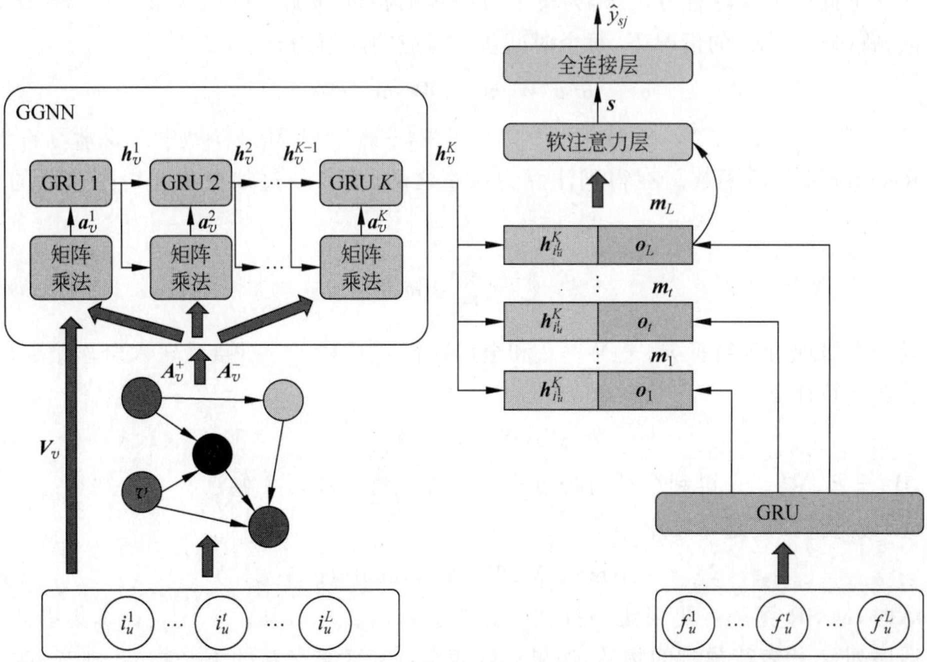

图 8-5 M-SR 算法的模型结构示意图(见彩插)

其中，$\boldsymbol{A}_v^{+}\in\mathbb{R}^{1\times L}$ 和 $\boldsymbol{A}_v^{-}\in\mathbb{R}^{1\times L}$ 分别表示节点 v 在图中的入边邻接矩阵和出边邻接矩阵；$\boldsymbol{h}_v^k\in\mathbb{R}^{d\times 1}$ 代表第 k 步的 GGNN 中节点 v 的特征。当 $k=0$ 时，$\boldsymbol{h}_v^k$ 是节点 v 对应的物品潜在特征 $\boldsymbol{V}_v\in\mathbb{R}^{d\times 1}$。GGNN 使用 $\boldsymbol{A}_v^{+}$ 和 $\boldsymbol{A}_v^{-}$ 与节点特征矩阵 $[\boldsymbol{h}_1^{k-1},\boldsymbol{h}_2^{k-1},\cdots,\boldsymbol{h}_L^{k-1}]^{\mathrm{T}}$ 进行矩阵乘法，从而让每个节点能够聚合它相邻节点的表征，得到的 $\boldsymbol{a}_v^k\in\mathbb{R}^{1\times d}$ 代表节点 v 在第 k 步的聚合特征，将节点 v 在 $k-1$ 步的特征 $\boldsymbol{h}_v^{k-1}$ 作为 GRU 中的隐藏状态，$\boldsymbol{a}_v^k$ 作为 GRU 的输入，通过一个 GRU 层可以得节点 v 在第 k 步的特征 $\boldsymbol{h}_v^k$。最终，每个物品可以由经过 K 步 GGNN 得到的 $\boldsymbol{h}_v^K$ 进行表示：

$$\boldsymbol{E}=\left[\boldsymbol{h}_{i_u^1}^K,\boldsymbol{h}_{i_u^2}^K,\cdots,\boldsymbol{h}_{i_u^L}^K\right]\tag{8-26}$$

其中，$\boldsymbol{E}\in\mathbb{R}^{L\times d}$ 表示长度为 L 的历史物品序列通过 GGNN 得到的特征矩阵，每个物品对应的特征都聚合了多个邻居的信息。

对于行为序列，M-SR 算法认为不能使用基于图的方法进行建模，因为如果将行为序列转换为有向图，则大多数节点会具有相似的邻居，导致无法表征用户偏好的多样性。因此，M-SR 算法使用 GRU 来对历史行为序列进行建模，将 GRU 在每个时间步 t 的隐藏向量 $\boldsymbol{o}_t$ 作为历史行为序列的表征：

$$\boldsymbol{o}_t=\mathrm{GRU}(\boldsymbol{F}_{f_u^t},\boldsymbol{o}_{t-1})\tag{8-27}$$

其中，$\boldsymbol{F}_{f_u^t}\in\mathbb{R}^{d\times 1}$ 是用户 u 在时间步 t 产生的行为 f_u^t 的特征。将物品特征 $\boldsymbol{h}_{i_u^t}^K\in\mathbb{R}^{d\times 1}$ 和行为序列特征 $\boldsymbol{o}_t\in\mathbb{R}^{d\times 1}$ 进行拼接，可以得到每个时间步 t 的微观行为特征 $\boldsymbol{m}_t$：

$$\boldsymbol{m}_t=\mathrm{concatenate}(\boldsymbol{h}_{i_u^t}^K,\boldsymbol{o}_t)\tag{8-28}$$

其中，$\boldsymbol{m}_t\in\mathbb{R}^{2d\times 1}$。为了得到会话表征，需要聚合每个时间步 t 的微观行为特征。M-SR 算法在这里使用了软注意力机制，为每个时间步的特征分配合适的权重。在给定微观行为特征 $\boldsymbol{m}_t(1\leqslant t\leqslant L)$ 的情况下，每个时间步 t 对应的注意力权重 α_t 为：

$$\alpha_t=\boldsymbol{\beta}^{\mathrm{T}}\sigma(\boldsymbol{W}_1\boldsymbol{m}_L+\boldsymbol{W}_2\boldsymbol{m}_t+\boldsymbol{b}_\alpha)\tag{8-29}$$

其中，$\boldsymbol{b}_\alpha\in\mathbb{R}^{2d\times 1}$；$\boldsymbol{\beta}\in\mathbb{R}^{2d\times 1}$；$\boldsymbol{W}_1\in\mathbb{R}^{2d\times 2d}$ 和 $\boldsymbol{W}_2\in\mathbb{R}^{2d\times 2d}$ 都是模型中需要学习的参数，σ 表示 sigmoid 激活函数。在得到注意力权重之后，可以通过加权求和得到会话的全局特征 $\boldsymbol{s}_{\mathrm{g}}$：

$$\boldsymbol{s}_{\mathrm{g}}=\sum_{t=1}^{L}\alpha_t\boldsymbol{m}_t\tag{8-30}$$

将最近一个微观行为特征 $\boldsymbol{m}_L\in\mathbb{R}^{2d\times 1}$ 和全局特征 $\boldsymbol{s}_{\mathrm{g}}\in\mathbb{R}^{2d\times 1}$ 拼接后送入全连接层，得到最终的会话特征 $\boldsymbol{g}$：

$$\boldsymbol{g}=\boldsymbol{W}_3\,[\boldsymbol{m}_L;\boldsymbol{s}_{\mathrm{g}}]\tag{8-31}$$

其中，$\boldsymbol{W}_3\in\mathbb{R}^{d\times 4d}$。在得到会话特征 $\boldsymbol{g}\in\mathbb{R}^{d\times 1}$ 后，将它和每个候选物品分别经过一个全连接层，最终得到预测分数 $\hat{y}_{sj}$：

$$\hat{y}_{sj}=\mathrm{softmax}(\mathrm{MLP}(\mathrm{concatenate}(\boldsymbol{g},\boldsymbol{V}_j)))\tag{8-32}$$

在训练时，M-SR 算法需要采集一批训练数据 $\{(s,j,y_{sj})\}$，其中 s 代表训练集中某个异构会话序列，j 代表待预测的物品，如果 j 代表会话 s 真实交互的下一物品，则有 $y_{sj}=1$；

否则，$y_{sj}=0$。最终，M-SR 模型可以通过交叉熵损失函数进行训练：

$$\mathcal{L}=-\sum_{s\in\mathcal{S}}\sum_{j\in\mathcal{J}}y_{sj}\ln(\hat{y}_{sj})+(1-y_{sj})\ln(1-\hat{y}_{sj}) \tag{8-33}$$

其中，$\mathcal{S}$和$\mathcal{J}$分别代表训练集中的会话集合和物品集合。

2. 算法实现

在论文[4]里提到的 MKM-SR 算法中可调节的参数和设置包括：①物品潜在特征维度：100；②物品潜在特征使用均值为 0、标准差为 0.1 的高斯分布进行初始化；③GGNN 的步数 K：1；④优化器：Adam；⑤学习率：0.001；⑥正则项上的权衡系数 $\lambda_2=10^{-5}$。

MKM-SR 算法的提出者在 https://github.com/ciecus/MKM-SR 公布了基于 PyTorch 的代码，笔者在该代码的基础上重新实现了基于 TensorFlow 1.14 的 M-SR 算法，并验证了代码的正确性和算法的有效性。为了展示更多关于 M-SR 算法的细节，下面给出部分关键代码的实现。

```
import numpy as np
import tensorflow as tf
class MSR:

    def build_model(self):
        # 初始化物品潜在特征矩阵
        with tf.variable_scope('Graph',reuse = tf.AUTO_REUSE,regularizer = self.l2_loss('
all')) as self.graph_scope:
            self.embedding_matrix = tf.get_variable(name = 'init_embedding', shape =
[self.num_nodes,self.dim])
        with tf.variable_scope('Network',reuse = tf.AUTO_REUSE,regularizer = self.l2_loss(
'all')):
            pos = tf.expand_dims(self.pos, -1)
            pos_neg = tf.concat([pos,self.neg], -1)
            pos_neg_label = tf.concat([tf.ones_like(pos,dtype = tf.int32),tf.zeros_like
(self.neg,dtype = tf.int32)], -1)
            # 0 代表购买,1 代表点击,2 代表填充
            self.behavior_num = 3
            # 初始化行为潜在特征矩阵
            self.behavior_embeddings = tf.get_variable(name = 'behavior_embeddings',
shape = [self.behavior_num,self.dim])
            self.item = tf.placeholder(dtype = tf.int32)
            self.adj_in = tf.placeholder(dtype = tf.float32,shape = [None,None,None])
            self.adj_out = tf.placeholder(dtype = tf.float32,shape = [None,None,None])
            self.alias = tf.placeholder(dtype = tf.int32)
            # GGNN 的参数
            self.W_in = tf.get_variable('W_in',shape = [self.dim,self.dim],dtype = tf.
float32)
            self.b_in = tf.get_variable('b_in',[self.dim],dtype = tf.float32)
            self.W_out = tf.get_variable('W_out',[self.dim, self.dim],dtype = tf.
float32)
```

```
        self.b_out = tf.get_variable('b_out',[self.dim],dtype = tf.float32)
        # 软注意力层参数
        self.w1 = tf.get_variable('nasr_w1',[2 * self.dim,2 * self.dim],dtype = tf.float32)
        self.w2 = tf.get_variable('nasr_w2',[2 * self.dim,2 * self.dim],dtype = tf.float32)
        self.v = tf.get_variable('nasr_v',[1,2 * self.dim],dtype = tf.float32)
        self.b = tf.get_variable('nasr_b',[2 * self.dim],dtype = tf.float32)
        self.W_3 = tf.get_variable('w3',[4 * self.dim,self.dim])
        seq_mask = tf.not_equal(self.whole_seq,0)
        seq_mask = tf.cast(seq_mask,tf.float32)
        self.len_seq = tf.reduce_sum(seq_mask, - 1)
        # 经过 GGNN 层得到新的物品嵌入
        re_embedding = self.ggnn() # [bs,num_unique_nodes,d]
        # 利用 GGNN 得到历史物品序列的表征
        seq_h = tf.stack([tf.nn.embedding_lookup(re_embedding[i],self.alias[i]) for i in range(self.batch_size)],axis = 0) # [bs,L,d]
        # behaviour embedding learning -- GRU
        self.behavior_emb = tf.nn.embedding_lookup(self.behavior_embeddings,self.beha_seq) # [bs,L,d]
        #对历史行为序列进行建模
        self.gru_out,self.states_hidden = tf.nn.dynamic_rnn(tf.contrib.rnn.GRUCell(self.dim),self.behavior_emb,dtype = tf.float32,sequence_length = self.len_seq)
        # 拼接得到微观行为特征
        self.new_input_emb = tf.concat([seq_h,self.gru_out],axis = 2) # [bs,L,2d]
        rm = tf.reduce_sum(seq_mask,1)
        # 软注意力层
        last_h = tf.gather_nd(self.new_input_emb,tf.stack([tf.range(self.batch_size),tf.to_int32(rm) - 1],axis = 1))
        s_local = tf.matmul(last_h,self.w1) # [bs,2d]
        seq = tf.matmul(tf.reshape(self.new_input_emb,[ - 1,2 * self.dim]),self.w2) # [bs * L,2d]
        s_local = tf.reshape(s_local,[self.batch_size,1, - 1]) # [bs,1,2d]
        m = tf.nn.sigmoid(s_local + tf.reshape(seq,[self.batch_size, - 1,2 * self.dim]) + self.b) # [bs,L,2d]
        s_global_att = tf.matmul(tf.reshape(m,[ - 1,2 * self.dim]),self.v,transpose_b = True) * tf.reshape(seq_mask,[ - 1,1]) # [bs * L,1]
        s_h = tf.concat([tf.reduce_sum(tf.reshape(s_global_att,[self.batch_size, - 1,1]) * self.new_input_emb,1),tf.reshape(last_h,[ - 1,2 * self.dim])], - 1)
        s_h = tf.matmul(s_h,self.W_3)
        # 全局特征
        final_seq_emb = s_h
        all_item_score = tf.matmul(final_seq_emb,self.embedding_matrix,transpose_b = True)
        topk = tf.math.top_k(all_item_score,k = 500)
        self.topkV = topk.values
        self.topkI = topk.indices
        pos_neg_embs = tf.nn.embedding_lookup(self.embedding_matrix,pos_neg) # [BS,M + 1,d]
```

```
            pos_neg_score = tf.reduce_sum(tf.expand_dims(final_seq_emb,1) * pos_neg_
embs, - 1)
            seq_loss = tf.losses.softmax_cross_entropy(pos_neg_label,pos_neg_score)
            tf.summary.scalar('seq_loss',seq_loss)
        self.loss = seq_loss
        # L2 损失
        self.loss += tf.losses.get_regularization_loss()
        # 使用 Adam 优化器进行优化
        opt = tf.train.AdamOptimizer(learning_rate = self.lr)
        self.minimizer = opt.minimize(self.loss)

    def ggnn(self):
        batch_size = tf.shape(self.whole_seq)[0]
        fin_state = tf.nn.embedding_lookup(self.embedding_matrix,self.item)
        # 借助 TensorFlow 内置的 GRUCell 实现 GGNN
        cell = tf.nn.rnn_cell.GRUCell(self.dim)
        with tf.variable_scope('gru'):
            for i in range(self.gnn_depth):
                fin_state = tf.reshape(fin_state,[batch_size, - 1,self.dim])
                fin_state_in = tf.reshape(tf.matmul(tf.reshape(fin_state,[ - 1,self.
dim]),self.W_in) + self.b_in,[batch_size, - 1,self.dim])
                fin_state_out = tf.reshape(tf.matmul(tf.reshape(fin_state,[ - 1,self.
dim]),self.W_out) + self.b_out,[batch_size, - 1,self.dim])
                av = tf.concat([tf.matmul(self.adj_in,fin_state_in),tf.matmul(self.adj
_out,fin_state_out)],axis = - 1)
                state_output,fin_state = tf.nn.dynamic_rnn(cell,tf.expand_dims(tf.
reshape(av,[ - 1,2 * self.dim]),axis = 1),initial_state = tf.reshape(fin_state,[ - 1,self.
dim]))
        return tf.reshape(fin_state,[batch_size, - 1,self.dim])
```

8.3.2 MGNN-SPred 算法

基于多关系图神经网络的会话目标行为预测模型(multi-relational graph neural network model for session-based target behavior prediction,MGNN-SPred)[5] 提出了一种新颖的构图方式和融合多种异构边信息的新型 GNN 方法,最后使用门控机制来平衡点击偏好和购买偏好,从而得到完整的用户偏好。

1. 算法原理

MGNN-SPred 算法的模型结构如图 8-6 所示。在 MGNN-SPred 中首先构建了一个包含所有会话中物品转换信息的多关系物品图(multi-relational item graph,MRIG),图中的每个节点 v 对应物品集合中的某个物品,还包含了两种关系的边,分别是从购买到购买的边和从点击到点击的边。其中,购买到购买的边代表某个用户在购买了某个物品之后,又购买了另外一个物品。点击到点击的边代表某个用户在点击了某个物品之后又点击了另外一个物品。而对于用户的多行为序列,它只考虑了点击和购买两种行为,并将其划分为点击序列和购买序列来分开建模。MGNN-SPred 将点击序列和购买序列输入到 GNN 后，得到了点击偏好和购买偏好，并进一步使用一个门控模块来融合这两种偏好，得到最终的用户偏好表征。下面我们对 MGNN-SPred 的细节进行介绍。

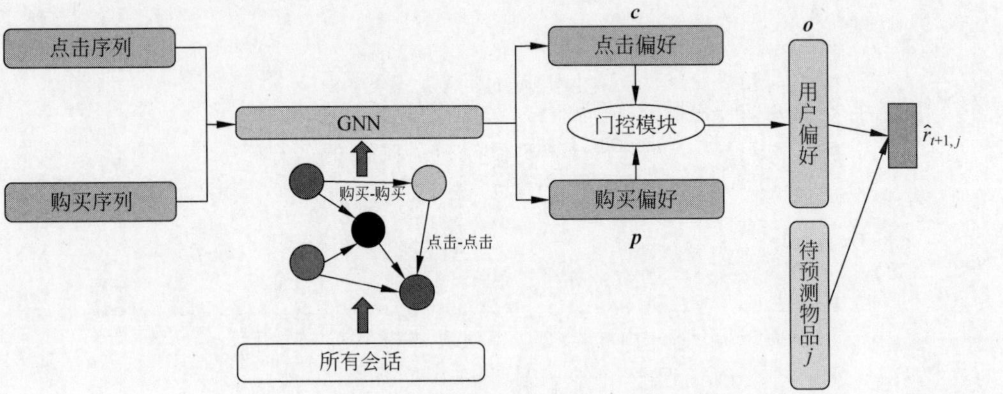

图 8-6　MGNN-SPred 算法的模型结构示意图(见彩插)

在多关系物品图(MRIG)中，对于每个节点 v，都具有四种类型的邻居节点集合：该节点作为被购买的物品时的入边节点集合 $\mathcal{N}_{p+}(v)$ 和出边节点集合 $\mathcal{N}_{p-}(v)$，以及该物品作为被点击的物品时的入边节点集合 $\mathcal{N}_{c+}(v)$ 和出边节点集合 $\mathcal{N}_{c-}(v)$，具体表示如下：

$$\mathcal{N}_{p+}(v)=\{v' \mid (v' \rightarrow v, \text{purchase})\} \tag{8-34}$$

$$\mathcal{N}_{p-}(v)=\{v' \mid (v \rightarrow v', \text{purchase})\} \tag{8-35}$$

$$\mathcal{N}_{c+}(v)=\{v' \mid (v' \rightarrow v, \text{click})\} \tag{8-36}$$

$$\mathcal{N}_{c-}(v)=\{v' \mid (v \rightarrow v', \text{click})\} \tag{8-37}$$

在 GNN 的第 k 次信息传递操作中，针对节点 v 的四种邻居集合，MGNN-SPred 使用同样的平均池化操作来聚合每组邻居的特征，得到四组聚合特征：

$$\boldsymbol{h}_{p+,v}^{k}=\frac{\sum_{v' \in \mathcal{N}_{p+}(v)} \boldsymbol{h}_{v'}^{k-1}}{|\mathcal{N}_{p+}(v)|} \tag{8-38}$$

$$\boldsymbol{h}_{p-,v}^{k}=\frac{\sum_{v' \in \mathcal{N}_{p-}(v)} \boldsymbol{h}_{v'}^{k-1}}{|\mathcal{N}_{p-}(v)|} \tag{8-39}$$

$$\boldsymbol{h}_{c+,v}^{k}=\frac{\sum_{v' \in \mathcal{N}_{c+}(v)} \boldsymbol{h}_{v'}^{k-1}}{|\mathcal{N}_{c+}(v)|} \tag{8-40}$$

$$\boldsymbol{h}_{c-,v}^{k}=\frac{\sum_{v' \in \mathcal{N}_{c-}(v)} \boldsymbol{h}_{v'}^{k-1}}{|\mathcal{N}_{c-}(v)|} \tag{8-41}$$

其中，$\boldsymbol{h}_{p+,v}^{k}, \boldsymbol{h}_{p-,v}^{k}, \boldsymbol{h}_{c+,v}^{k}, \boldsymbol{h}_{c-,v}^{k} \in \mathbb{R}^{d\times 1}$ 分别代表对四种不同邻居的 k 层聚合特征。对这四组聚合特征使用相加的方式进行二次聚合，再与节点 v 的 $k-1$ 层特征相加可以得到节点 v 经过 GNN 之后得到的第 k 次迭代的特征 $\boldsymbol{h}_{v}^{k}$：

$$\boldsymbol{h}_v^k = \boldsymbol{h}_v^{k-1} + \boldsymbol{h}_{\mathrm{p}+,v}^k + \boldsymbol{h}_{\mathrm{p}-,v}^k + \boldsymbol{h}_{\mathrm{c}+,v}^k + \boldsymbol{h}_{\mathrm{c}-,v}^k \tag{8-42}$$

MGNN-SPred 使用最后一次迭代得到的节点特征 $\boldsymbol{h}_v^K \in \mathbb{R}^{d\times 1}$ 作为相应的物品的潜在特征 $\boldsymbol{g}_v \in \mathbb{R}^{d\times 1}$：

$$\boldsymbol{g}_v = \boldsymbol{h}_v^K \tag{8-43}$$

通过在 MRIG 上使用 GNN 得到聚合多种邻居信息的节点特征。利用这些包含丰富信息的节点特征，可以更好地对点击序列和购买序列进行建模。对于一个会话中的点击序列$\mathcal{C}$和购买序列$\mathcal{P}$，都可以在图中找到每个物品对应的特征。对点击序列$\mathcal{C}$和购买序列$\mathcal{P}$使用新的特征进行进一步聚合，可以得到点击偏好 $\boldsymbol{c} \in \mathbb{R}^{d\times 1}$ 和购买偏好 $\boldsymbol{p} \in \mathbb{R}^{d\times 1}$：

$$\boldsymbol{c} = \frac{\sum_{i=1}^{|\mathcal{C}|} \boldsymbol{g}_{c_i}}{|\mathcal{C}|} \tag{8-44}$$

$$\boldsymbol{p} = \frac{\sum_{i=1}^{|\mathcal{P}|} \boldsymbol{g}_{p_i}}{|\mathcal{P}|} \tag{8-45}$$

考虑到用户可能对不同的行为有不同的偏好程度，MGNN-SPred 进一步使用一个简单的全连接层得到表示相对重要性的权重 α：

$$\alpha = \sigma(\boldsymbol{W}_g^{\mathrm{T}}[\boldsymbol{c};\ \boldsymbol{p}]) \tag{8-46}$$

其中，σ 是 sigmoid 激活函数；$\boldsymbol{W}_g \in \mathbb{R}^{2d\times 1}$ 是待学习的参数。最终，MGNN-SPred 使用一个门控机制得到最终的用户偏好 $\boldsymbol{o} \in \mathbb{R}^{d\times 1}$：

$$\boldsymbol{o} = \alpha \cdot \boldsymbol{c} + (1-\alpha) \cdot \boldsymbol{p} \tag{8-47}$$

对于每一个待预测的物品 j，MGNN-SPred 使用双线性方法来得到最终的预测分数，并应用 softmax 函数得到概率分布 $\hat{y}$：

$$r_{t+1,j} = \boldsymbol{o}^{\mathrm{T}}\boldsymbol{W}\boldsymbol{V}_j \tag{8-48}$$

$$\hat{\boldsymbol{y}} = \mathrm{softmax}(\boldsymbol{r}) \tag{8-49}$$

其中，$\boldsymbol{V}_j \in \mathbb{R}^{d\times 1}$ 是物品 j 的潜在特征向量；$\boldsymbol{W} \in \mathbb{R}^{d\times d}$ 是待学习的参数；$\boldsymbol{r} \in \mathbb{R}^{|\mathcal{J}|\times 1}$ 和 $\hat{\boldsymbol{y}} \in \mathbb{R}^{|\mathcal{J}|\times 1}$ 分别是模型对所有候选物品的预测值和预测概率。最终 MGNN-SPred 使用交叉熵损失函数来训练整个模型：

$$\mathcal{L} = -\sum_{s\in\mathcal{S}}\sum_{j\in\mathcal{J}} y_{sj}\ln(\hat{y}_{sj}) + (1-y_{sj})\ln(1-\hat{y}_{sj}) \tag{8-50}$$

其中，当且仅当物品 j 是会话 s 的下一个真实交互的物品时，$y_{sj}=1$；否则，$y_{sj}=0$。

2. 算法实现

在论文里[5]提到的 MGNN-SPred 算法中可调节的参数和设置包括：①物品潜在特征维度为 64；②GNN 的步数 $K=2$；③使用提前停止策略(如连续 20 轮在 HR@5 指标上的效果不再提升)防止过拟合。

MGNN-SPred 算法的提出者在 https://github.com/Autumn945/MGNN-SPred 公布了他们基于 TensorFlow 的代码。笔者在该代码的基础上重新实现了基于

TensorFlow 1.14 的 MGNN-SPred 算法，并验证了代码的正确性和算法的有效性。为了展示更多关于 MGNN-SPred 算法的细节，下面给出部分关键代码的实现。

```
import numpy as np
import tensorflow as tf
class MGNN_SPred:

    def build_model(self):
        # 定义物品潜在特征矩阵
        with tf.variable_scope('Graph', reuse = tf.AUTO_REUSE, regularizer = self.l2_loss
('all')) as self.graph_scope:
            self.embedding_matrix = tf.get_variable(name = 'init_embedding', shape =
[self.num_nodes, self.dim])
        with tf.variable_scope('Network', reuse = tf.AUTO_REUSE, regularizer = self.l2_loss(
'all')):
            pos = tf.expand_dims(self.pos, -1)
            pos_neg = tf.concat([pos, self.neg], -1) # [BS, num_neg + 1]
            pos_neg_label = tf.concat([tf.ones_like(pos, dtype = tf.int32), tf.zeros_like
(self.neg, dtype = tf.int32)], -1) # [BS, M + 1]
            # 输入：历史点击物品序列，输出：点击特征
            click_seq_mask = tf.not_equal(self.click_seq, 0)
            click_seq_mask = tf.cast(click_seq_mask, tf.float32)
            auxiliary_emb = self.gnn(self.click_seq, method = "graphSAGE")
            auxiliary_emb = self.mask_mean(auxiliary_emb, click_seq_mask)
            # 输入：历史购买物品序列，输出：购买特征
            buy_seq_mask = tf.not_equal(self.buy_seq, 0)
            buy_seq_mask = tf.cast(buy_seq_mask, tf.float32)
            target_seq_emb = self.gnn(self.buy_seq, method = "graphSAGE")
            target_seq_emb = self.mask_mean(target_seq_emb, buy_seq_mask)
            # 使用一个门控来融合点击特征和购买特征
            final_seq_emb = self.gate(auxiliary_emb, target_seq_emb, 'merge_buy_and_
click_seq')
            final_seq_emb = tf.layers.dense(final_seq_emb, self.dim, name = 'dense_W', use_
bias = False)
            all_item_score = tf.matmul(final_seq_emb, self.embedding_matrix, transpose_b
 = True)
            topk = tf.math.top_k(all_item_score, k = 500)
            self.topkV = topk.values
            self.topkI = topk.indices
            pos_neg_embs = tf.nn.embedding_lookup(self.embedding_matrix, pos_neg) #
[BS, M + 1, k]
            pos_neg_score = tf.reduce_sum(tf.expand_dims(final_seq_emb, 1) * pos_neg_
embs, -1)
            seq_loss = tf.losses.softmax_cross_entropy(pos_neg_label, pos_neg_score)
        self.loss = seq_loss
        # L2 正则化
        self.loss += tf.losses.get_regularization_loss()
        opt = tf.train.AdamOptimizer(learning_rate = self.lr)
        self.minimizer = opt.minimize(self.loss)
```

```
    def gnn(self,input_seq,method):
        if method == "graphSAGE":
            batch_size = tf.shape(input_seq)[0]
            # 对每个输入的物品序列,取出它在图上的多阶邻居
            item_neighbors,item_masks = self.gain_neighbors_from(input_seq,batch_size)
            # 使用graphSAGE来聚合多阶邻居的特征
            gnn_emb = self.graphSAGE(item_neighbors = item_neighbors,batch_size = batch_
size,item_masks = item_masks)
            return gnn_emb

    def graphSAGE(self,item_neighbors,batch_size,item_masks):
        # 使用非递归的方式聚合多阶邻居特征,从最高阶往低阶节点聚合,最终得到中心节点
新的表示
        entity_embs = [tf.nn.embedding_lookup(self.embedding_matrix,i) for i in item_
neighbors]
        for n_hop in range(self.gnn_depth):
            entity_embs_next_iter = []
            shape = [batch_size, -1,self.adj_len,self.dim]
            mask_shape = [batch_size, -1,self.adj_len]
            indicator_self = 0
            indicator_neigh = 1
            for hop in range(self.gnn_depth - n_hop):
                for i in range(4 ** hop):
                    vector = self.mean_agg(self_emb = entity_embs[indicator_self],
neighbor_emb_0 = tf.reshape(entity_embs[indicator_neigh],shape = shape),neighbor_emb_1 =
tf.reshape(entity_embs[indicator_neigh + 1],shape = shape),neighbor_emb_2 = tf.reshape
(entity_embs[indicator_neigh + 2],shape = shape),neighbor_emb_3 = tf.reshape(entity_embs
[indicator_neigh + 3],shape = shape),mask0 = tf.reshape(item_masks[indicator_neigh - 1],
shape = mask_shape),mask1 = tf.reshape(item_masks[indicator_neigh + 1 - 1],shape = mask_
shape),mask2 = tf.reshape(item_masks[indicator_neigh + 2 - 1],shape = mask_shape),mask3
= tf.reshape(item_masks[indicator_neigh + 3 - 1],shape = mask_shape),batch_size = batch_
size)
                    indicator_self += 1
                    indicator_neigh += 4
                    entity_embs_next_iter.append(vector)
            entity_embs = entity_embs_next_iter
        new_seq_emb = tf.reshape(entity_embs[0],[batch_size,self.seq_length,self.dim])
        return new_seq_emb

    def mean_agg(self,self_emb,neighbor_emb_0,neighbor_emb_1,neighbor_emb_2,neighbor_
emb_3,mask0,mask1,mask2,mask3,batch_size):
        neighbor_emb_mean_0 = self.mask_mean(neighbor_emb_0,mask0)
        neighbor_emb_mean_1 = self.mask_mean(neighbor_emb_1,mask1)
        neighbor_emb_mean_2 = self.mask_mean(neighbor_emb_2,mask2)
        neighbor_emb_mean_3 = self.mask_mean(neighbor_emb_3,mask3)
        neighbor_emb_mean_0 = tf.reshape(neighbor_emb_mean_0,[batch_size, -1,self.
dim])
        neighbor_emb_mean_1 = tf.reshape(neighbor_emb_mean_1,[batch_size, -1,self.
dim])
```

```
            neighbor_emb_mean_2 = tf.reshape(neighbor_emb_mean_2,[batch_size, - 1,self.
dim])
            neighbor_emb_mean_3 = tf.reshape(neighbor_emb_mean_3,[batch_size, - 1,self.
dim])
            output = self_emb + neighbor_emb_mean_0 + neighbor_emb_mean_1 + neighbor_emb_
mean_2 + neighbor_emb_mean_3
            return output

        def gate(self,a,b,name):
            with tf.variable_scope(name):
                alpha = tf.layers.dense(tf.concat([a,b], - 1),1,activation = tf.nn.sigmoid,
name = 'gateW')
                ret = alpha * a + (1 - alpha) * b
            return ret
```

8.3.3 讨论

图神经网络在建模复杂的物品转换时具有一定的优势。基于循环神经网络的方法通过考虑序列信息来挖掘会话特征,无法对更复杂的物品转换模式进行建模,例如不相邻物品之间的转换模式,而基于图神经网络的算法通过多步的邻居聚合可以捕捉这一信息。由于图的灵活性,在对不同的行为进行建模时也具有一定的优势,例如 MKM-SR 将历史行为序列和历史物品序列分开建模,得到相应的特征后再进行拼接,从而得到微观行为的表征。MGNN-SPred 则是构建了一个多关系物品图(MRIG),并在此基础上进行消息传递,从而得到更加丰富的节点表征。从现有的工作来看,基于图神经网络的算法对多行为序列的处理方式通常是物品序列使用图的方式进行建模,并将用户的行为序列单独处理(如 MKM-SR)。另一种思路是在图的构建上结合多行为的信息,如 MGNN-SPred 引入的多关系物品图。值得一提的是,MKM-SR 中构建的图是会话级别的图,主要建模会话级别的特征。而 MGNN-SPred 在构建图的时候使用了所有会话的数据,因此它构建的是一张全局图,能够提取更加丰富的全局特征。虽然基于图的方法具有良好的灵活性,但是它也有一定的缺点,例如计算复杂度较高。

8.4 本章小结

本章的内容总结如下:在 8.1 节,先对多行为序列推荐问题进行了介绍;在 8.2 节~8.3 节,分别介绍了五种不同的序列推荐算法,依次为基于循环神经网络的 RLBL 算法、RIB 算法和 BINN 算法,以及基于图神经网络的 M-SR 算法和 MGNN-SPred 算法。在介绍上述每一种算法时,讲解了其中的原理,提供了可用的参数设置,并对每一种算法分别进行了讨论。

除了本章介绍的算法以外,还有一些来自工业界的面向多行为建模的解决方案,它们主要应用于点击率(click-through rate,CTR)预估任务。深度反馈网络(deep feedback network,DFN)[13]使用 Transformer 模型来对点击序列、曝光但未点击序列和不喜欢序列单独建模，分别表示用户的强正反馈、弱反馈和强负反馈。此外，DFN 还使用一个外部反馈交互组件，从弱反馈中进一步提取其中的正向偏好和负向偏好。深度多方面 Transformers（deep multifaceted Transformers，DMT）[14]通过在 Transformer 模型中引入目标物品信息，更好地建模点击序列、加入购物车序列和购买序列，用于学习用户的短期、中期和长期兴趣，进而捕捉用户多方面的兴趣。在输出层中，DMT 使用多任务专家混合层同时对点击率预估、转换率预估等多个任务进行建模。分层用户画像模型（hierarchical user profiling，HUP）[15]使用金字塔循环神经网络（pyramid RNN）架构，并在 LSTM 中引入行为信息，进而得到行为感知长短期记忆网络（Behavior-LSTM）。基于图元网络的多行为推荐模型（multi-behavior recommendation with graph meta network，MB-GMN）[16]通过元学习（meta learning）的方式重点研究了不同行为之间的依赖关系和多行为模式的复杂性两大问题。降噪用户感知记忆网络（denoising user-aware memory network，DUMN）[17]重点关注序列隐式反馈中的噪声和用户的长期兴趣，并分别通过特征净化模块和用户记忆网络来实现降噪和建模长期兴趣的目标。

此外，有研究工作在通过 RNN 对 SHOCCF 问题中的不同行为进行建模时，引入了物品的类别信息[18-21]，用于更好的学习用户的意图和偏好。也有研究工作通过建模用户使用 APP 时接触屏幕的不同行为[22]，来捕捉用户细粒度的实时偏好。还有研究工作关注用户隐私保护问题[23]，特别是要求用户的浏览记录保留在客户端（用户）本地，并通过联邦学习来实现服务器和客户端之间的联合建模。

综上，我们可以发现，从技术的角度来看，面向 SHOCCF 问题的方法大致包括以下几类，基于 RNN/LSTM/GRU 的方法[1-3,5,18,22]、基于 GNN 的方法[4-5,16]、基于 Transformer 的方法[13-14]、基于记忆网络的方法[17]和基于联邦学习的方法[23]。

8.5 参考文献

[1] LIU Q，WU S，WANG L. Multi-behavioral sequential prediction with recurrent log-bilinear model [J]. IEEE Transactions on Knowledge and Data Engineering，2017，29(6)：1254-1267.

[2] ZHOU M，DING Z，TANG J，et al. Micro behaviors：A new perspective in E-commerce recommender systems [C]//CHANG Y，ZHAI C，LIU Y，et al. Proceedings of the 11th ACM International Conference on Web Search and Data Mining (WSDM'18)，New York：ACM，2018：727-735.

[3] LI Z，ZHAO H，LIU Q，et al. Learning from history and present：Next-item recommendation via discriminatively exploiting user behaviors [C]//GUO Y，FAROOQ F. Proceedings of the 24th ACM SIGKDD International Conference on Knowledge Discovery and Data Mining (KDD'18)，New York：ACM，2018：1734-1743.

[4] MENG W，YANG D，XIAO Y. Incorporating user micro-behaviors and item knowledge into multi-task learning for session-based recommendation [C]//HUANG J，CHANG Y，CHENG X，et al. Proceedings of the 43rd International ACM SIGIR Conference on Research and Development in Information Retrieval (SIGIR'20)，New York：ACM，2020：1091-1100.

[5] WANG W，ZHANG W，LIU S，et al. Beyond clicks：Modeling multi-relational item graph for session-based target behavior prediction [C]//HUANG Y，KING I，LIU T，et al. Proceedings of

The Web Conference 2020 (WWW'20), New York: ACM, 2020: 3056-3062.

[6] HIDASI B, KARATZOGLOU A, BALTRUNAS L, et al. Session-based recommendations with recurrent neural networks [C]//BENGIO Y, LECUN Y. Proceedings of the 4th International Conference on Learning Representations (ICLR'16), La Jolla: ICLR, 2016.

[7] MNIH A, HINTON G. Three new graphical models for statistical language modelling [C]//GHAHRAMANI Z. Proceedings of the 24th International Conference on Machine Learning (ICML'06), New York: ACM, 2007: 641-648.

[8] RENDLE S, FREUDENTHALER C, GANTNER Z, et al. BPR: Bayesian personalized ranking from implicit feedback [C]//BILMES J, NG A. Proceedings of the 25th Conference on Uncertainty in Artificial Intelligence (UAI'09). Arlington: AUAI Press, 2009: 452-461.

[9] RUMELHART D, HINTON G, WILLIAMS R. Learning representations by back-propagating errors [J]. Nature, 1986, 323(6088): 533-536.

[10] MIKOLOV T, CHEN K, CORRADO G, et al. Efficient estimation of word representations in vector space [C]//BENGIO Y, LECUN Y. Proceedings of the 1st International Conference on Learning Representations (ICLR'13), La Jolla: ICLR, 2013.

[11] HOCHREITER S, SCHMIDHUBER J. Long short-term memory [J]. Neural Computation, 1997, 9(8): 1735-1780.

[12] WU S, TANG Y, ZHU Y, et al. Session-based recommendation with graph neural networks [C]//Proceedings of the 33rd AAAI Conference on Artificial Intelligence (AAAI'19). Palo Alto: AAAI Press, 2019: 346-353.

[13] XIE R, LING C, WANG Y, et al. Deep feedback network for recommendation [C]//BESSIERE C. Proceedings of the 29th International Joint Conference on Artificial Intelligence (IJCAI'20), ijcai.org, 2020: 2519-2525.

[14] GU Y, DING Z, WANG S, et al. Deep multifaceted Transformers for multi-objective ranking in large-scale E-commerce recommender systems [C]//AQUIN M, DIETZE S, HAUFF C, et al. Proceedings of the 29th ACM International Conference on Information and Knowledge Management (CIKM'20), New York: ACM, 2020: 2493-2500.

[15] GU Y, DING Z, WANG S, et al. Hierarchical user profiling for E-commerce recommender systems [C]//CAVERLEE J, HU X, LALMAS M, et al. Proceedings of the 13th ACM International Conference on Web Search and Data Mining (WSDM'20), New York: ACM, 2020: 223-231.

[16] XIA L, HUANG C, XU Y, et al. Graph meta network for multi-behavior recommendation [C]//DIAZ F, SHAH C, SUEL T, et al. Proceedings of the 44th International ACM SIGIR Conference on Research and Development in Information Retrieval (SIGIR'21), New York: ACM, 2021: 757-766.

[17] BIAN Z, ZHOU S, FU H, et al. Denoising user-aware memory network for recommendation [C]//CORONA H, LARSON M, WILLEMSEN M, et al. Proceedings of the 15th ACM Conference on Recommender Systems (RecSys'21), New York: ACM, 2021.

[18] CHEN T, YIN H, CHEN H, et al. AIR: Attentional intention-aware recommender systems [C]//Proceedings of the 35th IEEE International Conference on Data Engineering (ICDE'19), 2019: 304-315.

[19] TANJIM M, SU C, BENJAMIN E, et al. Attentive sequential models of latent intent for next item recommendation [C]//HUANG Y, KING I, LIU T, et al. Proceedings of The Web Conference 2020 (WWW'20), 2020: 2528-2534.

[20] XU Y, ZHU Y, YU J. Modeling multiple coexisting category-level intentions for next item

recommendation [J]. ACM Transactions on Information Systems, 2021, 39(3): 23: 1-23: 24.

[21] YU B, ZHANG R, CHEN W, et al. Graph neural network based model for multi-behavior session-based recommendation [J]. Geoinformatica, 2021.

[22] GUO L, HUA L, JIA R, et al. Buying or browsing?: Predicting real-time purchasing intent using attention-based deep network with multiple behavior [C]//TEREDESAI A, KUMAR V, LI Y, et al. Proceedings of the 25th ACM SIGKDD International Conference on Knowledge Discovery and Data Mining (KDD'19), New York: ACM, 2019: 1984-1992.

[23] HAN J, MA Y, MEI Q, et al. DeepRec: On-device deep learning for privacy-preserving sequential recommendation in mobile commerce [C]//LESKOVEC J, GROBELNIK M, NAJORK M, et al. Proceedings of The Web Conference 2021 (WWW'21), New York: ACM, 2021: 900-911.

8.6 习题

1. 多行为序列推荐和单行为序列推荐有哪些异同点?

2. 能否在 RLBL 模型中显式地考虑时间信息?

3. 请想一想,在 RIB 模型中,注意力层的作用是什么?

4. BINN 模型中的会话行为学习模块和偏好行为学习模块分别学到了什么信息?

5. 在 MKM-SR 模型中,为什么使用 GRU 对行为序列进行建模,而不是与物品序列一样使用 GGNN?

6. MGNN-SPred 模型是如何对在多关系物品图中的每个节点进行邻居信息聚合的?

7. 基于循环神经网络的多行为序列推荐算法有什么优缺点?

8. 基于图神经网络的多行为序列推荐算法有什么优缺点?

9. 在多行为序列推荐中,关于用户反馈(或行为)的建模,可以从哪些角度来考虑?

10. 能否基于单行为序列推荐算法设计一个面向多行为序列推荐问题的方法?

11. 能否设计一个基于矩阵分解的多行为序列推荐算法?

12. 能否设计一个基于卷积神经网络的多行为序列推荐算法?

13. 如果要对不同行为之间的转移关系(例如从浏览到购买、从浏览到浏览等)进行显式的建模,应如何改进本章介绍的模型(例如 MGNN-SPred 模型)?

14. 在 RecSys、SIGIR 等知名国际会议的论文集中,查阅研究 SHOCCF 问题的前沿工作(近 3 年),并总结其中的研究动机、主要思路、关键技术和对比实验。

第 9 章

跨用户联邦推荐

一些传统而又经典的协同过滤推荐算法，例如 PMF[1]、SVD++[2]等，需要服务器事先收集用户的评分数据，然后再利用这些评分数据构建推荐模型。但是，这种将用户评分数据收集到服务器的方式存在用户隐私泄露的风险，因为数据收集方不是完全可信的，数据收集方可能会滥用用户的数据。通用数据保护条例（general data protection regulation，GDPR）[3]等法律法规的颁布使得企业等组织需要获得用户的授权才能收集用户的评分数据等隐私信息。此外，随着用户隐私保护意识的提高，用户可能不愿意分享自己的隐私信息给企业等组织或其他用户。因此，保护用户隐私给使用传统的协同过滤推荐算法进行数据建模和偏好学习的方式带来了很大的挑战。

在 2016 年，谷歌首次提出了联邦学习（federated learning，FL）[4-5]。通过联邦学习，传统的机器学习算法不需要将用户的隐私数据上传给服务器就能构建模型。具体来说，联邦学习首先利用客户端（即用户）本地的隐私数据在客户端本地训练得到局部的模型参数，然后将模型参数发送给服务器，服务器再利用这些汇总的模型参数来更新模型。在整个过程中，用户的隐私数据始终保留在用户本地，而传递的模型参数也会根据需要进行加密等处理。近年来，联邦学习也被应用到了推荐系统中，并且联邦推荐技术的研究越来越受到学术界和工业界的关注。本章主要介绍联邦推荐的一个分支——跨用户联邦推荐（cross-user federated recommendation，CUFR），其重点关注同一组织内的个体用户（或用户群组）间的隐私保护，具体包括评分预测和物品排序两大问题。

9.1 跨用户联邦推荐（CUFR）问题

在横向联邦学习[3]中，参与联合建模的多方之间，样本重合较少，特征重合较多。类似地，如图 9-1 所示，在跨用户联邦推荐中，不同用户之间可交互（含已交互和未交互）的物品集合相同或有较大程度的重合，但每个用户不能与组织或其他用户共享自己的评分记录等隐私信息。我们需要在保护用户隐私（例如某个用户对某个物品是否评过分和评过多少分等）的前提下，构建一个推荐模型。我们在表 9-1 中对本章使用的符号进行了说明。

图 9-1 CUFR 问题示意图

表 9-1 CUFR 问题中的符号及其说明

符号	说明
n	用户数
m	物品数
$u,u' \in \{1,2,\cdots,n\}$	用户 ID
$i,j,k \in \{1,2,\cdots,m\}$	物品 ID
$\mathbb{G}=\{1,2,3,4,5\}$	等级评分范围
$r_{ui} \in \mathbb{G}$	用户 u 对物品 i 的等级评分
$\mathcal{R}=\{(u,i,r_{ui})\}$	训练集中的等级评分记录集合
$\mathcal{R}_u$	训练集中用户 u 的等级评分记录集合
$\mathcal{R}^{te}=\{(u,i,r_{ui})\}$	测试集中的等级评分记录集合
$\mathcal{J}$	训练集中所有物品的集合
$\mathcal{J}_u$	训练集中用户 u 评过分的物品集合
$\mathcal{J}'_u, \lvert\mathcal{J}'_u\rvert=\rho\lvert\mathcal{J}_u\rvert$	训练集中与用户 u 相关的被采样的未评分物品集合，其中 ρ 是与被采样的未评分物品的数量有关的参数
$y_{ui} \in \{0,1\}$	指示器变量，用户 u 对物品 i 评过分表示为 1，反之为 0
$\mathcal{J}_E=\{(u,i,r_{ui})\}$	测试集中的等级评分记录
$d \in \mathbb{R}$	潜在特征向量的维度
$\mathbf{U} \in \mathbb{R}^{n\times d}$	用户潜在特征矩阵
$\mathbf{U}_{u\cdot} \in \mathbb{R}^{1\times d}$	用户 u 的潜在特征向量
$\mathbf{W},\mathbf{V} \in \mathbb{R}^{m\times d}$	物品潜在特征矩阵
$\mathbf{V}_{i\cdot},\mathbf{W}_{i'\cdot} \in \mathbb{R}^{1\times d}$	物品 i 和 i' 的潜在特征向量
$\hat{r}_{ui}$	用户 u 对物品 i 的预测评分
γ	学习率
α	正则化项上的权衡参数
T	算法的迭代次数

9.2 隐私敏感的评分预测

本节主要介绍在针对评分预测问题构建推荐模型时，一些能够保护用户隐私的跨用户联邦推荐算法，包括 FedRec[6]、FedRec++[7] 和 SFSL[8] 三个算法。

9.2.1 FedRec 算法

为了解决传统协同过滤推荐算法在构建推荐模型时泄露用户评分数据给服务器的问题,Lin 等[6]提出了面向评分预测的联邦推荐框架 FedRec。为解决在构建模型时泄露用户评分行为(即对哪些物品评过分)的问题,Lin 等进一步提出了通过随机采样一些未评分物品,并使用用户平均方法和混合填充方法来给未评分物品赋值的思路。本节将以 PMF[1]和 SVD++[2]为例对 FedRec 进行说明。Lin 等在两个公开数据集上进行了实验,验证了他们提出的 FedRec 以及两种填充方法的有效性。本节将详细介绍 FedRec 的技术细节和一些相关工作。

1. 问题定义

Lin 等研究的是隐私敏感的评分预测问题,目的是预测每个用户(即客户端)u 对测试集中未评分物品的评分,并保证不泄露用户的隐私(包括用户 u 的已评分物品集合$\mathcal{J}_u$和评分记录$\mathcal{R}_u$)给服务器或其他用户,从而使得推荐算法在构建模型时符合 GDPR 等法律法规的要求。需要说明的是,在跨用户联邦推荐问题中,一个用户就是一个客户端,因此,我们会不加区分地使用这两个术语。问题的输入是每个用户 u 的一组显式反馈评分数据$\mathcal{R}_u=\{(u,i,r_{ui})\mid i\in\mathcal{J}_u\}$(注意,这组数据仅在客户端 u 可见,在服务器和其他客户端不可见),输出是 $\hat{r}_{ui}$。我们在表 9-2 中对额外使用的符号进行了说明。

表 9-2 FedRec 算法中用到的符号及其说明

符　号	含　义
$\mathcal{U}$	训练集中所有用户的集合
$\mathcal{U}_i$	训练集中对物品 i 评过分的用户集合
$\mathcal{U}'_i$	训练集中与被采样的未评分物品 i 相关的用户集合

2. 背景知识

在正式介绍 FedRec 之前,我们先介绍一些相关的背景知识。

首先,是概率矩阵分解(probabilistic matrix factorization,PMF)算法[1](详见 2.4.1 节)。它是推荐系统领域最经典的方法之一,很多研究工作基于 PMF 进行了扩展。所以,研究 PMF 与联邦学习的结合,具有重要的意义。在 PMF 中,用户 u 对物品 i 的预测评分 $\hat{r}_{ui}$ 被分解成用户 u 的潜在特征向量 $\boldsymbol{U}_{u\cdot}$ 与物品 i 的潜在特征向量 $\boldsymbol{V}_{i\cdot}$ 的内积的形式,具体如下:

$$\hat{r}_{ui}=\boldsymbol{U}_{u\cdot}\boldsymbol{V}_{i\cdot}^{\mathrm{T}} \tag{9-1}$$

其次,是基于偏好上下文的矩阵分解算法(SVD++)[2](详见 2.4.2 节)。它在 PMF 的基础上引入了偏好上下文,即假设用户 u 对物品 i 的预测评分除了与物品 i 有关外,还与用户 u 评过分的其他物品 $i'\in\mathcal{J}_u\backslash\{i\}$有关。SVD++的目标函数如下:

$$\hat{r}_{ui}=\boldsymbol{U}_{u\cdot}\boldsymbol{V}_{i\cdot}^{\mathrm{T}}+\frac{1}{\sqrt{|\mathcal{J}_u\backslash\{i\}|}}\sum_{i'\in\mathcal{J}_u\backslash\{i\}}\boldsymbol{W}_{i'\cdot}\boldsymbol{V}_{i\cdot}^{\mathrm{T}} \tag{9-2}$$

其中，$\mathcal{J}_u$ 表示用户 u 评过分的物品集合；$\boldsymbol{W}_{i'}.$ 是物品 i' 的潜在特征向量。

最后，是基于隐式反馈的联邦协同过滤(federated collaborative filtering，FCF)算法[9]，其将联邦学习框架与使用交替最小二乘(alternating least squares，ALS)作为优化方法的协同过滤算法进行了结合。FCF 在客户端使用随机梯度下降方法来计算物品潜在特征向量的梯度，然后将该梯度上传给服务器用于更新物品潜在特征向量。同时，使用 ALS 方法在客户端计算用户潜在特征向量，以此来保护用户的评分数据和评分行为。在客户端 u，物品 i 的潜在特征向量的梯度的计算公式如下：

$$\nabla \boldsymbol{V}_{\mathrm{IF}}(u,i)=(1+\lambda y_{ui})\left(\boldsymbol{U}_{u\cdot}\boldsymbol{V}_{i\cdot}^{\mathrm{T}}-y_{ui}\right)\boldsymbol{U}_{u\cdot} \tag{9-3}$$

其中，y_{ui} 表示在训练集中用户 u 对物品 i 是否评过分，$y_{ui}=1$ 表示存在用户 u 对物品 i 的评分记录，反之，$y_{ui}=0$ 表示不存在用户 u 对物品 i 的评分记录，$1+\lambda y_{ui}(\lambda>0)$是置信度权重。需要说明的是，FCF 将所有未评分物品的评分置为 0，用于计算未评分物品的梯度，然后它将这些未评分物品的梯度上传给服务器，进而保护了用户的评分行为。FCF 研究的是物品排序问题，模型的输入是隐式反馈数据，而 FedRec 研究的是评分预测问题，模型的输入是显式反馈数据，所以 FedRec 不需要为用户未评分的物品构建梯度。在客户端 u，物品 i 的潜在特征向量的梯度的计算公式如下：

$$\nabla \boldsymbol{V}_{\mathrm{EF}}(u,i)=y_{ui}\left(\boldsymbol{U}_{u\cdot}\boldsymbol{V}_{i\cdot}^{\mathrm{T}}-y_{ui}\right)\boldsymbol{U}_{u\cdot} \tag{9-4}$$

从上述公式可以直观地看到，如果将物品潜在特征向量的梯度直接上传给服务器，会泄露用户的隐私，因为服务器可以通过物品梯度包含的物品 ID 来获得每个用户 $u\in\mathcal{U}$ 的评分行为，即用户 u 评过分的物品集合 $\mathcal{J}_u$。如果 FedRec 采取 FCF 保护用户评分行为的方法，即将所有未评分物品的评分置为 0，这会使得模型的最终推荐效果较差。因此，针对评分预测问题，FedRec 不能直接应用 FCF 保护用户评分行为的方法。

3. 技术细节

我们首先介绍 FedRec 中用于保护用户评分行为的用户平均方法和混合填充方法。为了在评分预测过程中保护用户的隐私，特别是每个用户 u 评过分的物品集合 $\mathcal{J}_u$(即用户 u 的评分行为)，Lin 等提出了用户平均(user averaging，UA)和混合填充(hybrid filling，HF)策略。特别地，在使用 UA 和 HF 策略前，每个用户 u 需要随机采样一些未评分的物品 $\mathcal{J}'_u\subseteq\mathcal{J}\setminus\mathcal{J}_u$，然后使用 UA 或 HF 策略生成虚拟评分 r'_{ui}，最后将该虚拟评分赋值给用户 u 未评分的物品 $i\in\mathcal{J}'_u$。使用 UA 或 HF 策略生成虚拟评分 r'_{ui} 的公式分别如下：

$$r'_{ui}=\bar{r}_u=\frac{\sum_{k=1}^{m}y_{uk}r_{uk}}{\sum_{k=1}^{m}y_{uk}} \tag{9-5}$$

$$r'_{ui}=\hat{r}_{ui} \tag{9-6}$$

其中，$\bar{r}_u$ 表示用户 u 对其所有已评分物品 $\mathcal{J}_u$ 的平均评分；$\hat{r}_{ui}$ 表示用户 u 对其任一未评分物品 $i\in\mathcal{J}'_u$ 的预测评分。我们可以在算法 9-3 中看到 UA 或 HF 策略的使用细节。通过这两个策略，用户 u 可以得到其未评分物品 $i\in\mathcal{J}'_u$ 的虚拟评分 r'_{ui}，进而得到一个新的评分记录集合 $\mathcal{R}'_u\cup\mathcal{R}_u$，其中 $\mathcal{R}'_u=\{(u,i,r'_{ui}),i\in\mathcal{J}'_u\}$。

通过使用每个用户 u 的新的评分记录集合 $\mathcal{R}'_u\cup\mathcal{R}_u$，可以解决三方面的问题：①用户隐私问题，使用 $\mathcal{R}'_u\cup\mathcal{R}_u$ 可以计算出用户的已评分物品的特征向量的梯度和未评分物品的特征向量的梯度，将这些梯度一起上传给服务器可以使得服务器无法从梯度包含的物品 ID 中识别出用户已评分的物品集合 $\mathcal{J}_u$，因此保护了用户的评分行为；②效率问题，将每个用户 u 的所有已评分物品的梯度和一小部分未评分物品的梯度上传给服务器，而不是像 FCF 一样将每个用户 u 的所有已评分物品的梯度和所有未评分物品的梯度都上传给服务器，可以避免因为物品数量过多而造成过大的通信和计算成本；③准确性问题，使用平均评分或预测评分计算出来的未评分物品梯度比 FCF 用 0 值计算出来的物品梯度包含的噪声更少，避免模型的训练产生较大的偏差。

接下来我们介绍 FedRec 中服务器与客户端的交互过程。

FCF 与 FedRec 的区别除了研究的问题不同以外，即前者研究的是基于隐式反馈的物品排序问题，后者研究的是基于显式反馈的评分预测问题，从图 9-2 中我们还可以看到两者采用了不同的物品梯度上传策略，FCF 将每个用户 u 的所有已评分物品和所有未评分物品的梯度一起上传，而 FedRec 只将每个用户 u 的所有已评分物品和一小部分未评分物品的梯度上传。

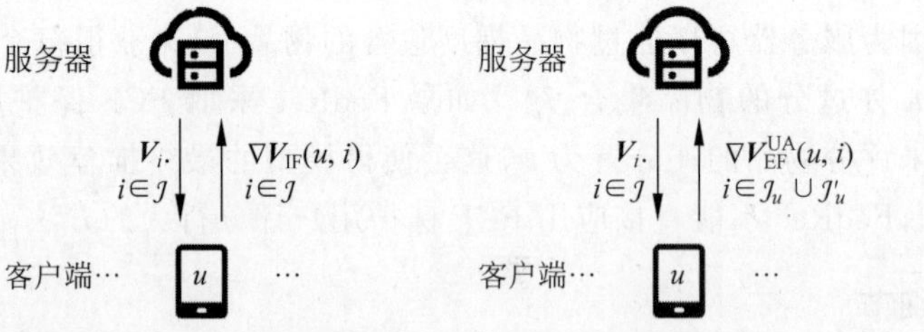

图 9-2　FCF(左图)与 FedRec(右图)中客户端与服务器交互的示意图

使用批量梯度下降(batch gradient descent，BGD)作为优化方法的 PMF(记为 PMF(B))与联邦学习框架结合后，客户端与服务器之间的详细交互过程如图 9-2 所示，主要包括 3 个步骤：①服务器初始化物品潜在特征向量 $\boldsymbol{V}_{i\cdot}$，$i=1,2,\cdots,m$，并将其分发给每个客户端 u；②每个客户端 u 使用本地评分数据 $\mathcal{R}'_u\cup\mathcal{R}_u$ 和物品潜在特征向量 $\boldsymbol{V}_{i\cdot}$，$i=1,2,\cdots,m$ 计算物品梯度 $\nabla\boldsymbol{V}^{\mathrm{UA}}_{\mathrm{EF}}(u,i)$，$i\in\mathcal{J}_u\cup\mathcal{J}'_u$，并将其上传给服务器；③服务器使用接收到的物品梯度 $\nabla\boldsymbol{V}^{\mathrm{UA}}_{\mathrm{EF}}(u,i)$ 更新物品潜在特征向量 $\boldsymbol{V}_{i\cdot}$，$i=1,2,\cdots,m$，然后将更新后的物品潜在特征向量 $\boldsymbol{V}_{i\cdot}$，$i=1,2,\cdots,m$ 发送给每个客户端。重复步骤②和步骤③，直到模型收敛。需要说明的是，这里的物品梯度 $\nabla\boldsymbol{V}^{\mathrm{UA}}_{\mathrm{EF}}(u,i)$ 的计算使用的虚拟评分是由 UA 策略生成的。同理，使用 HF 策略也可以得到类似的物品梯度。

PMF(B)与 FedRec 结合后的目标函数如下所示：

$$\min_{\Theta}\frac{1}{nm}\sum_{(u,i,r_{ui})\in\mathcal{R}}y_{ui}\left[\frac{(r_{ui}-\hat{r}_{ui})^2}{2}+\frac{\alpha}{2}(\|\boldsymbol{U}_{u\cdot}\|^2+\|\boldsymbol{V}_{i\cdot}\|^2)\right]\tag{9-7}$$

其中，$\Theta=\{\boldsymbol{U}_{u\cdot},\boldsymbol{V}_{i\cdot}\mid u=1,2,\cdots,n;\ i=1,2,\cdots,m\}$ 表示模型参数。

接下来我们继续介绍 PMF(B)与 FedRec 结合后在服务器的详细训练过程。

服务器除了在模型训练的开始阶段将物品潜在特征向量 $\boldsymbol{V}_{i\cdot}, i=1,2,\cdots,m$ 发送给每个客户端 u，还在模型训练过程中接收每个客户端 u 上传的物品梯度 $\nabla\boldsymbol{V}_{\mathrm{EF}}^{\mathrm{UA}}(u,i), i\in\mathcal{J}'_u\cup\mathcal{J}_u$，这些梯度的聚合公式如下：

$$\nabla\boldsymbol{V}_{i\cdot}=\frac{\sum_{u\in\mathcal{U}'_i\cup\mathcal{U}_i}\nabla\boldsymbol{V}_{\mathrm{EF}}^{\mathrm{UA}}(u,i)}{|\mathcal{U}'_i\cup\mathcal{U}_i|} \tag{9-8}$$

其中，$\mathcal{U}'_i$ 和 $\mathcal{U}_i$ 分别表示对物品 i 具有虚拟评分和真实评分的用户集合。需要说明的是，服务器无法根据物品梯度 $\nabla\boldsymbol{V}_{\mathrm{EF}}^{\mathrm{UA}}(u,i), i\in\mathcal{J}'_u\cup\mathcal{J}_u$ 来识别每个客户端 u 对物品 i 的评分是虚拟的还是真实的，因此保护了用户的评分行为。在算法 9-1 中，我们可以看到 PMF(B)与 FedRec 结合后在服务器的训练过程的伪代码。

算法 9-1：PMF(B)与 FedRec 结合后在服务器的训练过程

1. 初始化模型参数 $\boldsymbol{V}_{i\cdot}, i=1,2,\cdots,m$
2. **for** $t=1,2,\cdots,T$ **do**
3. 　　每个客户端 u 同时执行算法 9-2
4. 　　**for** $i=1,2,\cdots,m$ **do**
5. 　　　　通过式(9-8)整合客户端上传上来的物品梯度，然后通过式(9-13)更新物品潜在特征向量 $\boldsymbol{V}_{i\cdot}$.
6. 　　**end for**
7. 　　通过 $\gamma=\gamma\times0.9$ 更新学习率
8. **end for**

接下来我们继续介绍 PMF(B)与 FedRec 结合后在客户端的详细训练过程。

每个客户端 u 接收到服务器发送来的物品潜在特征向量 $\boldsymbol{V}_{i\cdot}, i=1,2,\cdots,m$ 后，使用本地评分数据和物品潜在特征向量计算用户梯度 $\nabla\boldsymbol{U}_{u\cdot}$ 和物品梯度 $\nabla\boldsymbol{V}_{\mathrm{EF}}^{\mathrm{UA}}(u,i), i\in\mathcal{J}_u\cup\mathcal{J}'_u$，其中，用户 u 使用 $\nabla\boldsymbol{U}_{u\cdot}$ 更新保存在本地的用户潜在特征向量 $\boldsymbol{U}_{u\cdot}$，而物品梯度 $\nabla\boldsymbol{V}_{\mathrm{EF}}^{\mathrm{UA}}(u,i), i\in\mathcal{J}_u\cup\mathcal{J}'_u$ 将上传给服务器。需要说明的是，在计算用户梯度和物品梯度之前，每个客户端 u 需要随机采样一些未评分物品 $\mathcal{J}'_u\subseteq\mathcal{J}\setminus\mathcal{J}_u$，其中 $|\mathcal{J}'_u|=\rho|\mathcal{J}_u|, \rho\in\{1,2,3\}$。每个客户端 u 在得到了 $\mathcal{J}'_u$ 后，使用 UA 或 HF 策略得到虚拟评分 r'_{ui}，进而为每一个未评分的物品 $i\in\mathcal{J}'_u$ 赋值。用户梯度 $\nabla\boldsymbol{U}_{u\cdot}$ 的计算公式如下：

$$\nabla\boldsymbol{U}_{u\cdot}=\frac{\sum_{i\in\mathcal{J}'_u\cup\mathcal{J}_u}\left[(\boldsymbol{U}_{u\cdot}\boldsymbol{V}_{i\cdot}^{\mathrm{T}}-y_{ui}r_{ui}-(1-y_{ui})r'_{ui})\boldsymbol{V}_{i\cdot}+\alpha\boldsymbol{U}_{u\cdot}\right]}{|\mathcal{J}'_u\cup\mathcal{J}_u|} \tag{9-9}$$

其中，y_{ui} 表示指示变量，$y_{ui}=1$ 表示用户 u 对物品 i 有评分，$y_{ui}=0$ 表示用户 u 对物品 i 没有评分。

客户端除了计算用户梯度 $\nabla\boldsymbol{U}_{u\cdot}$ 外，还要计算物品梯度 $\nabla\boldsymbol{V}_{\mathrm{EF}}^{\mathrm{UA}}(u,i)$。物品梯度 $\nabla\boldsymbol{V}_{\mathrm{EF}}^{\mathrm{UA}}(u,i)$ 的计算公式如下：

$$\nabla\boldsymbol{V}_{\mathrm{EF}}^{\mathrm{UA}}(u,i)=(\boldsymbol{U}_{u\cdot}\boldsymbol{V}_{i\cdot}^{\mathrm{T}}-r_{ui})\boldsymbol{U}_{u\cdot}+\alpha\boldsymbol{V}_{i\cdot},\quad y_{ui}=1 \tag{9-10}$$

$$\nabla \boldsymbol{V}_{\mathrm{EF}}^{\mathrm{UA}}(u,i)=(\boldsymbol{U}_{u\cdot}\boldsymbol{V}_{i\cdot}^{\mathrm{T}}-r'_{ui})\boldsymbol{U}_{u\cdot}+\alpha\boldsymbol{V}_{i\cdot},\quad y_{ui}=0 \tag{9-11}$$

其中，r'_{ui} 由 UA 策略生成。当每个客户端 u 将物品梯度 $\nabla \boldsymbol{V}_{\mathrm{EF}}^{\mathrm{UA}}(u,i),i\in\mathcal{J}'_u\cup\mathcal{J}_u$ 上传给服务器时，服务器无法根据物品梯度识别出哪些物品是用户 u 评过分的物品，因为物品梯度 $\nabla \boldsymbol{V}_{\mathrm{EF}}^{\mathrm{UA}}(u,i),i\in\mathcal{J}'_u\cup\mathcal{J}_u$ 也包含了用户 u 未评分物品的梯度，从而可以对用户 u 的已评分物品进行混淆。

客户端 u 获得用户梯度 $\nabla \boldsymbol{U}_{u\cdot}$ 以及服务器接收到客户端上传上来的物品梯度并对它们进行聚合以后，就可以分别更新用户 u 的潜在特征向量 $\boldsymbol{U}_{u\cdot}$（在客户端更新）和物品潜在特征向量 $\boldsymbol{V}_{i\cdot}$（在服务器更新），它们的更新公式如下：

$$\boldsymbol{U}_{u\cdot}\leftarrow\boldsymbol{U}_{u\cdot}-\gamma\nabla\boldsymbol{U}_{u\cdot} \tag{9-12}$$

$$\boldsymbol{V}_{i\cdot}\leftarrow\boldsymbol{V}_{i\cdot}-\gamma\nabla\boldsymbol{V}_{i\cdot} \tag{9-13}$$

在算法 9-2 中，我们可以看到 PMF(B) 与 FedRec 结合后在客户端训练过程的伪代码。

算法 9-2：PMF(B) 与 FedRec 结合后在客户端 u 的训练过程

1. 接收服务器发送来的物品潜在特征向量 $\boldsymbol{V}_{i\cdot},i=1,2,\cdots,m$ 和算法 9-1 的当前迭代次数 t
2. 采样一小部分未评分物品 $\mathcal{J}'_u,|\mathcal{J}'_u|=\rho|\mathcal{J}_u|$
3. 执行算法 9-3，为每一个物品 $i\in\mathcal{J}'_u$ 生成虚拟评分 r'_{ui}
4. 使用本地评分和虚拟评分数据通过式(9-9)计算用户梯度 $\nabla\boldsymbol{U}_{u\cdot}$
5. 通过式(9-12)更新用户潜在特征向量 $\boldsymbol{U}_{u\cdot}$
6. 通过式(9-10)或式(9-11)计算物品梯度 $\nabla \boldsymbol{V}_{\mathrm{EF}}^{\mathrm{UA}}(u,i),i\in\mathcal{J}'_u\cup\mathcal{J}_u$
7. 将物品梯度 $\nabla \boldsymbol{V}_{\mathrm{EF}}^{\mathrm{UA}}(u,i),i\in\mathcal{J}'_u\cup\mathcal{J}_u$ 上传给服务器

在算法 9-3 中，我们可以看到使用用户平均或混合填充方法生成虚拟评分的伪代码。需要说明的是，算法 9-3 中的用户潜在特征向量 $\boldsymbol{U}_{u\cdot}$ 仅用于生成虚拟评分 r'_{ui}，与算法 9-2 中的用户潜在特征向量 $\boldsymbol{U}_{u\cdot}$ 是相互独立的。

算法 9-3：使用用户平均或混合填充方法生成虚拟评分

1. 接收算法 9-2 传来的算法 9-1 的当前迭代次数 t
2. **if** 使用的是混合填充方法 **then**
3.   **for** $t_{\mathrm{L}}=1,2,\cdots,T_{\mathrm{L}}$ **do**
4.   仅使用本地评分数据 $\mathcal{J}_u$ 通过式(9-9)计算用户梯度 $\nabla\boldsymbol{U}_{u\cdot}$，然后通过式(9-12)更新用户潜在特征向量 $\boldsymbol{U}_{u\cdot}$
5.   **end for**
6.   获取虚拟评分 r'_{ui}：当 $t<T_{\mathrm{P}}$ 时执行式(9-5)，当 $t\geqslant T_{\mathrm{P}}$ 时执行式(9-6)
7. **else if** 使用的是用户平均方法 then
8.   获取虚拟评分 r'_{ui}：执行式(9-5)
9. **end if**
10. 返回虚拟评分 r'_{ui}

接下来我们继续介绍 PMF(S) 与 FedRec 结合后在客户端与服务器的训练过程。

PMF(S)是使用随机梯度下降(stochastic gradient descent,SGD)作为优化方法的PMF算法,其与FedRec结合后,和PMF(B)与FedRec结合后的主要区别是:①在服务器的每次算法迭代 t 中,PMF(S)仅仅采样一个客户端执行训练(需要采样 n 次),而PMF(B)使用所有客户端执行训练,即PMF(S)是以串行的方式执行算法的,而PMF(B)是以并行的方式执行算法的;②PMF(S)在服务器不需要执行式(9-8),即没有物品梯度的聚合步骤。与PMF(B)类似,将PMF(S)与FedRec结合后,客户端和服务器也具有相应的训练过程,在算法9-4中,我们可以看到PMF(S)与FedRec结合后在服务器的训练过程伪代码。

算法9-4:PMF(S)与FedRec结合后在服务器的训练过程

1. 初始化模型参数 $\mathbf{V}_{i\cdot}$, $i=1,2,\cdots,m$
2. **for** $t=1,2,\cdots,T$ **do**
3. 　　**for** $t_2=1,2,\cdots,n$ **do**
4. 　　　　从 $\mathcal{U}$ 中随机采样一个客户端 u,并让客户端 u 执行算法9-5
5. 　　　　**for** $i\in\mathcal{I}'_u\cup\mathcal{I}_u$ **do**
6. 　　　　　　通过 $\mathbf{V}_{i\cdot}\leftarrow\mathbf{V}_{i\cdot}-\gamma\nabla\mathbf{V}_{\mathrm{EF}}^{\mathrm{UA}}(u,i)$ 更新物品潜在特征向量
7. 　　　　**end for**
8. 　　**end for**
9. 　　通过 $\gamma=\gamma\times0.9$ 更新学习率
10. **end for**

在算法9-5中,我们可以看到PMF(S)与FedRec结合后在客户端的训练过程伪代码。

算法9-5:PMF(S)与FedRec结合后在客户端 u 的训练过程

1. 接收服务器发送来的物品潜在特征向量 $\mathbf{V}_{i\cdot}$, $i=1,2,\cdots,m$ 和算法9-4的当前迭代次数 t
2. 采样一小部分未评分物品 $\mathcal{I}'_u$, $|\mathcal{I}'_u|=\rho|\mathcal{I}_u|$
3. 执行算法9-3,为每一个物品 $i\in\mathcal{I}'_u$ 生成虚拟评分 r'_{ui}
4. **for** $i\in\mathcal{I}'_u\cup\mathcal{I}_u$ **do**
5. 　　使用本地评分或虚拟评分数据计算用户梯度 $\nabla\mathbf{U}_{u\cdot}=(\mathbf{U}_{u\cdot}\mathbf{V}_{i\cdot}^{\mathrm{T}}-y_{ui}r_{ui}-(1-y_{ui})r'_{ui})\mathbf{V}_{i\cdot}+\alpha\mathbf{U}_{u\cdot}$
6. 　　通过式 $\mathbf{U}_{u\cdot}\leftarrow\mathbf{U}_{u\cdot}-\gamma\nabla\mathbf{U}_{u\cdot}$ 更新用户潜在特征向量 $\mathbf{U}_{u\cdot}$
7. 　　通过式(9-10)或式(9-11)计算物品梯度 $\nabla\mathbf{V}_{\mathrm{EF}}^{\mathrm{UA}}(u,i)$, $i\in\mathcal{I}'_u\cup\mathcal{I}_u$
8. **end for**
9. 将物品梯度 $\nabla\mathbf{V}_{\mathrm{EF}}^{\mathrm{UA}}(u,i)$, $i\in\mathcal{I}'_u\cup\mathcal{I}_u$ 上传给服务器

4. 代码实现

本节代码的开发环境是JDK 1.8,编辑器是IntelliJ IDEA 2020。PMF(B)与FedRec结合后,在服务器的核心代码如下:

```
public class Server{
    //num_iterations: 算法 9-1 的总迭代次数 T
    public void train(int num_iterations) throws InterruptedException,BrokenBarrierException {
        //初始化客户端
        Client client[] = new Client[Data.n + 1];
        for (int u : Data.trainUserNo){
            client[u] = new Client(u);
        }

        for (int iter = 0; iter < num_iterations; iter++){
            Data.atomicInteger = new AtomicInteger(0);

            //创建大小为 500 的线程池,让客户端进行并行训练
            ExecutorService executorService = Executors.newFixedThreadPool(500);
            for (int u : Data.trainUserNo){
                executorService.submit(client[u]);
            }
            executorService.shutdown();

            //等待所有客户端训练完毕,对客户端发送过来的物品梯度进行聚合
            while(true){
                if(executorService.isTerminated()){
                    float grad_V[][] = new float[Data.m + 1][Data.d];
                    float countI[] = new float[Data.m + 1];
                    for (Integer userID : Data.V_Gradient.keySet()){
                        for (Integer itemID : Data.V_Gradient.get(userID).keySet()){
                            countI[itemID]++;
                            for(int f = 0; f < Data.d; f++)
                            {
                                grad_V[itemID][f] += Data.V_Gradient.get(userID).
get(itemID).get(f);
                            }
                        }
                    }

                    //更新物品潜在特征向量
                    for (int itemID = 1; itemID < Data.m + 1; itemID++){
                        if (countI[itemID] != 0)
                            for(int f = 0; f < Data.d; f++) Data.V[itemID][f] = (float)
(Data.V[itemID][f] - Data.gamma * grad_V[itemID][f] / countI[itemID]);
                    }

                    //更新学习率
                    Data.gamma = (float) (Data.gamma * 0.9);
                    break;
                }
            }
        }
    }
}
```

PMF(B)与 FedRec 结合后，在客户端的核心代码如下：

```
public class Client implements Runnable{
  private int No;                              //客户端的 ID
  private float ave_r;                         //用户对已评分物品的平均评分
  private float gamma;                         //学习率
  private int iter;                            //算法当前迭代次数
  private List<Integer> I_u_sample;            //采样到的未评分物品集合
  private List<Integer> I_u;                   //已评分物品集合
  private int sample_number;                   //采样到的未评分物品的数量

      public void run(){
          //分别通过式(9-9)和式(9-10)计算用户梯度和用户的已评分物品梯度
          for (int i : this.I_u){
              float pred = 0;
              for (int f = 0; f < Data.d; f++)
              {
                  //计算预测评分
                  pred += Data.U[this.No][f] * Data.V[i][f];
              }
              //计算误差
              float error = (float) (Data.traningDataMap.get(this.No).get(i) - pred);

              for(int f = 0; f < Data.d; f++)
              {
                  //计算用户梯度
                  grad_U[f] += - error * Data.V[i][f] + Data.lambda * Data.U[this.No][f];
              }

              ArrayList<Float> latenDimensionsList = new ArrayList<Float>(Data.d);
              for(int f = 0; f < Data.d; f++)
              {
                  //计算用户的已评分物品梯度
                  float gradientV = - error * Data.U[this.No][f] + Data.lambda * Data.V[i][f];
                  latenDimensionsList.add(gradientV);
              }
              VGradientMap.put(i,latenDimensionsList);
          }

          float [] temp_U = new float[Data.d];
          if(Data.rho != 0)
          {
              //仅使用本地评分数据𝒥u通过式(9-9)计算用户梯度∇Uu.,然后通
              //过式(9-12)更新用户潜在特征向量 Uu.. 注意: 该用户的潜在特征向量
```

```
                U_u 主要用于计算混合填充方法中的预测评分.
                if(this.iter > Data.start_hybrid_averaging_iterations)
                {
                    for (int f = 0; f < Data.d; f++){
                        temp_U[f] = Data.U[this.No][f];
                    }

                    for (int iteration = 0; iteration < Data.local_train_iterations;
iteration++) {
                        float temp_grad_U[] = new float[Data.d];
                        for (int i : this.I_u){
                            float pred = 0;
                            for (int f = 0; f < Data.d; f++)
                            {
                                //计算预测评分
                                pred += temp_U[f] * Data.V[i][f];
                            }
                            //计算误差
                             float error = (float) (Data.traningDataMap.get(this.No).
get(i) - pred);

                            for(int f = 0; f < Data.d; f++)
                            {
                                //计算用户梯度
                                temp_grad_U[f] += - error * Data.V[i][f] + Data.
lambda * temp_U[f];
                            }
                        }

                        //计算用户潜在特征向量 U_u
                        for(int f = 0; f < Data.d; f++) temp_U[f] = (float) (temp_U[f]
   - Data.gamma * temp_grad_U[f] / this.I_u.size());
                    }
                }
            }

            //计算用户的被采样未评分物品数量 sample_number
            int sample_number = (int) (Data.rho * this.I_u.size() < I_u_sample.size()?
Data.rho * this.I_u.size() : I_u_sample.size());
            if(Data.rho != 0)Collections.shuffle(this.I_u_sample);
            //通过式(9-11)计算用户的未评分物品梯度
            for (int count = 0; count < sample_number; ++count){
                int i = this.I_u_sample.get(count);
                float pred = 0;
                for (int f = 0; f < Data.d; f++)
                {
                    //计算预测评分
                    pred += Data.U[this.No][f] * Data.V[i][f];
                }
```

```
                float error = 0;

                //计算预测评分或平均评分与真实评分的误差
                if(this.iter > Data.start_hybrid_averaging_iterations)
                {
                    float temp_pred = 0;
                    for (int f = 0; f < Data.d; f++)
                    {
                        //计算预测评分与真实评分的误差
                        temp_pred += temp_U[f] * Data.V[i][f];
                    }
                    error = temp_pred - pred;
                }
                else
                {
                    //计算平均评分与真实评分的误差
                    error = this.ave_r - pred;
                }

                //使用虚拟评分数据计算用户梯度
                for(int f = 0; f < Data.d; f++)
                {
                    grad_U[f] += - error * Data.V[i][f] + Data.lambda * Data.U
[this.No][f];
                }

                //计算用户的未评分物品的梯度
                ArrayList<Float> latenDimensionsList = new ArrayList<Float>(Data.d);
                for(int f = 0; f < Data.d; f++)
                {
                    float gradientV = - error * Data.U[this.No][f] + Data.lambda *
Data.V[i][f];
                    latenDimensionsList.add(gradientV);
                }
                VGradientMap.put(i,latenDimensionsList);
            }
            Data.V_Gradient.put(this.No,VGradientMap); //将物品梯度发送给服务器

            //在客户端本地更新用户潜在特征向量 U_u
            for(int f = 0; f < Data.d; f++) Data.U[this.No][f] = (float) (Data.U[this.
No][f] - Data.gamma * grad_U[f] / (this.I_u.size() + sample_number));

            //更新学习率
            this.gamma = (float) (this.gamma * 0.9);
            this.iter++;
        }
```

PMF(S)、SVD++与 FedRec 结合后在服务器和客户端的代码，和 PMF(B)与 FedRec

结合后在服务器和客户端的代码类似,感兴趣的读者可以直接阅读源代码①。

5. 实验设置

Lin 等[6]设置所有模型的潜在特征向量的维度 $d=20$ 和算法的总迭代次数 $T=100$,并固定学习率 γ 的值,对于以 BGD 为优化方法的模型,设置 $\gamma=0.8$,对于以 SGD 为优化方法的模型,设置 $\gamma=0.01$。对于 PMF(B)、PMF(S) 和 SVD++(S) 模型,Lin 等从 $\{0.1,0.01,0.001\}$ 中选择最佳的正则化项上的权衡参数 α,对于所有的数据集有 $\alpha=0.001$,并且这些模型对应的联邦版本也使用了相同的参数。未评分物品的采样参数取值范围为 $\rho\in\{1,2,3\}$。Lin 等从 $\{5,10,15\}$ 中挑选在算法 9-3 中进行本地训练用户潜在特征向量 $\boldsymbol{U}_{u\cdot}$ 的迭代次数 T_L 和混合填充方法开始使用预测评分来生成虚拟评分的迭代次数 T_P,对于 ML100K 数据集,当 ρ 分别取 1、2 和 3 时,有 $(T_P,T_L)=(10,10)$,$(T_P,T_L)=(5,15)$ 和 $(T_P,T_L)=(5,15)$,对于 ML1M 数据集,当 ρ 分别取 1、2 和 3 时,有 $(T_P,T_L)=(10,15)$,$(T_P,T_L)=(10,15)$ 和 $(T_P,T_L)=(10,15)$。Lin 等根据在每个数据集中的第一个测试数据副本上的 MAE 值来挑选所有超参数。

需要说明的是,在对 T_P 和 T_L 调优时,如果与先前设置的 γ 值有冲突,可以适当减小 γ 的值以获得最优的 T_P 和 T_L。

6. 讨论

Lin 等[6]将联邦学习框架分别与 PMF(B)、PMF(S) 和 SVD++进行了结合,使得用户的评分数据在模型训练过程中始终保留在用户本地。此外,他们还采样了用户的一部分未评分物品,通过填充策略(平均填充或混合填充)计算得到虚拟评分并将其赋值给这些未评分物品,从而可以计算这些未评分物品的梯度,然后将它们和用户的已评分物品梯度一起上传给服务器,以此来保护用户的评分行为。在 ML100K 和 ML1M 数据集上的实验结果表明,联邦学习框架对 PMF(B)、PMF(S) 和 SVD++的模型效果没有太大影响,并且混合填充方法对模型的效果影响较小。

虽然这种方法让服务器无法准确获取用户的评分行为,但是当采样到的未评分物品数量较多(即 ρ 值较大)时,在模型中引入的噪声也较多,这会影响模型的推荐效果。因此,如何提出一个更有效的保护用户评分行为的方法是一个非常值得我们思考的问题。除此之外,我们还可以思考如何消除混合填充方法引入的噪声,我们将在 9.2.2 节进行详细介绍。

9.2.2 FedRec++算法

FedRec 使得只需要客户端上传模型参数,而不需要服务器收集用户的原始评分数据,就能进行 PMF 和 SVD++模型的训练。同时,FedRec 使用用户平均或混合填充方法来保护用户的评分行为。但是,这两种填充方法都会引入噪声,使得模型的推荐效果变差。针对这个问题,Liang 等[7]提出了一个面向评分预测的无损联邦推荐框架(FedRec++)和一个

① http://csse.szu.edu.cn/staff/panwk/publications/Code-FedRec.zip

噪声消除策略，该策略需要每个客户端 u 将未评分物品的梯度发送给特定的客户端（即去噪客户端），去噪客户端将收集到的物品梯度发送给服务器，服务器先计算从所有普通客户端（即除去噪客户端以外的客户端）收集到的物品梯度的聚合结果，再减去从去噪客户端收集到的物品梯度的聚合结果，最终得到不含噪声的物品梯度的聚合结果。Liang 等还在三个公开的数据集上进行了实验，验证了 FedRec++的有效性。本节将详细介绍 FedRec++的技术细节和一些相关工作。

1. 问题定义

与 9.2.1 节介绍的 FedRec 一样，FedRec++研究的也是隐私敏感的评分预测问题，问题的输入和研究的目的与 FedRec 的相同，即在保护用户评分数据和评分行为的前提下构建模型，但 FedRec++不会牺牲模型的推荐性能。本节使用的符号已在表 9-1 和表 9-2 中进行了说明。

2. 背景知识

在正式介绍 FedRec++之前，我们先介绍一些相关的背景知识。

首先，介绍安全分布式协同过滤（secure distributed collaborative filtering，SDCF）算法[10]。SDCF 与 FedRec 不同，FedRec 使用 SGD 或 BGD 作为梯度下降方法，而 SDCF 使用随机梯度郎之万动力学（stochastic gradient Langevin dynamics，SGLD）[11]作为梯度下降方法。通过 SGLD 梯度下降方法，使得协同过滤算法在模型训练过程中免受差分攻击的影响，并且保护了包含敏感信息的用户潜在特征向量。与 FedRec 相同的是，它们都解决了用户评分行为（即用户对哪些物品评过分）泄露的问题。为此，SDCF 先扰乱每个用户的已评分物品和未评分物品，然后从每个用户已评分物品的评分预测误差（真实评分与预测评分的差）的分布中随机采样一些值作为用户未评分物品的误差，从而可以计算用户未评分物品的梯度。每个客户端将已评分物品梯度和未评分物品梯度一起上传给服务器，服务器就无法获知用户的评分行为，从而保护了用户的隐私。然而，SDCF 这种保护用户评分行为的方法与 FedRec 中使用的用户平均方法和混合填充方法一样，都会引入噪声，这会导致模型的效果下降。

其次，介绍去中心化矩阵分解（decentralized matrix factorization，DMF）算法[12]。DMF 与 FedRec 不同，FedRec 的客户端将物品梯度上传给服务器进行聚合，而 DMF 的客户端将物品梯度发送给邻居客户端进行聚合，因此 DMF 节省了服务器的计算和存储资源。类似地，DMF 在模型训练过程中也将用户评分数据保留在用户本地。此外，DMF 为了使得模型更好地拟合用户，除了创建一个全局的物品潜在特征向量外，还创建了一个本地的物品潜在特征向量。但是，DMF 仍然存在用户评分行为（即用户访问过某个地点）和地理位置泄露的问题，因为其在构建用户邻接矩阵时，需要知道用户之间的地理位置信息，而且在用户将物品梯度发送给其邻居后，需要在邻居方使用邻接矩阵中的值，所以邻居可以知道接收到的物品梯度的来源，进而也就知道了发送方的评分行为。

最后，介绍 PDMFRec[13]，它与 DMF 类似，也是一个针对兴趣点（point of interest，POI）推荐的去中心化的分布式矩阵分解算法，它们的主要区别在于：①计算用户邻接矩阵的方式不同，DMF 基于用户的地理位置进行计算，而 PDMFRec 基于用户之间共同评过分的物品进行计算，虽然 PDMFRec 不会泄露用户的地理位置，但是泄露了用户的评分行为（对某个地点评过分）。②PDMFRec 能够保证发送方的匿名性，即用户将物品梯度发送给其邻居，邻居不知道物品梯度的来源。借鉴 PDMFRec 的这种发送方的匿名性，FedRec++提出了一个有效的噪声消除策略，将 FedRec 因使用混合填充方法保护用户评分行为而引入的噪声进行了消除。我们将在下文对 FedRec++进行详细介绍。

3. 技术细节

接下来我们将介绍 PMF(B)与 FedRec++结合后在服务器消除噪声的过程。

与 FedRec 一样，FedRec++的服务器同样需要先初始化模型参数 $\boldsymbol{V}_{i\cdot}$，$i \in \mathcal{J}$，然后将其发送给每个客户端 $u \in \mathcal{U}$，即如图 9-3 中的步骤 1 所示。另外，服务器还在每个普通客户端 $u \in \mathcal{U} \backslash \widetilde{\mathcal{U}}$训练完毕后，接收他们发送过来的物品梯度 $\nabla \boldsymbol{V}_{\mathrm{EF}}^{\mathrm{HF}}(u,i)$，$i \in \mathcal{J}'_u \cup \mathcal{J}_u$，即如图 9-3 中的步骤 2 所示。然后服务器计算这些梯度的总和，具体如下所示：

$$\nabla \boldsymbol{V}_{i\cdot} = \sum_{u \in \mathcal{U} \backslash \widetilde{\mathcal{U}}} \nabla \boldsymbol{V}_{\mathrm{EF}}^{\mathrm{HF}}(u,i) \tag{9-14}$$

其中，$\mathcal{U} \backslash \widetilde{\mathcal{U}}$表示普通客户端。与 FedRec 一样，由于客户端使用了混合填充方法，所以在 FedRec++ 中不会泄露用户的评分行为。需要注意的是，式(9-14)并不像 FedRec 的式(9-8)直接除以$|\mathcal{U}'_i \cup \mathcal{U}_i|$，而是在消除噪声后再除以$|\mathcal{U}_i|$，如式(9-16)所示。此外，物品梯度$\nabla \boldsymbol{V}_{\mathrm{EF}}^{\mathrm{HF}}(u,i)$，$i \in \mathcal{J}'_u$ 计算使用到的虚拟评分是由混合填充(HF)策略生成的。

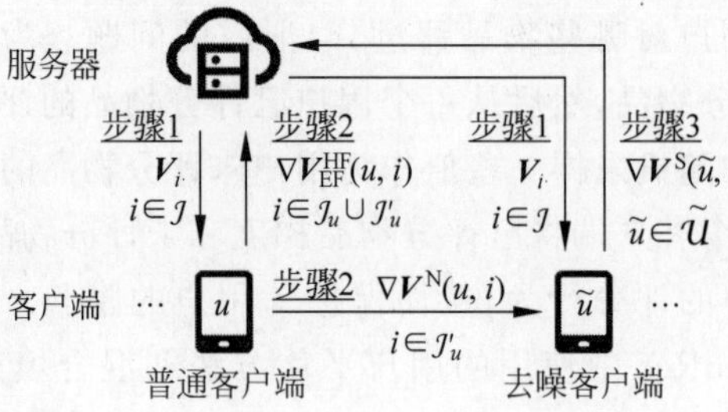

图 9-3　FedRec＋＋中客户端与服务器交互的示意图

在 FedRec 中，每个客户端 $u \in \mathcal{U}$ 将其未评分物品的梯度上传给服务器用于保护用户的评分行为，但这会导致用户的偏好建模产生偏差，特别是当 ρ 值较大时。为了消除式(9-14)中包含的每个客户端 $u \in \mathcal{U}$ 的未评分物品的梯度，Liang 等提出了一个噪声消除策略，该策略主要包括 3 个步骤：①服务器从$\mathcal{U}$ 中随机采样一些客户端$\widetilde{\mathcal{U}}$作为去噪客户端，这些去噪客户端将接收普通客户端$\mathcal{U} \backslash \widetilde{\mathcal{U}}$ 发送来的未评分物品的梯度并对其汇总，即如式(9-18)所示；②每个去噪客户端 $\tilde{u} \in \widetilde{\mathcal{U}}$将步骤①汇总后的梯度发送给服务器，即如图 9-3 中的步骤 3 所示；③服务器接收去噪客户端发送上来的梯度后，消除式(9-14)中的噪声，具体如下所示：

$$\nabla \boldsymbol{V}_{i\cdot} = \nabla \boldsymbol{V}_{i\cdot} - \sum_{\tilde{u} \in \tilde{\mathcal{U}}} \nabla \boldsymbol{V}^{S}(\tilde{u}, i) \tag{9-15}$$

其中，$\nabla \boldsymbol{V}^{S}(\tilde{u}, i)$包含了去噪客户端$\tilde{u}$的已评分物品的梯度$\nabla \boldsymbol{V}_{EF}^{HF}(\tilde{u}, i), i \in \mathcal{J}_{\tilde{u}}$，我们可以从式(9-18)中看到具体细节。

服务器通过式(9-15)消除了噪声后，再通过$|\mathcal{U}_i| = |\mathcal{U}_i' \cup \mathcal{U}_i| - \sum_{\tilde{u} \in \tilde{\mathcal{U}}} |\mathcal{U}_i^{\tilde{u}}|$计算得到对物品$i$真实评过分的用户数量，其中$|\mathcal{U}_i^{\tilde{u}}|$是(去噪客户端$\tilde{u}$收集到的)对物品$i$进行虚拟评分的普通客户端数量，接着可以更新物品潜在特征向量$\boldsymbol{V}_{i\cdot}$，具体如下：

$$\boldsymbol{V}_{i\cdot} = \boldsymbol{V}_{i\cdot} - \gamma \frac{\nabla \boldsymbol{V}_{i\cdot}}{|\mathcal{U}_i|} \tag{9-16}$$

其中，γ表示学习率，$\gamma > 0$。

在算法9-6中，我们可以看到PMF(B)与FedRec++结合后在服务器的训练过程伪代码。

算法 9-6：PMF(B)与FedRec++结合后在服务器的训练过程

---

1. 初始化模型参数$\boldsymbol{V}_{i\cdot}, i = 1, 2, \cdots, m$，并随机挑选一些客户端作为去噪客户端$\tilde{\mathcal{U}}$
2. **for** $t = 1, 2, \cdots, T$ **do**
3. 每个客户端$u \in \mathcal{U}$同时执行算法9-7进行模型训练
4. 等待所有客户端完成计算
5. **for** $t = 1, 2, \cdots, m$ **do**
6.   通过式(9-14)整合客户端上传上来的物品梯度，并计算$|\mathcal{U}_i' \cup \mathcal{U}_i|$
7. **end for**
8. 每个去噪客户端$\tilde{u} \in \tilde{\mathcal{U}}$同时执行算法9-7进行噪声收集并聚合
9. 等待所有去噪客户端完成计算
10. **for** $t = 1, 2, \cdots, m$ **do**
11.   通过式(9-15)消除噪声，并计算$|\mathcal{U}_i| = |\mathcal{U}_i' \cup \mathcal{U}_i| - \sum_{\tilde{u} \in \tilde{\mathcal{U}}} |\mathcal{U}_i^{\tilde{u}}|$
12.   通过式(9-16)更新物品潜在特征向量$\boldsymbol{V}_{i\cdot}$
13. **end for**
14. 通过$\gamma = \gamma \times 0.9$更新学习率
15. **end for**

接下来我们将介绍PMF(B)与FedRec++结合后在客户端消除噪声的过程。

与FedRec类似，FedRec++的每个客户端$u \in \mathcal{U} \setminus \tilde{\mathcal{U}}$在接收到服务器发送来的物品潜在特征向量$\boldsymbol{V}_{i\cdot}, i \in \mathcal{J}$后，即如图9-3中的步骤1所示，开始计算用户梯度$\nabla \boldsymbol{U}_{u\cdot}$和物品梯度$\nabla \boldsymbol{V}_{EF}^{HF}(u, i), i \in \mathcal{J}_u' \cup \mathcal{J}_u$，FedRec++的用户梯度$\nabla \boldsymbol{U}_{u\cdot}$的计算公式与FedRec的略有不同，前者没有使用虚拟评分，具体如下：

$$\nabla \boldsymbol{U}_{u\cdot}=\frac{\sum_{i\in \mathcal{J}_u}(-e_{ui}\boldsymbol{V}_{i\cdot}+\alpha \boldsymbol{U}_{u\cdot})}{|\mathcal{J}_u|} \tag{9-17}$$

其中，$e_{ui}=r_{ui}-\hat{r}_{ui}$。物品梯度$\nabla \boldsymbol{V}_{\text{EF}}^{\text{HF}}(u,i),i\in \mathcal{J}'_u\cup \mathcal{J}_u$同样可以使用本章中的式(9-10)或式(9-11)来计算。需要说明的是，FedRec++只使用混合填充方法来生成虚拟评分，因为混合填充方法引入的噪声比用户平均填充方法要少。

FedRec的每个客户端$u\in\mathcal{U}$在计算完用户梯度$\nabla \boldsymbol{U}_{u\cdot}$和物品梯度$\nabla \boldsymbol{V}_{\text{EF}}^{\text{HF}}(u,i),i\in \mathcal{J}'_u\cup \mathcal{J}_u$后，用户梯度$\nabla \boldsymbol{U}_{u\cdot}$留在客户端本地用于更新用户潜在特征向量$\boldsymbol{U}_{u\cdot}$，物品梯度$\nabla \boldsymbol{V}_{\text{EF}}^{\text{HF}}(u,i),i\in \mathcal{J}'_u\cup \mathcal{J}_u$则被发送给服务器用于更新物品潜在特征向量$\boldsymbol{V}_{i\cdot}$。FedRec++的每个普通客户端$u\in\mathcal{U}\backslash\widetilde{\mathcal{U}}$执行同样的操作，即如图 9-3 中的普通客户端到服务器的步骤 2 所示。除了上述操作，FedRec++的每个普通客户端$u\in\mathcal{U}\backslash\widetilde{\mathcal{U}}$还会将未评分物品梯度$\nabla \boldsymbol{V}_{\text{EF}}^{\text{HF}}(u,i),i\in \mathcal{J}'_u$(即$\nabla \boldsymbol{V}^{\text{N}}(u,i),i\in \mathcal{J}'_u$)完整地发送给任意一个去噪客户端$\tilde{u}\in\widetilde{\mathcal{U}}$(由服务器随机选取的部分客户端)，即如图 9-3 的普通客户端到去噪客户端的步骤 2 所示，这也是 Liang 等提出的噪声消除策略中最关键的步骤之一。值得一提的是，客户端之间相互传递信息是去中心化分布式框架的一个突出特性，Liang 等提出的噪声消除策略将该特性灵活地应用在了 FedRec++中。

与普通客户端$u\in\mathcal{U}\backslash\widetilde{\mathcal{U}}$不同，每个去噪客户端$\tilde{u}\in\widetilde{\mathcal{U}}$仅需计算已评分物品的梯度$\nabla \boldsymbol{V}_{\text{EF}}^{\text{HF}}(\tilde{u},i),i\in \mathcal{J}_{\tilde{u}}$，而不需要计算未评分物品的梯度$\nabla \boldsymbol{V}_{\text{EF}}^{\text{HF}}(\tilde{u},i),i\in \mathcal{J}'_{\tilde{u}}$，因为去噪客户端$\tilde{u}$会将自己的已评分物品的梯度$\nabla \boldsymbol{V}_{\text{EF}}^{\text{HF}}(\tilde{u},i),i\in \mathcal{J}_{\tilde{u}}$与从普通客户端$u\in\mathcal{U}\backslash\widetilde{\mathcal{U}}$发送来的未评分物品的梯度$\nabla \boldsymbol{V}^{\text{N}}(u,i),i\in \mathcal{J}'_u$聚合后一起发送给服务器，这样去噪客户端无须使用混合填充方法就能保护用户的评分行为了，具体如下所示：

$$\nabla \boldsymbol{V}^{\text{S}}(\tilde{u},i)=\sum_{u\to\tilde{u}}\nabla \boldsymbol{V}^{\text{N}}(u,i)-\nabla \boldsymbol{V}_{\text{EF}}^{\text{HF}}(\tilde{u},i),\quad i\in \mathcal{J}_{\tilde{u}} \tag{9-18}$$

其中，$\sum_{u\to\tilde{u}}\nabla \boldsymbol{V}^{\text{N}}(u,i)$表示去噪客户端$\tilde{u}$接收到的其他普通客户端的未评分物品梯度之和，$\nabla \boldsymbol{V}_{\text{EF}}^{\text{HF}}(\tilde{u},i)$表示去噪客户端$\tilde{u}$自己的已评分物品梯度。在计算式(9-18)的过程中，也可以计算(去噪客户端$\tilde{u}$收集到的)对物品i进行虚拟评分的普通客户端数量，即$|\mathcal{U}_i^{\tilde{u}}|$。需要注意的是，当去噪客户端$\tilde{u}$接收到的物品梯度包含的物品 ID 不是其已评分物品的 ID 时，式(9-18)的第二项直接视为零向量$\mathbf{0}$。每个去噪客户端$\tilde{u}$将$\nabla \boldsymbol{V}^{\text{S}}(\tilde{u},i)$和$|\mathcal{U}_i^{\tilde{u}}|$一起上传给服务器，即图 9-3 中的去噪客户端到服务器的步骤 3 所示，进而服务器可以完整地消除噪声，如式(9-15)所示。

在算法 9-7 中，我们可以看到 PMF(B)与 FedRec++结合后在客户端的训练过程伪代码。

算法 9-7：PMF(B)与 FedRec++结合后在客户端 u 的训练过程

1. **if** 服务器传来训练指令 **then**
2. 执行与 9.2.1 节中 FedRec 的算法 9-3 同样的操作
3. **if** 执行当前算法 9-7 的客户端 u 是普通客户端 **then**
4. 将当前普通客户端自己的未评分物品梯度 $\nabla \mathbf{V}^{\mathrm{N}}(u,i), i \in \mathcal{J}'_u$ 发送给任意一个去噪客户端 $\tilde{u} \in \tilde{\mathcal{U}}$
5. **end if**
6. **else if** 服务器传来消除噪声指令 **then**
7. 通过式(9-18)整合来自普通客户端 $u \in \mathcal{U} \backslash \tilde{\mathcal{U}}$ 的未评分物品梯度 $\nabla \mathbf{V}^{\mathrm{N}}(u,i), i \in \mathcal{J}'_u$ 和当前去噪客户端自己的已评分物品梯度 $\nabla \mathbf{V}_{\mathrm{EF}}^{\mathrm{HF}}(\tilde{u},i), i \in \mathcal{J}_{\tilde{u}}$，并计算 $|\mathcal{U}_i^{\tilde{u}}|$
8. 发送 $|\mathcal{U}_i^{\tilde{u}}|$ 和式(9-18)的计算结果 $\nabla \mathbf{V}^{\mathrm{S}}(\tilde{u},i)$ 发送给服务器
9. **end if**

4. 代码实现

本节代码是在上一节代码(PMF(B)与 FedRec 结合)的基础上进行修改后得到的。FedRec++在服务器的核心代码如下：

```
//等待所有客户端训练完毕,对客户端发送过来的物品梯度进行聚合.与 FedRec 的区别在于:
//FedRec++先消除梯度噪声后再进行物品潜在特征向量 V_i 的更新.
float grad_V[][]  = new float[Data.m + 1][Data.d];
float countI[]  = new float[Data.m + 1];
for (Integer userID : Data.V_Gradient.keySet()){
    for (Integer itemID : Data.V_Gradient.get(userID).keySet()){
        countI[itemID]++;
        Data.client_gradient_num++;
        for(int f = 0; f < Data.d; f++)
        {
                grad_V[itemID][f]  += Data.V_Gradient.get(userID).get(itemID).get(f)
        }
    }
}

//消除梯度噪声后再进行物品潜在特征向量 V_i 的更新
for (Integer noiseCollectorId : nosiseCollectorArray){
    AtomicInteger tempCountI[]  = Data.countHashMap.get(noiseCollectorId);
    float[][]  noise_gradient_sum = Data.client[noiseCollectorId].getGradientNoise();
    for (int itemID = 1; itemID < Data.m + 1; itemID++){
            for(int f = 0; f < Data.d; f++)
            {
                //消除梯度噪声
```

```
                    grad_V[itemID][f]  -= noise_gradient_sum[itemID][f];
                }
        }
    }

    //更新物品潜在特征向量 V_i
    for (int itemID = 1; itemID < Data.m + 1; itemID++){
            if (countI[itemID]  != 0)
                    for(int f = 0; f < Data.d; f++) Data.V[itemID][f]  = (float) (Data.V
[itemID][f]  - Data.gamma * grad_V[itemID][f]  / countI[itemID]);
    }

    //更新学习率
    Data.gamma = (float) (Data.gamma * 0.9);

    //FedRec++在普通客户端的核心代码和 PMF(B)与 FedRec 结合后的类似,只是多了将未评分物品
    //梯度发送给去噪客户端这一步的代码.FedRec++在去噪客户端的核心代码具体如下:
    //训练模型
    public void run() {
        float grad_U[]  = new float[Data.d];
        for (int i : this.I_u){
            float pred = 0;
            for (int f = 0; f < Data.d; f++)
            {
                //计算预测评分
                pred += Data.U[this.No][f]  * Data.V[i][f];
            }
            //计算误差
            float error = (float) (Data.traningDataMap.get(this.No).get(i) - pred);


            for(int f = 0; f < Data.d; f++)
            {
                //计算用户梯度
                grad_U[f]  += - error * Data.V[i][f]  + Data.lambda * Data.U[this.No]
[f];
            }

            ArrayList<Float> latenDimensionsList = new ArrayList<Float>(Data.d);
            for(int f = 0; f < Data.d; f++)
            {
                //计算物品梯度
                float gradientV = - error * Data.U[this.No][f]  + Data.lambda * Data.V[i]
[f];
                latenDimensionsList.add(gradientV);
            }
            VGradientMap.put(i, latenDimensionsList);
        }
```

```
        //将物品梯度发送给服务器
        Data.V_Gradient.put(this.No,VGradientMap);
        //将梯度噪声(即,未评分物品的梯度)发送给去噪客户端
        Data.client[this.noiseCollector].recevieGradientNoise(this.No,VNoiseGradientMap);
}

//从其他普通客户端接收梯度噪声
private synchronized void recevieGradientNoise(int userID, HashMap<Integer, ArrayList<
Float>> VNoiseGradientMap) {
    this.V_Noise_Gradient.put(userID,VNoiseGradientMap);
}

//将梯度噪声与去噪客户端的已评分物品梯度进行聚合后,发送给服务器
public float[][] getGradientNoise()
{
    //聚合从其他普通客户端接收到的梯度噪声
    float grad_V[][] = new float[Data.m + 1][Data.d];
    AtomicInteger countI[] = Data.countHashMap.get(this.No);

    for (Integer userID : this.V_Noise_Gradient.keySet()){
        for (Integer itemID : this.V_Noise_Gradient.get(userID).keySet()){
            for(int f = 0; f < Data.d; f++)
            {
                //聚合梯度噪声
                grad_V[itemID][f] += this.V_Noise_Gradient.get(userID).get(itemID).
get(f);
            }
            countI[itemID].incrementAndGet();
            Data.gradient_noise_num++;
        }
    }

    //将梯度噪声与去噪客户端的已评分物品梯度进行聚合
    for (Entry<Integer,ArrayList<Float>> entry : this.VGradientMap.entrySet()) {

        Integer itemID = entry.getKey();
        ArrayList<Float> latentDimensionsList = entry.getValue();
        for (int f = 0; f < Data.d; f++){
            grad_V[itemID][f] -= latentDimensionsList.get(f);
        }
        countI[itemID].decrementAndGet();
    }

    return grad_V;
}
```

5. 实验设置

FedRec++[9]的参数设置与 FedRec[6]一样，他们都设置模型的潜在特征向量的维度 $d=20$ 和算法的总迭代次数 $T=100$，并从{0.7，0.8，…，1.4}中选择最佳的学习率 γ，对于 ML100K 数据集有 $\gamma=0.8$，对于 ML1M 数据集有 $\gamma=0.8$，对于 NF5K5K 数据集有 $\gamma=1.0$。FedRec++还从{0.1，0.01，0.001}中选择最佳的正则化项上的权衡参数 α，对于所有的数据集有 $\alpha=0.001$。未评分物品的采样参数 ρ 从{0，1，2，3}中进行取值，其中，0 表示不采样未评分物品，ρ 的值越大，采样的未评分物品数量越多，引入的噪声也越大，而隐私保护效果也越好。在 9.2.1 节中，算法 9-3 在本地训练用户潜在特征向量 $\boldsymbol{U}_{u\cdot}$ 的迭代次数 T_{L} 和混合填充方法开始使用预测评分来生成虚拟评分的迭代次数 T_{P} 都从{5，10，15}中挑选，对于 NF5K5K 数据集，当 ρ 分别取 1、2 和 3 时，有 $(T_{\mathrm{P}}, T_{\mathrm{L}})=(5,10)$，$(T_{\mathrm{P}}, T_{\mathrm{L}})=(5,10)$ 和 $(T_{\mathrm{P}}, T_{\mathrm{L}})=(5,15)$。需要说明的是，所有超参数都是根据在每个数据集中的第一个副本上的 MAE 的值来挑选的。

为了验证 FedRec++的无损性(即噪声消除策略的有效性)，Liang 等将 FedRec++与 FedRec 进行了比较。在原论文的实验中，FedRec++和 FedRec 都默认与 PMF(B)进行了结合，并且也都使用了混合填充方法来生成虚拟评分。

6. 讨论

FedRec++基于 FedRec 提出了一个噪声消除方法来消除混合填充方法引入的梯度噪声，使得 PMF(B)算法能够在保护用户隐私(即用户的评分数值和评分行为)的前提下进行模型训练，并且不牺牲模型的效果。在 ML100K、ML1M 和 NF5K5K 数据集上的实验结果表明，FecRec++中提出的噪声消除方法是有效的，并且这种噪声消除方法仅仅消耗了客户端的少量通信成本，这也说明了 FedRec++的实用性。

9.2.3 SFSL 算法

本节重点关注在联邦学习范式中，如何解决服务器与客户端(即用户)的通信效率以及客户端的存储压力等问题。本节主要介绍一个基于子模型的联邦推荐方法，即安全联邦子模型学习(secure federated submodel learning，SFSL)[8]，并将该方法应用在矩阵分解模型上。首先，给出问题定义，并分析通信效率低和客户端的存储资源受限等挑战；其次，介绍子模型的概念[8]，用以解决以上两个挑战，同时分析子模型方法带来的新的隐私问题；再次，介绍随机响应技术和秘密共享技术，同时给出基于子模型的联邦矩阵分解算法；最后，讨论该模型的安全性。

1. 问题定义

本节讨论的问题是基于矩阵分解的评分预测问题[14]。在联邦学习范式中，各个客户端的原始评分记录和敏感的模型参数需要保留在本地，而服务器保留不敏感的可以全局共享的模型参数。为此，介绍一个分布式框架[8]。服务器持有全局的物品潜在特征矩阵 $\boldsymbol{V}$，如图 9-4 所示，而每个客户端 u 保留原始评分记录和用户 u 的潜在特征向量 $\boldsymbol{U}_{u\cdot}$，并通过特定的安全通信协议来实现参数更新。使用客户端上传物品梯度给服务器的方式来更新全局的物品潜在特征矩阵，而用户特征向量在客户端本地更新。需要考虑的隐私问题包括：①客户端 u 的原始评分记录 $\mathcal{R}_u$；②客户端 u 有过评分的物品集 $\mathcal{J}_u$；③客户端训练得到的用户特征向量 $\boldsymbol{U}_{u\cdot}$；④客户端 u 在训练过程中上传的物品梯度 $\nabla \boldsymbol{V}_{i\cdot}^{u}$。其中，用户潜在特征向量 $\boldsymbol{U}_{u\cdot}$ 代表用户 u 的个人偏好，与物品的潜在特征矩阵 $\mathbf{V}$ 的内积将暴露用户对物品的评分信息，而上传过程中的物品梯度信息 $\nabla \boldsymbol{V}_{i\cdot}^{u}$ 能够被用于推导用户 u 对物品 i 的评分[15]。

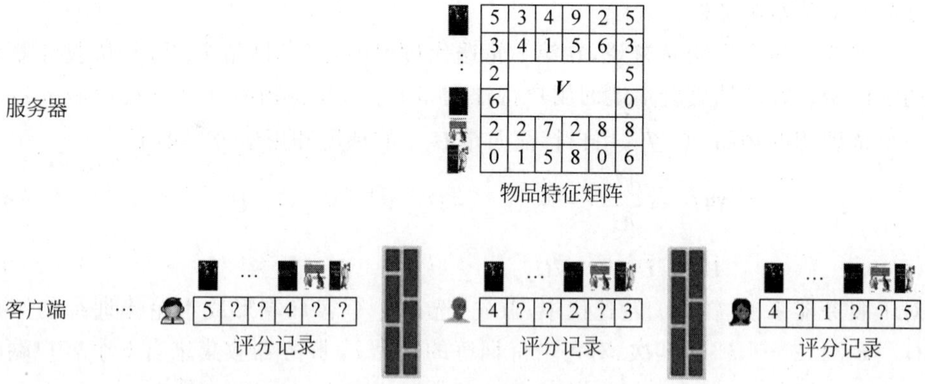

图 9-4 分布式矩阵分解框架示意图

在客户端与服务器的通信过程中，客户端通常需要下载整个物品特征矩阵 $\mathbf{V}$ 来更新本地参数，并将物品梯度或物品特征向量上传给服务器。在实际应用场景中，客户端通常是移动设备，例如手机、平板电脑等，这导致在面对复杂的学习任务时，通信效率低和存储资源受限等挑战会比较突出[8]。以淘宝平台为例，其部署的推荐系统约有 20 亿个物品，若数值均以 32bit 表示，潜在维度大小为 18 的物品特征矩阵大概需要 135GB[16]，这无疑使得资源受限的客户端在进行模型训练时寸步难行。因此，在 Niu 等提出的 SFSL 模型[8]中，他们引入了关于物品特征向量的子模型矩阵，支持百亿级物品的联合建模，并为每个客户端定制个性化的子模型。我们将在下一节介绍该子模型方法，并分析其引入的新的隐私问题。

SFSL 算法中新增的符号如表 9-3 所示。

表 9-3 SFSL 算法中用到的符号及其说明

符　　号	说　　明
$\mathcal{J}_u'$	客户端 u 进行随机响应后的随机物品集
$\widetilde{\mathcal{J}}_u'$	客户端 u 进行随机响应后未选中的随机物品集
$\mathcal{J}_u''$	客户端 u 进行二次随机响应后的随机物品集
$\mathcal{J}_u^t$	在第 t 轮迭代过程中，客户端 u 选择的物品集
$\boldsymbol{b}_u$	客户端 u 的布隆过滤器
$\boldsymbol{b}_u'$	客户端 u 进行秘密共享后的布隆过滤器
$0 \leqslant p_1^u, p_2^u, p_3^u, p_4^u \leqslant 1$	客户端 u 的随机响应概率参数

2. 基于子模型的矩阵分解

在分布式框架中,每一轮训练时客户端都需要下载整个物品特征矩阵,这会加剧客户端的通信压力和存储压力。子模型[8]概念的引入,可以极大缓解这一问题。子模型指的是,由全局模型参数 $\boldsymbol{V}$ 中特定的某几行构成的子矩阵。假定这样一种训练策略:在每一轮训练过程中,服务器选择 k 个客户端进行训练。被选中的客户端从服务器下载由客户端指定的子模型,并根据保留在本地的个人评分数据更新私有的用户特征向量,同时将物品梯度向量上传给服务器。

对于被选中的客户端 u 来说,在第 t 轮迭代过程中,选择物品集 $\mathcal{J}_u^t$,并从服务器获取对应的子模型。客户端更新本地的用户特征向量 $\boldsymbol{U}_{u\cdot}$,并将物品梯度发送给服务器。对于每一个待训练的物品 $i\in\mathcal{J}_u^t$,用户特征向量 $\boldsymbol{U}_{u\cdot}$ 的梯度和更新公式如下:

$$\nabla\boldsymbol{U}_{u\cdot}=\frac{\partial f_{ui}}{\partial\boldsymbol{U}_{u\cdot}}=-(r_{ui}-\boldsymbol{U}_{u\cdot}\boldsymbol{V}_{i\cdot}^{\mathrm{T}})\boldsymbol{V}_{i\cdot}+\alpha_{\mathrm{u}}\boldsymbol{U}_{u\cdot} \tag{9-19}$$

$$\boldsymbol{U}_{u\cdot}=\boldsymbol{U}_{u\cdot}-\gamma\nabla\boldsymbol{U}_{u\cdot} \tag{9-20}$$

对于服务器来说,在第 t 轮迭代中,首先,选择 k 个客户端形成本轮待训练的用户集 $\mathcal{U}_t=\{u_s\mid s=1,2,\cdots,k\}$。其次,对每个待训练的物品 i,服务器收集来自 k 个客户端的物品梯度之和 $\sum\limits_{u_s\in\mathcal{U}_t}\nabla\boldsymbol{V}_{i\cdot}^{u_s}$,当 $i\notin\mathcal{J}_{u_s}^t$ 时,$\nabla\boldsymbol{V}_{i\cdot}^{u_s}=\boldsymbol{0}$。服务器聚合接收到的梯度,用于更新全局参数 $\boldsymbol{V}$。与谷歌提出的 FedAvg[4] 相同,可以采用如下的更新公式:

$$\boldsymbol{V}_{i\cdot}=\boldsymbol{V}_{i\cdot}-\gamma\sum_{u_s\in\mathcal{U}_t}\nabla\boldsymbol{V}_{i\cdot}^{u_s}/k_i \tag{9-21}$$

其中,k_i 表示在 k 个客户端中上传非零梯度的客户端的数量(关于物品 i)。

下面分析子模型的引入带来的新的隐私问题。客户端与服务器的通信过程分为两个阶段:下载阶段和上传阶段。

(1) 下载阶段。不难发现,在下载阶段,子模型的选择策略至关重要。我们希望,每个客户端指定的子模型中的每一行最好都是对训练有帮助的,因此子模型中的物品集和客户端评过分的物品集要尽可能相同。一方面,如果子模型中的每个物品都是用户评过分的,那么客户端便可以充分利用子模型进行训练,但是这又带来了新的隐私问题:下载的子模型对应的物品代表用户对其评过分。另一方面,如果子模型是随机生成的,由于客户端评过分的物品数 $|\mathcal{J}_u|$ 远小于 $|\mathcal{J}|$,因此每一轮的训练可能都是非常低效甚至是无效的,因为子模型对应的物品大部分是客户端没有评过分的。下一节将讨论如何选择子模型。

(2) 上传阶段。在上传阶段,客户端将更新过的梯度参数发送给服务器。这里存在两个隐私问题:①上传的物品梯度会泄露客户端与物品的交互行为,即客户端评过哪些物品;②梯度信息本身蕴含了用户对物品的喜好程度,且可以被反推出评分[15]。在下一节,我们将介绍如何通过秘密共享技术和随机响应技术来解决上传阶段中存在的隐私问题。

3. 基于子模型的联邦矩阵分解

针对上一节提到的隐私问题,我们首先介绍三个安全保护协议——秘密共享、布隆过滤器和随机响应技术[8]。其次，我们介绍基于子模型的联邦矩阵分解算法。最后，我们对该算法进行安全性讨论。

1）秘密共享

秘密共享(secret sharing)是一种用来共享秘密的技术，其定义为：通过 N 条通信信道，将秘密信息 s 的密钥拆分给 N 位参与者，当且仅当 t 位参与者协作时，才能重构这个秘密 s(其中，$2 \leqslant t \leqslant N$)。我们将秘密共享的思想应用在安全聚合上，通过被选中的客户端之间的秘密通信，保证服务器难以获取每个客户端的梯度信息，只能收集到具有统计性质的梯度信息。假设有两个客户端，各自持有一个要发送给服务器的敏感信息 X 和 Y。在通信前，双方各自将信息拆分成随机的两个值 $X=X_1+X_2$，$Y=Y_1+Y_2$，并分别将 X_2 和 Y_2 发送给对方。由于 X_2 和 Y_2 的随机性，服务器将收到两个脱敏的信息 $X_s=X_1+Y_2$ 和 $Y_s=Y_1+X_2$，然而服务器可通过 X_s+Y_s 等价地计算 $X+Y$。需要注意的是，这里仅包括通信双方，若服务器与其中一方串通，仍有可能泄露另一方的隐私。而在实际的模型训练中，每轮迭代过程中参与的通信方的数量为 k，且对于任意客户端，其选取秘密共享的目标客户端的数量和对象是可以在本地设置的，这无疑增加了服务器与客户端串通的成本。其算法流程如算法 9-8 所示。

算法 9-8　基于秘密共享的梯度安全聚合

---

for $u \in \mathcal{U}_t$ **do**
　　for $i \in \mathcal{J}''_u$ **do**
　　　　客户端 u 从服务器下载对物品 i 有下载记录的客户端 $\mathcal{U}_t^i$
　　　　在 $\mathcal{U}_t^i$ 中随机选择 k_u 个客户端，向其中一个客户端 u' 发送关于物品 i 的随机噪声梯度 $\nabla \mathbf{V}_{i\cdot}^{u \to u'}$
　　end for
　　等待其他用户(同步)
　　for $i \in \mathcal{J}''_u$ **do**
　　　　接收其他客户端发送的关于物品 i 的随机噪声梯度，并求和 $\sum_{u'} \nabla \mathbf{V}_{i\cdot}^{u' \to u}$
　　　　计算脱敏梯度 $\nabla \mathbf{V}_{i\cdot}^{u} \leftarrow \nabla \mathbf{V}_{i\cdot}^{u} + \sum_{u'} \nabla \mathbf{V}_{i\cdot}^{u' \to u} - \sum_{u'} \nabla \mathbf{V}_{i\cdot}^{u \to u'}$
　　　　将梯度 $\nabla \mathbf{V}_{i\cdot}^{u}$ 发送给服务器
　　end for
end for

2）布隆过滤器

布隆过滤器(Bloom filter)本质上是将一个集合通过一系列的哈希函数映射到一个二进制数组中，用于检索一个元素是否在一个集合中。它的优点是空间效率和查询效率较高，缺点是存在一定的误识率和删除困难[17]。客户端评过分的物品集属于用户的敏感信息，因而在不泄露用户隐私的前提下，获取各个用户评过分的物品集的并集较为困难，而布隆过滤器恰好可以解决这个问题。布隆过滤器能将集合的并集操作转化为比特数组的“加”操作和“或”操作，而“加”操作通常更容易实现类似秘密共享技术这样的安全聚合操作。与此同时，布隆过滤器造成的对物品的误识仅仅是增加下载物品特征矩阵子模型的轻微冗余，并不会对训练效果造成影响，甚至一定程度的冗余还能混淆客户端评过分的物品集，从而能更好地保护用户的隐私。

不难发现，若是使用传统的二进制布隆过滤器，对集合的并集操作实际上得到的是一个具有统计性质的布隆过滤器。在极端情况下，某个物品被所有用户都打过分，那么“加”操作后的布隆过滤器对应的比特数组上的计数将会是 k，这无疑会暴露所有客户端的隐私信息。因此 Niu 等[8]对布隆过滤器算法作了改进，他们将比特数组中值为 1 的位置随机初始化为一个正整数，保证并集操作得到的布隆过滤器不具备敏感的统计信息。

在第 t 轮训练中，对于客户端 u，首先，根据本地评过分的物品集 $\mathcal{J}_u$，生成改进后的布隆过滤器 $\boldsymbol{b}'_u$（第 2～3 行）；其次，从服务器获取参与本轮训练的客户端集合 $\mathcal{U}_t$（第 4 行），并随机选择 k_u 个客户端发送随机噪声数组（第 5 行）；最后，接收其他客户端的随机噪声数组并生成脱敏的布隆过滤器 $\boldsymbol{b}'_u$，并将之发送给服务器（第 6～7 行）。算法具体流程如算法 9-9 所示。

算法 9-9　基于秘密共享和布隆过滤器的安全并集

1. **for** $u \in \mathcal{U}_t$ **do**
2. 　将真实物品集 $\mathcal{J}_u$ 映射到布隆过滤器 $\boldsymbol{b}_u$ 上
3. 　将布隆过滤器 $\boldsymbol{b}_u$ 上值为 1 的位设为一个随机正整数，进而得到 $\boldsymbol{b}'_u$
4. 　客户端 u 从服务器下载客户端集合 $\mathcal{U}_t$
5. 　在 $\mathcal{U}_t$ 中随机选择 k_u 个客户端，向其中的客户端 u' 发送随机噪声数组 $\boldsymbol{b}'_{u\to u'}$
6. 　接收其他客户端发送的随机噪声数组，并求和 $\sum_{u'} \boldsymbol{b}'_{u'\to u}$
7. 　计算本地加入随机噪声后的脱敏布隆过滤器 $\boldsymbol{b}'_u \leftarrow \boldsymbol{b}'_u + \sum_{u'} \boldsymbol{b}'_{u'\to u} - \sum_{u'} \boldsymbol{b}'_{u\to u'}$
8. **end for**

3）二次随机响应

随机响应技术（randomized response technique，RTT）也称为随机应答机制，指在调查问卷中使用特定的随机化机制 M，使得被调查者 C 在预设的概率下回答一个问题，并使得除了被调查者之外，包括发放问卷的调查者也不知道被调查者 C 的真实反应，从而保护被调查者 C 的隐私[18]。在较早期的研究中，随机响应技术已被证明可以满足差分隐私[19]。我们做这样的假设，针对“你对物品 i 评过分吗?”这一问题，如果被选中的客户端 u 评过分，则以概率 p_1^u 回答“是”，反之则以概率 p_2^u 回答“是”。在一次问答过程中，客户端 u 即使给出回答“是”（或“否”），仍可对其回答进行否认。

在每一轮训练过程中，被选中的 k 个客户端构成一个被调查人群。对客户端 u，首先，根据 k 个客户端评过分的物品集的并集 $\bigcup_{u \in \mathcal{U}_t} \mathcal{J}_u$，服务器依次询问“你评过物品 i 吗”，若回答“是”，则归入客户端 u 的随机物品集中。然后，根据随机物品集从服务器下载对应的子模型。在客户端 u 本地存储着两个可调节的概率参数 p_1^u 和 p_2^u。p_1^u 的大小控制着对本地评过分的物品回答“是”的可能性，因此 p_1^u 越大，评过分的物品被选中的概率越大，训练的效率越高，而隐私保护程度越低。类似地，p_2^u 的大小控制着对本地未评过分的物品回答“是”的概率，p_2^u 越小，训练的效率越高，隐私保护程度越低。一对可调节的 p_1^u

和 p_2^u 意味着客户端 u 在效率与隐私保护之间的权衡，因此 p_1^u 和 p_2^u 提供了可调节的本地差分隐私预算。我们给出三种特殊的取值情况：

（1）当 $p_1^u=p_2^u=1$ 时，在每一轮训练过程中，客户端将会选中全部物品，从服务器下载 $\bigcup_{u\in\mathcal{U}_t}\mathcal{J}_u$ 中所有物品对应的物品特征向量。这时模型退化为非联邦版本且无子模型的矩阵分解，此时隐私保护程度最高，物品冗余程度最大。

（2）当 $p_1^u=1,p_2^u=0$ 时，在每一轮训练过程中，客户端只选择评过分的物品，此时将暴露客户端评过分的物品集，因此隐私保护程度最低，物品冗余程度最小。

（3）当 $p_1^u=p_2^u=p$ 时，这种情况下，客户端对物品的选取与是否评过分无关，即物品的选取完全随机，且选取的数量取决于 p 的大小。

上述随机响应技术仅限于一次随机响应的情况，在多次迭代训练过程中，服务器可根据每个物品被选择的概率推测出客户端 u 的概率参数 p_1^u 和 p_2^u，以及对每个物品的真实回答。因此 Niu 等[8] 对随机响应技术做了改进，提出了一种能够进行多次响应的方案——二次随机响应技术。如算法 9-10 所示，在每轮迭代过程中，客户端 u 根据本地保存的概率参数 p_1^u 和 p_2^u，以及本地评过分的物品集 $\mathcal{J}_u$，对物品集 $\bigcup_{u\in\mathcal{U}_t}\mathcal{J}_u$ 进行回答，更新随机响应后的随机物品集 $\mathcal{J}'_u$ 和未选中的物品集 $\widetilde{\mathcal{J}}'_u$（第 2～9 行）。此后，客户端 u 根据本地保存的概率参数 p_3^u 和 p_4^u，以及随机物品集 $\mathcal{J}'_u$，对物品集 $\bigcup_{u\in\mathcal{U}_t}\mathcal{J}_u$ 进行回答，获得二次随机响应后的随机物品集 $\mathcal{J}''_u$，并使用 $\mathcal{J}''_u$ 下载子模型（第 11～19 行）。在使用二次随机响应技术的情况下，服务器即使借助多轮通信，推测出客户端评过分的物品集，该物品集仍是随机响应的结果。

算法 9-10　客户端 u 使用二次随机响应技术获取本地随机物品集 $\mathcal{J}''_u$

输入：客户端 u 评过分的物品集 $\mathcal{J}_u$，服务器选中的 k 个客户端评过分的物品集的并集 $\bigcup_{u\in\mathcal{U}_t}\mathcal{J}_u$，客户端 u 自定义的概率参数 $0\leqslant p_1^u,p_2^u,p_3^u,p_4^u\leqslant 1$

输出：客户端 u 一次随机响应后的物品集 $\mathcal{J}'_u$ 和二次随机响应后的随机物品集 $\mathcal{J}''_u$

1. //一次随机响应
2. permanet_randomized_response()：
3. **for** $i\in\bigcup_{u\in\mathcal{U}_t}\mathcal{J}_u\wedge i\notin\mathcal{J}'_u\wedge i\notin\widetilde{\mathcal{J}}'_u$ **do**
4. 　　**if** $i\in\mathcal{J}_u$ **then**
5. 　　　　以 p_1^u 的概率选择将 i 加入 $\mathcal{J}'_u$ 中，否则将将 i 加入 $\widetilde{\mathcal{J}}'_u$ 中
6. 　　**else**
7. 　　　　以 p_2^u 的概率选择将 i 加入 $\mathcal{J}'_u$ 中，否则将将 i 加入 $\widetilde{\mathcal{J}}'_u$ 中
8. 　　**end if**
9. **end for**
10. //二次随机响应

```
11. instantaneous_randomized_response():
12. 初始化 J''_u = ∅
13. for i ∈ ⋃_{u∈U_t} J_u do
14.     if i ∈ J'_u then
15.         以 p_3^u 的概率选择将 i 加入 J''_u 中
16.     else
17.         以 p_4^u 的概率选择将 i 加入 J''_u 中
18.     end if
19. end for
```

4）算法实现

如图 9-5 所示，在每一轮迭代过程中，首先，每个客户端根据本地的隐私预算生成随机物品集$\mathcal{J}''_u$，并下载子模型矩阵。其次，客户端使用随机物品集与评过分的物品集的交集，采用 SGD 方法更新本地的用户特征向量，并计算对应的物品梯度。其中，未评过分的物品梯度置为零向量 **0**。再者，参与本轮训练的所有客户端将物品梯度通过秘密共享技术安全聚合，再上传给服务器，用于更新全局物品参数。在这一过程中，服务器只能获取所有客户端梯度的均值，而无法获取单个客户端的梯度信息。

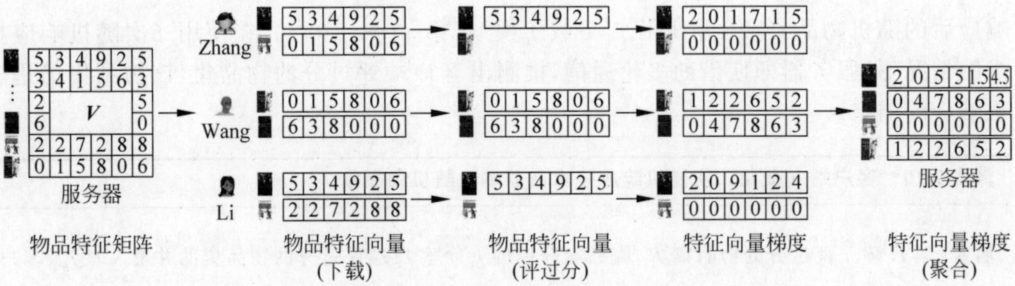

图 9-5　分布式联邦矩阵分解算法的模型结构示意图(见彩插)

算法 9-11 的训练过程如下：

（1）服务器初始化全局的物品特征矩阵 $\mathbf{V}\in\mathbb{R}^{m\times d}$（第 1 行）、正则化项上的权衡参数 α_{u} 和 α_{v}、迭代次数 T 以及每轮参与的用户数 k（第 2 行）。

（2）在每一轮迭代过程中，服务器随机选择 k 个客户端，向他们发送训练信号，然后使用布隆过滤器和秘密共享技术，获取这 k 个客户端的评过分的物品集 $\bigcup_{u\in\mathcal{U}_t}\mathcal{J}_u$（第 4～5 行）。

（3）等待选中的客户端下载物品特征子模型（第 6～8 行）。

（4）服务器统计评过分的物品集 $\bigcup_{u\in\mathcal{U}_t}\mathcal{J}_u$ 的物品梯度之和，同时统计评过分的客户端数量，即权重 $\sum_{u\in\mathcal{U}_t, i\in\mathcal{J}''_u} w_i^u$，并更新全局模型参数 $\mathbf{V}$（第 9～12 行）。

算法 9-11 基于子模型的联邦矩阵分解算法在服务器的训练过程

服务器初始化全局的物品潜在特征矩阵 $\mathbf{V} \in \mathbb{R}^{m \times d}$

初始化 α_{u} 和 α_{v}，每轮参与训练的客户端数量 k，迭代次数 T，并将 α_{u} 分发给所有客户端

for $t=1,2,\cdots,T$ **do**

  随机选择 k 个客户端 $\mathcal{U}_t$

  使用布隆过滤器和秘密共享技术(算法 9-9)，获取 k 个客户端评过分的物品集的并集 $\bigcup_{u \in \mathcal{U}_t} \mathcal{J}_u$

  for $u \in \mathcal{U}_t$ parallel **do**

    从客户端 u 获取随机物品集 $\mathcal{J}''_u$，响应客户端 u，返回相应的子模型

  end for

  for $i \in \bigcup_{u \in \mathcal{U}_t} \mathcal{J}_u$ parallel **do**

    收集梯度 $\sum_{u \in \mathcal{U}_t, i \in \mathcal{J}''_u} \nabla \mathbf{V}^u_{i\cdot}$ 以及权重 $\sum_{u \in \mathcal{U}_t, i \in \mathcal{J}''_u} w^u_i$

    更新物品 i 在 $\mathbf{V}$ 中相应的行向量，即 $\mathbf{V}_{i\cdot} = \mathbf{V}_{i\cdot} - \gamma \sum_{u \in \mathcal{U}_t, i \in \mathcal{J}''_u} \nabla \mathbf{V}^u_{i\cdot} \Big/ \sum_{u \in \mathcal{U}_t, i \in \mathcal{J}''_u} w^u_i$

  end for

end for

算法 9-12 的训练过程如下：

(1) 客户端初始化 $\boldsymbol{U}_{u\cdot} \in \mathbb{R}^{1 \times d}$，$\mathcal{J}'_u = \varnothing$，$\widetilde{\mathcal{J}}'_u = \varnothing$，自定义概率参数 $0 \leqslant p^u_1, p^u_2, p^u_3, p^u_4 \leqslant 1$(第 1～3 行)。

(2) 在每一轮训练前，收到训练信号(即被选中参与本轮训练)的客户端响应服务器，使用秘密共享机制发送布隆过滤器给服务器(第 5～8 行)，并使用二次随机响应技术得到的随机物品集下载子模型(第 10～11 行)。

(3) 利用本地数据更新用户特征向量(第 12 行)。

(4) 使用秘密共享方法发送物品梯度给服务器(第 13～14 行)。

算法 9-12 基于子模型的联邦矩阵分解算法在客户端 u 的训练过程

1\. **for** $u \in \mathcal{U}$ parallel **do**

2\.   初始化 $\boldsymbol{U}_{u\cdot} \in \mathbb{R}^{1 \times d}$，$\mathcal{J}'_u = \varnothing$，$\widetilde{\mathcal{J}}'_u = \varnothing$，自定义概率参数 $0 \leqslant p^u_1, p^u_2, p^u_3, p^u_4 \leqslant 1$

3\. **end for**

4\. **for** $t=1,2,\cdots,T$ **do**

5\.   **for** $u \in \mathcal{U}_t$ parallel **do**

6\.   生成布隆过滤器 $\boldsymbol{b}'_u$(算法 9-9)并上传给服务器

7\.   更新随机响应后的物品集 $\mathcal{J}'_u$(算法 9-10)

8\.   **end for**

9\.   **for** $u \in \mathcal{U}_t$ parallel **do**

10\.   生成随机物品集 $\mathcal{J}''_u$(算法 9-10)

```
        根据$\mathcal{J}''_u$从服务器下载相应的子模型
        根据$\mathcal{J}''_u \cap \mathcal{J}_u$更新本地用户潜在特征向量$\boldsymbol{U}_u$.
        将$\nabla \mathbf{V}^u_{i\cdot}$置$\mathbf{0}$和将$w^u_i$置0($i \in \mathcal{J}''_u$)，更新$\nabla \mathbf{V}^u_{i\cdot}$($i \in \mathcal{J}''_u \cap \mathcal{J}_u$)，同时将$w^u_i$置1($i \in \mathcal{J}''_u \cap \mathcal{J}_u$)
        将$\nabla \mathbf{V}^u_{i\cdot}$和$w^u_i$($i \in \mathcal{J}''_u \cap \mathcal{J}_u$)通过秘密共享(算法 9-8)后上传给服务器
    end for
end for
```

5）讨论

接下来，我们讨论训练过程中的隐私安全问题。由于客户端与服务器仅在选择客户端阶段、下载阶段和上传阶段有过交互行为，因此我们将分别分析这三个阶段的安全性。

(1) 选择客户端阶段。服务器选择 k 个客户端后，为了缩小物品集的范围，将统计 k 个客户端评过分的物品集的并集。每个客户端使用布隆过滤器将本地评过分的物品集映射到一个二进制数组中，同时将随机噪声数组发送给其他客户端，并接收来自其他客户端的随机噪声数组。因此发送给服务器的二进制数组具有较强的干扰性，服务器无法辨别出特定客户端评过分的物品集。此外，为了防止极端情况，k 个比特数组的“和”操作会构成一个具备敏感的统计性质的布隆过滤器，客户端还会将布隆过滤器上值为 1 的位进行随机化。因此，服务器收集到的单个布隆过滤器在数值上没有实际意义，而 k 个布隆过滤器的和仅能映射出 k 个客户端评过分的物品集的并集，并不具备统计性质，即无法知道对某一物品评过分的客户端数量。因此，在这一交互过程中，客户端的隐私敏感信息得到了保护。

(2) 下载阶段。客户端下载的子模型对应的物品意味着客户端对该物品评过分且要进行训练，然而随机响应机制给了客户端一个似是而非的否认机制。在本地预设的概率下，在一次随机应答中，无论客户端承认对某一物品评过分与否，服务器始终无法知晓客户端的真实反应。再者，为了防止多次随机应答下服务器推测出客户端的概率参数，Niu 等[8]对随机响应技术进行了扩展，采用可永久性应答的二次随机响应技术。因此，在这一交互过程中，客户端评过分的物品集得到了保护。

(3) 上传阶段。在这一阶段，客户端要将下载的子模型对应的物品梯度上传。客户端将所有待上传的物品梯度置为零向量 $\mathbf{0}$，然后更新评过分的物品的梯度。之后通过秘密共享机制，与其他客户端交换物品梯度。这时客户端原来未评过分的物品的梯度不再是 $\mathbf{0}$，从而隐藏了未评过分的物品。同时，评过分的物品的梯度将被干扰，从而保护了梯度中蕴含的敏感信息。因此，在这一交互过程中，客户端的梯度信息得到了保护。

9.3 隐私敏感的物品排序

本节主要介绍在针对物品排序问题构建推荐模型时，一些能够保护用户隐私的跨用户联邦推荐算法，包括 FCF[9] 和 P-IOCCF[20] 两个算法。

9.3.1 FCF 算法

Ammad-Ud-Din 等将使用 ALS 作为优化方法的单类协同过滤（one-class

collaborative filtering,OCCF)算法与联邦学习框架进行了结合,提出了联邦协同过滤(federated collaborative filtering,FCF)算法[9]。FCF 为解决在建模过程中泄露用户交互行为的问题,使用 ALS 方法计算用户潜在特征向量,使用 SGD 方法计算物品潜在特征向量的梯度,再在服务器更新物品潜在特征向量。在整个建模过程中,每个用户的数据始终保留在用户本地,只上传物品潜在特征向量的梯度(指所有物品的潜在特征向量的梯度)给服务器,用于更新物品潜在特征向量,从而能够在保护用户交互行为的情况下进行模型训练。

1. 问题定义

与 9.2 节中的 FedRec、FedRec++ 和 SFSL 研究的评分预测问题不同,FCF 研究的是隐私敏感的物品排序问题,目的是向每个用户(即客户端)u 推荐在测试集中可能会喜欢的物品,且不泄露用户的隐私给服务器或其他用户。问题的输入是每个用户 u 的一组隐式反馈数据$\mathcal{R}_u=\{(u,i,r_{ui})\,|\,i\in\mathcal{J}_u,r_{ui}\in\{?,1\}\}$。

2. 背景知识

单类协同过滤算法将稀疏的(用户,物品)交互矩阵分解成低秩的用户潜在特征矩阵和物品潜在特征矩阵,即(用户,物品)矩阵中的一个表示交互行为的值被分解并表示成用户潜在特征向量 $\boldsymbol{U}_{u\cdot}$ 和物品潜在特征向量 $\boldsymbol{V}_{i\cdot}$ 的内积的形式,如下:

$$\hat{r}_{ui}=\boldsymbol{U}_{u\cdot}\boldsymbol{V}_{i\cdot}^{\mathrm{T}} \tag{9-22}$$

针对物品排序问题,目标函数如下:

$$\min_{\Theta}\sum_{u=1}^{n}\sum_{i=1}^{m}\left[(1+\lambda y_{ui})(y_{ui}-\hat{r}_{ui})^2+\alpha(\|\boldsymbol{U}_{u\cdot}\|^2+\|\boldsymbol{V}_{i\cdot}\|^2)\right] \tag{9-23}$$

其中,$1+\lambda y_{ui}(\lambda>0)$是置信度权重,$y_{ui}\in\{0,1\}$是隐式反馈的指示变量,$y_{ui}=1$ 表示用户 u 对物品 i 有过交互行为,$y_{ui}=0$ 表示用户 u 对物品 i 没有交互行为或不知道物品 i 的存在(前面的置信度权重则衡量了这种不确定性);α 是正则化项上的权衡参数。

令 $f=\sum_{u=1}^{n}\sum_{i=1}^{m}\left[(1+\lambda y_{ui})(y_{ui}-\hat{r}_{ui})^2+\alpha(\|\boldsymbol{U}_{u\cdot}\|^2+\|\boldsymbol{V}_{i\cdot}\|^2)\right]$,用户潜在特征向量的梯度 $\nabla\boldsymbol{U}_{u\cdot}$ 和物品潜在特征向量的梯度 $\nabla\boldsymbol{V}_{i\cdot}$ 如下:

$$\nabla\boldsymbol{U}_{u\cdot}=\frac{\partial f}{\partial\boldsymbol{U}_{u\cdot}}=-2\sum_{i=1}^{m}\left[(1+\lambda y_{ui})e_{ui}\boldsymbol{V}_{i\cdot}-\alpha\boldsymbol{U}_{u\cdot}\right] \tag{9-24}$$

$$\nabla\boldsymbol{V}_{i\cdot}=\frac{\partial f}{\partial\boldsymbol{V}_{i\cdot}}=-2\sum_{u=1}^{n}\left[(1+\lambda y_{ui})e_{ui}\boldsymbol{U}_{u\cdot}-\alpha\boldsymbol{V}_{i\cdot}\right] \tag{9-25}$$

其中,$e_{ui}=y_{ui}-\hat{r}_{ui}$。当使用交替最小二乘(alternating least squares,ALS)作为优化方法时,令$\nabla\boldsymbol{U}_{u\cdot}=\boldsymbol{0}$,$\boldsymbol{U}_{u\cdot}$ 的解析解的推导过程如下(其中,$\boldsymbol{I}$ 是单位矩阵):

$$\begin{aligned}\nabla\boldsymbol{U}_{u\cdot}&=-2\sum_{i=1}^{m}\left[(1+\lambda y_{ui})e_{ui}\boldsymbol{V}_{i\cdot}-\alpha\boldsymbol{U}_{u\cdot}\right]\\&=-2\sum_{i=1}^{m}\left[(e_{ui}\boldsymbol{V}_{i\cdot}+\lambda y_{ui}e_{ui}\boldsymbol{V}_{i\cdot})-\alpha\boldsymbol{U}_{u\cdot}\right]\end{aligned}$$

$$= -2\sum_{i=1}^{m}\left[\left(y_{ui}-\boldsymbol{U}_{u\cdot}\boldsymbol{V}_{i\cdot}^{\mathrm{T}}\right)\boldsymbol{V}_{i\cdot}+\lambda y_{ui}\left(y_{ui}-\boldsymbol{U}_{u\cdot}\boldsymbol{V}_{i\cdot}^{\mathrm{T}}\right)\boldsymbol{V}_{i\cdot}-\alpha\boldsymbol{U}_{u\cdot}\right]$$

$$= -2\sum_{i=1}^{m}\left[y_{ui}\boldsymbol{V}_{i\cdot}-\boldsymbol{U}_{u\cdot}\boldsymbol{V}_{i\cdot}^{\mathrm{T}}\boldsymbol{V}_{i\cdot}+\left(\lambda y_{ui}^{2}\boldsymbol{V}_{i\cdot}-\lambda y_{ui}\boldsymbol{U}_{u\cdot}\boldsymbol{V}_{i\cdot}^{\mathrm{T}}\boldsymbol{V}_{i\cdot}\right)-\alpha\boldsymbol{U}_{u\cdot}\right]$$

$$= -2\sum_{i=1}^{m}\left[y_{ui}\boldsymbol{V}_{i\cdot}+\lambda y_{ui}^{2}\boldsymbol{V}_{i\cdot}-\left(\boldsymbol{U}_{u\cdot}\boldsymbol{V}_{i\cdot}^{\mathrm{T}}\boldsymbol{V}_{i\cdot}+\lambda y_{ui}\boldsymbol{U}_{u\cdot}\boldsymbol{V}_{i\cdot}^{\mathrm{T}}\boldsymbol{V}_{i\cdot}\right)-\alpha\boldsymbol{U}_{u\cdot}\right]$$

$$= -2\sum_{i=1}^{m}\left(y_{ui}\boldsymbol{V}_{i\cdot}+\lambda y_{ui}^{2}\boldsymbol{V}_{i\cdot}\right)+2\boldsymbol{U}_{u\cdot}\sum_{i=1}^{m}\left(\boldsymbol{V}_{i\cdot}^{\mathrm{T}}\boldsymbol{V}_{i\cdot}+\lambda y_{ui}\boldsymbol{V}_{i\cdot}^{\mathrm{T}}\boldsymbol{V}_{i\cdot}+\alpha\boldsymbol{I}\right)=0 \tag{9-26}$$

最后得到：

$$\boldsymbol{U}_{u\cdot}=\left[\sum_{i=1}^{m}y_{ui}\boldsymbol{V}_{i\cdot}\left(1+\lambda y_{ui}\right)\right]\left[\sum_{i=1}^{m}\left(\boldsymbol{V}_{i\cdot}^{\mathrm{T}}\boldsymbol{V}_{i\cdot}+\lambda y_{ui}\boldsymbol{V}_{i\cdot}^{\mathrm{T}}\boldsymbol{V}_{i\cdot}+\alpha\boldsymbol{I}\right)\right]^{-1} \tag{9-27}$$

$\boldsymbol{V}_{i\cdot}$ 的解析解的推导过程与 $\boldsymbol{U}_{u\cdot}$ 的解析解的推导过程类似，令 $\nabla\boldsymbol{V}_{i\cdot}=0$，最后得到如下：

$$\boldsymbol{V}_{i\cdot}=\left[\sum_{u=1}^{n}y_{ui}\boldsymbol{U}_{u\cdot}\left(1+\lambda y_{ui}\right)\right]\left[\sum_{u=1}^{n}\left(\boldsymbol{U}_{u\cdot}^{\mathrm{T}}\boldsymbol{U}_{u\cdot}+\lambda y_{ui}\boldsymbol{U}_{u\cdot}^{\mathrm{T}}\boldsymbol{U}_{u\cdot}+\alpha\boldsymbol{I}\right)\right]^{-1} \tag{9-28}$$

使用 ALS 作为优化方法的 OCCF 算法与联邦学习框架结合后，式(9-27)中的用户潜在特征向量的计算在用户本地进行，不会泄露用户的任何信息，而式(9-28)中的物品潜在特征向量的计算在服务器进行，服务器可以通过判断 y_{ui} 的值是否为 0，知道用户对物品 i 是否有过交互，这样就泄露了用户的交互行为。因此，Ammad-Ud-Din 等[9] 使用 SGD 方法计算物品梯度后，将物品梯度上传给服务器进行物品潜在特征向量的更新，具体的细节将在下面进行详细介绍。

3. 技术细节

为了在模型训练过程中，不泄露用户的交互行为，Ammad-Ud-Din 等[9] 使用 SGD 方法对物品潜在特征向量 $\boldsymbol{V}_{i\cdot}$，$i=1,2,\cdots,m$ 进行更新，如下：

$$\nabla\boldsymbol{V}_{\mathrm{IF}}(u,i)=\left(1+\lambda y_{ui}\right)\left(y_{ui}-\boldsymbol{U}_{u\cdot}\boldsymbol{V}_{i\cdot}^{\mathrm{T}}\right)\boldsymbol{U}_{u\cdot} \tag{9-29}$$

$$\nabla\boldsymbol{V}_{i\cdot}=-2\sum_{u\in\mathcal{U}}\nabla\boldsymbol{V}_{\mathrm{IF}}(u,i)+2\alpha\boldsymbol{V}_{i\cdot} \tag{9-30}$$

$$\boldsymbol{V}_{i\cdot}\leftarrow\boldsymbol{V}_{i\cdot}-\gamma\nabla\boldsymbol{V}_{i\cdot} \tag{9-31}$$

在式(9-29)中，每个用户计算了其所有物品(包括已交互物品和未交互物品)的梯度。因此，用户将物品梯度上传给服务器时，服务器无法通过物品梯度的下标准确识别出用户已交互的物品集合，这就保护了用户的交互行为。

在 9.2.1 节中，我们讨论了 FedRec 和 FCF 的区别，FCF 的整体框架和算法流程与 FedRec 类似，也包括三个步骤：①在服务器初始化物品潜在特征向量 $\boldsymbol{V}_{i\cdot}$，$i=1,2,\cdots,m$，并将其分发给每个客户端 u；②每个客户端 u 使用本地数据和物品潜在特征向量 $\boldsymbol{V}_{i\cdot}$，$i=1,2,\cdots,m$ 计算用户潜在特征向量 $\boldsymbol{U}_{u\cdot}$ 和物品梯度 $\nabla\boldsymbol{V}_{\mathrm{IF}}(u,i)$，$i\in\mathcal{J}$，并将物品梯度 $\nabla\boldsymbol{V}_{\mathrm{IF}}(u,i)$，$i\in\mathcal{J}$上传给服务器；③服务器聚合接收到的物品梯度 $\nabla\boldsymbol{V}_{\mathrm{IF}}(u,i)$，并将其用

于更新物品潜在特征向量 $\boldsymbol{V}_{i\cdot}$，$i=1,2,\cdots,m$，最后将更新后的物品潜在特征向量$\boldsymbol{V}_{i\cdot}$，$i=1,2,\cdots,m$ 发送给每个客户端。重复步骤②和步骤③，直到模型收敛。

在算法 9-13 中，我们可以看到 FCF[9] 在服务器的训练过程伪代码。

算法 9-13：FCF 在服务器的训练过程

1. 初始化模型参数 $\boldsymbol{V}_{i\cdot}$，$i=1,2,\cdots,m$
2. **for** $t=1,2,\cdots,T$ **do**
3. 　　每个客户端 u 同时执行算法 9-14
4. 　　**for** $i=1,2,\cdots,m$ **do**
5. 　　　　通过式(9-30)整合客户端上传上来的物品梯度，然后通过式(9-31)更新物品潜在特征向量 $\boldsymbol{V}_{i\cdot}$
6. 　　**end for**
7. **end for**

在算法 9-14 中，我们可以看到 FCF[9] 在客户端 u 的训练过程伪代码。

算法 9-14：FCF 在客户端的训练过程

1. 接收服务器发送来的物品潜在特征向量 $\boldsymbol{V}_{i\cdot}$，$i=1,2,\cdots,m$
2. 使用本地数据和物品潜在特征向量 $\boldsymbol{V}_{i\cdot}$，$i=1,2,\cdots,m$ 通过式(9-27)计算用户潜在特征向量 $\boldsymbol{U}_{u\cdot}$
3. 通过式(9-29)计算物品梯度$\nabla \boldsymbol{V}_{\mathrm{IF}}(u,i)$，$i\in\mathcal{J}$
4. 将物品梯度$\nabla \boldsymbol{V}_{\mathrm{IF}}(u,i)$，$i\in\mathcal{J}$上传给服务器

4. 讨论

Ammad-Ud-Din 等[9]将使用 ALS 作为优化方法的 OCCF 算法与联邦学习框架进行了结合，提出了 FCF 算法，使得 OCCF 算法能够在保护用户隐私的前提下进行模型训练，最后为用户推荐物品。在三个数据集上的实验结果表明，联邦学习框架对 OCCF 算法的模型效果没有很大影响。

在 FCF 算法中，客户端通过将所有物品的梯度上传给服务器的方式来保护用户的交互行为，这会给客户端带来较大的通信和计算成本，并且将这种方式应用于评分预测问题时，会给模型训练带来偏差。所以，如何设计一个较为通用的，同时客户端通信和计算成本较小的保护用户交互行为的算法是一个非常值得研究的问题。

9.3.2 P-IOCCF 算法

本节介绍一个面向隐私保护的基于物品的单类协同过滤(privacy-preserving item-based one-class collaborative filtering，P-IOCCF)算法[20]。P-IOCCF 算法中新增的符号如表 9-4 所示。

表 9-4 P-IOCCF 算法中用到的符号及其说明

符 号	说 明
S_{kj}	物品 k 和物品 j 的余弦相似度
$\mathcal{U}_k$	与物品 k 有交互行为的用户集
$\delta(\cdot)$	指示函数
k_u	用户 u 设定的通信用户数

基于物品的单类协同过滤算法[21]是推荐系统中一个比较经典的算法，主要包括两个步骤：①利用用户的行为记录计算物品之间的相似度；②对于某一特定用户，根据其行为记录和已计算好的物品之间的相似度，预测该用户在未交互物品上的偏好值，进而生成一个个性化的推荐列表。在步骤①，服务器需要收集所有用户的历史行为记录，这会导致用户隐私信息的泄露。因此，如何在保护用户隐私的前提下计算物品之间的相似度是重点。本节将以余弦相似度为例，介绍 Li 等[20]提出的基于秘密共享的物品相似度计算方法及其在单类协同过滤问题中的应用。需要说明的是，原论文研究的是基于显式反馈的评分预测问题，且其中的方法会泄露用户的评分行为(即对哪些物品评过分)。

在传统的物品相似度计算过程中，首先，服务器收集每个用户的行为记录；其次，对于任意一个物品 k，服务器获取与其有过交互行为的用户集$\mathcal{U}_k$；最后，对于任意两个物品 k 和物品 j，计算它们之间的余弦相似度。余弦相似度的计算公式如下：

$$S_{kj}=\frac{|\mathcal{U}_k \cap \mathcal{U}_j|}{\sqrt{|\mathcal{U}_k|}\sqrt{|\mathcal{U}_j|}}=\frac{\sum\limits_{u\in\mathcal{U}}\delta(k\in\mathcal{J}_u)\delta(j\in\mathcal{J}_u)}{\sqrt{\sum\limits_{u\in\mathcal{U}}\delta(k\in\mathcal{J}_u)}\sqrt{\sum\limits_{u\in\mathcal{U}}\delta(j\in\mathcal{J}_u)}} \tag{9-32}$$

其中，$\delta(\cdot)$是指示函数，当且仅当元素属于集合时取值为 1，否则取值为 0。不难发现，在计算物品 k 和物品 j 之间的相似度 S_{kj} 时，服务器只需要计算三个值，即$|\mathcal{U}_k \cap \mathcal{U}_j|$、$\sqrt{|\mathcal{U}_k|}$和$\sqrt{|\mathcal{U}_j|}$。然而，传统的将所有用户的行为记录收集到服务器，并由服务器来获取与物品 k 和物品 j 有过交互行为的用户集 $\mathcal{U}_k$ 和 $\mathcal{U}_j$，从而计算上述三个值的方法会泄露用户的隐私(即用户与哪些物品有过交互)。为了不将用户的隐私数据上传给服务器，需要将用户的行为记录保存在本地，而用户和服务器之间通过一定的安全协议来完成通信。从式(9-32)中可以看出，每个用户只需要上传 $\delta(k\in\mathcal{J}_u)\delta(j\in\mathcal{J}_u)$、$\delta(k\in\mathcal{J}_u)$和$\delta(j\in\mathcal{J}_u)$三个非负整数，而对于服务器，它只需要获取不具备单个用户隐私信息的非负整数$\sum\limits_{u\in\mathcal{U}}\delta(k\in\mathcal{J}_u)\delta(j\in\mathcal{J}_u)$、$\sum\limits_{u\in\mathcal{U}}\delta(k\in\mathcal{J}_u)$和$\sum\limits_{u\in\mathcal{U}}\delta(j\in\mathcal{J}_u)$。因此，可以基于秘密共享技术[20]来计算两个物品之间的相似度。

假定这样一个基于秘密共享的安全多方计算协议，对于用户 $u\in\mathcal{U}$，该用户持有一个秘密 v_u 需要共享(在本方法中，可以是 $\delta(k\in\mathcal{J}_u)\delta(j\in\mathcal{J}_u)$、$\delta(k\in\mathcal{J}_u)$或$\delta(j\in\mathcal{J}_u)$，取值是 1 或 0)。首先，用户 u 将秘密 v_u 随机划分为 k_u 份，即$\mathcal{S}_u=\{s_1,s_2,\cdots,s_{k_u}\}$，且同时满足 $\sum\limits_{s\in\mathcal{S}_u}s=v_u$，其中，$k_u$ 由用户 u 随机设定且 $k_u>2$。其次，用户 u 将 k_u-1 个秘密分片随机发送给其他用户，并将这些秘密分片从集合$\mathcal{S}_u$中删除。同时，接收其他用户发送来的秘密分片，并添加到集合$\mathcal{S}_u$中。所有用户都分发完秘密分片之后，用户 u 计算 $t_u=\sum\limits_{s\in\mathcal{S}_u}s$，

并发送给服务器。最后,服务器收集所有用户发送来的值,计算出 $t = \sum_{u \in \mathcal{U}} t_u$。在上述协议中,对于用户而言,秘密分片是随机生成的,因此分发给其他用户时不存在隐私问题。而对于服务器而言,从用户 u 得到的值 t_u 包含了其他用户的秘密分片,即隐藏了用户 u 自身的隐私信息。不难证明[20], $t = \sum_{u \in \mathcal{U}} t_u = \sum_{u \in \mathcal{U}} v_u$。这说明,秘密共享后计算出来的 t 与直接计算秘密之和 $\sum_{u \in \mathcal{U}} v_u$ 相同。更进一步,利用上述协议,在不泄露用户隐私的前提下,求得 $\sum_{u \in \mathcal{U}} \delta(k \in \mathcal{J}_u) \delta(j \in \mathcal{J}_u)$、$\sum_{u \in \mathcal{U}} \delta(k \in \mathcal{J}_u)$ 和 $\sum_{u \in \mathcal{U}} \delta(j \in \mathcal{J}_u)$ 后,服务器就能够计算物品 k 和物品 j 之间的相似度 S_{kj}。需要说明的是,上述协议要求计算过程中每个用户都时刻在线,这在实际应用中往往难以实现,因此,考虑到用户可能离线的情况,上述协议可以扩展到满足非同步的秘密共享协议,即不要求所有用户同时在线,但是要求用户在计算过程中至少在线一次,具体细节如算法 9-15 所示。

算法 9-15 非同步的秘密共享

输入:用户集 $\mathcal{U}$,用户 $u \in \mathcal{U}$ 的秘密 v_u
输出:秘密之和 $\sum_{u \in \mathcal{U}} v_u$

1. **while** 并非所有用户都参与过训练 **do**
2.   **if** $u \in \mathcal{U}$ 第一次上线 **then**
3.   用户 u 将秘密 v_u 随机划分为 k_u 份($k_u > 2$),即 $\mathcal{S}_u = \{s_1, s_2, \cdots, s_{k_u}\}$,且同时满足 $\sum_{s \in \mathcal{S}_u} s = v_u$
4.   用户 u 将 $k_u - 1$ 个秘密分片随机发送给其他用户 $\mathcal{U}' \subset \mathcal{U}$
5.   **while** $\mathcal{U}' \neq \varnothing$ **do**
6.   用户 u 随机选择一个秘密分片 $s \in \mathcal{S}_u$ 和用户 $u' \in \mathcal{U}'$,并将 s 发送给 u'
7. $\mathcal{U}' = \mathcal{U}' \setminus \{u'\}$
8. $\mathcal{S}_u = \mathcal{S}_u \setminus \{s\}$
9.   **end while**
10.   **if** 用户 u 收到秘密分片 s **then**
11. $\mathcal{S}_u = \mathcal{S}_u \cup \{s\}$
12.   **end if**
13.   用户 u 下线前将 $t_u = \sum_{s \in \mathcal{S}_u} s$ 随机发送给一个在线用户
14.   **end if**
15. **end while**
16. 服务器发送广播,用户 $u \in \mathcal{U}$ 将 $t_u = \sum_{s \in \mathcal{S}_u} s$ 上传给服务器
17. 服务器计算 $t = \sum_{u \in \mathcal{U}} t_u$,即求得 $\sum_{u \in \mathcal{U}} v_u$

基于算法 9-15 的秘密共享协议,我们在算法 9-16 中详细介绍了基于秘密共享的物品相似度计算过程。对于物品 k 和物品 j,每个用户首先预先计算好三个秘密值

$\delta(k\in\mathcal{J}_u)\delta(j\in\mathcal{J}_u)$、$\delta(k\in\mathcal{J}_u)$和$\delta(j\in\mathcal{J}_u)$；其次，使用秘密共享协议，服务器收集并计算$\sum_{u\in\mathcal{U}}\delta(k\in\mathcal{J}_u)\delta(j\in\mathcal{J}_u)$、$\sum_{u\in\mathcal{U}}\delta(k\in\mathcal{J}_u)$和$\sum_{u\in\mathcal{U}}\delta(j\in\mathcal{J}_u)$；最后，服务器利用式(9-32)，计算物品之间的相似度S_{kj}。在预测阶段，某一用户u只需要从服务器下载物品相似度矩阵，求得与某一物品j最相似的物品集合$\mathcal{N}_j$，并利用本地的历史记录$\mathcal{J}_u$，就能够在本地设备上预测用户u对未交互物品j的偏好：

$$\hat{r}_{uj}=\sum_{k\in\mathcal{N}_j}S_{kj}\delta(k\in\mathcal{J}_u) \tag{9-33}$$

算法 9-16 基于秘密共享的物品间相似度计算过程

输入：用户集$\mathcal{U}$，物品k和物品j

输出：物品k和物品j之间的余弦相似度

1. **for** 每个$u\in\mathcal{U}$ **do**
2. 　　用户u计算$\delta(k\in\mathcal{J}_u)\delta(j\in\mathcal{J}_u)$、$\delta(k\in\mathcal{J}_u)$和$\delta(j\in\mathcal{J}_u)$
3. **end for**
4. 使用秘密共享协议（算法 9-15），服务器计算$\sum_{u\in\mathcal{U}}\delta(k\in\mathcal{J}_u)\delta(j\in\mathcal{J}_u)$、$\sum_{u\in\mathcal{U}}\delta(k\in\mathcal{J}_u)$和$\sum_{u\in\mathcal{U}}\delta(j\in\mathcal{J}_u)$
5. 通过式(9-32)，服务器计算物品之间的相似度S_{kj}

9.4 本章小结

本章针对联邦推荐的一个分支——跨用户联邦推荐，进行了详细介绍。针对隐私敏感的评分预测问题，FedRec将联邦学习框架分别与PMF和SVD++进行结合，保护了模型训练过程中用户的评分数据，FedRec还使用了用户平均方法和混合填充方法来保护用户的评分行为；FedRec++基于FedRec提出了一个噪声消除方法来消除因使用混合填充方法而引入的噪声，使得在模型训练过程中，在保护用户隐私的同时，模型效果是无损的；SFSL在考虑隐私问题的同时，从客户端(即用户)的存储压力和通信效率的角度出发，提出了基于子模型的安全学习框架。基于此，以矩阵分解为例，实现了一个基于子模型的联邦矩阵分解模型。针对隐私敏感的物品排序问题，FCF将所有物品的梯度从客户端上传给服务器，以此来保护用户的行为；P-IOCCF通过秘密共享，在不泄露用户隐私的情况下，实现了物品之间相似度的计算。

9.5 参考文献

[1] SALAKHUTDINOV R, MNIH A. Probabilistic matrix factorization [C]//PLATT J C, KOLLER D, SINGER Y, et al. Proceeding of the 20th Annual Conference on Neural Information Processing Systems (NeurIPS'07). New York: Curran Associates, Inc., 2007: 1257-1264.

[2] KOREN Y. Factorization meets the neighborhood: A multifaceted collaborative filtering model [C]//LI Y, LIU B, SARAWAGI S. Proceedings of the 14th ACM SIGKDD International

Conference on Knowledge Discovery and Data Mining (KDD'08). New York: ACM, 2008: 426-434.

[3] YANG Q, LIU Y, CHEN T, et al. Federated machine learning: Concept and applications [J]. ACM Transactions on Intelligent Systems and Technology, 2019, 10(2): 12: 1-12: 19.

[4] KONEČNÝ J, MCMAHAN H B, RAMAGE D, et al. Federated optimization: Distributed machine learning for on-device intelligence [J]. CoRR, 2016, abs/1610. 02527.

[5] MCMAHAN H B, MOORE E, RAMAGE D, et al. Federated learning of deep networks using model averaging [J]. CoRR, 2016, abs/1602. 05629.

[6] LIN G, LIANG F, PAN W, et al. FedRec: Federated recommendation with explicit feedback [J]. IEEE Intelligent Systems, 2021, 36(5): 21-30.

[7] LIANG F, PAN W, MING Z. FedRec++: Lossless federated recommendation with explicit feedback [C]//Proceedings of the 35th AAAI Conference on Artificial Intelligence (AAAI'21). Palo Alto: AAAI Press, 2021: 4224-4231.

[8] NIU C, WU F, TANG S, et al. Billion-scale federated learning on mobile clients: A submodel design with tunable privacy [C]//Proceedings of the 26th Annual International Conference on Mobile Computing and Networking (MobiCom'20). New York: ACM, 2020: 31: 1-31: 14.

[9] AMMAD-UD-DIN M, IVANNIKOVA E, KHAN S A, et al. Federated collaborative filtering for privacy-preserving personalized recommendation system [J]. CoRR, 2019, abs/1901. 09888.

[10] JIANG J, LI C, LIN S. Towards a more reliable privacy-preserving recommender system [J]. Information Sciences, 2019, 482: 248-265.

[11] WELLING M, TEH Y W. Bayesian learning via stochastic gradient Langevin dynamics [C]// GETOOR L, SCHEFFER T. Proceedings of the 28th International Conference on Machine Learning (ICML'11). Madison: Omnipress, 2011: 681-688.

[12] CHEN C, LIU Z, ZHAO P, et al. Privacy preserving point-of-interest recommendation using decentralized matrix factorization [C]//MCILRAITH S A, WEINBERGER K Q. Proceedings of the 32nd AAAI Conference on Artificial Intelligence (AAAI'18). Palo Alto: AAAI Press, 2018: 257-264.

[13] DURIAKOVA E, TRAGOS E Z, SMYTH B, et al. PDMFRec: A decentralised matrix factorisation with tunable user-centric privacy [C]//BOGERS T, SAID A, BRUSILOVSKY P, et al. Proceedings of the 13th ACM Conference on Recommender Systems (RecSys'19). New York: ACM, 2019: 457-461.

[14] KOREN Y, BELL R M, VOLINSKY C. Matrix factorization techniques for recommender systems [J]. Computer, 2009, 42(8): 30-37.

[15] CHAI D, WANG L, CHEN K, et al. Secure federated matrix factorization [J]. IEEE Intelligent Systems, 2021, 36(5): 11-20.

[16] WANG J, HUANG P, ZHAO H, et al. Billion-scale commodity embedding for e-commerce recommendation in Alibaba [C]//GUO Y, FAROOQ F. Proceedings of the 24th ACM SIGKDD International Conference on Knowledge Discovery and Data Mining (KDD'18). New York: ACM, 2018: 839-848.

[17] PAGH A, PAGH R, RAO S S. An optimal Bloom filter replacement [C]//Proceedings of the 16th Annual ACM-SIAM Symposium on Discrete Algorithms (SODA'05). Philadelphia: SIAM, 2005: 823-829.

[18] DWORK C. Differential privacy: A survey of results [C]//AGRAWAL M, DU D, DUAN Z, et al. Proceedings of the 5th International Conference on Theory and Applications of Models of Computation (TAMC'08). Berlin: Springer, 2008: 1-19.

[19] WARNER S L. Randomized response: A survey technique for eliminating evasive answer bias [J]. Journal of the American Statistical Association, 1965, 60(309): 63-69.

[20] LI D, CHEN C, LV Q, et al. An algorithm for efficient privacy-preserving item-based collaborative filtering [J]. Future Generation Computer Systems, 2016, 55: 311-320.

[21] SARWAR B M, KARYPIS G, KONSTAN J A, et al. Item-based collaborative filtering recommendation algorithms [C]//SHEN V Y, SAITO N, LYU M R, et al. Proceedings of the 10th International Conference on World Wide Web (WWW'01). New York: ACM, 2001: 285-295.

9.6 习题

1. 传统的协同过滤(CF)推荐算法有什么隐私问题?

2. 跨用户联邦推荐中的“跨用户”指的是什么?

3. 将联邦学习框架与 PMF 和 SVD++结合后还存在什么隐私问题? FedRec 中是如何解决的?

4. 在 FedRec 中,为什么客户端将物品梯度(而不是用户梯度)上传给服务器?

5. 在 FedRec 中,为什么会引入噪声?

6. 在 FedRec 中,引入噪声影响了推荐效果,是否有方法消除噪声,或者是否还有更好的方法保护用户的评分行为?

7. 对于其他协同过滤方法(例如 MF-MPC),能否与联邦学习框架相结合? 如果能,请说出隐私问题是如何保护的,如果不能,请说出理由。

8. FedRec++是如何消除混合填充方法引入的噪声的?

9. FedRec++中的噪声消除方法能否应用于其他研究?

10. FedRec++还有哪些可以改进的地方?

11. 请从理论上分析 SFSL 是否是无损的?

12. 请分析 FCF 的优缺点。

13. 请分析 P-IOCCF 算法的时间复杂度。

14. 请分析 P-IOCCF 算法的通信成本。

15. 请想一想,有没有办法降低 P-IOCCF 算法的时间复杂度和通信成本?

16. 请想一想,基于秘密共享的物品相似度计算方法能否应用于杰卡德相似度和皮尔逊相似度的计算?

17. 本章介绍的基于联邦学习的推荐算法与第 5 章中介绍的基于迁移学习的推荐算法相比,研究的问题和侧重点有何异同?

18. 对于推荐技术中的隐私问题,请想一想,联邦学习技术能够全面且彻底地解决这个问题吗?

19. 请想一想,有没有可能设计一个与基于深度学习的协同过滤算法相结合的联邦深度推荐算法?

第10章

跨组织联邦推荐

在第9章，我们介绍了联邦推荐的研究背景，并详细介绍了面向跨用户联邦推荐问题的一些算法，包括隐私敏感的评分预测和物品排序两方面。本章主要介绍联邦推荐的另一个分支——跨组织联邦推荐(cross-organization federated recommendation，COFR)。

10.1 跨组织联邦推荐(COFR)问题

假设这样一个应用场景：有两个不同的组织，每个组织的数据可以表示为一个(用户，物品)评分矩阵，且不同评分矩阵之间存在大量重合的用户(或物品)。这一场景与第5章的基于异构反馈的评分预测相似，即不同数据之间可以进行知识的迁移和共享，从而提升目标任务上的推荐效果。然而，在联邦学习范式中，由于组织之间的信息共享可能会涉及数据安全和商业机密，数据和模型参数通常都不允许直接进行交换[1]。

首先，简要分析跨组织联邦推荐问题与跨用户联邦推荐问题和纵向联邦学习问题[2]之间的差异。①与跨用户联邦推荐的区别：跨组织联邦推荐关注不同组织间的数据安全，而跨用户联邦推荐关注同一组织内不同个体用户(或用户群组)间的隐私保护；②与纵向联邦学习的区别：跨组织联邦推荐包括“用户相同(或重合较多)、物品不同(或重合较少)”和“用户不同(或重合较少)、物品相同(或重合较多)”两种不同的应用场景，而纵向联邦学习通常指第一种场景，因为其定义中的“样本”和“特征”分别对应推荐问题中的“用户”和“物品”。

其次，分析跨组织联邦推荐中的数据安全问题。为了数据安全，一个组织通常不愿意与其他组织共享数据。除此之外，在“用户相同(或重合较多)、物品不同(或重合较少)”的场景中，可能存在诸如用户之间相似度计算等涉及用户隐私的环节。因此，本章重点关注“用户不同(或重合较少)、物品相同(或重合较多)”的场景。需要说明的是，在实际应用中，两个组织的用户可能存在少量重合，但是出于对用户隐私的保护，哪些用户重合往往是未知的。

最后，定义本章所研究的问题。为了方便讨论，假设参与联邦学习的组织仅有两个，分别为目标方和辅助方。如图 10-1 左侧所示，目标方有 n 个用户和 m 个物品，它们之间的联系构成目标方的等级评分数据$\mathcal{R}=\{(u,i,r_{ui})\mid r_{ui}\in\mathbb{G}\}$，其中$\mathbb{G}=\{1,2,\cdots,5\}$；辅助方有 $\tilde{n}$ 个用户和 m 个物品，它们之间的联系构成辅助方的二值评分数据$\widetilde{\mathcal{R}}=\{(u',i,\tilde{r}_{u'i})\mid\tilde{r}_{u'i}\in\mathbb{B}\}$，其中$\mathbb{B}=\{1,-1\}$。需要说明的是，目标方和辅助方的物品完全相同，且有一一对应的关系。我们的目标是在保护数据安全的前提下，借助辅助方的数据$\widetilde{\mathcal{R}}$，来提升目标方的行为建模、偏好学习和推荐效果。在表 10-1 中对本章使用的符号进行了说明。

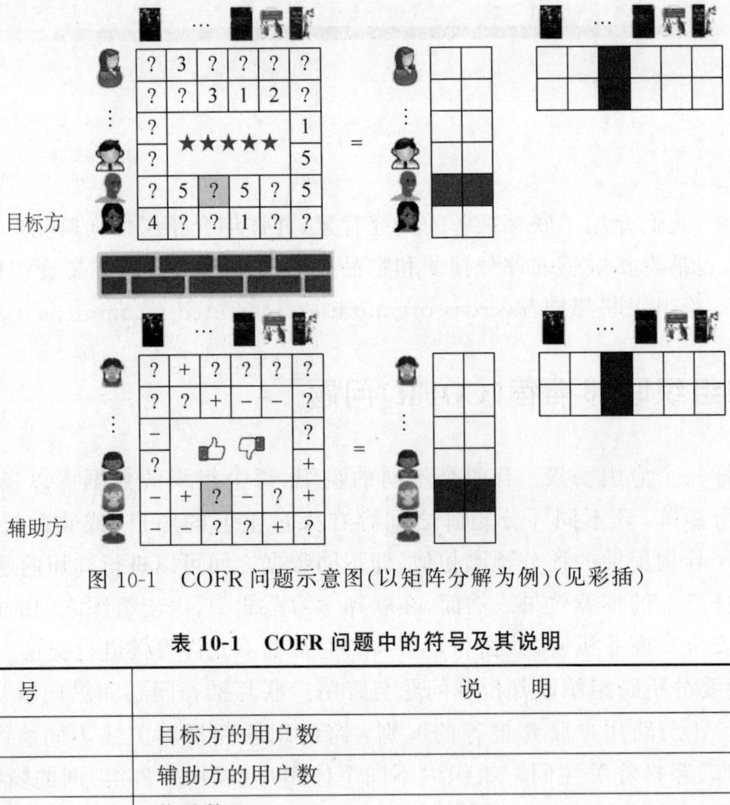

图 10-1　COFR 问题示意图(以矩阵分解为例)(见彩插)

表 10-1　COFR 问题中的符号及其说明

符　号	说　明
n	目标方的用户数
$\tilde{n}$	辅助方的用户数
m	物品数
$u\in\{1,2,\cdots,n\}$	目标方的用户 ID
$u'\in\{1,2,\cdots,\tilde{n}\}$	辅助方的用户 ID
$i\in\{1,2,\cdots,m\}$	物品 ID
$\mathbb{G}=\{1,2,\cdots,5\}$	用户对物品的等级评分范围
$\mathbb{B}=\{1,-1\}$	用户对物品的二值评分范围，1 表示喜欢，−1 表示不喜欢
$r_{ui}\in\mathbb{G}$	用户 u 对物品 i 的等级评分

续表

符　号	说　明
$\tilde{r}_{u'i} \in \mathbb{B}$	用户 u' 对物品 i 的二值评分
$\mathcal{R}=\{(u,i,r_{ui})\}$	训练集中的等级评分记录集合
$\tilde{\mathcal{R}}=\{(u',i,\tilde{r}_{u'i})\}$	训练集中的二值评分记录集合
$\mu \in \mathbb{R}$	全局评分平均值
$b_u \in \mathbb{R}$	用户 u 的偏差(或偏置)
$b_i \in \mathbb{R}$	物品 i 的偏差(或偏置)
$d \in \mathbb{R}$	潜在特征向量的维度
$\boldsymbol{U}_{u\cdot} \in \mathbb{R}^{1\times d}$	用户 u 的潜在特征向量
$\boldsymbol{W}_{u'\cdot} \in \mathbb{R}^{1\times d}$	用户 u' 的潜在特征向量
$\boldsymbol{V}_{i\cdot} \in \mathbb{R}^{1\times d}$	物品 i 的潜在特征向量
$\hat{r}_{ui}$	用户 u 对物品 i 的预测评分
$\hat{\tilde{r}}_{u'i}$	用户 u' 对物品 i 的二值预测评分
e_{ui}	目标方中真实评分与预测评分之间的差
$\tilde{e}_{u'i}$	辅助方中真实评分与预测评分之间的差
$[[\cdot]]$	加密函数
$D[\cdot]$	解密函数
γ	学习率
λ	正则化项上的权衡参数
T	算法的迭代次数

10.2 共同矩阵分解

在介绍跨组织联邦推荐算法之前，先介绍共同矩阵分解(collective matrix factorization，CMF)算法[3]。假设算法的输入是两个不同的数据矩阵，并且两个矩阵的物品是对齐的，即两个物品集合相同且物品一一对应，目标方和辅助方共享物品潜在特征矩阵，从而可以将辅助方中的知识迁移到目标方，以提高目标方的推荐效果。在10.3节和10.4节中，将分别介绍FedMF[4-5]和FCMF[6]两种建模方法，使得CMF满足联邦学习范式的要求，从而保护两个组织之间的数据安全。

10.2.1 技术细节

在CMF中，目标方和辅助方的预测公式分别如下所示：

$$\hat{r}_{ui}=\mu+b_u+b_i+\boldsymbol{U}_{u\cdot}\boldsymbol{V}_{i\cdot}^{\mathrm{T}} \tag{10-1}$$

$$\hat{\tilde{r}}_{u'i}=\boldsymbol{W}_{u'\cdot}\boldsymbol{V}_{i\cdot}^{\mathrm{T}} \tag{10-2}$$

其中，$\boldsymbol{V}_{i\cdot}$表示目标方和辅助方共享的物品潜在特征向量；$\boldsymbol{U}_{u\cdot}$和$\boldsymbol{W}_{u'\cdot}$分别表示目标方和辅助方的用户潜在特征向量，需要注意的是，在目标方和辅助方中，用户是不同的或他们的关系是未知的；b_u 和 b_i 分别表示目标方的用户偏置和物品偏置。

CMF[3] 的目标函数如下所示：

$$\min_{\Theta}\sum_{u=1}^{n}\sum_{i=1}^{m} y_{ui} f_{ui} + \sum_{u'=1}^{\tilde{n}}\sum_{i=1}^{m} \tilde{y}_{u'i}\tilde{f}_{u'i}, \tag{10-3}$$

其中，$\Theta \in \{\boldsymbol{U}_{u\cdot}, \boldsymbol{W}_{u'\cdot}, \boldsymbol{V}_{i\cdot}, b_u, b_i \mid u=1,2,\cdots,n;\ u'=1,2,\cdots,\tilde{n};\ i=1,2,\cdots,m\}$ 表示模型参数；y_{ui} 和 $\tilde{y}_{u'i}$ 分别是目标方和辅助方的指示变量，它们为 1 时表示用户对物品有评分，为 0 时表示用户对物品没有评分；$f_{ui}=\frac{1}{2}(r_{ui}-\hat{r}_{ui})^2+\frac{\lambda}{2}(\|\boldsymbol{U}_{u\cdot}\|^2+\|\boldsymbol{V}_{i\cdot}\|^2+b_u^2+b_i^2)$ 是目标方定义在用户 u 和物品 i 上的目标函数；$\tilde{f}_{u'i}=\frac{1}{2}(\tilde{r}_{u'i}-\hat{\tilde{r}}_{u'i})^2+\frac{\lambda}{2}(\|\boldsymbol{W}_{u'\cdot}\|^2+\|\boldsymbol{V}_{i\cdot}\|^2)$ 是辅助方定义在用户 u' 和物品 i 上的目标函数。

1. SGD 算法

下面我们使用随机梯度下降(stochastic gradient descent，SGD)方法来优化目标函数。给定一条来自目标方的评分记录(u,i,r_{ui})，关于 f_{ui} 的模型参数的梯度如下所示：

$$\nabla \boldsymbol{U}_{u\cdot}=\frac{\partial f_{ui}}{\partial \boldsymbol{U}_{u\cdot}}=-e_{ui}\boldsymbol{V}_{i\cdot}+\lambda \boldsymbol{U}_{u\cdot} \tag{10-4}$$

$$\nabla \boldsymbol{V}_{i\cdot}=\frac{\partial f_{ui}}{\partial \boldsymbol{V}_{i\cdot}}=-e_{ui}\boldsymbol{U}_{u\cdot}+\lambda \boldsymbol{V}_{i\cdot} \tag{10-5}$$

$$\nabla b_u=\frac{\partial f_{ui}}{\partial b_u}=-e_{ui}+\lambda b_u \tag{10-6}$$

$$\nabla b_i=\frac{\partial f_{ui}}{\partial b_i}=-e_{ui}+\lambda b_i \tag{10-7}$$

$$\nabla \mu=\frac{\partial f_{ui}}{\partial \mu}=-e_{ui} \tag{10-8}$$

其中，$e_{ui}=r_{ui}-\hat{r}_{ui}$ 是目标方中真实评分与预测评分之间的差。同理，给定一条来自辅助方的评分记录$(u',i,\tilde{r}_{u'i})$，关于 $\tilde{f}_{u'i}$ 的模型参数的梯度如下所示：

$$\nabla \boldsymbol{W}_{u'\cdot}=\frac{\partial \tilde{f}_{u'i}}{\partial \boldsymbol{W}_{u'\cdot}}=-\tilde{e}_{u'i}\boldsymbol{V}_{i\cdot}+\lambda \boldsymbol{W}_{u'\cdot} \tag{10-9}$$

$$\nabla \boldsymbol{V}_{i\cdot}=\frac{\partial \tilde{f}_{u'i}}{\partial \boldsymbol{V}_{i\cdot}}=-\tilde{e}_{u'i}\boldsymbol{W}_{u'\cdot}+\lambda \boldsymbol{V}_{i\cdot} \tag{10-10}$$

其中，$\tilde{e}_{u'i}=\tilde{r}_{u'i}-\hat{\tilde{r}}_{u'i}$ 是辅助方中真实评分与预测评分之间的差。目标方和辅助方的模型参数的更新规则如下所示：

$$\theta=\theta-\gamma\nabla\theta \tag{10-11}$$

其中，γ 为学习率，$\gamma>0$。

构建 CMF[3] 模型的流程如下：①先从目标方和辅助方的数据的并集$\mathcal{R}\cup\tilde{\mathcal{R}}$中挑选一条记录，如果评分记录来源于目标方，则 $y_{ui}=1$，$\tilde{y}_{u'i}=0$，如果评分记录来源于辅助方，则

$y_{ui}=0, \tilde{y}_{u'i}=1$；②如果 $y_{ui}=1$，计算目标方中的模型参数的梯度$\nabla \boldsymbol{U}_{u\cdot}$、$\nabla \boldsymbol{V}_{i\cdot}$、$\nabla b_u$、$\nabla b_i$和$\nabla \mu$，反之计算辅助方中的模型参数的梯度$\nabla \boldsymbol{W}_{u'\cdot}$和$\nabla \boldsymbol{V}_{i\cdot}$；③通过式(10-11)更新模型参数；④更新学习率。重复上述四个步骤，直到模型收敛。在算法 10-1 中，我们可以看到基于 SGD 的 CMF 算法流程的伪代码。

算法 10-1 基于 SGD 的 CMF 算法

输入：目标方的等级评分数据$\mathcal{R}$，辅助方的二值评分数据$\widetilde{\mathcal{R}}$

输出：用户潜在特征向量 $\boldsymbol{U}_{u\cdot}$，$\boldsymbol{W}_{u'\cdot}$，物品潜在特征向量 $\boldsymbol{V}_{i\cdot}$，目标方的物品偏置 b_i 和用户偏置 b_u。

其中，$u=1,2,\cdots,n, u'=1,2,\cdots,\tilde{n}, i=1,2,\cdots,m$

for $t=1,2,\cdots,T$ **do**

  for $t_1=1,2,\cdots,|\mathcal{R}|+|\widetilde{\mathcal{R}}|$ **do**

    从目标方和辅助方的数据的并集中随机挑选一条评分记录

    根据评分记录的来源，计算对应的模型参数梯度

    通过式(10-11)更新模型参数

  end for

  通过 $\gamma=\gamma\times 0.9$ 更新学习率

end for

2. ALS 算法

下面我们使用交替最小二乘(alternating least squares, ALS)方法来优化目标函数。为了简化解析解，我们简化了目标方的目标函数，不考虑用户偏置项和物品偏置项，即 $f_{ui}=\frac{1}{2}(r_{ui}-\hat{r}_{ui})^2+\frac{\lambda}{2}(\|\boldsymbol{U}_{u\cdot}\|^2+\|\boldsymbol{V}_{i\cdot}\|^2)$。需要说明的是，具有用户偏置项和物品偏置项的目标函数的求解过程类似。

给定 $f=f_{ui}+\tilde{f}_{u'i}$，$\boldsymbol{U}_{u\cdot}$的梯度计算公式如下：

$$\nabla \boldsymbol{U}_{u\cdot}=\frac{\partial f}{\partial \boldsymbol{U}_{u\cdot}}=\frac{\partial f_{ui}}{\partial \boldsymbol{U}_{u\cdot}}=\sum_{i=1}^{m} y_{ui}\left[-(r_{ui}-\boldsymbol{U}_{u\cdot}\boldsymbol{V}_{i\cdot}^{\mathrm{T}})\boldsymbol{V}_{i\cdot}+\lambda \boldsymbol{U}_{u\cdot}\right]$$

$$=\boldsymbol{U}_{u\cdot}\sum_{i=1}^{m} y_{ui}(\boldsymbol{V}_{i\cdot}^{\mathrm{T}}\boldsymbol{V}_{i\cdot}+\lambda \boldsymbol{I})-\sum_{i=1}^{m} y_{ui} r_{ui}\boldsymbol{V}_{i\cdot} \tag{10-12}$$

令$\nabla \boldsymbol{U}_{u\cdot}=0$，得到用户 u 的潜在特征向量 $\boldsymbol{U}_{u\cdot}$的更新公式如下所示：

$$\boldsymbol{U}_{u\cdot}=\boldsymbol{b}_u \boldsymbol{A}_u^{-1} \tag{10-13}$$

其中，$\boldsymbol{b}_u=\sum_{i=1}^{m} y_{ui} r_{ui}\boldsymbol{V}_{i\cdot}$，$\boldsymbol{A}_u=\sum_{i=1}^{m} y_{ui}(\boldsymbol{V}_{i\cdot}^{\mathrm{T}}\boldsymbol{V}_{i\cdot}+\lambda \boldsymbol{I})$，$\boldsymbol{I}$ 为单位矩阵。

类似地，$\boldsymbol{W}_{u'\cdot}$的梯度计算公式如下：

$$\nabla \boldsymbol{W}_{u'\cdot}=\frac{\partial f}{\partial \boldsymbol{W}_{u'\cdot}}=\frac{\partial \tilde{f}_{u'i}}{\partial \boldsymbol{W}_{u'\cdot}}=\sum_{i=1}^{m} \tilde{y}_{u'i}\left[-(\tilde{r}_{u'i}-\boldsymbol{W}_{u'\cdot}\boldsymbol{V}_{i\cdot}^{\mathrm{T}})\boldsymbol{V}_{i\cdot}+\lambda \boldsymbol{W}_{u'\cdot}\right]$$

$$=\boldsymbol{W}_{u'\cdot}\sum_{i=1}^{m}\tilde{y}_{u'i}(\boldsymbol{V}_{i\cdot}^{\mathrm{T}}\boldsymbol{V}_{i\cdot}+\lambda\boldsymbol{I})-\sum_{i=1}^{m}\tilde{y}_{u'i}\tilde{r}_{u'i}\boldsymbol{V}_{i\cdot} \tag{10-14}$$

令$\nabla\boldsymbol{W}_{u'\cdot}=0$,得到用户$u'$的潜在特征向量$\boldsymbol{W}_{u'\cdot}$的更新公式如下所示：

$$\boldsymbol{W}_{u'\cdot}=\tilde{\boldsymbol{b}}_{u'}\tilde{\boldsymbol{A}}_{u'}^{-1} \tag{10-15}$$

其中,$\tilde{\boldsymbol{b}}_{u'}=\sum_{i=1}^{m}\tilde{y}_{u'i}\tilde{r}_{u'i}\boldsymbol{V}_{i\cdot}$,$\tilde{\boldsymbol{A}}_{u'}=\sum_{i=1}^{m}\tilde{y}_{u'i}(\boldsymbol{V}_{i\cdot}^{\mathrm{T}}\boldsymbol{V}_{i\cdot}+\lambda\boldsymbol{I})$,$\boldsymbol{I}$为单位矩阵。

$\boldsymbol{V}_{i\cdot}$的梯度计算公式如下：

$$\begin{aligned}
\nabla\boldsymbol{V}_{i\cdot}&=\frac{\partial f}{\partial\boldsymbol{V}_{i\cdot}}=\frac{\partial f_{ui}}{\partial\boldsymbol{V}_{i\cdot}}+\frac{\partial\tilde{f}_{u'i}}{\partial\boldsymbol{V}_{i\cdot}}\\
&=\sum_{u=1}^{n}y_{ui}\left[-(r_{ui}-\boldsymbol{U}_{u\cdot}\boldsymbol{V}_{i\cdot}^{\mathrm{T}})\boldsymbol{U}_{u\cdot}+\lambda\boldsymbol{V}_{i\cdot}\right]+\\
&\quad\sum_{u'=1}^{\tilde{n}}\tilde{y}_{u'i}\left[-(\tilde{r}_{u'i}-\boldsymbol{W}_{u'\cdot}\boldsymbol{V}_{i\cdot}^{\mathrm{T}})\boldsymbol{W}_{u'\cdot}+\lambda\boldsymbol{V}_{i\cdot}\right]\\
&=\boldsymbol{V}_{i\cdot}\left[\sum_{u=1}^{n}y_{ui}(\boldsymbol{U}_{u\cdot}^{\mathrm{T}}\boldsymbol{U}_{u\cdot}+\lambda\boldsymbol{I})+\sum_{u'=1}^{\tilde{n}}\tilde{y}_{u'i}(\boldsymbol{W}_{u'\cdot}^{\mathrm{T}}\boldsymbol{W}_{u'\cdot}+\lambda\boldsymbol{I})\right]-\\
&\quad\sum_{u=1}^{n}y_{ui}r_{ui}\boldsymbol{U}_{u\cdot}-\sum_{u'=1}^{\tilde{n}}\tilde{y}_{u'i}\tilde{r}_{u'i}\boldsymbol{W}_{u'\cdot}
\end{aligned} \tag{10-16}$$

令$\nabla\boldsymbol{V}_{i\cdot}=0$,得到物品$i$的潜在特征向量$\boldsymbol{V}_{i\cdot}$的更新公式如下所示：

$$\boldsymbol{V}_{i\cdot}=\boldsymbol{b}_{i}\boldsymbol{A}_{i}^{-1} \tag{10-17}$$

其中,$\boldsymbol{b}_{i}=\sum_{u=1}^{n}y_{ui}r_{ui}\boldsymbol{U}_{u\cdot}+\sum_{u'=1}^{\tilde{n}}\tilde{y}_{u'i}\tilde{r}_{u'i}\boldsymbol{W}_{u'\cdot}$；$\boldsymbol{A}_{i}=\sum_{u=1}^{n}y_{ui}(\boldsymbol{U}_{u\cdot}^{\mathrm{T}}\boldsymbol{U}_{u\cdot}+\lambda\boldsymbol{I})+\sum_{u'=1}^{\tilde{n}}\tilde{y}_{u'i}(\boldsymbol{W}_{u'\cdot}^{\mathrm{T}}\boldsymbol{W}_{u'\cdot}+\lambda\boldsymbol{I})$。

在算法 10-2 中,我们可以看到基于 ALS 的 CMF 算法流程的伪代码。

算法 10-2 基于 ALS 的 CMF 算法

输入：目标方的等级评分数据$\mathcal{R}$,辅助方的二值评分数据$\tilde{\mathcal{R}}$

输出：用户潜在特征向量$\boldsymbol{U}_{u\cdot}$,$\boldsymbol{W}_{u'\cdot}$,物品潜在特征向量$\boldsymbol{V}_{i\cdot}$,其中,$u=1,2,\cdots,n$,$u'=1,2,\cdots,\tilde{n}$,$i=1,2,\cdots,m$

1. **for** $t=1,2,\cdots,T$ **do**
2.   **for** $u=1,2,\cdots,n$ **do**
3.   固定$\boldsymbol{V}$,通过式(10-13)更新$\boldsymbol{U}_{u\cdot}$
4.   **end for**
5.   **for** $u'=1,2,\cdots,\tilde{n}$ **do**
6.   固定$\boldsymbol{V}$,通过式(10-15)更新$\boldsymbol{W}_{u'\cdot}$
7.   **end for**

for $i=1,2,\cdots,m$ **do**

  固定 $\boldsymbol{U},\boldsymbol{W}$，通过式(10-17)更新 $\boldsymbol{V}_i$.

end for

end for

10.2.2 讨论

在我们的例子中，CMF 用于解决面向用户异构显式反馈的评分预测问题，它迁移了辅助方的知识，缓解了目标方的数据稀疏性问题。CMF 通过使用辅助方的二值评分数据，提高了目标方的推荐效果。CMF 是研究异构反馈数据建模的一个重要的基准算法，在第 5 章中，Pan 等[7]提出的 TCF 和 Liang 等[8]提出的 PAT，都是在 CMF 的基础上进行改进的。因此，研究 CMF 如何在联邦学习范式中保护组织间的数据安全，对于解决更复杂的跨组织联邦推荐问题具有重要的意义，我们将在 10.3 节和 10.4 节介绍两种不同的建模思路。

需要说明的是，各个组织内部用户之间的隐私，包括用户对物品的评分、用户评过分的物品集等，我们已在第 9 章中介绍了多个方法，例如 FedRec++[9]、FCF[10]等，因此，本章将不再考虑同一组织内的用户级别的隐私。

10.3 联邦矩阵分解

在 10.2 节介绍了 CMF 算法，它通过共享物品潜在特征向量，在两个或多个组织之间实现知识迁移。然而，在联邦学习范式中，不同组织之间的物品潜在特征向量可能属于组织的商业机密，不能直接共享。本节将介绍联邦矩阵分解（federated matrix factorization，FedMF）[4-5]，用于解决跨不同组织的矩阵分解中的数据安全问题。FedMF 假设两个组织具有重合度较高的用户群体，但物品不同，因此两个组织之间可以共享用户潜在特征向量。对于“用户相同、物品不同”和“用户不同、物品相同”两种场景，矩阵分解等一些常见的推荐算法在技术上往往是对称的。然而，对齐两个组织的用户可能会涉及用户的隐私问题，因此，下面从“用户不同，物品相同”的角度来介绍 FedMF 算法[4-5]。

10.3.1 技术细节

在训练 CMF 模型时，两个组织之间需要共享物品潜在特征向量，这可能会导致组织的商业机密的泄露。因此，FedMF[4-5]引入第三方服务器（以下简称“服务器”）来管理和维护共享的物品潜在特征向量。服务器作为两个组织之间的桥梁，在每轮通信时将最新的物品潜在特征向量发送给目标方和辅助方。目标方和辅助方在接收到最新的物品潜在特征向量之后，使用本地数据更新本地的模型参数，并将物品梯度发送给服务器，用于聚合和更新全局的物品潜在特征向量。在大多数情况下，会假设服务器是诚实且好奇的，因而将物品潜在特征向量保存在服务器的做法存在商业机密泄露的风险。为此，FedMF 引入了同态加密技术，使得服务器只保存物品潜在特征向量的密文。具体地，FedMF 引入了 Paillier 加法同态加密[11]，利用加密函数的密文"可加性"，使得服务器在只拥有密文的情况下也能够管理和维护共享的物品潜在特征向量。

这里简单介绍一下同态加密技术。同态加密是一类特殊的加密算法，它除了能够加密数据外，还能实现密文间的四则运算。以 Paillier 加法同态加密[11]为例，其满足"加同态"，即对明文直接进行加法操作与对密文先进行加法操作再解密是等价的：

$$D[[[m_1]]+[[m_2]]]=m_1+m_2 \tag{10-18}$$

其中，$[[\cdot]]$是加密函数；$D[\cdot]$是解密函数。在使用加法同态加密的情况下，第三方只能看到加密的物品潜在特征向量但不能解密；而辅助方和目标方能够解密收到的密文，并利用明文的信息来训练模型。

我们详细列出 FedMF 算法的步骤：

步骤 1：生成密钥。密钥的生成可以发生在目标方或辅助方。以目标方为例，目标方在本地生成公钥和私钥，并建立不同的 TLS/SSL 安全通道，将公钥发送给辅助方和服务器，私钥则只发送给辅助方。其中，私钥需要参与训练的双方各自保管，不能泄露给第三方。

步骤 2：初始化。服务器初始化物品潜在特征矩阵 $\boldsymbol{V}$，并使用公钥加密，得到$[[\boldsymbol{V}]]$。目标方和辅助方会接收到服务器发送的$[[\boldsymbol{V}]]$，并初始化本地参数 $\boldsymbol{U}$ 和 $\boldsymbol{W}$。

步骤 3：解密和训练。目标方和辅助方使用私钥来解密$[[\boldsymbol{V}]]$，并使用解密后的 $\boldsymbol{V}$ 和本地的数据来训练本地参数：

$$\nabla \boldsymbol{U}_{u\cdot}=\boldsymbol{U}_{u\cdot}\sum_{i=1}^{m} y_{ui}(\boldsymbol{V}_{i\cdot}^{\mathrm{T}}\boldsymbol{V}_{i\cdot}+\lambda \boldsymbol{I})-\sum_{i=1}^{m} y_{ui}r_{ui}\boldsymbol{V}_{i\cdot} \tag{10-19}$$

$$\nabla \boldsymbol{W}_{u'\cdot}=\boldsymbol{W}_{u'\cdot}\sum_{i=1}^{m} \tilde{y}_{u'i}(\boldsymbol{V}_{i\cdot}^{\mathrm{T}}\boldsymbol{V}_{i\cdot}+\lambda \boldsymbol{I})-\sum_{i=1}^{m} \tilde{y}_{u'i}\tilde{r}_{u'i}\boldsymbol{V}_{i\cdot} \tag{10-20}$$

步骤 4：上传梯度。目标方和辅助方分别计算物品梯度并加密，得到$[[\boldsymbol{V}_{i\cdot}]]$，$i=1,2,\cdots,m$，并上传给服务器。物品梯度的计算公式如下所示：

$$\nabla \boldsymbol{V}_{i\cdot}^{\mathrm{Tar}}=\boldsymbol{V}_{i\cdot}\sum_{u=1}^{n} y_{ui}(\boldsymbol{U}_{u\cdot}^{\mathrm{T}}\boldsymbol{U}_{u\cdot}+\lambda \boldsymbol{I})-\sum_{u=1}^{n} y_{ui}r_{ui}\boldsymbol{U}_{u\cdot} \tag{10-21}$$

$$\nabla \boldsymbol{V}_{i\cdot}^{\mathrm{Aux}}=\boldsymbol{V}_{i\cdot}\sum_{u'=1}^{\tilde{n}} \tilde{y}_{u'i}(\boldsymbol{W}_{u'\cdot}^{\mathrm{T}}\boldsymbol{W}_{u'\cdot}+\lambda \boldsymbol{I})-\sum_{u'=1}^{\tilde{n}} \tilde{y}_{u'i}\tilde{r}_{u'i}\boldsymbol{W}_{u'\cdot} \tag{10-22}$$

步骤 5：更新$[[\boldsymbol{V}]]$。服务器聚合所有物品梯度的密文，并使用物品梯度的密文更新物品潜在特征矩阵的密文$[[\boldsymbol{V}]]$。对于物品 i，其更新公式如下：

$$[[\boldsymbol{V}_{i\cdot}]]=[[\boldsymbol{V}_{i\cdot}]]-\gamma([[\nabla \boldsymbol{V}_{i\cdot}^{\mathrm{Tar}}]]+[[\nabla \boldsymbol{V}_{i\cdot}^{\mathrm{Aux}}]]) \tag{10-23}$$

其中，$[[\nabla \boldsymbol{V}_{i\cdot}^{\mathrm{Tar}}]]$和$[[\nabla \boldsymbol{V}_{i\cdot}^{\mathrm{Aux}}]]$分别表示目标方和辅助方发送给服务器的密文。

步骤 6：重复步骤 3～5，直到模型收敛。

10.3.2 讨论

简单讨论 FedMF 算法[4-5]的优缺点。

FedMF 的优点：FedMF 引入了第三方服务器，将共享的物品潜在特征向量以加密的形式发送给服务器进行管理和更新。服务器在模型训练的始末都只持有物品潜在特征向量的密文，从而确保信息不会泄露给服务器。当只有两个组织参与训练时，每一轮拿到的物品潜在特征向量是双方上传梯度后更新的结果，因此任何一个组织可以反推出另一个组织的梯度信息。然而当多个组织参与训练时，每轮拿到的物品潜在特征向量是来自多个组织的同一物品的特征向量相加的结果，从中难以反推出某一个特定组织的物品的梯度信息。因此，当多个组织参与联邦建模时，各参与方的物品信息能够得到较为有效的保护。

FedMF 的缺点：一方面，加密算法具有较高的计算复杂度，这会增加模型训练的时间。另一方面，如上所述，该模型仍存在隐私泄露的风险。以目标方为例，目标方可以根据连续两次接收的物品潜在特征向量，以及上一轮自己上传的梯度信息，反推出辅助方上传的梯度$\nabla \boldsymbol{V}_{i\cdot}^{\mathrm{Aux}}$。

10.4 联邦共同矩阵分解

本节介绍另一个跨组织联邦推荐算法，即 Yang 等[6]提出的联邦共同矩阵分解(federated collective matrix factorization，FCMF)。与 FedMF 的建模思路有所不同，FCMF 没有引入第三方服务器，而是将目标函数拆分为两个目标函数：

$$\min_{\Theta} \sum_{(u,i,r_{ui})\in\mathcal{R}} f_{ui} \tag{10-24}$$

$$\min_{\Phi} \sum_{(u',i,\tilde{r}_{u'i})\in\tilde{\mathcal{R}}} \tilde{f}_{u'i} \tag{10-25}$$

其中，$f_{ui}=\frac{1}{2}(r_{ui}-[[\hat{r}_{ui}]])^2+\frac{\lambda}{2}(\|\boldsymbol{U}_{u\cdot}\|^2+\|[[\boldsymbol{V}_{i\cdot}]]\|^2+b_u^2+b_i^2)$是目标方定义在用户 u 和物品 i 上的目标函数；$\tilde{f}_{u'i}=\frac{1}{2}(\tilde{r}_{u'i}-\hat{\tilde{r}}_{u'i})^2+\frac{\lambda}{2}(\|\boldsymbol{W}_{u'\cdot}\|^2+\|\boldsymbol{V}_{i\cdot}\|^2)$是辅助方定义在用户 u' 和物品 i 上的目标函数。可以看到，f_{ui} 的计算与 FedMF 中的有所不同，这是因为 FCMF 没有采用第三方服务器来管理共享的物品潜在特征向量，而是先将物品潜在特征向量在辅助方充分训练后加密发送给目标方。利用“加同态”，目标方在只有物品潜在特征向量的密文的情况下来训练模型。

10.4.1 技术细节

以随机梯度下降(SGD)方法为例，由于辅助方并没有使用同态加密，因此辅助方的训练与普通的矩阵分解完全相同，有如下的梯度计算公式：

$$\nabla \boldsymbol{W}_{u'\cdot}=\frac{\partial \tilde{f}_{u'i}}{\partial \boldsymbol{W}_{u'\cdot}}=-\tilde{e}_{u'i}\boldsymbol{V}_{i\cdot}+\lambda \boldsymbol{W}_{u'\cdot} \tag{10-26}$$

$$\nabla \boldsymbol{V}_{i\cdot}=\frac{\partial \tilde{f}_{u'i}}{\partial \boldsymbol{V}_{i\cdot}}=-\tilde{e}_{ui}\boldsymbol{W}_{u'\cdot}+\lambda \boldsymbol{V}_{i\cdot} \tag{10-27}$$

其中，$\tilde{e}_{u'i}=\tilde{r}_{u'i}-\hat{\tilde{r}}_{u'i}$ 是辅助方中真实评分与预测评分之间的差。在辅助方充分训练后，

辅助方加密物品潜在特征矩阵，得到[[$\boldsymbol{V}$]]，并将其发送给目标方。由于目标方只获得了[[$\boldsymbol{V}$]]，因此目标方的预测公式为：

$$[[\hat{r}_{ui}]] = \mu + b_u + b_i + \boldsymbol{U}_{u\cdot}[[\boldsymbol{V}_{i\cdot}^{\mathrm{T}}]] \tag{10-28}$$

因此，有如下的梯度计算公式：

$$\nabla \boldsymbol{U}_{u\cdot} = \frac{\partial f_{ui}}{\partial \boldsymbol{U}_{u\cdot}} = -D[e_{ui}[[\boldsymbol{V}_{i\cdot}]]] + \lambda \boldsymbol{U}_{u\cdot} \tag{10-29}$$

$$\nabla [[\boldsymbol{V}_{i\cdot}]] = \frac{\partial f_{ui}}{\partial [[\boldsymbol{V}_{i\cdot}]]} = -e_{ui}\boldsymbol{U}_{u\cdot} + \lambda [[\boldsymbol{V}_{i\cdot}]] \tag{10-30}$$

$$\nabla b_u = \frac{\partial f_{ui}}{\partial b_u} = -e_{ui} + \lambda b_u \tag{10-31}$$

$$\nabla b_i = \frac{\partial f_{ui}}{\partial b_i} = -e_{ui} + \lambda b_i \tag{10-32}$$

$$\nabla \mu = \frac{\partial f_{ui}}{\partial \mu} = -e_{ui} \tag{10-33}$$

其中，$e_{ui} = D[r_{ui} - [[\hat{r}_{ui}]]]$是目标方中真实评分与预测评分之间的差。梯度计算过程需要解决两个问题，其一，由于目标方只有[[$\boldsymbol{V}_{i\cdot}$]]，无法直接计算 e_{ui}；其二，$\nabla \boldsymbol{U}_{u\cdot}$ 的计算需要$-D[e_{ui}[[\boldsymbol{V}_{i\cdot}]]]$，即对某些中间值的解密。这两个问题都需要辅助方的参与。目标方和辅助方的模型参数的更新规则如下所示：

$$\theta = \theta - \gamma \nabla \theta \tag{10-34}$$

$$\phi = \phi - \gamma \nabla \theta \tag{10-35}$$

其中，$\theta \in \Theta$；$\phi \in \Phi$；γ 为学习率，$\gamma > 0$。

根据同态加密的性质，目标方计算得到$[[e_{ui}]] = r_{ui} - [[\hat{r}_{ui}]]$后，只需要将$[[e_{ui}]]$发送给辅助方解密，就可以得到 $e_{ui} = r_{ui} - \hat{r}_{ui}$。需要注意的是，目标方可以隐藏 u 和 i 的编号，即在辅助方看来，仅仅是收到一个没有任何编号信息的数字。因此，这一步不会泄露任何关于用户 u 和物品 i 的隐私。而对于$-D[e_{ui}[[\boldsymbol{V}_{i\cdot}]]]$的计算，Yang 等[6]发现，当目标方连续发送一个数字和一个向量给辅助方解密时，目标方可以获得 e_{ui} 和 $e_{ui}\boldsymbol{V}_{i\cdot}$，并进一步得到 $\boldsymbol{V}_{i\cdot}$。更进一步，如果目标方没有更新过 $\boldsymbol{V}_{i\cdot}$，则第一次得到的 $\boldsymbol{V}_{i\cdot}$ 完全是由辅助方训练得到的物品潜在特征向量。因此，Yang 等[6]使用差分隐私技术，在辅助方解密 $e_{ui}[[\boldsymbol{V}_{i\cdot}]]$后添加拉普拉斯噪声(Laplace noise)，再返回给目标方，以确保目标方无法反推出 $\boldsymbol{V}_{i\cdot}$。

这里简单介绍一下差分隐私技术和拉普拉斯噪声机制。差分隐私是密码学中的一种保密机制，可以用来抵挡差分攻击[12]。如果有一个随机化算法 A，对于任何两个仅差一条记录的数据库 D_1 和 D_2，满足：

$$\Pr[A(D_1 \in S_A)] \leqslant \exp(\varepsilon)\Pr[A(D_2) \in S_A] \tag{10-36}$$

那么称算法 A 满足 ε-差分隐私。而拉普拉斯噪声机制[13]是对数值结果进行差分隐私保护的主要技术。拉普拉斯机制是基于期望为 0、方差为 b 的拉普拉斯分布，其概率密度函数如下：

$$p(x)=\frac{1}{2b}\exp\left(-\frac{|x|}{b}\right) \tag{10-37}$$

$$b=\frac{\Delta f}{\varepsilon} \tag{10-38}$$

其中，b 是尺度参数；ε 是隐私预算；Δf 是敏感度。

我们详细列出 FCMF 算法[6]的计算过程，如图 10-2 所示。

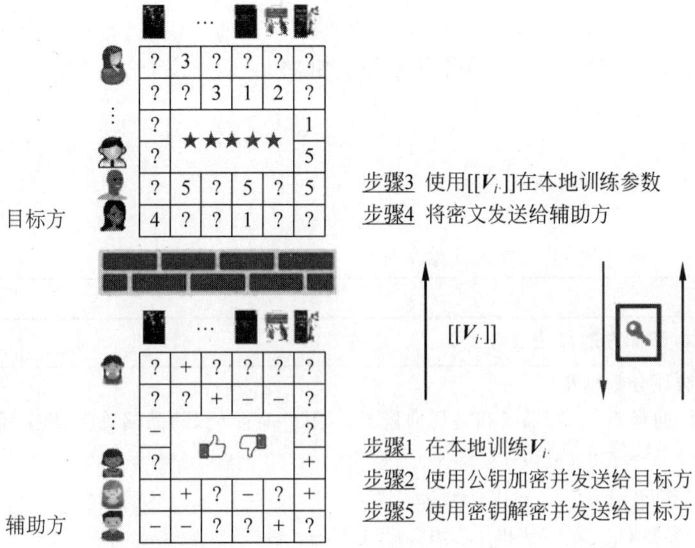

图 10-2 FCMF 算法的模型结构示意图(见彩插)

步骤 1：辅助方初始化模型参数 $\boldsymbol{W}_{u'\cdot}$，$u'=1,2,\cdots,\tilde{n}$ 和 $\boldsymbol{V}_{i\cdot}$，$i=1,2,\cdots,m$，并使用本地数据充分训练 $\boldsymbol{W}$ 和 $\boldsymbol{V}$。

步骤 2：辅助方使用同态加密技术对 $\boldsymbol{V}_{i\cdot}$，$i=1,2,\cdots,m$ 加密，得到$[[\boldsymbol{V}_{i\cdot}]]$，$i=1,2,\cdots,m$，并将之发送给目标方。

步骤 3：目标方接收$[[\boldsymbol{V}_{i\cdot}]]$，初始化本地参数 $\boldsymbol{U}_{u\cdot}$、b_u、b_i 和 μ，其中，$i=1,2,\cdots,m$，$u=1,2,\cdots,n$。然后，使用本地数据训练本地的模型参数。其中，训练过程中一些中间结果的解密将通过步骤 4 和步骤 5 来完成。

步骤 4：目标方发送$[[e_{ui}]]$给辅助方，得到返回结果 e_{ui}，再发送 $e_{ui}[[\boldsymbol{V}_{i\cdot}]]$给辅助方，得到返回结果 $e_{ui}\boldsymbol{V}_{i\cdot}$。注意，这里目标方将隐藏用户编号 u 和物品编号 i。

步骤 5：辅助方首先收到一个数值，对数值解密后直接发送给目标方，随后将再收到一个向量，对向量解密后添加拉普拉斯噪声，再将之发送给目标方。

10.4.2 算法流程

算法的具体流程如算法 10-3 和算法 10-4 所示。

算法 10-3 FCMF 中辅助方的算法

输入：辅助方的二值评分数据$\widetilde{\mathcal{R}}$

输出：物品潜在特征向量$\boldsymbol{V}_{i\cdot}$，$i=1,2,\cdots,m$

1. 初始化用户潜在特征向量$\boldsymbol{W}_{u'\cdot}$，$u'=1,2,\cdots,\tilde{n}$ 和物品潜在特征向量$\boldsymbol{V}_{i\cdot}$，$i=1,2,\cdots,m$
2. 生成 Paillier 同态加密的公钥和密钥
3. **for** $t=1,2,\cdots,T$ **do**
4.   **for** $t_2=1,2,\cdots,|\widetilde{\mathcal{R}}|$ **do**
5.   随机采样一条记录$(u,i,\tilde{r}_{u'i})$
6.   通过式(10-26)和式(10-27)计算梯度$\nabla\boldsymbol{W}_{u'\cdot}$和$\nabla\boldsymbol{V}_{i\cdot}$
7.   通过式(10-35)更新$\boldsymbol{W}_{u'\cdot}$和$\boldsymbol{V}_{i\cdot}$
8.   **end for**
9.   通过 $\gamma=\gamma\times 0.9$ 更新学习率
10. **end for**
11. 对$\boldsymbol{V}_{i\cdot}$，$i=1,2,\cdots,m$ 加密，并将之发送给目标方

算法 10-4 FCMF 中目标方的算法

输入：目标方的等级评分数据$\mathcal{R}$

输出：用户潜在特征向量$\boldsymbol{U}_{u\cdot}$，物品潜在特征向量$\boldsymbol{V}_{i\cdot}$，用户偏置 b_u、物品偏置 b_i 和全局评分平均值 μ，其中，$u=1,2,\cdots,n$，$i=1,2,\cdots,m$

1. 接收辅助方发送来的$[[\boldsymbol{V}_{i\cdot}]]$，$i=1,2,\cdots,m$
2. 初始化本地模型参数$\boldsymbol{U}_{u\cdot}$、b_i、b_u 和 μ，其中，$u=1,2,\cdots,n$，$i=1,2\cdots,m$
3. **for** $t=1,2,\cdots,T$ **do**
4.   **for** $t_2=1,2,\cdots,|\mathcal{R}|$ **do**
5.   随机采样一条记录(u,i,r_{ui})
6.   通过式(10-28)计算$[[\hat{r}_{ui}]]$
7.   发送$[[e_{ui}]]=r_{ui}-[[\hat{r}_{ui}]]$给辅助方解密，收到 e_{ui}
8.   发送 $e_{ui}[[\boldsymbol{V}_{i\cdot}]]$给辅助方，收到带拉普拉斯噪声的 $e_{ui}\boldsymbol{V}_{i\cdot}$
9.   通过式(10-29)～式(10-33)计算梯度$\nabla\boldsymbol{U}_{u\cdot}$、$\nabla[[\boldsymbol{V}_{i\cdot}]]$、$\nabla b_u$和$\nabla b_i$
10.   通过式(10-35)更新本地模型参数$\boldsymbol{U}_{u\cdot}$、$[[\boldsymbol{V}_{i\cdot}]]$、$b_u$、$b_i$和 μ
11.   **end for**
12.   通过 $\gamma=\gamma\times 0.9$ 更新学习率
13. **end for**
14. 发送$[[\boldsymbol{V}_{i\cdot}]]$，$i=1,2,\cdots,m$ 给辅助方解密，得到$\boldsymbol{V}_{i\cdot}$，$i=1,2,\cdots,m$

10.4.3 讨论

我们简单讨论一下 FCMF 算法[6]的优缺点。

FCMF 的优点：在 FCMF 中，物品潜在特征向量先在辅助方充分训练并加密后发送给目标方。目标方在模型训练的始末都只持有辅助方物品潜在特征向量的密文，因此辅

助方的参数信息不会泄露给目标方。在训练过程中，目标方需要的一些中间变量可以返回给辅助方解密，而拉普拉斯差分隐私技术的引入，保证目标方无法通过中间变量反推出物品的潜在特征向量。而最终训练完成后解密的物品潜在特征向量已经结合了目标方和辅助方的信息，因此无论是目标方还是辅助方，都不能从中获得对方的物品潜在特征向量。

FCMF 的缺点：一方面，与 FedMF 类似，加密算法具有较高的计算复杂度，这会增加模型训练的时间。另一方面，由于差分隐私技术的引入，推荐性能会有所下降，即算法是有损的，也就是以牺牲精度的方式来换取隐私保护。

10.5 本章小结

在本章中，首先，在 10.1 节介绍了跨组织联邦推荐问题，包括其应用场景、与跨用户联邦推荐问题和纵向联邦学习问题的差异，并以"用户不同（或重合较少）、物品相同（或重合较多）"的场景为例，定义了所研究的问题；其次，在 10.2 节介绍了 CMF 算法，并给出了基于 SGD 和 ALS 的两种优化方法；再次，在 10.3 节介绍了 FedMF 算法，FedMF 为 CMF 提供了一种基于联邦学习的解决方案，即借助第三方服务器和同态加密技术，在保证数据安全的前提下，在目标方和辅助方之间共享物品潜在特征向量；最后，在 10.4 节介绍了 FCMF 算法，其使用同态加密和拉普拉斯差分隐私技术，实现了目标方和辅助方之间物品潜在特征向量的共享。

在跨组织联邦推荐问题中，主要关注的是不同组织之间的数据安全。在"用户不同（或重合较少）、物品相同（或重合较多）"的场景下，分别介绍了 FedMF[4-5] 和 FCMF[6] 两种不同的建模方式，它们保护了不同组织的模型参数，即物品潜在特征向量。对于同样的场景，Liu 等[14] 不直接共享原始数据或物品特征，而是选择共享辅助方的物品相似度。同时，为了防止目标方通过先验知识推测辅助方的用户信息，Liu 等还使用了差分隐私技术。而 ERMIS 等[15] 使用差分隐私技术来实现用户级别的隐私保护和组织级别的数据安全。

除了本章重点关注的场景，还有一个与之相对称的场景，即"用户相同（或重合较多）、物品不同（或重合较少）"。对此，Qi 等[16] 通过局部敏感哈希（locality-sensitive hashing，LSH）和最小哈希（MinHash）来计算用户之间的相似度。Hu 等[17] 在使用 LSH 时加入了差分隐私噪声，进而在保护多个组织的数据安全的情况下计算用户之间的相似度。Chen 等[18] 通过秘密共享和不经意传输技术，在不泄露隐私的情况下，计算两个矩阵的乘积，即安全矩阵乘法，从而将辅助方的信息与目标方共享。Shmueli 等[19] 引入了第三方服务器，并使用了安全标量积（secure scalar product）和同态加密技术。同时，通过服务器计算两个组织间所有物品的相似度，并计算得到用户对物品的预测分数的密文，再将之发送给各个组织。Hu 等[20] 使用集成学习，每个参与方只需要共享本地的预测结果而不需要共享原始数据和模型参数。同时，他们在各个参与方的预测结果中加入了噪声，从而在满足差分隐私的情况下保证了各个参与方的数据安全。Hu 等[21] 引入了一个第三方服务器，在一些用户自愿贡献隐私的前提下，使用对抗学习的方法防止目标方或外部攻击者从共享的信息中推断出辅助方的用户信息。

此外，Wang 等[22]假设"用户相同（或重合较多）、物品相同（或重合较多）"，并将多个组织的原始数据通过秘密共享技术随机发送给两个第三方服务器，然后再进行模型训练。

需要说明的是，在真实的应用场景中，可能需要同时考虑跨用户和跨组织的联邦建模和物品推荐，可以称之为双跨联邦推荐（dual-cross federated recommendation，DCFR），也就是既要考虑个体用户之间的隐私保护，也要考虑不同组织之间的数据安全，这也给算法的设计带来了新的挑战。

10.6 参考文献

[1] YANG Q，LIU Y，CHEN T，et al. Federated machine learning：Concept and applications [J]. ACM Transactions on Intelligent Systems and Technology，2019，10(2)：12：1-12：19.

[2] YANG L，TAN B，Zheng V W，et al. Federated recommendation systems [M]//YANG Q，LIU Y，CHENG Y，et al. Federated learning. San Rafael：Morgan & Claypool Publishers，2019：225-239.

[3] SINGH A P and GORDON G J. Relational learning via collective matrix factorization [C]//LI Y，LIU B，SARAWAGI S. Proceedings of the 14th ACM SIGKDD International Conference on Knowledge Discovery and Data Mining（KDD'18）. New York：ACM，2008：650-658.

[4] CHAI D，WANG L，CHEN K，et al. Secure federated matrix factorization [J]. IEEE Intelligent Systems，2021，36(5)：11-20.

[5] 杨强，黄安埠，刘洋，等. 联邦学习实战[M]. 北京：电子工业出版社，2021.

[6] YANG E，HUANG Y，LIANG F，et al. FCMF：Federated collective matrix factorization for heterogeneous collaborative filtering [J]. Knowledge-Based Systems，2021，220：106946.

[7] PAN W，YANG Q. Transfer learning in heterogeneous collaborative filtering domains [J]. Artificial Intelligence，2013，197：39-55.

[8] LIANG F，DAI W，HUANG Y，et al. PAT：Preference-aware transfer learning for recommendation with heterogeneous feedback [C]//Proceedings of 2020 International Joint Conference on Neural Networks（IJCNN'20）. Piscataway：IEEE，2020：1-7.

[9] LIANG F，PAN W，MING Z. FedRec++：Lossless federated recommendation with explicit feedback [C]//Proceedings of 35th AAAI Conference on Artificial Intelligence（AAAI'21）. Palo Alto：AAAI Press，2021：4224-4231.

[10] AMMAD-UD-DIN M，IVANNIKOVA E，KHAN S A，et al. Federated collaborative filtering for privacy-preserving personalized recommendation system [J]. CoRR，2019，abs/1901. 09888.

[11] PAILLIER P. Public-key cryptosystems based on composite degree residuosity classes [C]//STERN J. Proceedings of the Annual International Conference on the Theory and Applications of Cryptographic Techniques（EUROCRYPT'1999）. Berlin：Springer，1999：223-238.

[12] DWORK C. Differential privacy：A survey of results [C]//AGRAWAL M，DU D，DUAN Z，et al. Proceedings of the 5th International Conference on Theory and Applications of Models of Computation（TAMC'08）. Berlin：Springer，2008：1-19.

[13] DWORK C，MCSHERRY F，NISSIM K，et al. Calibrating noise to sensitivity in private data analysis [C]//HALEVI S，RABIN T. Proceedings of the 3rd Theory of Cryptography Conference（TCC'06）. Berlin：Springer，2006：265-284.

[14] LIU A，SHEN X，XIE H，et al. Privacy-preserving shared collaborative web services QoS

prediction [J]. Journal of Intelligent Information Systems, 2020, 54(1): 205-224.

[15] ERMIS B, CEMGIL A T. Data sharing via differentially private coupled matrix factorization [J]. ACM Transactions on Knowledge Discovery from Data, 2020, 14(3): 28: 1-28: 27.

[16] QI L, ZHANG X, DOU W, et al. A two-stage locality-sensitive hashing based approach for privacy-preserving mobile service recommendation in cross-platform edge environment [J]. Future Generation Computer Systems, 2018, 88: 636-643.

[17] HU H, DOBBIE G, SALCIC Z, et al. A locality sensitive hashing based approach for federated recommender system [C]//Proceedings of the 20th IEEE/ACM International Symposium on Cluster, Cloud and Internet Computing (CCGRID'20). Piscataway: IEEE, 2020: 836-842.

[18] CHEN C, LI L, WU B, et al. Secure social recommendation based on secret sharing [C]// GIACOMO G D, CATALA A, DILKINA B, et al. Proceedings of the 24th European Conference on Artificial Intelligence (ECAI'20). Amsterdam: IOS Press, 2020: 506-512.

[19] SHMUELI E, TASSA T. Secure multi-party protocols for item-based collaborative filtering [C]// CREMONESI P, RICCI F, BERKOVSKY S, et al. Proceedings of the 11th ACM Conference on Recommender Systems (RecSys'17). New York: ACM, 2017: 89-97.

[20] HU Y, NIU D, YANG J, et al. FDML: A collaborative machine learning framework for distributed features [C]//TEREDESAI A, KUMAR V, LI Y, et al. Proceedings of the 25th ACM SIGKDD International Conference on Knowledge Discovery and Data Mining (KDD'19). New York: ACM, 2019: 2232-2240.

[21] HU G, YANG Q. PrivNet: Safeguarding private attributes in transfer learning for recommendation [C]//COHN T, HE Y, LIU Y. Proceedings of the 2020 Conference on Empirical Methods in Natural Language Processing: Findings (EMNLP'20). Stroudsburg: ACL Press, 2020: 4506-4516.

[22] WANG L, HUANG Z, PEI Q, et al. Federated CF: Privacy-preserving collaborative filtering cross multiple datasets [C]//Proceedings of 2020 IEEE International Conference on Communications (ICC'20). Piscataway: IEEE, 2020: 1-6.

10.7 习题

1. 查阅资料回答，在跨组织联邦推荐中，有哪些可用于物品或用户对齐的方法？它们是否存在隐私问题？

2. 纵向联邦学习和跨组织联邦推荐有哪些异同点？请分别举一个实际应用场景。

3. 请在 CMF 算法的预测公式中加入用户偏置项和物品偏置项，并写出基于 ALS 的各个参数的解析解。

4. 请想一想，FedMF 是否存在隐私问题？

5. 请想一想，FCMF 是否存在隐私问题？

6. 请想一想，TCF 和 PAT(第 5 章)能否使用 FedMF 或 FCMF 框架？若能，请尝试写出算法流程，并分析是否会有新的隐私问题。

7. 在第 5 章和本章中提及的“目标方”和“辅助方”的含义有何不同？

8. 请用形象的方式(示意图或表格)描述跨组织联邦推荐和跨用户联邦推荐的联系与区别？

9. 请结合某个具体的算法(如 FCMF),说明目标方和辅助方的参数更新顺序是怎样的。

10. 请想一想,有没有一个较为通用的跨组织建模方式,可以用于将基于矩阵分解和基于深度学习等的推荐算法进行联邦化。

11. 查阅现有的开源联邦学习软件,总结它们的异同点(例如采用的安全技术、集成的模型等)。

12. 选择一款开源联邦学习软件(例如企业级联邦学习平台 FATE),并基于此软件设计一个面向跨组织联邦推荐场景的推荐算法。

第11章

总结与展望

11.1 总结

在第1章，首先介绍了智能推荐技术的重要应用价值，以及从“行为”到“偏好”再到“推荐”的基本流程。其次，阐述了对用户行为数据进行建模的重要性，并介绍了显式反馈、隐式反馈、异构反馈和序列反馈等不同类型的用户反馈和行为，以及不同方面、不同粒度、不同模态和不同领域的行为。接着，从推荐算法的输入和输出的视角将已有的推荐问题分为五类：①单行为推荐，包括基于显式反馈的评分预测（又称为协同过滤，CF）、基于显式反馈的物品排序（又称为协同排序，CR）和基于隐式反馈的物品排序（又称为单类协同过滤，OCCF）；②多行为推荐，包括基于异构反馈的评分预测（又称为异构协同过滤，HCF）和基于异构反馈的物品排序（通常是指异构单类协同过滤，HOCCF）；③序列推荐，包括单行为序列推荐（又称为序列单类协同过滤，SOCCF）和多行为序列推荐（又称为序列异构单类协同过滤，SHOCCF）；④联邦推荐，包括跨用户联邦推荐（CUFR）和跨组织联邦推荐（COFR）；⑤多源数据推荐。最后，介绍了相关的数学基础知识、常用的数据集和验证方法、面向评分预测和面向物品排序的评价指标以及主流的深度学习平台。需要说明的是，第2～10章正是按照上述前四类问题（共计9个具体问题）来组织的，它们之间的关系如图11-1所示。注意，针对不同问题的推荐技术往往具有一定的共性，例如，不少章节都包括基于邻域的方法、基于矩阵分解的方法和基于深度学习的方法等推荐系统领域比较主要的三大类方法。

第2章介绍了面向协同过滤（CF）问题的方法，介绍了非常基础的基于均值填充的方法、经典的基于邻域的方法和基于矩阵分解的方法以及近年来备受关注的基于深度学习的方法。CF问题在推荐系统发展之初就受到广泛研究，并且一直有新的方法被提出，以

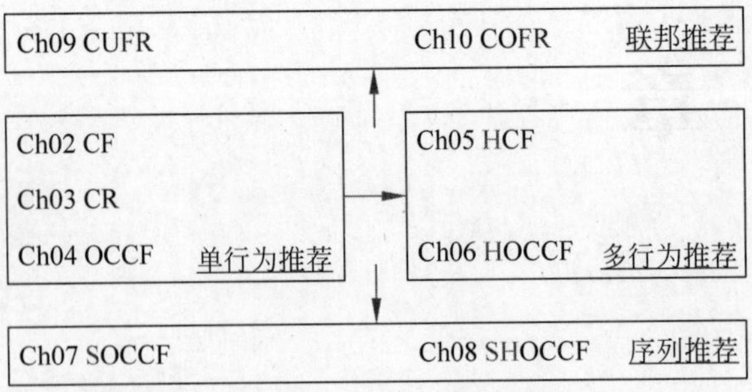

图 11-1 不同推荐问题之间的关系(红色箭头表示扩展到多种行为,蓝色箭头表示引入序列信息,紫色箭头表示考虑用户隐私和数据安全)(见彩插)

矩阵分解为例,研究内容从用户潜在特征向量和物品潜在特征向量的内积,到引入用户偏置和物品偏置,以及偏好上下文和时间上下文[1],再到较为通用的分解机模型[2-4]等。为了获得更高的准确率,不同方法之间的互补性也曾引起人们的关注,例如,在 Netflix 百万美元竞赛期间(2006 年 10 月—2009 年 7 月),参赛者设计了基于残差(residual)的方法,用于将不同的评分预测方法进行组合[5],其效果往往比混合协同过滤方法[6]要好。随着深度学习技术在推荐方法设计中的不断应用,人们开始尝试捕捉非线性特征[7],以进一步提高评分预测的准确率。此外,也有研究人员尝试消除评分数据中的噪声(noise)和偏置(bias)[8],以更加准确地学习用户的偏好。近年来,也有学者在保护用户隐私和数据安全的背景下设计基于联邦学习的协同过滤算法[9]。

第 3 章介绍了面向协同排序(CR)问题的推荐方法,重点介绍了三个不同的用于建模评分数据的视角和相应的推荐方法,包括分步的粗精迁移排序(CoFiToR)、结合多类偏好信息的上下文感知协同排序(CCR)和单步的整全迁移排序(HoToR)。需要注意的是,关于面向排序任务的评分数据建模,以往的方法大多没有利用未观测到的(用户,物品)对,而这对排序效果的提升是非常重要的,也值得在后续的算法设计中留意。此外,从介绍的三个推荐方法可知,如何从新的有效的视角来看待(用户,物品)评分矩阵,对算法的设计至关重要,这对面向其他问题的研究也有一定的参考价值。在实际应用中,如果缺少用户的原始评分数据,可以考虑从浏览次数、停留时长等日志数据中估计用户的绝对评分或相对评分,再设计相应的算法。

第 4 章介绍了面向单类协同过滤(OCCF)问题的推荐方法。除了最基本的基于热度的方法,与第 2 章类似,介绍了基于邻域的方法、基于矩阵分解的方法和基于深度学习的方法。关于基于矩阵分解的方法,有一些比较关键的概念需要留意,例如,偏好假设、学习的相似度、损失函数和全量物品(又称为非采样方式)等。关于基于深度学习的方法,我们重点介绍了三个近年来备受关注的方法,包括基于 MLP 的神经矩阵分解(NeuMF)、基于自编码器的协同降噪自编码器(CDAE)和多项式变分自编码器(Mult-VAE)。因为用户单类反馈的普遍性,近年来,OCCF 问题受到了较为广泛的关注,基于深度学习的方法也层出不穷[10-11]。不同的方法往往各有优点,例如,有的方法对活跃用户较为有效,有的方法对较大规模的(用户,物品)矩阵较为有效等。因此,研究不同方法之间的互补性和设计更加鲁棒的方法也是非常有意义的。此外,也有研究人员尝试从跨学科的角度开展创新性研究，例如，从经济学的角度发现并利用物品之间的互补性关系[12]，从信息论的角度消除单类反馈数据中普遍存在的偏置[13]等。

第5章介绍了面向异构协同过滤(HCF)问题的推荐方法，重点介绍了两个基于迁移学习的方法，包括迁移共同分解(TCF)和偏好感知迁移(PAT)。在TCF中，我们重点围绕"what to transfer"(迁移的知识)和"how to transfer"(迁移的方式)这两个基本问题进行介绍。关于第一个问题，在TCF中详细介绍了共享的用户潜在特征向量和物品潜在特征向量，以及不参与共享的内部矩阵；关于第二个问题，介绍了TCF的两个变体，它们都属于共同迁移的方式，包括共同矩阵三分解(CMTF)和共同奇异值分解(CSVD)。在PAT中，重点围绕迁移学习中的模块化设计思想，分析了不同模块的作用，以及与已有方法的关系。关于HCF问题的建模，可以看到，从迁移学习的视角对用户的异构行为数据进行建模是一个非常值得尝试的思路，其通常会将数据分为两部分，包括目标数据和辅助数据，重点是从两份数据中共享尽可能多的知识，以提高在目标数据上的建模效果。需要说明的是，从迁移学习的角度来说，还有一个非常基础性的问题值得关注，即"when to transfer"(迁移的时机)[14]或如何避免负迁移(negative transfer)[15]，其重点关注在什么样的场景中应用知识迁移会更加有效。

第6章介绍了面向异构单类协同过滤(HOCCF)问题的推荐方法。重点介绍了基于全量的浏览数据增强的最小二乘(VALS)、模拟购物流程的基于角色的迁移排序(RoToR)和基于关系的高效异构协同过滤(EHCF)。此外，还简要介绍了基于矩阵分解的方法、基于迁移学习的方法和基于深度学习的方法。与OCCF问题相比，在HOCCF问题中，需要重点关注如何联合建模不同类型的单类反馈，特别是不同反馈之间的差异和相互关系，而这一问题在单类反馈的类型较多时显得尤为重要。值得关注的是，在很多HOCCF算法中，可以看到OCCF算法的影子，也就是说，有些研究人员是通过扩展OCCF算法来设计HOCCF算法的，这给了一个设计算法的思路，同时也带来一个挑战，即如何设计一个全新的面向HOCCF问题的算法。需要说明的是，在推荐系统领域，多行为推荐(multi-behavior recommendation)有时特指对包含多种单类反馈的HOCCF问题进行建模[16]。此外，也有研究人员尝试从一个特别的角度扩展OCCF算法，用于联合建模一个规模较小的无偏的单类反馈数据和一个规模较大的有偏的单类反馈数据，以缓解有偏数据中偏置的影响[17]，这一问题与HOCCF问题较为接近。

第7章介绍了面向序列单类协同过滤(SOCCF)问题的推荐方法。重点介绍了基于邻域的方法(如双向相似度BIS)、基于分解的方法(如分解的个性化马尔可夫链FPMC、结合物品相似度的分解序列预测Fossil和基于平移的推荐TransRec)以及基于深度学习的方法(如基于GRU的序列推荐GUR4Rec、基于卷积序列嵌入的推荐Caser和基于自注意力机制的序列推荐SASRec)。SOCCF问题是在OCCF问题的基础上增加了"有序性"这一维度，因此在SOCCF问题中，我们需要重点关注用户兴趣的动态性，特别是用户的长期偏好和短期偏好[18]等。为了更好地捕捉用户的动态偏好，当有物品类别等其他信息可用时，如何进行建模也是非常值得研究的。此外，基于深度学习的序列推荐方法大多是在自然语言处理技术(如RNN)或计算机视觉技术(如CNN)的基础上设计的，但是用户行为序列本身具有一定的独特之处，例如，物品序列与单词序列中的前后依赖关系以及这两种序列的个性化程度是不同的，因此，如何设计针对用户行为序列的全新的序列建模方法也是非常值得研究的。

第 8 章介绍了面向序列异构单类协同过滤(SHOCCF)问题的推荐方法，详细介绍了多个基于循环神经网络的方法和基于图神经网络的方法。与 HOCCF 问题和 SOCCF 问题相比，在 SHOCCF 问题中，除了关注用户兴趣的动态性和用户行为的异构性之外，我们需要重点关注如何在序列中对用户行为类型及其关系进行建模。可以看到，已有的方法较少对行为之间的关系进行建模，这是一个非常值得关注的点。相比于第 2～7 章的问题，SHOCCF 问题是一个较新的问题，已有的方法对用户行为类型的建模相对较为简单，但问题本身又与电商、资讯等应用场景密切相关，因此，非常值得深入研究。此外，也有研究人员将来自不同但相关的领域的序列反馈从跨领域知识迁移的角度进行联合建模[19-21]，用于帮助目标领域中的用户偏好学习和物品推荐。这一问题与 SHOCCF 问题非常相似，主要区别是某一类型的行为只作用于特定领域的物品(例如观看行为作用于短视频、点击行为作用于商品等)。

第 9 章介绍了面向跨用户联邦推荐(CUFR)问题的方法。重点介绍了面向评分预测的方法和面向物品排序的方法。首先，针对评分预测问题，介绍了兼顾隐私保护和预测准确率的 FedRec 算法和 FedRec++算法，两者通过虚拟物品来保护用户的隐私(即用户评过哪些物品和评了多少分)，后者进一步通过去噪客户端使得算法在推荐效果方面是无损的。此外，还介绍了兼顾隐私保护和通讯效率的 SFSL 算法，其通过子模型的方式来降低通讯成本。其次，针对物品排序问题，介绍了基于矩阵分解的 FCF 算法和基于邻域的 P-IOCCF 算法，两者都是将已有的面向 OCCF 问题的算法扩展为联邦学习版本。值得注意的是，虽然深度学习在序列推荐等问题上取得了很好的效果，但在隐私保护和联邦推荐范式方面，基于深度学习的推荐算法还较少，因此，如何设计联邦深度推荐方法是一个非常值得探索的方向。此外，还可以考虑将第 2～8 章中介绍的方法在联邦学习范式中重新审视[22]，研究如何在联合建模不同用户的行为数据时，有效保护用户隐私，并兼顾通信成本等因素。

第 10 章介绍了面向跨组织联邦推荐(COFR)问题的方法，重点介绍了与共同矩阵分解(CMF)相关的两个方法，即联邦矩阵分解(FedMF)和联邦共同矩阵分解(FCMF)。当需要对来自两个或多个不同组织的数据进行联合建模时，如何在保护数据安全(即数据不离开本地)的前提下，对已有的基于迁移学习的推荐算法(又称为跨域推荐算法)进行扩展，是一个非常值得研究的问题。需要说明的是，在一个真实的应用中，迁移学习[23]与联邦学习[24]通常是紧密相关的，例如，当用户行为数据较为稀疏时，我们需要从其他数据迁移知识，而这很可能会涉及用户隐私和数据安全等方面的问题，因此，很多时候我们需要设计同时基于迁移学习和联邦学习的方法。此外，结合第 9 章的跨用户联邦推荐，设计同时面向跨组织和跨用户的双跨联邦推荐(DCFR)问题的方法在现实中也是具有非常广泛的应用需求的。同时，在联邦学习中较为关注的激励机制等问题[25]，在联邦推荐技术的设计中也值得深入研究。最后，包括微众银行自主研发的企业级联邦学习平台 FATE (Federated AI Technology Enabler)在内的开源软件，也非常值得联邦推荐技术的研究者和实践者关注。

11.2　展望

自20世纪90年代初至今，智能推荐技术在学术界和工业界受到了非常广泛的关注，已成为信息检索领域最活跃的研究方向之一，也是工业界众多在线系统中的一个必备模块。智能推荐技术在工业界的广泛应用和部署至少有以下两方面的原因。首先，它与企业关注的关键绩效指标（key performance indicators，KPI）直接相关，例如电商平台上的商品销售量、资讯平台上的新闻阅读量等。其次，它与用户的满意度和活跃度直接相关，而日均或月均活跃用户数量会在很大程度上影响一个平台的发展前景。

关于智能推荐技术的未来发展方向，至少有以下三个重要因素值得我们关注：①用户，即用户想要什么样的推荐技术（目标）；②场景，即在什么样的场景中部署推荐技术（问题）；③技术，即通过什么样的技术实现场景建模和满足用户需求。三者的关系如图11-2所示。

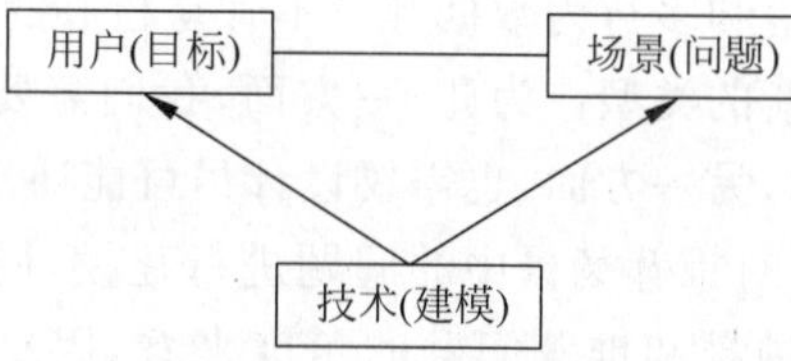

图11-2　用户、场景和技术之间的关系（用户与场景密切相关，用户决定目标，场景决定问题，技术支撑问题建模和目标优化）

推荐系统是一个用户在环（user-in-the-loop，UIL）的典型例子，在智能推荐技术的研究中，紧紧围绕用户需求是一个非常值得关注的思路。通常，一个用户会关心以下几方面：①推荐结果是否有用（utility），包括准确率、多样性、新颖度、惊喜度等；②推荐结果是否公平和值得信赖（trust）[26]，这与结果和方法的可理解性密切相关；③当用户的兴趣和部署的场景发生变化或用户的行为受到一些外在因素影响时，推荐结果是否具有较好的鲁棒性（robustness），这与迁移学习和模型的适应性密切相关；④系统和算法有没有滥用个人隐私（privacy）[27]，这与联邦学习和隐私安全计算密切相关。首先，关于推荐结果的有用性。大部分已有的推荐方法主要关注准确率的提高，关于多样性、新颖度、惊喜度等指标优化的研究受到实验数据等的限制在学术界相对较少。然而，这在有些场景中是非常重要的，例如，如果在新闻推荐中只关注准确率很可能会出现信息茧房（information cocoons）现象，并最终导致用户流失。其次，关于推荐结果的容易理解和值得信赖。这是推荐系统生态健康发展亟待解决的问题，特别是在出现“杀熟”等恶劣事件之后，人们对推荐技术的信任度有一定的下降。再次，关于推荐结果的鲁棒性。由于推荐场景的多样性、用户兴趣的动态性和干扰因素的普遍性，设计具有较高鲁棒性的推荐技术是一个非常值得研究的问题。例如，一个企业的智能推荐团队可能需要维护数十个推荐场景（以及不断调整的场景设置和新出现的场景），如果为每个场景定制一套特别的推荐技术解决方案，在开发和维护成本方面几乎是不可能的，因此需要设计具有较好的通用性和鲁棒性的推荐技术。同时，面对不同类型的用户群体以及不断变化的用户兴趣，需要开发一套具有自适应能力的推荐系统和技术，以更好地满足用户需求。此外，在用户与系统的交互过程中，用户的行为往往会受到多方面噪声和偏置的影响，如何消除这些影响也是需要在算法设计中考虑的。最后，关于用户隐私保护。随着用户隐私保护意识的增强和相关法律法规的不断完善，数据安全和用户隐私越来越被重视，收集用户数据的难度也越来越大。因此，在未来，推荐模型的构建可能会面临较大的限制，例如，服务器可能很难直接收集用户的行为数据，不同用户之间也不能直接共享敏感信息等。

推荐场景在很大程度上决定了推荐问题(problem)的定义，特别是在偏好学习中可以使用的数据(data)，包括数据的形式、规模和时效等。在本书中，第 2～10 章的内容就是按照不同的具体问题来组织的。在未来的推荐场景中，很可能会出现点击、浏览、购买、评分等常见反馈之外的新的行为类型，也很可能会出现用户画像、物品描述、社交网络、知识图谱等常见数据以外的信息，每一种新的数据类型的出现，通常意味着新的问题和新的技术需求的出现。因此，与机器学习中的有监督学习、无监督学习和半监督学习等不同，在推荐系统领域，新的场景设置和问题定义会层出不穷，例如，从早期的评分数据，到后来的上下文信息，再到知识图谱和多行为数据等。不管是核心的行为数据，还是其他的辅助信息，都会源源不断地出现新的类型。为此，一方面，我们需要针对特定的新的应用场景和问题改进已有的推荐技术，另一方面，也需要设计尽可能通用的推荐技术。

推荐技术的主要目的是对推荐场景中的问题进行建模，同时优化特定目标和满足用户需求。具体来说，从推荐场景和推荐问题的角度来看，用户行为等数据中存在着大规模、稀疏性、异构性、不平衡性、动态性和关联性等挑战；从用户需求的角度来看，建模时面临着多目标效用函数的联合优化、推荐结果的可理解性、推荐方法的鲁棒性和推荐技术的隐私敏感性等挑战。最后，需要特别强调的是，正是由于可能涉及隐私、权益和安全等很多方面的问题，推荐技术的设计、开发和部署必须遵守有关法律法规，这也给技术创新带来了新的机遇和挑战。

综上所述，从用户、场景和技术这三个维度来看，智能推荐技术的发展充满机遇与挑战，值得关注，也值得期待。

11.3 参考文献

[1] KOREN Y. Collaborative filtering with temporal dynamics [J]. Communications of the ACM, 2010,53(4): 89-97.

[2] RENDLE S. Factorization machines with libFM [J]. ACM Transactions on Intelligent Systems and Technology, 2012, 3(3): 57: 1-57: 22.

[3] 赵衎衎，张良富，张静，等. 因子分解机模型研究综述[J]. 软件学报，2019，30(3)：799-821.

[4] 燕彩蓉，周灵杰，张青龙，等. 因子分解机模型的宽度和深度扩展研究[J]. 软件学报，2019，30(3)：822-844.

[5] JAHRER M, TÖSCHER A, LEGENSTEIN R. Combining predictions for accurate recommender systems [C]//RAO B, KRISHNAPURAM B, TOMKINS A, et al. Proceedings of the 16th ACM SIGKDD International Conference on Knowledge Discovery and Data Mining (KDD'10), New York: ACM, 2010: 693-702.

[6] JANNACH D, ZANKER M, FELFERNIG A, et al. Recommender systems: An introduction [M]. Cambridge: Cambridge University Press, 2010.

[7] 葛尧,陈松灿. 面向推荐系统的图卷积网络[J]. 软件学报,2020,31(4): 1101-1112.

[8] STECK H. Training and testing of recommender systems on data missing not at random [C]// RAO B, KRISHNAPURAM B, TOMKINS A, et al. Proceedings of the 16th ACM SIGKDD International Conference on Knowledge Discovery and Data Mining (KDD'10), New York: ACM, 2010: 713-722.

[9] LIANG F, PAN W, MING Z. FedRec++: Lossless federated recommendation with explicit feedback [C]//Proceedings of the 35th AAAI Conference on Artificial Intelligence (AAAI'21). Palo Alto: AAAI Press, 2021: 4224-4231.

[10] HE X, DENG K, WANG X, et al. LightGCN: Simplifying and powering graph convolution network for recommendation [C]//HUANG J, CHANG Y, CHENG X, et al. Proceedings of the 43rd International ACM SIGIR Conference on Research and Development in Information Retrieval (SIGIR'20), New York: ACM, 2020: 639-648.

[11] 孙肖依,刘华锋,景丽萍,等. 基于列表级排序的深度生成推荐方法[J]. 计算机研究与发展,2020,57(8): 1697-1706.

[12] 邵英玮,张敏,马为之,等. 融合商品潜在互补性发现的个性化推荐方法[J]. 软件学报,2020,31(4): 1090-1100.

[13] LIU D, CHENG P, ZHU H, et al. Mitigating confounding bias in recommendation via information bottleneck [C]//CORONA H, LARSON M, WILLEMSEN M, et al. Proceedings of the 15th ACM Conference on Recommender Systems (RecSys'21), New York: ACM, 2021: 351-360.

[14] PAN S, YANG Q. A survey on transfer learning [J]. IEEE Transactions on Knowledge and Data Engineering, 2010, 22(10): 1345-1359.

[15] ZHUANG F, QI Z, DUAN K, et al. A comprehensive survey on transfer learning [J]. Proceedings of IEEE, 2021, 109(1): 43-76.

[16] JIN B, GAO C, HE X, et al. Multi-behavior recommendation with graph convolutional networks [C]//HUANG J, CHANG Y, CHENG X, et al. Proceedings of the 43rd International ACM SIGIR Conference on Research and Development in Information Retrieval (SIGIR'20), New York: ACM, 2020: 659-668.

[17] 林子楠,刘杜钢,潘微科,等. 面向推荐系统中有偏和无偏一元反馈建模的三任务变分自编码器[J]. 信息安全学报. 2021,6(5): 110-127.

[18] 王鸿伟,过敏意. 刻画长短期用户兴趣的基于会话的推荐系统[J]. 中国科学: 信息科学,2020,50(12): 1867-1881.

[19] LEI C, LIU Y, ZHANG L, et al. SEMI: A sequential multi-modal information transfer network for E-commerce micro-video recommendations [C]//ZHU F, OOI B, MIAO C. Proceedings of the 27th ACM SIGKDD Conference on Knowledge Discovery and Data Mining (KDD'21), New York: ACM, 2021: 3161-3171.

[20] GUO L, TANG L, CHEN T, et al. DA-GCN: A domain-aware attentive graph convolution network for shared-account cross-domain sequential recommendation [C]//ZHOU Z. Proceedings of the 30th International Joint Conference on Artificial Intelligence (IJCAI'21), ijcai. org, 2021: 2483-2489.

[21] 郭磊,李秋菊,刘方爱,等. 基于自注意力网络的共享账户跨域序列推荐[J]. 计算机研究与发展,2021,58(11): 2524-2537.

[22] LIN Z, PAN W, MING Z. FR-FMSS: Federated recommendation via fake marks and secret

sharing [C]//CORONA H,LARSON M,WILLEMSEN M,et al. Proceedings of the 15th ACM Conference on Recommender Systems (RecSys'21),New York: ACM,2021: 736-740.
[23] YANG Q,ZHANG Y,DAI W,et al. Transfer learning [M]. Cambridge: Cambridge University Press,2020.
[24] YANG Q, LIU Y, CHENG Y, et al. Federated learning. San Rafael: Morgan & Claypool Publishers,2019.
[25] YANG Q,FAN L,YU H. Federated learning: Privacy and incentive [M]. Switzerland: Springer International Publishing,2020.
[26] 刘文炎,沈楚云,王祥丰,等.可信机器学习的公平性综述[J].软件学报,2021,32(5):1404-1426.
[27] 周俊,董晓蕾,曹珍富.推荐系统的隐私保护研究进展[J].计算机研究与发展,2019,56(10):2033-2048.

11.4 习题

1. 请查阅文献,并分析为何使用基于残差的方式来结合基于邻域的协同过滤方法和基于矩阵分解的协同过滤方法比简单的混合协同过滤方法(如线性相加)会更加有效。

2. 请谈谈什么样的推荐技术和推荐结果才能赢得用户的信赖。

3. 请结合电商等实际例子,分析哪些数据是平台必须收集的,哪些数据是平台在征得用户同意后才能收集的。

4. 请想一想,有没有可能出现一个通用的适用于大多数场景的推荐方法?

5. 查阅有关推荐系统和技术方面的法律法规,总结在推荐技术的设计、开发和部署中需要注意的地方。

附录A

学术期刊论文数量统计

部分知名学术期刊及近几年在这些期刊上发表的智能推荐技术方面的论文的数量（初步统计，截至2021年7月13日）

http://csse.szu.edu.cn/staff/panwk/recommendation/journals.html

ACM Transactions on Interactive Intelligent Systems(ACM TiiS)
https://dl.acm.org/journal/tiis/
http://www.informatik.uni-trier.de/~ley/db/journals/tiis/
2016(6),2017(3),2018(0),2019(3),2020(4),2021(2)

ACM Transactions on Intelligent Systems and Technology(ACM TIST)
https://dl.acm.org/journal/tist/
http://dblp.uni-trier.de/db/journals/tist/
2016(10),2017(6),2018(3),2019(5),2020(9),2021(3)

ACM Transactions on Knowledge Discovery from Data(ACM TKDD)
https://dl.acm.org/journal/tkdd/
http://www.informatik.uni-trier.de/~ley/db/journals/tkdd/
2016(4),2017(3),2018(6),2019(3),2020(5),2021(4)

ACM Transactions on Management Information Systems(ACM TMIS)
https://dl.acm.org/journal/tmis/
http://www.informatik.uni-trier.de/~ley/db/journals/tmis/
2016(1),2017(0),2018(2),2019(1),2020(2),2021(0)

ACM Transactions on Information Systems(ACM TOIS)
https://dl.acm.org/journal/tois
http://www.informatik.uni-trier.de/~ley/db/journals/tois/
2016(4),2017(8),2018(5),2019(20),2020(14),2021(5)

ACM Transactions on Internet Technology(ACM TOIT)
https://dl.acm.org/journal/toit/
http://dblp.uni-trier.de/db/journals/toit/index.html
2016(2),2017(1),2018(2),2019(1),2020(3),2021(1)

ACM Transactions on the Web(ACM TWEB)
https://dl.acm.org/journal/tweb/
http://www.informatik.uni-trier.de/~ley/db/journals/tweb
2016(2),2017(1),2018(2),2019(1),2020(3),2021(1)

IEEE Transactions on Big Data(IEEE TBD)
https://www.computer.org/csdl/journal/bd/
http://dblp2.uni-trier.de/db/journals/tbd/
2016(3),2017(2),2018(1),2019(1),2020(2),2021(1)

IEEE Transactions on Cybernetics(IEEE TCYB)
https://ieeexplore.ieee.org/xpl/RecentIssue.jsp?punumber=6221036
http://dblp.uni-trier.de/db/journals/tcyb/index.html
2016(0),2017(2),2018(0),2019(5),2020(3),2021(0)

IEEE Transactions on Knowledge and Data Engineering(IEEE TKDE)
https://ieeexplore.ieee.org/xpl/RecentIssue.jsp?punumber=69
http://www.informatik.uni-trier.de/~ley/db/journals/tkde/index.html
2016(12),2017(8),2018(10),2019(9),2020(19),2021(22)

IEEE Transactions on Multimedia(IEEE TMM)
https://signalprocessingsociety.org/publications-resources/ieee-transactions-multimedia/
http://dblp.uni-trier.de/db/journals/tmm/index.html
2016(4),2017(7),2018(5),2019(4),2020(4),2021(3)

IEEE Transactions on Pattern Analysis and Machine Intelligence(IEEE TPAMI)
https://www.computer.org/csdl/journal/tp/
http://www.informatik.uni-trier.de/~ley/db/journals/pami/
2016(0),2017(2),2018(0),2019(0),2020(1),2021(0)

附录B

学术会议论文数量统计

部分知名学术会议及近几年在这些会议上发表的智能推荐技术方面的论文的数量（初步统计，截至2021年7月13日）

ACM International Conference on Web Search and Data Mining (WSDM)
https://www.wsdm-conference.org/
2018(13),2019(23),2020(23),2021(38)

AAAI Conference on Artificial Intelligence(AAAI)
https://www.aaai.org/Conferences/AAAI/aaai.php
2018(15),2019(33),2020(27),2021(33)

The Web Conference(WWW)
https://thewebconf.org/
2018(15),2019(39),2020(31),2021(56)

International Joint Conference on Artificial Intelligence(IJCAI)
https://www.ijcai.org/
2018(24),2019(49),2020(19),2021(18)

ACM SIGKDD International Conference on Knowledge Discovery and Data Mining (KDD)
https://kdd.org/

2018(22),2019(41),2020(30),2021(39)

ACM SIGIR Conference on Research and Development in Information Retrieval (SIGIR)

https://dl.acm.org/sig/sigir/

2018(30),2019(31),2020(88),2021(67)

ACM Conference on Recommender Systems(RecSys)

https://recsys.acm.org/

2018(78),2019(76),2020(57),2021(54+)

附录 C

推荐系统国际会议研究话题

推荐系统国际会议(ACM RecSys)2007—2021 年历年的征文通知(Call For Papers)中的研究话题,大致包括实践应用、问题设置、算法研究和用户研究四方面,如图 C-1～图 C-4 所示。我们从中可以看到研究话题的历史变迁,特别是近几年新出现的话题,如经济、偏置、跨域和创新交互等。

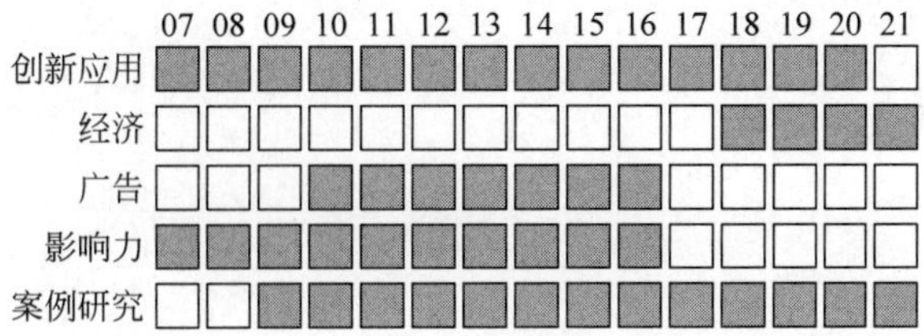

图 C-1 实践应用方面的研究话题的出现情况(见彩插)

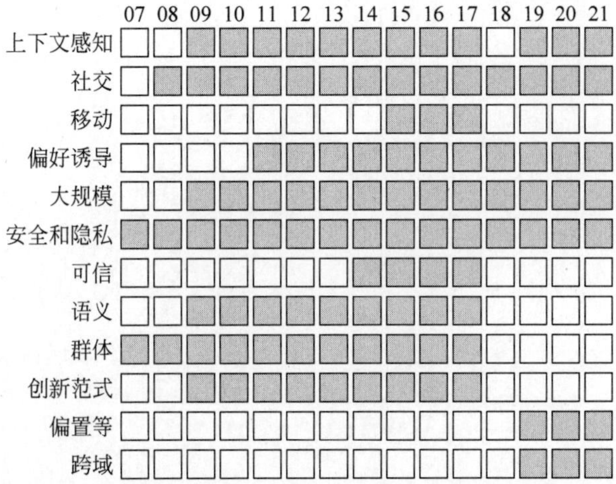

图 C-2 问题设置方面的研究话题的出现情况(见彩插)

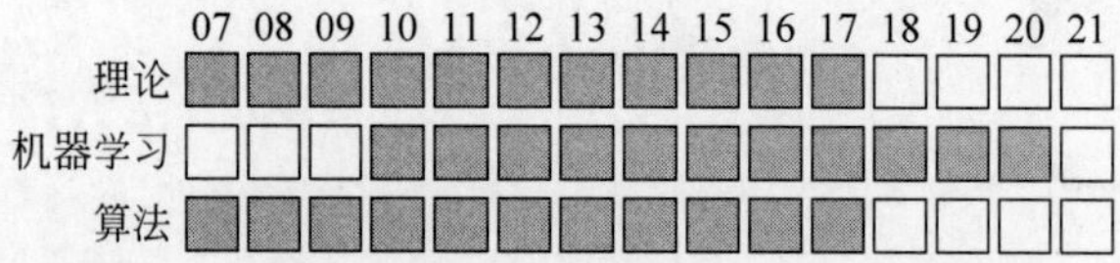

图 C-3 算法研究方面的研究话题的出现情况(见彩插)

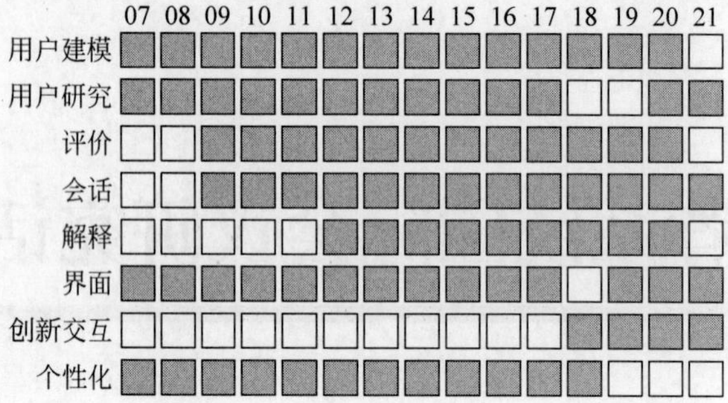

图 C-4 用户研究方面的研究话题的出现情况(见彩插)

附录D

推荐系统国际会议研讨会主题

推荐系统国际会议(ACM RecSys)2007—2021 年历年的研讨会(workshop)主题,大致包括实践应用、问题设置、算法研究和用户研究四方面,如图 D-1～图 D-4 所示。我们从中可以看到研讨会主题的历史变迁,特别是近几年新出现的主题,如播客、时尚与零售、跨市场、多目标、图神经网络和不良信息等。

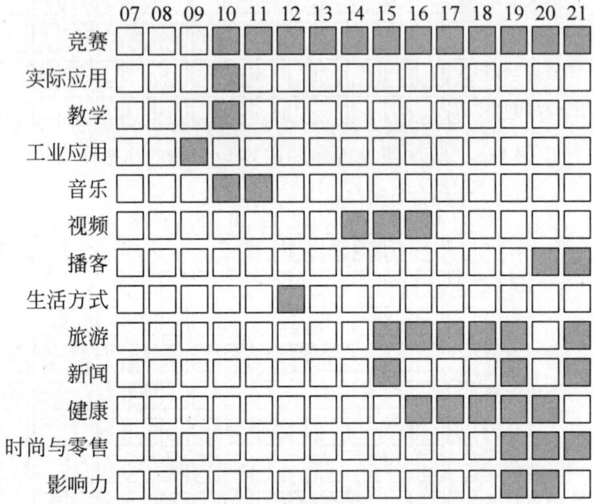

图 D-1　实践应用方面的研讨会主题的出现情况

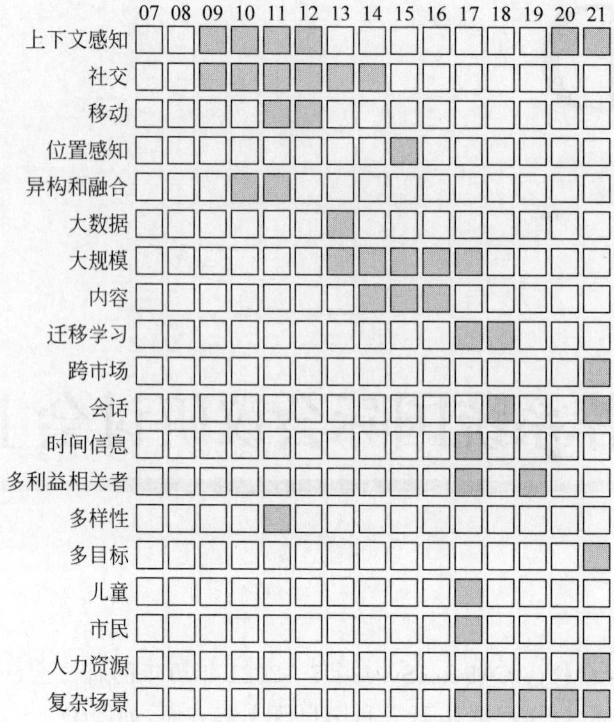

图 D-2　问题设置方面的研讨会主题的出现情况

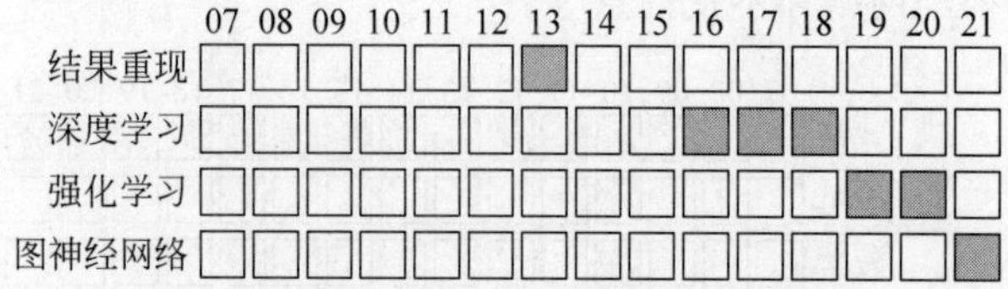

图 D-3　算法研究方面的研讨会主题的出现情况

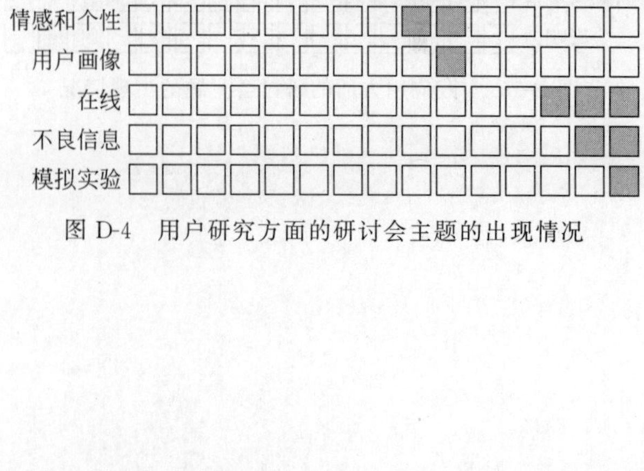

图 D-4　用户研究方面的研讨会主题的出现情况

附录E

中英文术语对照表

A

adaptive gradient (AdaGrad)	自适应梯度
add-to-cart	加入购物车
alternating least squares (ALS)	交替最小二乘
area under the curve (AUC)	曲线下面积
association rule mining	关联规则挖掘
attention mechanism	注意力机制
autoencoder	自编码器
AutoRec	基于自编码器的推荐模型
auxiliary data	辅助数据
average filling (AF)	均值填充
average relative position (ARP)	平均相对位置

B

back propagation through time (BPTT)	随时间反向传播
backpropagation	反向传播
batch gradient descent (BGD)	批量梯度下降
batch size	批大小
Bayesian personalized ranking (BPR)	贝叶斯个性化排序
behavior-intensive neural network (BINN)	行为密集型神经网络
Behavior-LSTM	行为感知长短期记忆网络

Bernoulli distribution	伯努利分布
bias	偏置/偏差
bidirectional encoder representations from Transformers (BERT)	基于 Transformer 的双向编码器表示
bidirectional item similarity (BIS)	双向物品相似度
binary rating	二值评分
bipartite graph	二部图
Bloom filter	布隆过滤器
browse/view/examination	浏览

C

click	点击
click-through rate (CTR)	点击率/点击通过率
client	客户端
coarse-to-fine transfer to rank (CoFiToR)	粗精迁移排序
cold-start	冷启动
collaborative denoising auto-encoders (CDAE)	协同降噪自编码器
collaborative filtering (CF)	协同过滤
collaborative ranking (CR)	协同排序
collect/favorite	收藏
collective intelligence	集体智慧
collective matrix factorization (CMF)	共同矩阵分解
collective matrix tri-factorization (CMTF)	共同矩阵三分解
collective Singular value decomposition (CSVD)	共同奇异值分解
concatenate	(向量) 拼接
conditional probability	条件概率
context-aware collaborative ranking (CCR)	上下文感知协同排序
context-aware LSTM (CLSTM)	上下文感知长短期记忆网络
contrastive divergence	对比散度
convolution filter	卷积滤波器
convolutional neural network (CNN)	卷积神经网络
convolutional sequence embedding recommendation (Caser)	基于卷积序列嵌入的推荐
cosine similarity (CS)	余弦相似度
cosine similarity with inverse user frequency	逆用户频率的余弦相似度
cosine similarity with penalty on popular item	惩罚流行物品的余弦相似度
cross validation	交叉验证
cross-entropy	交叉熵

cross-organization federated recommendation (COFR)	跨组织联邦推荐
cross-user federated recommendation (CUFR)	跨用户联邦推荐

D

data security	数据安全
decentralized matrix factorization (DMF)	去中心化矩阵分解
decoder	解码器
deep feedback network (DFN)	深度反馈网络
deep learning	深度学习
deep multifaceted Transformers (DMT)	深度多方面 Transformers
differential privacy (DP)	差分隐私
dilated convolutional neural network (DCNN)	空洞卷积神经网络
discriminative model	判别模型
dual-cross federated recommendation (DCFR)	双跨联邦推荐

E

efficient heterogeneous collaborative filtering (EHCF)	高效异构协同过滤
element-wise alternating least squares (eALS)	逐元素更新最小二乘
embedding	嵌入(向量)
encoder	编码器
ensemble learning	集成学习

F

factored item similarity models (FISM)	分解的物品相似度模型
factorization machine	分解机
factorized sequential prediction with item similarity models (Fossil)	结合物品相似度模型的分解序列预测
factorizing personalized Markov chains (FPMC)	分解的个性化马尔可夫链
feature engineering	特征工程
federated collaborative filtering (FCF)	联邦协同过滤
federated collective matrix factorization (FCMF)	联邦共同矩阵分解
federated learning	联邦学习
federated matrix factorization (FedMF)	联邦矩阵分解
federated recommendation (FR)	联邦推荐
feedforward layer	前馈层
filter	滤波器
fully connected layer	全连接层

fusing item similarity models with self-attention networks (FISSA)	融合物品相似度模型与自注意力网络的序列推荐

G

gated GNN (GGNN)	门控图神经网络
gated recurrent unit (GRU)	门控循环单元
general data protection regulation (GDPR)	通用数据保护条例
generative model	生成模型
graph contextualized self-attention network (GC-SAN)	图上下文自注意力网络
graph neural network (GNN)	图神经网络
Grassmann manifold gradient descent	格拉斯曼流形梯度下降
GRU4Rec	基于 GRU 的序列推荐模型

H

Hadamard product/element-wise product	Hadamard 积/(向量或矩阵中)逐元素相乘
heterogeneous collaborative filtering (HCF)	异构协同过滤
heterogeneous feedback	异构反馈
heterogeneous implicit feedback	异构隐式反馈
heterogeneous information network (HIN)	异构信息网络
hidden layer	隐藏层
hidden state	隐藏状态
hidden unit	隐藏单元
hierarchical user profiling (HUP)	分层用户画像模型
holistic transfer to rank (HoToR)	整全迁移排序
homomorphic encryption (HE)	同态加密
horizontal pairwise preference assumption	横向成对偏好假设
hybrid collaborative filtering	混合协同过滤
hybrid filling (HF)	混合填充

I

implicit feedback	隐式反馈
information cocoons	信息茧房
information overload	信息过载
inner product/scalar product/dot product	内积/数量积/点积
input layer	输入层
interaction-rich transfer by collective factorization (iTCF)	富交互迁移共同分解
item	物品

item-based collaborative filtering (ICF)	基于物品的协同过滤
item-based one-class collaborative filtering (IOCCF)	基于物品的单类协同过滤
item-specific latent feature vector	物品潜在特征向量

J

Jaccard index	杰卡德指数

K

knowledge	知识
knowledge graph	知识图谱

L

Laplace noise	拉普拉斯噪声
latent Dirichlet allocation (LDA)	潜在狄利克雷分配
learned similarity	学习的相似度
leave-one-out	留一法
likelihood	似然
linear compact operator	线性紧算子
listwise collaborative filtering (listCF)	成列协同过滤模型
listwise loss function	成列损失函数
listwise preference assumption	成列偏好假设
local collaborative ranking (LCR)	局部协同排序模型
locality-sensitive hashing (LSH)	局部敏感哈希
log-bilinear (LBL)	对数双线性
logistic loss	对数几率损失
log-likelihood	对数似然
long short-term memory (LSTM) network	长短期记忆网络
loss function	损失函数
low-value injection (l-Injection)	低值注入模型

M

margin loss	边界损失
marginal probability	边缘概率
Markov chains	马尔可夫链
mask	掩码
matrix factorization (MF)	矩阵分解
matrix factorization with multiclass preference context (MF-MPC)	结合多类偏好上下文的矩阵分解
max pooling	最大池化

mean absolute error（MAE）	平均绝对误差
mean average precision（MAP）	平均精度均值
mean reciprocal rank（MRR）	平均倒数排名
memory network	记忆网络
memory-based CF	基于记忆的协同过滤
micro-behaviors for session-based recommendation（M-SR）	微观行为会话推荐
mini-batch gradient descent	小批量梯度下降
mixed similarity	混合相似度
model parameters	模型参数
multi-aspect behavior	多方面行为
multi-behavior recommendation	多行为推荐
multi-behavior recommendation with graph meta network（MB-GMN）	基于图元网络的多行为推荐模型
multi-behavior sequential recommendation	多行为序列推荐
multiclass feedback	多类反馈
multiclass preference context（MPC）	多类偏好上下文
multi-domain behavior	多领域行为
multi-feedback Bayesian personalized ranking（MF-BPR）	多反馈贝叶斯个性化排序
multi-granularity behavior	多粒度行为
multi-interests	多兴趣
multi-layer perceptron（MLP）	多层感知机
multi-modal behavior	多模态行为
multi-relational graph neural network model for session-based target behavior prediction（MGNN-SPred）	基于多关系图神经网络的会话目标行为预测模型
multi-relational item graph（MRIG）	多关系物品图
multi-relational memory network（MRNN）	多关系记忆网络
multi-source recommendation	多源数据推荐
multi-type behavior	多类型行为
Mult-VAE	多项式变分自编码器

N

negative sampling	负采样
negative sampling method	负采样方法
neighborhood-based CF	基于邻域的协同过滤
neural matrix factorization（NeuMF）	神经矩阵分解
neural multi-task recommendation（NMTR）	神经多任务推荐

neural network	神经网络
next-basket recommendation	下一篮物品推荐
next-item recommendation	下一物品推荐
noise	噪声
non-sampling method	非采样方法
normalization	归一化
normalized discounted cumulative gain (NDCG)	归一化折损累积增益
numerical rating	数值评分

O

one-class collaborative filtering (OCCF)	单类协同过滤
one-class feedback	单类反馈
one-class preference context (OPC)	单类偏好上下文
output layer	输出层

P

pairwise loss function	成对损失函数
pairwise preference assumption	成对偏好假设
Pearson correlation coefficient (PCC)	皮尔逊相关系数
point of interest	兴趣点
point-level influence	点级影响
pointwise loss function	逐点损失函数
pointwise preference assumption	逐点偏好假设
popularity-based ranking (PopRank)	基于热度的排序
posterior probability	后验概率
precision	精确率
predefined similarity	预定义的相似度
prediction rule	预测公式
preference behaviors learning (PBL)	偏好行为学习
preference-aware transfer (PAT)	偏好感知迁移
prior probability	先验概率
privacy-preserving item-based one-class collaborative filtering (P-IOCCF)	面向隐私保护的基于物品的单类协同过滤
probabilistic matrix factorization (PMF)	概率矩阵分解
purchase	购买
pyramid recurrent neural network (pyramid RNN)	金字塔循环神经网络

R

randomized response technique (RTT)	随机响应技术

rating	评分
recall	召回率
receptive field	感受野
recommendation with sequences of micro behaviors (RIB)	结合微观行为序列的推荐模型
rectified linear unit (ReLU)	整流线性单元
recurrent log-bilinear (RLBL)	循环对数双线性模型
recurrent neural network (RNN)	循环神经网络
regularization term	正则化项
regularized Singular value decomposition (RSVD)	正则化奇异值分解
restricted Boltzmann machine (RBM)	受限玻尔兹曼机
restricted Boltzmann machine based collaborative filtering (RBMCF)	基于受限玻尔兹曼机的协同过滤
robustness	鲁棒性
role-based adaptive factorization (ROAF)	基于角色的自适应分解
role-based transfer to rank (RoToR)	基于角色的迁移排序
root mean square error (RMSE)	均方根误差
root mean square propogation (RMSProp)	均方根传递

S

secret sharing	秘密共享
secure distributed collaborative filtering (SDCF)	安全分布式协同过滤
secure federated submodel learning (SFSL)	安全联邦子模型学习
secure scalar product	安全标量积
self-attention network (SAN)	自注意力网络
self-attentive sequential recommendation (SASRec)	基于自注意力机制的序列推荐模型
sequential Bayesian personalized ranking (S-BPR)	序列贝叶斯个性化排序
sequential heterogeneous one-class collaborative filtering (SHOCCF)	序列异构单类协同过滤
sequential one-class collaborative filtering (SOCCF)	序列单类协同过滤
sequential recommendation	序列推荐
server	服务器
session	会话
session behaviors learning (SBL)	会话行为学习模块
session-based recommendation (SBR)	基于会话的推荐/会话推荐
single-behavior recommendation	单行为推荐
single-behavior sequential recommendation	单行为序列推荐
Singular value decomposition (SVD)	奇异值分解

sparsity	稀疏性
stochastic gradient descent (SGD)	随机梯度下降
stochastic gradient Langevin dynamics (SGLD)	随机梯度郎之万动力学
SVD++	改进的奇异值分解

T

tail items	长尾物品
target data	目标数据
transfer by collective factorization (TCF)	迁移共同分解
transfer by mixed factorization (TMF)	迁移混合分解
transfer learning	迁移学习
transfer to rank (ToR)	迁移排序
transfer via joint similarity learning (TJSL)	迁移联合相似度学习
transitivity	传递性
translation-based recommendation (TransRec)	基于平移的推荐

U

unified recommendation model (URM)	统一推荐模型
union-level influence	综合影响
update rule	更新公式
user averaging (UA)	用户平均
user interest	用户兴趣
user preference	用户偏好
user privacy	用户隐私
user profile	用户画像
user-based collaborative filtering (UCF)	基于用户的协同过滤
user-based one-class collaborative filtering (UOCCF)	基于用户的单类协同过滤
user-specific latent feature vector	用户潜在特征向量

V

vanishing gradient	梯度消失
variational autoencoder (VAE)	变分自编码器
vertical pairwise preference assumption	纵向成对偏好假设
view-enhanced eALS (VALS)	浏览数据增强的最小二乘
visible layer	可见层

W

wisdom of the crowd	集体智慧

后　记

在2014年和2015年的春季学期，本书作者之一的潘微科在深圳大学计算机与软件学院任教，曾以人民邮电出版社出版的《推荐系统》（蒋凡译）和《推荐系统实践》（项亮编著）作为教材和参考教材，在其开设的“语义网基础”这一框架性课程中重点讲授了“智能推荐技术”。在备课和讲授的过程中发现，如果能用较为统一的符号来对各个经典的推荐方法进行形式化描述，对学生的学习和老师的讲授会有很大帮助。于是，用LaTeX制作相应的课件，编写程序实现其中的方法，以验证公式推导和伪代码描述的正确性，成为了每次授课前的必备流程。整理一学期得到多个课件，内容包括面向评分预测和面向物品排序的多个评价指标，以及基于邻域和基于矩阵分解的多个经典的推荐方法等。大部分课件的结构较为固定，通常包括问题描述、方法介绍（含目标函数、梯度、更新公式和伪代码等）、实验（含数据处理、参数设置、评价指标和实验结果等）和参考文献等，对学生和老师来说，有较好的可读性和实操性，也受到了学生的好评（根据学生的“教师课堂教学学生网上测评”结果）。

之后，由于课程改革，“语义网基础”（主讲“智能推荐技术”）课程暂停。但是，之前整理制作的课件并没有浪费，后续用作“智能推荐”研究组新人（含本科生和硕士研究生）的入门自学资料，也发挥了很大的作用。通常，跟随课件经过1～3个月的自学，学生便能实现多个经典的推荐方法，也能逐渐读懂在知名学术期刊和学术会议上发表的推荐算法论文，并参与研究组例会的讨论和分享。

鉴于课件对研究组研究的重要价值，我们鼓励研究组的学生多做贡献，将研究中发现的部分优秀算法按课件的规范（例如用较为统一的符号和严格的推导等）重新整理，老师全程参与检查和修改。通常，每一个课件要经过很多轮的迭代（包括代码实现），以确保所有细节的正确性。此外，我们将研究组发表的每一篇科研论文（无论是期刊论文还是会议论文），也都整理成课件的形式，供研究组和学术同行使用。

随着课件的增多，我们对课件中描述的推荐方法进行了归类，形成了初步的体系，包括单行为推荐（基于显式反馈的评分预测、基于显式反馈的物品排序、基于隐式反馈的物品排序）、多行为推荐（基于异构反馈的评分预测、基于异构反馈的物品排序）、序列推荐（单行为序列推荐、多行为序列推荐）和联邦推荐（跨用户联邦推荐、跨组织联邦推荐）等，这也正是本书的主要结构。我们整理和公布的课件对学生入门起到了一定的作用，也曾因此受到同行的鼓励，这也让我们产生了将课件写成教材的想法。我们曾参与两本智能推荐技术方面的学术著作的翻译（《推荐系统：技术、评估及高效算法》和《统计推荐系统》），从中学到了很多，但是当考虑将其中一本用作教材时，发现在一致性、实操性和前沿性等方面较难取得一个好的平衡。这也进一步促使我们撰写一本教材，兼顾这几方面。

以下是参与各章写作的主要人员：

第1章（概述）：潘微科、林晶、明仲

第 2 章(基于显式反馈的评分预测)：林晶、潘微科、明仲

第 3 章(基于显式反馈的物品排序)：马万绮、潘微科、明仲

第 4 章(基于隐式反馈的物品排序)：林晶、刘基雄、陈宪聪、潘微科、明仲

第 5 章(基于异构反馈的评分预测)：梁锋、潘微科

第 6 章(基于异构反馈的物品排序)：陈宪聪、潘微科、明仲

第 7 章(单行为序列推荐)：林晶、詹卓欣、潘微科、明仲

第 8 章(多行为序列推荐)：何铭凯、潘微科、明仲

第 9 章(跨用户联邦推荐)：梁锋、羊恩跃、潘微科

第 10 章(跨组织联邦推荐)：羊恩跃、潘微科

第 11 章(总结与展望)：潘微科、明仲

其中,明仲和潘微科参与每个章节内容的组织和全书统稿,以及相关章节的撰写、检查、修改、补充和完善等,陈宪聪、梁锋、林晶、刘基雄、何铭凯、马万绮、羊恩跃和詹卓欣参与相关内容的初稿撰写、检查和修改等。此外,部分课件或技术报告由研究组往届毕业生整理,包括陈子翔、戴薇、黎琳、黄云峰和钟柳兰等。

潘微科　林晶　明仲

深圳大学计算机与软件学院

2021 年 12 月

致 谢

在书稿即将完成之际,我们满怀谦卑和感恩之心。

感谢陈宪聪同学参与第 4 章(部分内容)和第 6 章的初稿撰写。

感谢梁锋同学参与第 5 章和第 9 章(部分内容)的初稿撰写。

感谢刘基雄同学参与第 4 章(部分内容)的初稿撰写。

感谢何铭凯同学参与第 8 章的初稿撰写。

感谢马万绮同学参与第 3 章的初稿撰写。

感谢羊恩跃同学参与第 9 章(部分内容)和第 10 章的初稿撰写。

感谢詹卓欣同学参与第 7 章(部分内容)的初稿撰写。

感谢陈宪聪、梁锋、刘基雄、何铭凯、马万绮、胡蓬清、骆锦潍、林钊浩、羊恩跃和詹卓欣等同学检查相关章节,感谢马万绮同学对多个章节进行了二次校对。感谢陈子翔、戴薇、黎琳、黄云峰和钟柳兰等多位往届毕业生整理部分课件或技术报告。

感谢学术界和工业界同仁分享的论文、数据和源代码等,这是我们在学习过程中不可或缺的宝贵资源。

感谢深圳大学计算机与软件学院"智能推荐"研究组的同学们,书中的很多想法、理解和洞见是在我们平时分享和讨论的过程中获得的。感谢粤港澳大湾区数字经济研究院的杨海钦博士、北京航空航天大学的庄福振研究员、华为诺亚方舟实验室的董振华博士、郑州大学的吴宾博士等,各位的分享让人受益匪浅。感谢研究所(大数据技术与应用研究所)、研究中心(软件工程研究中心)、学院和学校的多位老师,各位的分享、提醒、教导和帮助让我们少走了很多弯路。

感谢深圳大学计算机与软件学院彭小刚副教授(时任软件工程系副系主任)的帮助,使我们得以在 2014 年和 2015 年开设"语义网基础"(主讲"智能推荐技术")这一课程。感谢深圳大学计算机与软件学院副院长(教学)李坚强教授和教学秘书许小楚老师的支持,感谢深圳大学教务部教材中心纪劲鸿老师的帮助(本教材获深圳大学教材出版资助),感谢清华大学出版社编辑温明洁老师的指导和帮助。

感谢国家自然科学基金项目(No. 61872249,No. 61836005 等)的支持。

此外,潘微科要感谢他在香港科技大学攻读博士学位期间的导师杨强教授和杨老师研究组的同学们,有幸接触了推荐系统这一领域,并得到了杨老师的悉心指导和同学们的无私帮助;感谢他在香港浸会大学博士后期间的导师陈黎副教授和实验室的同学们,有幸能在推荐系统领域自由地探索,并得到了陈老师和同学们多方面的及时帮助;感谢他在浙江大学的导师徐从富副教授和徐老师研究组的师兄师姐,有幸较早接触了人工智能、数据挖掘和机器学习等方面的研究，得到了科研启蒙和多方面的严格训练。

最后，我们要特别感谢我们的家人在生活和工作等很多方面给予的帮助、理解和支持，是他们无私的爱和付出让我们有更多时间来撰写和完善书中的内容。

潘微科　林晶　明仲

深圳大学计算机与软件学院

2021年12月

图书资源支持

感谢您一直以来对清华版图书的支持和爱护。为了配合本书的使用，本书提供配套的资源，有需求的读者请扫描下方的“书圈”微信公众号二维码，在图书专区下载，也可以拨打电话或发送电子邮件咨询。

如果您在使用本书的过程中遇到了什么问题，或者有相关图书出版计划，也请您发邮件告诉我们，以便我们更好地为您服务。

我们的联系方式：

地　　址：北京市海淀区双清路学研大厦 A 座 714

邮　　编：100084

电　　话：010-83470236　010-83470237

客服邮箱：2301891038@qq.com

QQ：2301891038（请写明您的单位和姓名）

资源下载：关注公众号“书圈”下载配套资源。

资源下载、样书申请

书圈

获取最新书目

观看课程直播